사회복지사가 알아야 할 법 지식

사회복지 법제와 실천

김근홍 지음

신정

머리말

안식년을 맞아 독일 Hamburg와 노르웨이 Oslo를 찾았다. 1960년대 고학력에 간호사나 광부로 이곳에 와서 일하다가 그대로 머무르신 분들이 많다. 노인 인구가 가파르게 증가하는데 간호인력과 수발인력은 부족하고 아직 제도조차 만들어지지 않았을 때였다. 말도 잘 통하지 않아서 마음고생 몸 고생하며 번 돈을 한국으로 보내면, 나라는 그 외화를 밑천 삼아 산업을 키웠다. 그런 상황에서 '복지'는 '사치'로 치부되었다. 하지만 그것은 핑계일 수도 있다. 스웨덴 같은 나라는 굶다 못해 먼 미국으로 집단이민을 해야 했던 19세기 말 20세기 초의 어려운 상황에서 오히려 오늘날의 토대가 되는 복지제도를 마련하였다.

필자는 1980년대 후반부터 함부르크에서 유학했다. 간호사, 광부로 오셨던 분들만큼은 아니어도 역시 낯설고 물선 곳에서 새로 말과 글을 배우는 공부부터 시작했다. 도대체 언제 학위과정이 끝날지 모를 조바심 속에서 노인복지 정책을 전공했다. 대가족 제도권에서 자란 환경 탓도 있지만 공부하다 보니 어느덧 그 분야 한복판에 있었다. 그리고 그 덕에 1990년 중반 한국에서 교수가 되어 연구하고 가르치며 여기까지 왔다. 공부하고 연구하는 사람들의 눈은 아무래도 비판적이다. 그간 썼던 논문이며 책으로 엮어낸 글들은 거의 한결같이 한국에 대한 비판 일색이다. 연구자의 눈으로 보면 그래야 마땅하기도 하다.

1980년대 말로만 하던 형식적 민주주의마저 시원찮던 한국이 이제는 세계에서 가장 모범적인 민주주의, 시민 민주 의식을 자랑한다. 본 책에서도 언급했지만, 복지제도는 민주주의의 성숙도와 궤를 같이한다. 사람을 귀하게 알고, 인권을 존중하는 만큼 복지제도가 구체적인 현실이 되는 걸 역사에서 확인할 수 있다. 물론 아직도 복지 수준은 경제 수준에 미치지 못하고, 그런 만큼 사회 곳곳에 그늘도 많다. 그래도 돌아보니 참 크게 발전한 점들이 많다. 법률만 해도 먼저 그 수부터 엄청나게 늘었다. 이 책에 다 담지 못할 정도로 많은데, 법률 수가 많다는 게 꼭 더 좋다는 것은 아니지만, 그만큼 곳곳에 정책의 눈길을 보낸다는 면에서 그 또한 발전이라고 할 수 있다.

몇 년 전 출판했던 책을 새롭게 다듬고 간추려 더 쉽게 만들려고 나름 공을 들였다. 그러나 안식년인데도 시간이 모자라다. 아무리 안식년이라도 이 책 작업에만 시간을 다 쓸 처지가 아니기 때문이다. 시간이 좀 더 있다면 더 간추려서 간결하게 정리할 수 있을 텐데, 조금 아쉽다. 분량을 생각해서 몇 가지 새 법률을 넣으면서 몇 가지는 덜어냈다. 중요성이 떨어진다는 의미는 아니다. 여기서 설명한 법률들을 거울삼아 최근에 출판된 다른 책자며 인터넷에서 해당 법률을 찾아 스스로 읽어보면 이해할 수 있으리라 기대해 본다.

이곳 함부르크를 비롯한 북부 독일의 속담에 이런 말이 있다. 바람이 불어도 꼭 앞에서만 분다(Der Wind kommt immer von vorn.). 등 뒤에서 부는 순풍이 느껴질 일이 별로 없으니 이해할 법하다. 숨 쉴 공기를 굳이 느끼는 일 없듯이 시인 박노해는 켈트족 기도문에서 따왔다며 이 속담을 이렇게 시로 바꾼다.

바람은 언제나 당신의 등 뒤에서 불고
얼굴에 비치는 햇살이 마음 가득하기를
당신의 길에 비바람이 몰아치더라도
기도하는 어깨 위에 늘 무지개가 뜨기를

사회복지실천가들과 실천가가 될 예비 사회복지사들에게 이 기도를 드린다. 그리고 여러분은 또 이 기도를 여러분의 사회복지실천 대상자들에게 전해주면 좋겠다. 존재 자체가 선물이라는 말이 있다. 사회복지서비스가 필요한 클라이언트에게는 여러분의 존재 자체가 선물이다. 재미있는 사실은 선물이 시장경제의 바깥에 있다는 것이다. 상품이 아니기 때문이다. 그러나 여러분은 선물로서 값을 매길 수 없는 존재임과 동시에, 정당한 대우를 받아 마땅한 존재이다. 클라이언트에게는 선물이 되어야 하지만, 국가와 시설과 법인에 대해 여러분은 동등한 시민이요 노동자다. 바람은 늘 여러분 등 뒤에서 불겠지만 햇살은 마음에 가득하며, 기도하는 어깨 위에 무지개가 뜨기를 기원한다.

탈고를 앞두고 바라보니 법제에 담고 싶었던 내용을 아직 다 담아내지 못했다. 그럼에도 세상에 내놓을 수 있도록 학문의 길을 동행하고 있는 KH 연구실 가족들의 도움 덕에 이 정도로 마침표를 찍는다. 부끄러운 글이지만 이런 기회를 만들어 준 신정의 편집부와 고마운 분들의 손길을 가슴속에 간직하면서, 앞으로 더 좋은 내용을 담아낼 수 있도록 연구를 게을리하지 않을 것을 다짐한다.

유럽 하늘에서 학위 마무리 과정에 있는 아이들에게 연구 빌미로 더 잘 해 주지 못한 미안함에 같은 기도를 실어 보낸다.

바람은 언제나 너희들 등 뒤에서 불고…

2020년 여름

Hamburg에서

차례

2부
사회복지법의 개별적 이해

CHAPTER 05 공공부조 _ 221

PART 01

사회복지, 법과 실천

CHAPTER

01

사회복지, 사회복지법, 사회복지실천

CHAPTER 01 사회복지, 사회복지법, 사회복지실천

1절 사회복지와 법

1. 사회복지실천에 법이 필요한 이유

내가 재벌이라면[1)]

김종삼

내가 재벌이라면
메마른
양로원 뜰마다
고아원 뜰마다 푸르게 하리니
참담한 나날을 사는 그 사람들을
눈물 지우는 어린 것들을
이끌어주리니
슬기로움을 안겨 주리니
기쁨 주리니.

뜬금이 좀 없지만, 마음씨 좋은 시인의 시 한 편으로 딱딱한 법을 배울 이유를 설명해 보자. 돌봐줄 사람 없는 아이들(19세 이하)을 거두어 키워주는 곳이 고아원

1) 1982년 《누군가 나에게 물었다》 김종삼 시집에서 '내가 재벌이라면' 내용을 인용하였다.

(이제는 '보육원'이라 칭한다. 6세까지는 영아원, 7~19세는 육아원)이고, 돌봐줄 사람이 없는 60세 이상 노인들을 살펴주는 곳이 양로원(법률용어로 노인주거복지시설)이다. 보육원은 나이가 되면(만 18세) 나가야 하고, 노인주거복지시설은 나이가 넘어야 들어갈 수 있다. 오갈 데 없고 의지가지없는 사람들한테 기쁨을 주는 일처럼 아름답고 고결한 일이 또 있을까.

세상 사람의 마음이 다 이 시인 같으면 법 같은 것은 굳이 없어도 되겠다. 하지만 그것은 세상 사람이 다 재벌이 되기만큼이나 어렵다. 저런 마음씨로는 재벌이 될 수 없고, 설령 재벌 자식으로 태어났대도 후계자가 되지 못할 테지만, 세상에 그런 재벌이 더러 있다고 가정해 보자. 첫째, 양로원과 보육원 뜰을 푸르게 하기야 문제가 없겠다. 물론 그런 뜰을 마련하느라 예컨대 아동복지법 시행령의 '아동복지시설의 안전 기준'을 위반하는 것은 안 된다. 그런데 그들을 이끌고 그들에게 슬기로움을 안겨 주고, 기쁨 주는 일은 그냥 무턱대고 되질 않는다. 뭐가 슬기로움이고, 이끄는 방법인지, 기쁨의 기준은 무엇인지 등을 정해야 한다. 이를테면, 재벌이 슬기롭고 기쁘다고 생각하는 것이 다른 사람들에게는 그러지 않을 수 있다. 일부 어른들이 보기에는 아이를 기쁘고 슬기롭게 해 줄 일이라도 정작 아이에게는 이익이 아닐 수 있다.[2] 사람이라면 공감하는 그런 게 있기 마련이라고 항변할지 모르지만, '형제복지원'이나 《도가니》(2011) 같은 영화를 보더라도 현실에서는 그리 쉽지 않다. 조금 거리는 있지만, 법의 이념이나 시설 운영에 관한 규정 등에서 읽을 수 있다.

- 「사회복지사업법」 제2조의 나. 「아동복지법」 제2조(기본이념) ③ 아동에 관한 모든 활동에서 아동의 이익이 최우선적으로 고려되어야 한다. ④ 아동은 아동의 권리보장과 복지증진을 위하여 이 법에 따른 보호와 지원을 받을 권리를 가진다.

2) 딸이 조현병 진단을 받았을 때, 당사자가 자신의 병을 받아들이는 것에 대해 충격받고 힘겨워할 수 있으니 본인에게 알리지 말고 무조건 숨겨달라는 부모님의 부탁을 받았을 때나 미혼모가 되겠다고 결정한 소녀가 자기 부모에게 이 사실을 알리지 말아 달라고 했을 때의 상황을 생각할 수 있다(함명화, 2018: 60).

- 「사회복지사업법」 제2조의 다. 「노인복지법」 제33조의2(노인복지주택의 입소자격 등) ① 노인복지주택에 입소할 수 있는 자는 60세 이상의 노인(이하 "입소자격자"라 한다)으로 한다.

둘째, 재벌이 제 손으로 저런 일을 다 하진 않을 테니 그런 일을 하는 사람이 있어야 한다. 그러면 어떤 사람이 그런 일을 할 수 있고(해도 되고–자격), 또 그런 일을 하면 어떤 대우를 받아야 하며(받을 수 있고-권리), 그런 사람들이 해야 할 일과 해서는 안 되는 일은 어떤 것이 있는지(의무) 정해져야 한다. 사회복지 현장의 실천가들이나 사회복지전공 학생이라면 사회복지사 자격요건과 사회복지사에 대한 처우와 업무 등에 관한 규정 같은 것이 바로 이런 것이다.

- 「사회복지사업법」 제2조의 나. 「아동복지법」 제17조(금지행위): 1. 아동 매매 행위 2. 아동에게 음란한 행위를 시키거나 이를 매개하는 행위 또는 아동에게 성적 수치심을 주는 성희롱 등의 성적 학대행위 3. 아동의 신체에 손상을 주거나 신체의 건강 및 발달을 해치는 신체적 학대행위 등 11가지.
- 「사회복지사업법」 제2조의 다. 「노인복지법」 제39조의2(요양보호사의 직무 · 자격증의 교부 등) ① 노인복지시설의 설치 • 운영자는 보건복지부령으로 정하는 바에 따라 노인 등의 신체활동 또는 가사활동 지원 등의 업무를 전문적으로 수행하는 요양보호사를 두어야 한다. ② 요양보호사가 되려는 사람은 제39조의3에 따라 요양보호사를 교육하는 기관에서 교육과정을 마치고 시 · 도지사가 실시하는 요양보호사 자격시험에 합격하여야 한다.
- 사회복지사 등의 처우 및 지위 향상을 위한 법률(약칭: 「사회복지사법」)[시행 2019. 12. 12.] [법률 제15886호] 제3조(사회복지사 등의 처우개선과 신분보장) ① 국가와 지방자치단체는 사회복지사 등의 처우를 개선하고 복지를 증진함과 아울러 그 지위 향상을 위하여 적극적으로 노력하여야 한다. ② 국가와 지방자치단체는 사회복지사 등의 보수가 사회복지전담공무원의 보수수준에 도달하도록 노력하여야 한다.

요지는 사회복지를 하더라도 역시 법에 따라 해야만 하고, 사회복지서비스를 실천하는 사회복지사도 법에 따라 자격이 정해지고, 처우며 실천 방식까지 기본 틀은 법으로 정해진다. 마음만으로 사회복지사가 되기 어렵고, 또 마음과 온정만으로 사회복지서비스 실천을 이루어서도 안 된다. 현대사회에서는 거의 모든 구석, 모든 일이 다 법으로 규정된다. 그러니 법은 꼭 필요하고, 무슨 일을 하든 적어도 자기 분야의 법에 대한 지식은 웬만큼 갖추어야만 일을 제대로 할 수 있다. 더구나 늘 제도 안에서 다른 사람을, 그것도 도움이 필요한 사람들을 만나서 문제 해결을 돕거나 사회복지서비스를 제공하는 사람은 윤리 차원의 무장만으로는 충분하지 않다.

영화 《조커》(2019)를 살펴보면 사회복지사가 등장한다. 고담시에는 재벌만큼이나 돈이 많은 배트맨네, 그러니까 웨인 가문이 있다. 그런 재벌 같은 소수 돈 많은 사람이 존재하려면 피눈물 나는 사람도 많기 마련이다.[3] 조커가 되기 전의 아서 플렉은 그런 사람에 속한다. 자신도 엉뚱한 상황에서 웃음이 터져 나오는 정신적(?) 문제가 있고, 해고당해 이렇다 할 직업도 없이 병든 노모까지 보살펴야 한다. 주변 사람들은 하나같이 그를 사람으로 대접하지 않는다. 그를 상담하는 사회복지사마저 그를 진솔되게 클라이언트로 대우하지 않는다.

사회복지 체계가 있을 만큼 고담시는 나름의 제도를 갖춘 사회이다. 그러나 빈부격차가 심해지거나 경기가 나빠진다면 제대로 된 복지국가가 아닌 이상에는 덜 생산적인(아니 돈이 덜 되거나 안 되는) 사업부터 접는다. 그 사회복지사도 그런 운명이라서 조커의 심각한 상황에 마음 쓸 겨를이 없다.[4] 사회복지사도 사람이고 직

3) 영화 《아이언맨》이나 《어벤저스》에 나오는 스타크 가문도 마찬가지다. 무기를 팔아 엄청난 부를 이룬 덕에 그런 '아이언맨' 같은 장비며 무기들을 만들 수 있다. 《저스티스 리그》(2017)에서 플래시인가 하는 초능력자가 배트맨에게 초능력이 뭐냐고 묻자 이렇게 대답한다. "I have a lot of money!" 자본주의에서 돈은 정말이지 초능력 이상이다. 이런 사람들이 지구를 구하고, 약자들을 구하는 게 저런 영화들의 스토리다. 정말 양로원 뜰을 푸르게 하고 가여운 아이들에게 기쁨을 주지 않겠는가. 어느 사회나 부자는 있다. '일수벌금제'를 맨 먼저 도입한(1921년) 핀란드에도 노키아란 기업은 우리 재벌 못지않은 부자다. 차이가 있다면 제도다. 노키아의 부회장이던 안시 반요키는 2000년에 오토바이로 25km쯤 과속했다가 벌금으로 약 1억 5,300만원을 냈다. 세금뿐 아니라 벌금도 소득에 비례하게 책정되기 때문이다. 속으로는 몰라도 불평 없이 그 돈을 다 냈다(윤성민, 2019).

4) 충분히 이해는 가지만 우리에겐 그렇지 않은 사회복지실천가가 있다. 로이킴의 노래 '그때 헤어지면 돼'를 가지고, 김상진은 나중에 어찌 될지 몰라도 사회사업가답게 실천하면 의미 있다고 한다. 당사자가 주인 되게 잘 세워주면 단 한 번의 경험도 의미가 있다고 한다(김상진, 2019: 51).

업이기 때문에 정당한 급여와 일자리가 보장되어야 일을 제대로 하는 법이다. 그래서 법과 제도로 정하여 국가와 사회가 보장할 책임을 진다. 그러지 않으면 고담시처럼 국가와 사회가 제대로 돌아가지 않을 때 일부 사람들(정책자나 기득권자) 마음대로 사회복지 프로그램과 사회복지 정책까지 철폐한다.

그런 상황이 중첩되면서 아서는 마침내 어머니에 이어("난 항상 내 인생이 비극인 줄만 알았는데, 알고 보니 개 같은 코미디였어.") 여러 사람을 살해하기에 이른다. 이제 더는 예의와 법과 사람다움을 지킬 마음이 없다. 발걸음마저 가벼워진다. 그가 부추긴 게 아니고 저런 사회가 만들어낸 시위대는 그런 아서에 주목한다. 조커가 태어나고 세상은 혼란에 휩싸인다. 이런저런 영화에서는 그래도 배트맨이나 어벤저스가 나타나 해결하겠지만, 현실에서는 그러기 어렵다. 경찰력으로 진압할 수도 있고, '정복하라!' 운동처럼 제풀에 그만둘지도 모르지만, 저런 영화만 보더라도 사회복지가 제대로 되지 않으면 사회가 혼란해지고, 안전하지 못한 상황이 된다는 점은 분명하다.

그 부분을 강조하는 말이 '사회보장(social security)'이란 개념이다. '사회복지(social welfare)'가 힘들고 억울한 사람 없이 저마다 다 사람 대접받는 사회를 만드는 걸 지향하고 강조한다면, 사회보장은 안보처럼 사회의 질서가 보장되지 않으면 사회가 무너진다는 것을 강조한다. 안보가 보통은 외적에 의해 위협받는다면, 사회보장은 내부의 힘들고 어려운 사람이 많아지면 위협받는다.[5] 이념에서 소련과 대치한 상황에서 1929년 대공황을 맞았을 때 미국에서 1933년 당선된 루즈벨트 대통령이 추진하여 처음 등장한 법이 1935년의 「사회보장법(The Social Security Act)」이다. 그러니까 사회복지(사회보장)는 사회의 안정을 위해서도 필요하고, 개개인의 안녕을 위해서도 필요한 것이다. 제대로 사회복지가 보장되려면 법과 제도로 정해져야 하고, 현장에서 사회복지를 실천하려면 이 법과 제도를 알고 그에 따라 행동해야 한다.

5) "오늘날에는 복지가 곧 국방으로 인식된다. … 과거에는 국방이 외부로부터 받는 위협에 대비해 국토와 국민을 지킨다는 의미로 쓰였다. 반면에 현대적 의미의 국방은 실업, 빈곤, 질병, 고령화 등 국가 내부의 다양한 사회적 위협으로부터 국민을 보호하는 것이다. 그렇다면 복지정책은 국방의 핵심이라 볼 수 있다"(김연명 외, 2011: 53).

정리

사회보장은 사회의 안전, 안보와 직결되고, 사회복지는 사회 구성원 모두와 각자의 행복(welfare)을 추구한다. 모두 법과 제도로 보장한다. 사회복지사의 자격과 처우 및 해야 하는 일과 해서는 안 될 일도 적어도 큰 틀은 법으로 정해진다. 따라서 사회복지사가 사회복지서비스를 제대로 실천하고 더 나아가 사회가 안전하고 구성원이 더 행복해질 방법을 모색하면서 동시에 제 대접을 받으려면 법을 알아야 한다.

「사회복지사업법」 제11조: 사회복지사 자격증의 발급 등, 제11조의4: 유사 명칭의 사용 금지

사회복지사 선서문

나는 모든 사람들이 인간다운 삶을 누릴 수 있도록,
인간 존엄성과 사회 정의의 신념을 바탕으로,
개인, 가족, 집단, 조직, 지역사회, 전체 사회와 함께 한다.

나는 언제나 소외되고 고통받는 사람들의 편에 서서,
저들의 인권과 권익을 지키며,
사회의 불의와 부정을 거부하고, 개인 이익보다 공공 이익을 앞세운다.

나는 사회복지사 윤리강령을 준수함으로써, 도덕성과 책임성을 갖춘 사회복지사로 헌신한다.

나는 나의 자유의지에 따라 명예를 걸고 이를 엄숙하게 선서합니다.

2. 사회복지의 역사

1) 세계 사회복지의 역사

〈표 1-1〉을 보면 전통사회에서는 오히려 사회 통제 형법에 가까운 빈민법 혹은 구빈법을 볼 수 있다. 19세기 말 독일에서부터 시작한 사회보험, 그리고 20세기 심화 일로의 자본주의 문제를 해결하기 위해 유럽에서부터 발전하기 시작한 복지

국가에 이어 신자유주의의 물결로 복지국가가 멈칫하는 단계까지의 흐름을 알 수 있다. 그러나 우리는 서구의 복지국가가 멈칫하는 단계에서 비로소 복지국가에 접근하기 시작했다고 할 정도로 복지의 발달이 늦었다. 한쪽에서는 여전히 복지제도 최소화를 주장하는 목소리가 강하지만, 적어도 아직은 복지제도의 중지나 후퇴를 생각하기는 어려운 실정이다.

〈표 1-2〉는 시민법과 사회법의 차이를 보여준다. 〈표 1-1〉의 사회보험까지는 분명 시민법에 속하는데, 복지국가 단계에서도 시민법이 끝난 것은 아니다. 다만 사회법적 요소가 강조되었을 뿐이다. 복지국가의 후퇴 단계에 들어서도 시민법으로 돌아가지는 않는다. 다만 경제적 어려움으로 인해 복지제도의 발전 속도가 더 더지고, 더 나아가 복지제도의 약화와 후퇴를 보일 뿐이다. 〈그림 1-1〉에서 제1, 2차 석유파동 뒤에 대처리즘, 레이거노믹스 같은 신자유주의 경제정책은 물론, 제3의 물결을 내세우는 신자유주의와 사회민주주의(노동당)의 조합형 경제정책까지도 일관된 것은 민영화에 따른 시장의 자유 확대와 복지의 축소였다. 그러나 〈그림 1-2〉의 우리나라 사회복지 역사를 살펴보면 노무현 정부에서 처음으로 정부의 예산 중 복지와 경제 부문이 역전된 뒤로는 복지예산이 축소된 적은 아직 없다.[6]

표 1-1 복지정책의 시기별 비교

구분	빈민법	사회보험	복지국가	복지국가 후퇴
복지 주체	국가, 교회, 봉건영주	국가, 노동조합	국가, NGO	국가, 민간
복지 대상	걸인, 부랑자, 구제 가치 있는 빈민	노동자계급	모든 국민	최저선 이하 국민
지원 수준	최소한의 생존	사회적 위험에 대한 최소 지원	포괄적 지원	선별적 지원
권리 수준	없음	사회보험 가입자의 권리	사회복지수급권 – 높은 수준	사회복지수급권 – 낮은 수준
경제와의 관계	무관	경제에 종속	경제와 대등	경제에 종속

출처: Lampert (2001); 양승일 (2013).

6) 참여정부 시작 때 복지예산은 전체의 20%, 경제예산이 28%였는데, 정부 말기에는 복지예산은 28%, 경제예산은 20%가 되었다(김연명 외, 2011: 146).

표 1-2 시민법과 사회법

구분	시민법	사회법
바탕 이념과 사상	• 개인주의, 자유주의와 자유방임주의	• 공동체주의, 사회민주주의, 복지국가
경제체제	• 자본주의 초기(상업, 산업자본주의)	• 수정자본주의
국가의 역할	• 사회질서의 유지 • 권리의 다툼과 질서 문란에 사후적 대처 • 경제와 사회생활에 대한 개입의 최소화	• 사회문제에 대한 예방과 대처 • 공공복리를 위한 사회적 개입과 통제 및 조정
중심 권리	• 자유권	• 사회권(생존권, 복지권)
법의 중심원리	• 소유권 불가침의 원리 • 계약 자유의 원칙 • 과실책임의 원칙	• 소유의 사회성 • 계약의 공정성 • 책임의 공동체성
법의 중심 영역	• 「민법」, 「상법」	• 사회복지법, 노동법, 경제법

출처: 남기민 · 홍성로 (2014: 40, 내용 다듬고 확장).

〈그림 1-1〉을 꼼꼼히 분석해 보면 사회복지의 역사는 민주화, 다시 말해 주권재민의 수준과 인간 존중(인권과 존엄성)의 정도와 비례하지만, 그러면서도 경제 사정과 밀접히 관련된다는 사실이 드러난다. 정조 13년, 미국에서 워싱턴이 초대 대통령이 되던 해 일어난 프랑스 혁명(1789)이 대표적인 일례이다. 이는 인간이 그저 인간인 것만으로도 존귀하며 누구나 다 평등하고 자유로워야 한다는 사실을 선언한, 인류의 역사에서 아주 중요한 사건이었다. 그 뒤 100년이 채 지나지 않아 비스마르크는 세계 최초로 이른바 사회보험이란 제도를 도입한다(1883).[7] 물론 여기에 프랑스 혁명의 정신이 담긴 것은 아니고, 오히려 노동자의 혁명을 미리 방지하려는 방편에 가깝다.[8] 그리고 다시 100년 뒤, 프랑스 혁명으로부터 정확히 200년 뒤에 베를린 장벽이 무너지고(1989), 이어서 공산권이 붕괴되면서(1991) 이념 전쟁은 막을 내렸다.

7) 여러 책에서 영국 구빈법을 사회복지의 시초로 다루고 있지만, 그렇다면 우리나라의 진대법도 빼놓을 수 없다. 국민의 복지보다 통제를 위한 수단에 가까운 탓에 구빈법과 이어지는 비슷한 법들도 사회복지로 보지 않는 게 좋겠다. 비스마르크의 사회보험 역시 통제를 위한 수단이기는 하지만, 국가가 나선 사회보험이란 점에서 우리의 두레와는 다른 사회복지의 효시로 볼 만하다.

8) G. 리히터(1992)의 비스마르크 인터뷰에는 이런 말이 나온다. "불안정한 수입 때문에 국가에 적대감을 느끼는 근로자들의 미래를 보장하기 위해 예산을 지출하면 우리 자신의 미래를 보장하는 것이요, 우리 자신을 위한 투자가 될 수 있다. 50년 내 혹은 10년 내에 닥칠지도 모를 혁명을 사전에 예방할 수 있다."(김연명 외, 2011: 33, 재인용).

1789 — **프랑스 혁명과 프랑스 인권선언**(인간과 시민의 권리 선언–자유와 평등은 천부의 권리)

1883~1889 — (세계 최초) 독일의 질병보험법(83), 산재보험법(84), 노령 및 폐질보험법(89) – 혁명 예방을 위한 비스마르크 전략

1911~1918 — **영국 국민보험법(건강+실업–1911)**
스위스 노인연금법(1913)과 신빈곤법(1918); 스웨덴: 13년 강제 국민연금, 19년 1일 8시간 노동(1918), 28년 '인민의 집'

제1차 세계대전(1914–18)
패전 후 독일 바이마르헌법 – 최초 민주주의 헌법: 국민주권주의, 기본권, 언론–집회–결사의 자유, 여성의 참정권과 투표권, 사회권적 기본권(재산권 행사 제한) – 복지국가의 법적 근거 마련
일본의 국민건강보험법(1922) → 1938년 전 국민 대상

1929~1939 — 세계 대공황(Great Depression: 1929–39)
미국 사회보장법 제정(1935): 사회와 경제 분야에 국가의 개입 허용(역사적 분수령)
케인즈의 유휴수요이론 – 뉴딜정책(33–36)
1938 스웨덴 살트셰바덴 협약(노총과 경총의 협약–임금인상 자제와 완전고용, 기업이익 85% 사회보장 재원(법인세). 41년 – 마샬의 '사회권적 시민권론'

1939~1945 — 제2차 세계대전
1941: 캔터베리 대주교 W. 템플: 독일은 warfare state, 영국은 welfare state – '복지국가'란 용어 최초 사용
1942: 영국–베버리지보고서("요람에서 무덤까지") 최저한도 생존 수준 급여의 권리; 처칠 보수당의 무시, 애틀리 노동당의 수용으로 45년 정권 창출, 46년 건강보험과 연금제도, 실업수당 – 1979년 대처 집권 때까지 이어짐

1948 — **12월 10일 새로 출범한 UN의 세계인권선언**: 모든 곳의 모든 사람의 권리 보호를 전 세계가 처음으로 합의

1951 — **스웨덴 렌–마이드너 모델, 52년 연대임금제**: 70년대 말까지 임금 격차 해소와 물가 안정(80년대 포스트포드주의 부상과 함께 무너져); 50년대 이후 독일 노조, 노동자의 경영 참여

1961 — 1961: 사회보장헌장

1973~1978 — 1, 2차 세계 석유파동(oil crisis):
물가와 실업률 증가, 복지 후퇴
일본(1973) 70세 이상 고령자 의료비 무료화: 82년 입법, 83시행: 노인보건제도로 의료비 무료 포기

1979 — 1979 UN여성에 대한 모든 형태 차별 철폐에 관한 협약
대처 영국 수상 – 대처리즘: 국유화와 복지정책 축소 – 민영화, 신자유주의, 보수주의
97년 블레어 '제3의 길': 노동자의 소멸과 중산층의 새 영국, 사회민주주의 기반 경제적 자유주의 지향

1981 — 1981 UN 세계 장애인의 해 선포
레이건 미국 대통령 – 레이거노믹스: 정부지출, 규제, 세금 축소로 10년간의 스태그플레이션 극복 시도 – 신자유주의, 재정적자 격증(군비경쟁)

1989 — **1989: UN아동권리협약**: 생존, 보호, 발달, 참여권

1990~1991 — **독일의 재통일(1990)**: 재정 악화
소련의 붕괴(1991): 이데올로기의 종식

1995 — **노인장기요양보험(사회보험) 도입**: 네덜란드 60년, 독일 '수발보험'(95), 룩셈부르크(99), 일본 '개호보험'(2000), 한국(2008)
독일 슈뢰더의 제3의 길, 하르츠 법안 – '아젠다 2010': 80년대 이후 경기 저성장에 증가 일로의 실업률과 재정 악화 해소 위해 지방노동사무소 잡센터로 개편하여 기간제 파견노동자 인력 알선 대행(I), 노동시장과 근로형태 유연화(II), 실업급여 수급요건 강화(III)

UN 장애인권리협약 2006

2007~2009 — **세계 금융 위기**: 서브프라임 모기지 사태(07) 대형 은행들 파산 여파로 전 세계 투자 은행들 도산과 국제 금융시장의 신용경색 – 대공황급 여파
2008 일본: 후기고령자의료보험제도 – 75세 이후 노인들의 건강보험 분리, 83년 – 노인보건법(73년부터 시행된 70세 이상 무상 의료보험 포기, 10% 자기 부담 – 그중 절반은 소득 반영), 17년 초고령사회 진입

2010

그림 1-1 세계사의 사회복지제도 관련 사건

1919

대한민국임시헌장 – 평등한 복지국가 지향

1944

조선구호령(일제): 61년 「생활보호법」 제정까지 공공부조 지침: 신청과 자산조사로 생활, 의료, 조산, 생업의 부조와 장제의 보조

1948~1960

제헌헌법: 사회복지를 국가의 의무로 하며(제5조) 복지국가 지향(전문). 이승만 대통령–제1공화국 시작

한국전쟁: 1950~53. 50–후생시설설치기준령, 「군사원호법」. 51–「경찰원호법」. 52–후생시설 운영 요강, 사회사업 목적 법인설립 허가신청에 관한 규칙. 53–「근로기준법」. 60–「공무원연금법」: 최초 「사회보험관련법」

1961

1960년 4.19–이승만 하야, 제2공화국(의원내각제)

58–조봉암(사민주의 주장) 사형; 61년 5.16 군사 정변–박정희 제3, 4공화국: 혁명 공약으로 산업화+사회복지 입법. 70년대까지 여러 사회복지법제 마련. 다만 정권의 정통성 확보 위한 산업화 중심 정책으로 사회복지법은 복지보다 통제 목적 혹은 허울뿐. 61–「갱생보호법」, 「군사원호보상법」(군사, 경찰 원호법 대체), 「생활보호법」(조선구호령 폐지), 「아동복리법」, 「고아입양특례법」. 62–「선원보호법」, 「재해구호법」. 63–「군인연금법」, 「산업재해보상보험법」, 「사회보장에 관한 법률」(전문 7개조)–95년 「사회보장기본법」으로 대체), 「의료보험법(임의가입). 70–「사회복지사업법」. 73–「사립학교교원연금법」, 「국민복지연금법」(86년 「국민연금법」으로 대체). 76–「의료보험법」(500인 이상 기업 의무 가입). 77–「의료보호법」, 「공무원 및 사립학교교직원 의료보험법」

1980

제5, 6공화국: 12.12사태와 5.17내란으로 정권 장악한 전두환 취임부터 노태우 취임까지 제5공화국. 87년 6월 항쟁으로 대통령 5년 단임 직선제–이어지는 6공화국.

전두환 정부: 81–「아동복리법」, 「심신장애자복지법」, 「노인복지법」 83–「사회복지사업법」(‘사회복지종사자’를 ‘사회복지사’로, 1~3급 편제), 「생활보호법」전면 개정. 86–「갱생보호법」개정, 「국민연금법」 제정(73의 「국민복지연금법」시행 유보 끝–기본 노후생활 토대. 88년부터 시행), 「최저임금법」(88년부터 시행)

1987~1988

1987 민주화운동, 88 서울올림픽 · 패럴림픽

노태우정부: 88–「보호관찰법」. 89–「모자복지법, 「장애인복지법」(「심신장애자복지법」 대체), 「장애인고용촉진 등에 관한 법률」. 91–「영유아보육법」, 「청소년기본법」, 「고령자고용촉진법」

1993~1997

김영삼–문민정부: 신자유주의 경제체제+복제정책 강화: 「4대 사회보험법」, 「사회복지서비스법」

93–「고용보험법」(95시행). 94–「성폭력범죄의 처벌 및 피해자 보호 등에 관한 법률」. 95–「보호관찰 등에 관한 법률」(「갱생보호법」 대체), 「국민연금법」개정(농어촌 자영자와 농어민까지), 「사회보장기본법」(사회보장에 관한 법률 대체), 「정신보건법」. 97–「사회복지공동모금법」, 「청소년보호법」, 「장애인 · 노인 · 임산부 등의 편의증진보장에 관한 법률」, 「사회복지사업법」(전면 개정), 「가정폭력방지 및 피해자 보호 등에 관한 법률」, 「국민의료보험법」(1차 의료보험 통합)

1998~2002

1997.12.03.~2001.08.23.–IMF 외환위기(구제금융)

김대중–국민의 정부: 생산적 복지, 적극적 노동시장 정책. 98–「국민연금법」(개정–전 국민 대상). 99–「국민기초생활보장법」(IMF 위기로 사회안전망 기능 대폭 확충. 연령 기준 등 폐지–최저생계비 이하면 국민 누구나. 시혜보다 권리 부각), 「국민건강보험법」(「의료보험법」과 「국민의료보험법」대체), 「장애인복지법」(전면 개정–장애인범주 확대). 2000–「장애인고용촉진 및 직업재활법」(「장애인고용촉진 등에 관한 법률」의 전문 개정과 대체). 01–「의료급여법」(「의료보호법」대체–권리 성격). 02–「모부자복지법」(「모자복지법」대체–성평등 지향)

2003~2007

노무현–참여정부: 지역사회 복지 강화. 예산에서 경제와 복지 비중 초기 20% 대 28%에서 말기 28% 대 20%로 역전. 03–「사회복지사업법」 개정(지역사회 중심 사회복지사업 기반). 04–「청소년복지지원법」, 「청소년활동진흥법」, 「건강가정기본법」, 「성매매방지 및 피해자보호 등에 관한 법률」. 05–「교통약자의 이동편의증진법」, 「저출산고령사회기본법」, 「자원봉사활동기본법」, 「긴급복지지원법」(5년 한시–09년에 한시조항 삭제). 07–「장애인차별금지 및 권리구제 등에 관한 법률」, 「기초노령연금법」, 「 노인장기요양보험법」, 「한부모가족지원법」(「모부자복지법」 대체)

2008~2012

이명박 정부(능동적 복지): 08–「다문화가족지원법」, 「고용상연령차별 금지 및 고령자 고용촉진에 관한 법률」(「고령자고용촉진법」 대체). 09–「국민건강보험법」(사회보험료 징수 업무 일원화). 10–「장애인복지법」개정, 「장애인연금법」, 「성폭력방지 및 피해자보호 등에 관한 법률」(성폭력범죄의 처벌 및 피해자보호.. 대체). 11–「장애인활동지원에 관한 법률」, 「사회복지사 등의 처우 및 지위 향상을 위한 법률」, 「노숙인 등의 복지 및 자립지원에 관한 법률」. 12–「사회복지사업법」개정(시설 이용자 인권보호–시설 운영의 투명성 강화), 「사회보장기본법」개정(보편적, 생애주기적 특성에 맞게). 「장애아동복지지원법」(가족 부담 경감)

2013~2016

박근혜 정부: 14–「아동학대범죄의 처벌 등에 관한 특례법」, 「기초연금법」(「기초노령연금법」대체: 65세 이상 70%에게 현금 급여), 「국민기초생활보장법」개정(지원대상 확대, 탈수급 유인), 「발달장애인 권리보장 및 지원에 관한 법률」(장애 범위 구체화. 장애 당사자의 권리 보호와 보호자의 삶의 질 향상 도모)

2017~

문재인 정부: 박근혜 대통령 탄핵으로 새로 당선 - 포용적 복지. 치매국가책임제(본인 부담 10% 상한제), 지역사회 통합돌봄 체계 구축: 17–「장애인복지법」개정(등급을 장애 정도로. 19년부터 등급제 폐지.), 「특정범죄신고자 등 보호법」(중증장애인 학대 및 장애인 대상 성범죄 신고인의 보호 강화), 국민건강보험보장성 강화, 간호간병통합서비스제공병상 확대. 18–「아동수당법」(아동 양육에 따른 경제 부담 경감), 근로장려금 지원대상 확대(18년 1조2천억, 19년 2조8천억, 20년 4조5천억). 20–유치원 3법(「유아교육법」, 「사립학교법」, 「학교급식법」) 일부 개정안(18년 입안 후 패스트트랙까지 거치며 힘겹게 통과)

문재인 정부(포용복지): 부양 의무자 기준 폐지 공약+100대 국정과제–18년 주거급여 폐지, 생계와 의료급여–소득 하위 70% 이하, 중증장애인(20년부터). 22년까지 폐지 계획 나오지 않음. 아동수당 10만원(18년 도입–소득 하위 90%, 19년부터 6세 이하 모든 어린이로 보편화. 9월부터 7세 이하로 확대)

그림 1-2 한국 사회복지 법제사

그 사이 동유럽과 중국 등 공산권에서는 공산주의를 실험하였고, 나머지는 대체로 자본주의와 수정자본주의 더 나아가 북부 유럽을 필두로 복지국가를 실험하였다. 공산주의가 노동자와 인민의 독재가 아니라 공산당원, 특히 일부 고위층의 독재로 흐를 때, 자본주의 역시 독점자본주의로 흐르며 여러 위기를 초래하였다. 공산주의가 큰 개혁을 이루지 못한 것은 역시 주권재민의 민주주의가 작동하지 않은 탓이 크다. 반면 자본주의에서는 그래도 민주주의가 작동한 결과 복지국가 실현에서 수많은 수정과 개혁을 거쳐야 했다.[9] 세계 경제가 안정적으로 발전하던 50년대에서 1970년대 중반까지 유럽의 복지국가는 웬만큼 틀을 갖추었다.

1970년대 중반과 후반의 오일쇼크는 그런 세계 경제의 흐름에 암초가 되었고, 그에 따라 사회복지의 발달 흐름에도 제동이 걸렸다. 2008년의 금융위기도 마찬가지다. 그러나 발달의 속도에 장애가 발생했다고 해서 복지의 수준이 아예 거꾸로 흐르지는 않는다. 분야에 따라 복지 수준이 이전보다 못한 경우도 생겼지만 그것은 전체 예산 때문이 아니라 인구 고령화(출산율 저하), 세계화와 자본의 독점(부익부, 규모의 경제), 4차 산업혁명과 같은 자동화로 인한 일자리 실종 등의 구조적인 문제 때문이다. 앞으로도 그 구조적인 문제를 제대로 해결하지 못하면 결국은 또 한 번의 커다란 혁명을 맞아야 할지도 모른다. 앤더슨도 이를 전과 다른 외부로부터 오는(exogenous), 포스트 산업경제에 관련된 위기로 보았고, '과부하'가 아니라 기존의 제도적 구성과 외생적 변화 간의 부정합적 관계(disjuncture) 때문이라고 하였다(Esping-Anderson, 1999). 쉽게 말해 포스트 산업, 그러니까 기계나 전자 같은 제조산업이 아니라 자동화에 서비스(그마저도 자동화에 많이 잠식되지만)가 중심인 시대에 남자는 바깥일, 여자는 집안일이라든가 평생직장 개념으로 하루 8시간 5일 근무제 같은 식으로는 살아가기 힘들다는 말이다. 그래서 독일의 수상 슈뢰더는 사민당 소속임에도 비정규직의 양산을 시험하였고, 우리나라에서도 정규직보다 비정규직이 더 많아졌다. 그러나 이것이 해결책이라는 말은 아직 할 수 없다.

---

9) 제1차 세계대전에 이은 대공황 이후의 사회보장 및 복지정책들이나 제2차 세계대전 이후 유럽의 베버리지 보고서와 그에 이은 노동당의 복지정책들, 그리고 북유럽의 복지국가 실험 등을 꼽을 수 있다(Baecker et al., 2002).

2) 한국 사회복지의 역사

한국은 선진국들이 복지국가를 시작할 무렵에야 독립하였지만, 한국전쟁을 치르고 복구하며 먹고 사느라 복지에 신경 쓸 겨를이 없었다. 1919년 대한민국임시헌장에서 '민주공화제'를 규정하고, 1948년 제헌헌법에서는 국민의 기본권과 사회권 보장 그리고 재산권과 개인의 경제·자유의 제한과 국가의 역할을 강조하는 사회민주주의 특징도 담았다. 그러나 6·25라는 불행이 있었고, 또 헌법보다 자기 정당 혹은 소수의 이익을 앞세워 사회민주주의를 주장하는 진보당의 조봉암(1898~1959)에게 사형을 선도하고 이듬해 실제로 집행하는 불행도 있었다.

4·19와 5·16을 거쳐 경제성장을 위해 복지는 물론 자유와 같은 기본권마저 제한받던 시기에 선진국들은 복지국가의 전성기를 구가하던 때였다. 그때 국내 사회복지제도는 그저 형식적인 입법만 이루어진 상태였다. 해외에서 복지국가에 제동이 걸릴 무렵에야 복지제도가 하나씩 실현되기 시작하여, 이제 겨우 복지국가를 이야기할 만한 수준에 올랐다. 흥미로운 것은 어려울 때 오히려 더 빛을 발하는 역사다. 외환위기로 IMF의 간섭을 받던 때 복지제도의 대대적인 확충이 이루어졌고, 사방에서 복지를 줄이거나 조정할 때 일자리와 복지예산은 역대 가장 큰 폭으로 늘었다(2018년 12.9% 증가; 보건복지부 예산증가율: 2016년 1.1%, 17년 3.2%, 18년 11.1%, 19년 20.2%).

비판의 눈으로 보자면 여전히 세계 최고 수준인 노인 빈곤율과 노인 자살률에 제대로 된 일자리 없는 청년들과 40~50대의 산업 구조적 실업, 저조한 행복도 등 아직도 풀어야 할 일이 산적하다. 그러나 남들이 복지국가를 이야기할 때 세계에서 가장 가난한 축에 들었던 상태였던 걸 함께 놓고 본다면 다른 각도에서 논의도 가능하다. 미국과 비교할 수 없을 정도로 양호한 건강보험체계로 돈이 없어 치료받지 못하는 경우는 거의 없어졌고, 연금제도가 서서히 제 기능을 찾아가고 있다. 장기요양보험 도입에 공공부조 생활보호 제도(「국민기초생활보장법」)의 권리성도 높아지고 노인들도 기초연금을 받으며 지하철 닿는 곳이면 어디든 무료로 다닐 수 있다. 이 정도 속도로 복지 수준을 키운 나라는 어디에도 없다.[10)]

10) 2019년 영화 《기생충》이 아카데미에서 4관왕을 차지하였다. 《조커》와 달리 사회복지가 직접 등장

〈그림 1-2〉를 보면 그 속도감이 어느 정도 실감 난다. 제3~4공화국은 경제성장을 위해 복지제도를 돌볼 겨를이 없었다. 그러나 스웨덴의 경우를 보면 바로 그럴 때일수록 복지제도와 경제체계를 잡아 놓아 그 다음 경제가 제대로 돌아갈 때 온 국민이 다 같이 복지를 누리고 있다. 아쉽지만 박정희 정권에서 복지는 자린고비의 굴비였을 뿐이다. 제5공화국은 그래도 복지에 신경을 쓰며 '복지사회의 건설'을 내세우기까지 하고, 국정 4대 지표의 하나로 삼았다. 물론 실제로 그런 정도는 아니었지만, 그래도 '사회복지사'란 말이 제도에서 처음 등장하였고(1983), 국민연금제도가 가동되기 시작한 것이 그 시기였다. 노태우 정부는 88올림픽과 패럴림픽 덕을 보기도 하고, 그러면서 장애인 복지제도를 확충하였다.[11)]

김영삼 문민정부는 「고용보험법」으로 4대 보험체계를 완성하였고, 「사회보장기본법」과 「사회복지공동모금회법」 등을 마련하여 의료보험 통합의 물꼬도 텄다. 모처럼 문민의 정부이니 복지제도 발전에 박차를 가할 수도 있었겠지만, 정작 세계화 물결과 신자유주의 물결에 문을 열어주었을 뿐이다. 그러면서 크나큰 위기를 만났다. 바로 IMF 외환위기다.

하지 않지만, 빈부격차가 커지기만 하고 사회복지 제도가 없을 때 사회에는 반지하와 지하실 생활이 많아지고, 마당에서 파티하다 일어나는 소란도 잦아지기 마련이다. 또 하나 우리에게 사회복지 제도가 온전하게 자리 잡았더라면 이런 영화가 나왔을까? 우리 영화가 아카데미상을 받는 일은 한참 더 기다려야 하지 않았을까? 물론 봉준호 영화와 방탄소년단의 출현을 위해 우리 사회가 더 아파야 한다거나 그래도 된다는 말은 아니다. 다만 우리가 그런 아픔도 이렇듯 잘 소화할 줄 안다는 사실이 뿌듯할 뿐이다.

11) 일제 강점기가 남긴 가장 큰 상처는 아직도 친일과 반일의 반목이 화목을 방해하고, 6 · 25가 남긴 가장 아픈 상처는 아직도 북한에 대한 태도가 양분되어 우리 민족과 경제의 도약 기회의 실현을 가로막는다는 것이다. 군사정변에 이은 권위주의 정부가 사회복지 관련하여 남긴 가장 큰 업보라면, 국민의 요구나 정치권의 성숙한 각성으로 복지가 발전한 게 아니라 정권의 필요로 복지제도가 동원되고, 복지사회 구현이라는 국정 기조마저 국민의 진정한 욕구가 아니라 독재 정권의 통치 전략에서 비롯하였다는 점이다. 그래서 아직도 '복지'라는 말만 나와도 정치권은 물론 국민 사이에서마저 날 선 대치가 사라지지 않아 상처를 만든다. 그러나 2019년 일본의 역사 부정을 위한 선부른 수출규제가 부른 우리 민족의 기술 독립운동과 사지 않고 가지 않는다는 극일의 자세에서 보듯, 우리는 또 저 상처를 딛고 더 큰 성취를 이룩하고 있다. 다만 그러려면 습관화된 경쟁 원리를 인간 존엄성의 원리로 대체해야만 한다. 경제를 중시하고 경쟁을 강조하다 보니 일하지 않고 게으른 사람에 대한 복지 제공에 동의하기 어렵기 때문이다(김연명 외, 2011: 197-198).

위기는 기회와 함께 온다. 그 덕에 정권을 처음 바꾼 김대중 국민의 정부는 「국민연금법」 개정으로 전 국민을 대상으로 확대하고, 「국민기초생활보장법」을 마련해 위기에 빠진 사람들의 나이를 따지지 않고 구제에 나섰다(기존 「생활보호법」 폐지). 생산적 복지라는 말이 이 제도와 연결되는데, 근로와 연계하여 자활을 강조하였기 때문이다. 그 밖에 물꼬가 트인 의료보험 통합이 「국민건강보험법」으로 마무리되고, 장애인 복지 관련법들이 정비되었다. 복지와 관련하여 김대중 정부의 의의라면 IMF 사태로 우리 정부 마음대로 정책을 펼 수 없던 상황에서 복지제도를 확충한 점이다.

이어진 노무현 참여정부는 지역사회 차원의 복지체계 구축을 위해 「사회복지사업법」을 개정하고 또 복지 바우처라는 사회복지서비스 이용권도 마련하였다. 「건강가정기본법」, 「기초노령연금법」, 「노인장기요양보험법」 등이 새로 입법되었다. 「국민기초생활보장법」의 개정으로 부양의무자 규정을 축소하여 사각지대를 없애려 노력하면서, 다문화가정에도 수급 자격을 부여하였다. 노무현 정부는 정부 예산에서 복지예산이 경제 관련 예산을 넘어서며 복지 확충의 길을 넓혔다.

다시 복지보다 성장을 앞세우는 정권으로 교체되었지만, 이명박과 박근혜 정부에서도 복지가 축소되지 않고 예산의 증가 폭은 줄었어도 예산 자체가 감소하는 일은 없었다. 이명박 정부에서는 늘어난 다문화가정 때문에 「다문화가족지원법」이 제정되고, 「장애인활동 지원에 관한 법률」과 「장애아동 복지지원법」을 마련하였다. 특히 「사회복지사 등의 처우 및 지위 향상을 위한 법률」(2011) 제정은 우리 (예비)사회복지사 혹은 사회복지실천가들에게 중요한 의미가 있다. 효율성을 강조하기 위해 사회보험료의 징수 작업을 일원화하고(「국민건강보험법」 개정), 「사회보장기본법」을 전부 개정하였다.

'증세 없는 복지'를 주장한 박근혜 정부는 경로수당(만 65세 이상 35,000~60,000원)을 대체한 기초노령연금(83,000~90,000원)으로 소득과 무관하게 모든 노인에게 보편적으로 월 20만원을 지급하겠다고 공약했다. 그러나 당선 후 '미래세대 부담 경감'을 위해 국민연금과 연계하고 재정 상황을 참작하여 하위 70%에게 20만원을 지급하였다. 이때 흐트러진 노령연금은 아직도 영향을 미친다. 이른바 '줬다가 빼앗는다'는 비판이 그때 시작하여 지금도 없어지지 않았다. 그 밖에 「사회보장급여의 이용·제공 및 수급권자 발굴에 관한 법률」, 「발달장애인 권리보장 및 지원에 관한 법률」을 제정하였다.

탄핵으로 다소 갑작스레 문을 연 문재인 정부는 포용국가의 복지를 지향한다. 치매국가책임제 시행, 의료비 경감, 노인과 장애인 일자리 늘리기 등의 복지제도를 시행하였다. 2018년부터 아동의 건강한 성장 환경을 조성하여 아동 양육에 대한 국가의 책임성을 강화하려는 목적으로 「아동수당법」이 시행되고 있다(서동명, 2020: 99). 그렇지만 전 정권에서 잘못 비틀린 기초연금의 이른바 '줬다 빼앗는' 현상은 아직 근본적인 변화가 보이지 않고, 부양의무자 기준 철폐 공약도 제대로 실현되지 못한 상태다. 역시 증세와 연결되지 않은 복지정책의 가능성은 그리 크지 않은 셈이다.

그러나 역사의 시각에서 보자면 그 짧은 기간에 한국사회복지의 발전은 민주주의 발전만큼이나 눈부시다. 1953년 강남대학교에서 사회복지 교육이 최초(1947년 이화여자대학교에서 시작된 기독교사회사업과를 최초로 주장하는 경우도 있음)로 시작된 이래 2020년 전국 429개 대학에서 516개 이상 사회복지 관련학과가 검색될 정도다. 사회복지 분야 학술지는 약 62종(등재 27종, 등재 후보 10종)이다. 2003년 처음 사회복지사 1급 국가시험 실시 이후 2019년 100만명을 넘어서 운전면허증 다음으로 보유자가 많은 자격증이 되었다. 2018년 기준으로 GDP 대비 사회복지지출 비중은 아직 OECD 최하위 수준이지만, 일자리 포함 복지예산은 정부 예산의 1/3(146조 2천억)이나 차지하며 역대 가장 높은 증가율(12.9%)을 보여주었다(김미옥 외, 2017: 52).

3. 사회복지실천

사전에서 social work의 풀이는 '사회복지 업무'(옥스퍼드 영한), '후생(또는 보린) 사업'(동아출판 프라임한영사전), 사회사업(능률 한영사전) 등이다. 가장 편하고 간단하기로는 사회사업이나 사회복지사업이면 족하다. social work 또는 social work practice, 실천(practice)이란 말이 들어가든 들어가지 않든 기본 뜻은 마찬가지다. 그런데도 영어에서 practice란 말을 굳이 붙이고, 우리도 따라서 실천이라는 말을 덧붙였다. 독일에서는 social work를 그대로 Soziale Arbeit(사회사업)로 옮기는데,

practice는 따로 더하지 않았다. 그러면서 2001년부터 주로 응용과학대학에서 전통의 학문 분야인 사회교육학과 사회사업을 합쳐 전문 학문분과로 개설하였다. 여기에는 사회교육학이 포함된다(Schmidt, 2005). 유럽 다른 나라나 특히 미국에서는 이미 오래전부터 사회복지실천을 학문적 기반 위에서 사회에 실재하는 문제를 해결하고 줄이거나 막아내려고 노력하는 직업 활동(profession)으로 정립하였다.[12] 사회교육학이 예방 차원을 지향한다면, 사회복지실천은 사회문제에 대한 반응이며 문제 상황이 보고된 뒤의 개입 중심이다. 사회교육학이 개인의 행동교정 혹은 생활 운영의 변화라면 사회복지실천은 제반 생활 관계의 변화에 대한 지원이란 점에서 차이가 난다(Christoph Ried, 2017: 343-387). 이와 달리 사회복지실천을 다른 직업과 구분이 가능한, 활동이론에 따른 활동 규칙을 바탕으로 한 개입체계로 이해하기도 한다. 자체 이론과 모델 말고도 심리학, 사회학, 경제학, 인류학, 법학, 행정학, 교육학 등의 접근방법을 활용하는 등 자세한 개념 규명은 어렵고 논란도 많다. 사업 분야도 아직은 의견이 분분하다(https://de.wikipedia.org/wiki/Soziale_Arbeit#cite_ref-6). 한편 2014년 멜버른 사회복지사국제연맹(International Federation of Social Workers)에서 정의한 개념은 다음과 같다.

> 사회복지실천은 사회 변화, 사회 발달, 사회통합과 인간 능력의 강화와 인간의 해방을 목적으로 하는 실천 지향적 직업이며 학문분과이다. 사회정의, 인권, 공동의 책임과 다양성 인정 등의 원리가 사회사업의 기초를 이룬다. 사회복지실천이론, 제반 사회학, 인문과학과 토착 지식을 기반으로 하는 사회복지실천에서는 삶을 어렵게 하는 온갖 도전을 극복하고 안녕(복지)을 향상하기 위해 사람과 구조에 개입한다.

12) 미국에서 사회복지에 실천이란 말까지 넣어서 강조한 데에는 그만한 이유가 있을 듯하다. 19세기로 거슬러 올라가 국가보다 앞서 종교기관이나 이런저런 재단이나 부유한 개인의 공공복지 차원의 활동이 많았고, 제도가 생긴 이후로도 관심은 도움이 필요한 사람들을 어떻게 하면 '정상' 상태로 '개선'할 수 있을지에 대한 고민이 컸다(박병현, 2011). 말하자면 제도를 바꾸고자 하는 구조적 노력보다 처음부터 개인적 돌봄의 기술과 철학에 더 큰 비중이 있었던 셈이다. 물론 나중에는 구조적 노력도 포함이 되었다. 특히 1970년대 이후로 그런 현상이 더욱 두드러졌다.

1860

런던 지식인들 빈곤문제 연구와 자선활동 단체들의 조정. 런던에 최초의 자선조직협회 발족(1869)

미국-뉴욕 최초의 주 단위 자선조직협회: 원조 제공이 아니라 자선단체 간 통합과 조정으로 자선의 중복 방지. 여기 활동자들 '우애방문자'-자원봉사, 1900년대 직업화

1872~1877

인보관 운동: 대학생들 현장 찾아 사회개혁 시도(기독교 사회주의-빈민 생활 개선). 3R 강조: Residence(현장 거주), Research(조사연구), Reform(개혁)

버펄로 - 최초 시 단위 자선조직 설립
빈곤 - 개인의 게으름 탓. 도덕적 감화 노력
(독일 Elberfeld 제도 모방)

1884~1889

런던-토인비홀, 미국 시카고-헐하우스

1900~1920, 1922~1957

Mary Richmond: 『사회진단 Social Diagnosis』(1917), 『사례별 사회복지사업(케이스워크)이란 무엇인가? What is a Social Casework?』(1922)

밀포드 회의(1925)-케이스워크, 집단사회사업, 지역사회조직 망라한 사회복지실천 전문 활동가(사회복지사) 양성 교육과정 제안

Helen Perlman의 **문제해결모델**(진단주의와 기능주의, 1957). **4P**: problem, person, place, process

사회복지실천의 전문화
-직업적 활동자 증가. 학위 제도 시작(영국 서더크 여자대학 - 1903년 사회학 대학으로 발전, 미국 뉴욕 6주 교육과정) - 1904년 1년, 다시 2년 과정. 1904년 이후 정규대학 학사자격(시몬스 대학)
-단체의 조직화. 전미자선조직협회(1911), 전미인보관연맹(1911), 의료분야 사회사업가 채용(매사추세츠 - 1905, 정신의료사회사업가(1907)

1950~1960년대

전후 세계 경제 호황: 수입증가와 시민의 자유 확장, 베이비붐 증가, 아동 및 청소년 비행과 약물남용 현상 증가 - 지역사회 정신건강센터, 클리닉 증가

한국전쟁 후 외원단체협의회(KAVA-선교와 구호활동) - 33개 단체. 60년대 123개까지. 70년대 초까지 활발한 활동, 전문화에 기여. 대학 사회사업학과: 이화여대(47), 강남대학교(중앙신학교, 53), 서울대 대학원(59-사회복지 전공); 전문인력 자격 '사회복지사업종사자' 자격제도
67: 사회복지사 윤리강령 채택(3차 개정)

1970~1980년대

시카고 회의(1979): "사회복지실천의 목적에 관한 현장의 진술(Working Statement on the Purpose of Social Work": 모두의 삶의 질 향상(개별 케이스), 개인과 사회체계의 상호작용 회복/촉진(제도 문제). 사회복지 대상: 개인, 가족, 집단, 지역사회
실천모델-다양하게 등장: 정신역동모델, 심리사회모델, 인지행동모델, 과제중심모델, 역량강화모델, 위기개입모델

'사회사업'(부정적 이미지) 대신 '사회복지'
사회복지학과 또는 그 관련학과 대거 설치(20년 한국사회복지교육협의회 등록학교 98개).
사회복지실천에 다중관점 도입: 생태학적 접근, 사회체계이론의 수용, 생활모델, 지역사회와 가족 중심 접근모델 등 - 개인과 사회체계 양쪽 모두의 문제 해결 모색 83-사회복지사 자격제도

1990년대

미국 사회복지실천의 전문화 가속: 직접 실천 강조, 미국사회복지사협회(NASW)의 사회사업실천가 자격과 능력 심사 강화, 사회사업대학교육협의회(CSWE)의 자격인증제 강화
강점강화 관점의 접근법 강조: 클라이언트의 문제와 결함이 아니라 변화와 성장 가능성 강조
생태주의와 페미니즘 관점 강화
반면 레이거노믹스와 그 이후: 빈곤의 개인 책임 강조, 사회복지예산 축소, 민영화 - 사례관리서비스(적은 예산으로 다양한 문제와 욕구 대처)와 해결 중심 방법 강화, 지역사회역할 강조(포괄적 지역사회 변화 운동 - 합의 중심 모델)

96: '임상사회복지사'(한국사회복지사협회 주관) - 98년 '전문사회복지사 제도: 아동-청소년, 노인, 장애인, 의료, 지역사회, 공공복지서비스 등 6개 전문분야) - 2000년 중단

96-정신장애인 사회복귀 지원; 97-「사회복지사업법」-사회복지사 1급 국가시험 신설
94부터 법인 아닌 개인도 사회복지시설 설립

2000년대

전 세계 차원에서 자동화 기술혁명: 고용 불안정성 강화
OECD 대부분 사회의 노령화 - 노인인구 증가와 수발 수요의 증가. 노후의 이동성 증가(생활비 저렴한 곳에서 요양).
기후와 생태의 변화

2000-한국학교사회사업실천가협회 창립, 자활사업 영역 포함(「국민기초생활보장법」)
03-첫 사회복지사 국가시험; 05-제1회 학교사회복지사 자격시험; 08부터 장애인 정책 변화(시혜에서 권리, 자립과 정상화, 탈시설화)
복지 사각지대 발굴과 맞춤형 서비스

그림 1-3 사회복지실천의 역사

한국의 사회복지실천교육은 대부분 미국 유학이나 현장 경험이 있는 국내 교수진 중심으로 이루어져 미국 사회복지실천을 바탕으로 발전하였다(김성천 · 이은정, 2012). 그 탓에 지역사회 단위 이상의 거시적 사회복지실천이 통합되지 못하고, 교육은 실천론, 실천기술론 중심 개인 단위의 미시적 사회복지실천이 중심이다. 그래서 국내 사회복지실천은 우리 실정에 맞지 않고, 교과서 내용도 국가 자격시험 위주로 획일화되어 사회복지실천의 현장과 괴리도 크다. 사회복지사는 양적으로는 급속하게 팽창하였지만(2019년 사회복지사 1백만명 이상), 전문성과 사회복지실천의 가치와 윤리를 충분히 담아내지 못했다(김미옥 외, 2017: 54).

사회복지실천이 미국에서 일찍부터 발달한 것은 그 사회의 전통, 문화와 연결하여 생각해볼 수 있다. 영국의 「구빈법」 전통에서 복지실천 대상은 가난한 사람들 중심이고, 그중에도 혜택 대상은 받아 마땅한 사람, 그러니까 본인의 나태와 악습(알코올 중독, 성매매 등)이 아니라 어쩔 수 없는 사정 때문에 가난에 빠진 이들이다. 즉, 구제를 통해 다시 정상 노동자, 국민이 될 사람들이다. 복지는 시혜인 동시에 통제 수단이기 때문에 이들은 격리의 대상이다.

20세기 초의 미국에서도 이런 의식이 지배적이었다. 인보관 운동이 조금 예외적으로 사회개혁을 함께 보았지만, 대부분은 자기 잘못으로 정상 궤도에서 벗어난 어려운 사람들의 구제는 물질적으로 급한 혜택과 함께 계몽으로 악습에서 구해 정상으로 되돌리거나 개선하는 게 중심 흐름이었다. 즉, 계몽과 치료의 대상이다. 사회복지사 혹은 사회복지실천가의 이상적 역할은 교사 혹은 의사다. 그래서 그 교육도 상담기술, 접근 방법 등 개별 사례의 해결 방법 위주였다.

세계공황을 겪고 경제가 다시 발전하면서 시민 개개인의 자유를 포함한 기본권 보장 폭이 커지면서 문젯거리 역시 다양해졌다. 개인의 환경이 중시되고, 환경과 개인의 변화를 모색하기에 이른다. 어려움은 단순히 개인의 책임이 아니라 환경의 책임이기도 하다. 이제 복지는 더는 시혜 차원이 아니고 권리의 차원이 되었다. 격리의 대상이 아니라 통합의 대상이다. 사회복지사는 바로 중재자다.

마침내는 문제에 빠진 개인의 문제를 먼저 보지 않고, 강점을 보고, 문제 있는 개인을 스스로 문제를 해결할 능력을 갖춘 사람으로 보기에 이르렀다. 오늘날의 추세는 이 강점강화 지향이다. "어려운 사람을 잘 돕는다는 것은 좋은 물건을 주고 좋은 서비스를 제공하는 것이 아니라 당사자의 인격을 살리고 잘하는 일을 더 잘하게, 자신의 강점을 발휘하며 살아가도록 돕는 일"(김세진 외, 2019〈6쇄〉: 36)이다. 사회복지실천가는 조력자요 옹호자며 강점을 살려주는(empowering) 사람이다. 이렇게 보면 사회복지실천의 발달은 다시 주권재민 민주주의 발달의 과정, 인격존중의 발달과 궤를 같이한다.

한국에서 사회복지 업무를 하는 사람은 「사회복지사업법」(1992)에 따라 '사회복지전문요원' 자격의 공무원으로 처음 전국에 배치되었다. 1995년에는 정신보건법을 통해 정신보건사회복지사 수련 과정이 생겨났다(1997). 사회복지사의 전문성을 높인다는 취지로 한국사회복지사협회에서 1996년부터 '임상사회복지사' 자격제도를 실시하다가 1998년 '전문사회복지사'로 명칭이 변경되었으나 2000년에 중단되었다. 그 대신 1997년 사회복지사업법과 그 시행령에 이어 1998년 시행규칙 개정으로 사회복지사 1급 국가시험이 시작되어 2003년에 처음 실행되었다. 사회복지사 국가시험제도 도입과 함께 사회복지실천이 처음 교과과정에 올랐다. 1998년부터 그간 개별사회사업과 집단사회사업이 사회복지실천론과 사회복지실천기술론으로, 지역사회조직이 지역사회복지론으로 개편되었다(권향임 외, 2019〈2판〉: 71).

사회복지실천은 사회의 제도와 노력을 모두 포함한다. 사회복지실천 활동이란 사회 구성원 모두의 안녕 상태를 지향하는 사회의 집합적(자원을 모은 다음에 사용), 조직적(영역, 대상, 제공 수준, 제공 인력 등의 기준을 정하고 정해진 사항과 절차에 따라 활동)인 노력이다. 사회복지실천 활동 영역의 예로는 첫째, 간접적으로 사회복지 행정과 정책은 물론 주택, 교통, 환경, 치안 등도 관련이 있다. 둘째, 직접적으로는 사회보험, 공공부조, 사회복지서비스 등과 그 관련 영역이다.

구체적으로 열거하면 지자체 사회복지 전담 공무원, 사회복지기관의 사회복지사, 종합병원 의료사회사업가, 정신병원이나 정신보건센터의 정신보건 사회복지사, 학교사회복지사, 아동 또는 노인복지시설 등 각종 사회복지단체와 시설 근무 사회복지사 등은 클라이언트에게 서비스를 직접 제공한다. 또 국민기초생활보장수급자의 욕구 파악을 위한 상담, 저소득층 자활 보호 대상의 자활 관련 상담, 재가복지 대상자의 욕구 파악과 지원을 위한 상담, 독거노인 상담, 실직자 구직활동이나 직업훈련 원조 활동, 미혼모 자녀 양육이나 입양 및 자활 관련 상담, 아동 위탁가정

사업 관련 조사와 상담, 학대 피해아동 보호와 가정 개입 활동, 환자 의료비 문제, 퇴원 후 생활 상담, 학교 부적응 학생 상담, 지역사회 정신건강센터 정신장애인의 사회환경 조사와 재화 상담 등이다(엄명용 외, 2012: 20-24). 이런 구체적 사회복지 실천 활동은 물론이고 그 대상자도 시대에 따라 변하기 마련이다. 이를테면 전에 없이 북한이탈주민이 증가하고, 결혼이민여성이 늘며 다문화가정 역시 다양해지면서 그들 나름의 복지 욕구가 새로 생겼다. 페미니즘에 이어 성평등이 강조되고 그에 따른 성인지의 관점도 중요해졌다(엄명용 외, 2012: 3). 앞으로 통일이 된다면 그에 따른 복지 욕구가 새롭게 부각될 것은 자명할 것이다.

2절 법의 개념과 체계

1. 법: 형법 – 시민법 – 사회법

- 법 : 국가의 강제력을 수반하는 사회 규범. 국가와 공공기관이 제정한 법률, 명령, 규칙, 조례 따위
- 법률 : 국회의 의결을 거쳐 대통령이 서명하고 공포하여 성립하는 국법(國法). 헌법의 다음 단계이고, 행정부의 명령이나 입법부와 사법부의 규칙 따위와 구별됨. 명령과 규칙이 법률에 위반되면 적용이 거부되고, 법률이 헌법에 위반되면 법원에서는 그 법률의 적용을 거부함.
- 법령 : 법률과 명령을 아울러 이르는 말.
- 명령 : 국회 의결을 거치지 않고(의결되면 법률) 행정기관에 의해 제정되는 국가의 법령. 법률보다 하위로 대통령령, 총리령, 부령.
- 규칙 : 헌법이나 법률에 입각하지 않고 입법부, 사법부, 행정부에서 제정되는 제정법의 한 형식. 국회 인사규칙, 감사원 사무 처리 규칙, 법원 사무 규칙 따위가 있음.
- 조례 : 지방자치단체가 법령의 범위 안에서 지방의회의 의결을 거쳐 그 지방의 사무에 관하여 제정하는 법(지방조례, 조령이라고도 함).
- 조리(條理) : 사람의 상식으로 판단할 수 있는 사물과 자연의 본질적 이치. 경험칙, 사회통념, 사회적 타당성, 신의 · 성실, 사회질서, 형평, 정의, 이성, 법의 체계적 조화, 법의 일반원칙 등으로 표현되기도 함.

"소시지와 법의 공통점은? 만드는 과정을 지켜보면 안 된다는 것!" 마크 트웨인의 말이다. 이에 대해 최재천은 2012년 경제 활성화를 내세워 학교 주변에 호텔 건립을 허용하는 소위 「관광진흥법」을 예로 든다(최재천, 2016). 2000년 의약분업

제도 도입 때 전국의 의사와 약사는 번갈아 가며 파업을 불사하는 몽니를 부렸다. 2005년 사학재단과 설립자의 전횡을 막자는 「사학법」 개정은 사학의 주인이 여럿 있는 당의 결사적인 반대로 결국 입법 하고 나서도 재개정으로 취소되고 말았다. 2017년 유치원 3법에 포함되어 개정이 시도되었지만, 다시 이름 바꾼 그 당의 거센 반발로 2020년 초에야 겨우, 그것도 패스트트랙이라는 억지 수단을 거치고서야 일부가 반영되었다.[13] 유치원 3법의 나머지도 크게 다르지 않다. 이를테면 학생이나 유치원생과 그 부모보다는 유치원 원장의 이익을 앞세운 것이다. 유치원 교사도 아니고 오로지 원장 혹은 그 설립자(주인)의 이익과 그들이 모아 주는 표로 이득을 보는 '국회'의원들과 그들 정당의 이익을 위한 것이다.

공공 차원에서 선택이 일어나면 비용이나 손실은 공공으로 돌리고 이익은 사사로이 차지한다는 이른바 '공공선택이론'을 떠오르게 한다. 공익실현의 길잡이인 법을 만드는 과정이 이익집단의 사익추구 통로로 이용되거나 사익추구를 위해 법의 개정이나 제정을 방해하는 현상들이다. 사회복지와 관련된 많은 법에도 사익추구를 조장하거나 묵인하는 조항들이 얼마든지 남아 있을지도 모를 일이다. 사립유치원이 2018년까지도 80%에 육박하는 상황은 다른 사회복지시설과 더 나아가 의료시설이라고 크게 다르지 않다.[14] 더 심한 경우도 있다. 오죽하면 법을 그대로 지키면 손해라느니, 또 위의 김종삼 시인 같은 사람을 가리켜 법 없이도 살 사람이란 식의 말이 유행하겠는가.

그러나 보장과 통제, 억지와 안정, 분쟁의 해결과 조정, 자원 배분 등 여러 기능이 있지만, 법률은 기본적으로 보호를 위한 장치다. 고칠 법도 많고 만들 법도 있지만, 지금 당장 법이 없어진다면 힘 많고 돈 많은 사람이 유리하지, 그렇지 않은 사람들이 더 유리하지는 않다. 소수의 힘과 꾀 많은, 예외의 사람들도 없지는 않겠지만 말이다. 처벌과 제재가 따르는 것은 처벌과 금지를 위해서이기도 하지만, 궁극에서는

13) 주권재민의 민주주의 수준과 연결하여 생각할 수 있다. 촛불혁명이 있고 나서야 진짜 표를 가진 유치원생 부모의 이익을 소수 목소리 큰 '유지'의 이익보다 먼저 생각하여 반영하게 되었기 때문이다.

14) 정부는 2021년까지 국공립유치원 비율을 40%까지 끌어올리겠다는 계획이다. 저출산 대책을 함께 고려한 정책인데, 야당은 재정 문제를 들어 반대한다. 병원의 경우 공공병원은 5%에 불과하다.

그런 수단을 통해 사람들과 사회질서를 보호하기 위해서라고 볼 수 있다. 범죄를 위해 또는 실수로 법을 어기더라도 어긴 정도만큼만 법에서 정하는 절차에 따라 처벌받을 뿐 과잉처벌이나 인권침해를 당하지 않도록 보호하기도 한다(재소자복지). 사회복지 관련법률은 큰 틀에서 보면 국민이 누려야 할 권리(사람다운 삶, 평등한 대우, 최소한의 물질적 보장 등)와 그걸 마련해야 할 국가(지자체 포함)의 의무를 규정한다.

법 또한 문화와 마찬가지로 시대를 반영한다. 국가가 처음 생기던 때 법은 임금의 소유인 국가와 국가 질서를 보호하는 게 우선이다. 국민도 세원(稅源)이요 국방을 위해서도 보호할 대상이다. 인간 생명의 소중함에 대한 종교적 원리며 윤리 사상도 이미 존재하였지만, 노예제도와 신분제도만 보더라도 사람이 다 사람대우를 받던 것은 아니다. 또 그 당시 사회의 변화는 지금과 비교하기 어려울 정도로 더뎠고 주로 농업을 기반으로 한 대가족과 마을 단위 공동체에서 누구나 다 알고 지내던 상황이라 오늘날처럼 법의 필요성이 절실하지도 않았다.

1970년대 학교에 다녔던 세대들은 세계에서 가장 오래된 성문법 가운데 하나인 탈리오의 법칙(눈에는 눈, 이에는 이)으로 대변되는 함무라비법전(기원전 1750년)을 기억하고 있다. 그러나 1952년에 그보다 300년쯤 더 오래된 우르남무 법전이 발견되었다.[15] 저 두 법은 물론 고조선의 팔조법금, 모세의 십계명 등 오래된 법의 공통성은 해선 안 될 짓과 그런데도 위반할 때의 처벌을 중심으로 하는 이른바 형법에 가깝다(십계명에는 처벌 조항이 없지만). "사람을 죽인 자는 사형에 처한다."(팔조법금 또는 금법팔조). 함무라비와 우르남무는 절도에도 사형인데, 팔조법금에서는 노비로 삼고 속죄하려면 벌금을 내야 한다. 노비제도와 사유재산을 확인할 수 있다.

이후 노비제도는 사라지고 많은 형벌이 약해졌지만, 사유재산에 대한 인정은 점점 더 강화되었다. 신분제가 유지되던 시대 사유재산이란 결국 왕과 귀족이 주요 보호 대상이었다. 생산체계가 노예제에서 농노제를 거쳐 상업혁명, 산업혁명과 함께 자본주의로 변화하면서 사유재산이라면 이제 자본가, 즉 부르주아(시민)의 몫이 커졌다. 이들의 자유와 사유재산을 보호하기 위한 정치적 변화가 일어나고 그 과정에서 이른바 시민법이 성립한다.

---

15) 그런데 2016년 국정역사교과서에서도 함무라비 법전이 가장 오래된 법전으로 기록되었다(이기환, 2016.12.01).

시민법은 원칙상 저마다의 자유를 인정하고, 그 자유에 따른 계약을 존중하며, 그 결과로 생긴 사유재산을 보호한다. 가난을 포함해 과실이 발생하면 그에 대한 책임도 당사자 몫이다. 어린아이라면 몰라도(미국 같은 선진국에서도 어린이 노동이 20세기 초까지 이어졌던 역사적 사실을 알 수 있다), 자기결정권이 있는 성인 사이라면 노동조건이 어떻든, 급여가 얼마든 서로 자유로이 계약한 이상 문제가 되지 않는다. 일터의 안전 상태가 어떻든 사업주가 직접 다치게 만들지 않은 이상 스스로 조심해야 했던 노동자의 책임일 뿐 사업주에게 책임을 물을 수 없다. 열심히 일한 사람들이 돈을 많이 벌어 떵떵거리며 사는 것, 이유야 어떻든 가난에 찌들어 사는 것, 다 자기 책임이니 국가가 나서 개입할 일 아니다. 다만, 사회질서가 흐트러져 타인의 삶에 걸리적거리는 일까지는 없도록 정말 불쌍한 사람들에게 최소한의 생계 정도는 도와줘도 좋다.

빈부 차이는 점점 심해지고, 주기적으로 터지는 경제공황으로 갑작스레 실업자가 되는 일이 잦아지면서 가난이 꼭 개인의 탓도 아니고 엄청난 부 역시 꼭 개인의 노력 덕만은 아니라는 사실이 자꾸만 드러난다. 1789년 프랑스 인권선언에 따르면 사람이라면 저마다 다 포기할 수 없고, 포기해서도 안 되는 자유와 평등의 권리를 타고난다. 1948년 UN 세계인권선언으로 천부적인 인권을 전 세계 차원에서 확인하였다. 이제 돈이나 지위가 아니라 사람이라면 누구나 다 사람답게 살 권리가 있고, 그런 의식의 성장과 함께 국가는 그런 권리를 지켜줘야 할 책임을 진다.

아무리 계약의 자유라도 평등하지 않고 공정하지 않다면 국가가 개입할 수 있다. 더 나아가 1919년 「바이마르헌법」은 소유권에도 의무가 따른다는 것을 처음으로 규정하였다(〈그림 1-1〉 참조).[16] 문제가 생기면 과실의 유무를 떠나 공동체 전체에서 책임을 져서 일하다 다치면 보험으로 생활할 수 있도록 한다. 사람답게 살아갈 여건이 안 되는 사람들에게는 국가가 나서서 사람다운 삶이 가능하도록 그 여건을 개선해야 한다(사회보장, 사회복지, 사회보험 등). 그러한 사항을 명문화한 것이 사회법(「노동관계법」, 「경제 통제법」, 「사회복지 또는 보장에 관한 법」 등)이다.[17]

16) 헌법 제23조: 국민 재산권은 보장하나 내용과 한계를 법률로 정한다(제1항). 재산권 행사는 공공복리에 적합해야 한다(제2항). 공공의 필요로 재산권을 수용하거나 제한할 수 있다(제3항). 제37조: 국민의 자유와 권리도 국가의 안전보장, 질서유지, 공공복리를 위해 필요하면 법률로 제한할 수 있다(제2항).

2. 수직적 법체계

국가 단위 안에서 이루어지는 법규범에 통일성이 있을 때 국내법 체계라고 하고, 국제사회에서 적용되는 법규범들이 통일적 체계를 이룰 때 이를 국제법 체계라고 한다. 국내법 체계는 다시 「공법」(公法), 「사법」(私法), 「사회법」(社會法) 등의 3법 체계로 나뉘고, 그 각각은 다시 세분화한다. 국가와 개인 간의 관계를 다루는 공법체계는 「헌법」, 「행정법」, 「형법」, 「형사소송법」, 「민사소송법」 등으로 구성된다. 자유주의(리버럴리즘)를 바탕으로 사적 소유와 계약 자유의 원칙에 따르는 시민법과 궤를 같이하는 「사법」의 경우 개인과 개인 사이의 법률관계를 규정하는데, 「민법」과 「상법」이 여기에 속한다. 앞의 두 법에 비해 뒤늦게 생겨난 사회법은 국가가 개개인들에게 해야 할 일들을 규정하고 있다. 뒤늦게 생겨난 이유는 앞의 두 법만으로는 행복한 사회, 인간적인 사회가 되기 어렵기 때문이다. 여기에는 노동법, 경제법, 사회보장법 등이 있다.

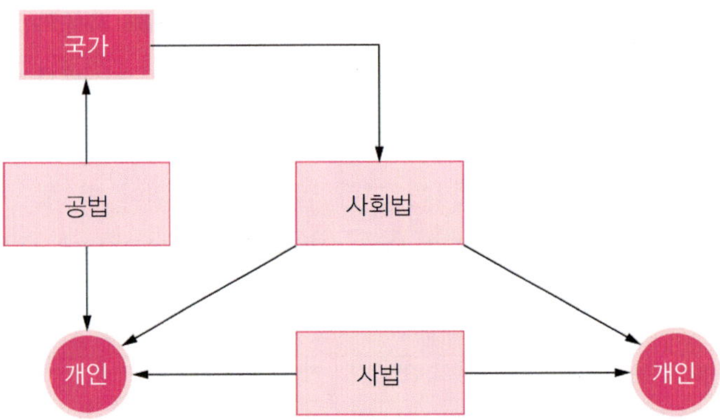

그림 1-4 공법-사법-사회법의 관계

출처: 조상원 (1997: 7).

17) 그러나 그러한 법률이 애초의 사회법 정신을 실현하느냐는 또 다른 문제다. 1953년 「노동조합법」, 「노동쟁의조정법」, 「노동위원회법」, 「근로기준법」 등 이름으로는 사회법이지만, 자유주의와 노사자치주의, 즉 시민법적 성격이 더 강했다. 1961년 근로자의 「단체활동에 관한 임시조치법」과 「직업안정법」, 1963년 「산업재해보상보험법」, 1979년 외국인투자기업의 「노동조합 및 노동쟁의 조정에 관한 임시특례법」 등도 마찬가지로 사회법보다 시민법에 가까워 노동자의 보호보다는 통제에 더 역점을 두었다.

그 밖에 기록 또는 법전 존재 여부에 따른 성문법과 불문법 체계, 사법과 공법의 상대적 비중에 따라 시민법 체계와 사회법 체계의 구분도 가능하다. 그렇지만 현실 법체계를 제대로 이해하기 위해서는 무엇보다 수직적인 법체계, 곧 상위법과 하위법의 관계 체계를 알아야 한다. 이를 법의 단계라고도 한다.

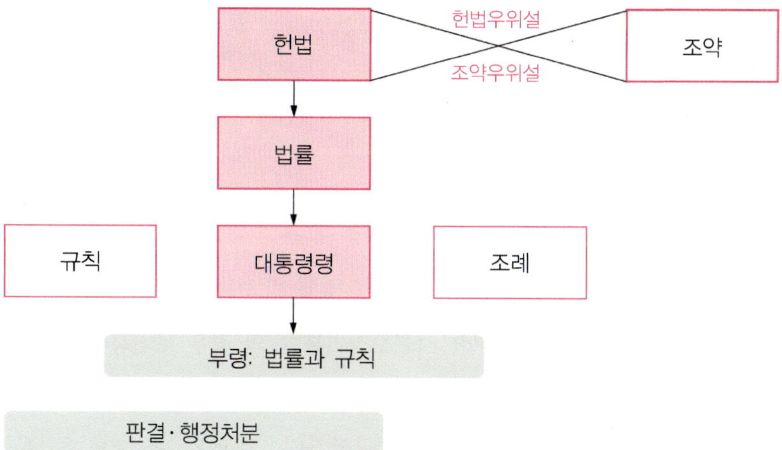

그림 1-5 법의 단계

출처: 조상원 (1997: 6).

3. 법령의 종류와 구성

법률이란 말 대신 굳이 법령이란 말을 쓰는 것은, 엄격한 의미의 입법 절차를 거치는 법률에 포함되지 않는 명령과 조례, 규칙 같은 것들이 특히 사회복지에서는 법률 못지않게 중요하기 때문이다. 그중에서도 대통령 명령에 해당하는 시행령(집행명령과 위임명령)과 정부 부서의 시행규칙은 법률에서 현실적으로 규정하기 어려운 세부사항들을 규정하여 법의 현실 적용을 가능하게 만든다.

1) 법령의 종류

법령의 종류는 법조문의 제목에서 알 수 있고, 더 직접적으로는 그 아래 표기되는 제정 및 시행일 다음에 나오는 공포번호에서 일련번호 앞에 나온다. 사회복지에 관한 각 법률에서 「사회보장기본법」과 그 시행령을 예로 들어서 살펴보면 〈표 1-3〉과 같다.

표 1-3 법령의 제정번호 일례

사회보장기본법	사회보장기본법 시행령
[시행 2020.7.8] [법률 제17202호]	[시행 2020.7.8] [대통령령 제30825호]

2) 법령의 구성

법령은 법조문으로 드러나며 앞서 살핀 종류를 밝히는 제목과 공포의 순서로 부여되는 일련번호가 있고, 담당부서(「사회보장기본법」의 경우 보건복지부)를 밝히기도 한다. 전체 법조문은 우선 조문 또는 전문[18]과 부칙으로 나뉜다. 법조문이 많으면 "편, 장, 절, 관, 조, 항, 호, 목"의 순서로 내려간다. 보통은 '조, 항, 호, 목' 정도가 일반적이지만 법률 조문 수가 30개 이상이면 이해하기 쉽게 '장'으로 나누어 규정하기도 한다. 장은 조문 수가 많으면 다시 "절, 관"으로 세분할 수 있다.[19] 조문 수가 아주 많으면 '장' 위에 '편'을 둘 수 있다.

4. 법률제정(입법)의 과정

입법은 형식적 입법과 실질적 입법으로 나뉜다. 형식적 입법은 국회에서 입법 절차에 따라 법률 형식을 갖추어 이루어진다. 실질적 의미의 입법은 의회뿐 아니

18) 조문을 부칙에 대비하여 본칙이라고도 한다.

19) 조는 제1조, 제2조 항은 ①, ②, ③… 호는 1. 2. 3.… 목은 가, 나, 다(또는 1목, 2목, 3목) 식으로 매긴다. '목'을 더 세분하려면 1), 2)… 가), 나), 다)…를 쓴다. 조와 항은 "…한다."의 완성된 문장 형식으로 하고, '호'는 단어나 어절 형식이나 "…할 것"으로 마무리한다.

라 행정부나 법원에서 법규범을 세우는 걸 이른다. 둘이 일치할 수도 있지만, 입법 과정부터 다르다. 형식적 입법은 대체로 국회의원이 발의해서 직접 법안을 제정하는 의원입법이다. 실질적 입법은 행정입법(대통령령에 해당하는 시행령, 총리 및 각 부의 명령에 해당하는 시행규칙)이 주를 이룬다.

입법을 제안하는 법률안 제출 요건은 국회의원의 경우 10인 이상의 찬성이다. 헌법 제52조에 따르면 정부, 곧 국무회의를 거쳐 대통령도 법률안을 제출할 수 있다.[20] 그 경우 청문, 입법 예고,[21] 의견 제출, 공청회 등의 절차가 더 엄격해서 입안은 정부에서 한 다음 여당 의원을 통해 의원입법의 과정을 거칠 때가 많다.

1) 의원입법 절차

(1) 발의

의원 발의 법률안은 의원이 발의하지만, 법률안의 기초를 마련하는 길은 다음 다섯 가지다. 첫째, 의원이 직접 기초하여 제출하기(순수 의원 발의). 둘째, 정부나 제3자가 기초하여 제공한 안을 바탕으로 의원이 입안하여 제출하기. 셋째, 정부가 마련한 안을 의원이 의원입법 형식으로 제출하기. 넷째, 연구원이나 관련 단체 등에서 마련한 초안을 의원이 제출하기. 다섯째, 소속 정당의 정책실무 부서에서 입안한 법률안을 당무회의 등 당내 절차를 거쳐 발의하기.

20) 엄격한 입법과 행정을 구분하는 권력분립주의에 따르면 대통령 또는 행정부의 입법권은 용납되지 않는다. 따라서 대통령중심제에서는 정부의 입법권은 보통 인정되지 않는다. 헌법 제40조에서도 "입법권은 국회에 속한다."고 규정하였다. 그러나 의원내각제에서는 다수당이 구성하는 행정부인 이상, 그 다수당을 통한 입법이 당연하다. 따라서 대통령의 입법권 인정은 의원내각제 요소를 가미한 것으로 헌법 제52조("국회의원과 정부는 법률안을 제출할 수 있다.")가 근거다. 복잡하고 변화가 빠른 현실에 행정 활동이 대처하도록 하기 위해서다. 물론 법률에 어긋나면 무효가 된다.

21) 「행정절차법」 제4장 제41조(행정상 입법 예고)의 ①항의 규정이다. 다만 예외로 특별한 사정으로 긴급 입법이 필요할 때, 상위 법령의 단순 집행, 국민의 권리, 의무, 일상생활과 관련 없는 입법내용, 단순 표현 · 자구 변경, 예고로 공공의 안전이나 복리가 현저히 위험해질 때는 예고하지 않아도 된다.

표 1-4 「사회보장기본법」 구성 일례

사회보장기본법

[시행 2020.7.8] [법률 제17202호, 2020.4.7., 일부 개정][22)]

보건복지부

제1장 총칙

제1조(목적) 이 법은 사회보장에 관한 국민의 권리와 국가 및 지방자치단체의 책임을 정하고 사회보장정책의 수립·추진과 관련 제도에 관한 기본적인 사항을 규정함으로써 국민의 복지증진에 이바지하는 것을 목적으로 한다.

제2조(기본이념) 사회보장은 모든 국민이 다양한 사회적 위험으로부터 벗어나 행복하고 인간다운 생활을 향유할 수 있도록 자립을 지원하며, 사회참여·자아실현에 필요한 제도와 여건을 조성하여 사회통합과 행복한 복지사회를 실현하는 것을 기본이념으로 한다.

[......]

제3장 사회보장 기본계획과 사회보장위원회

제16조(사회보장 기본계획의 수립) ① 보건복지부 장관은 관계 중앙행정기관의 장과 협의하여 사회보장 증진을 위하여 사회보장에 관한 기본계획(이하 "기본계획"이라 한다)을 5년마다 수립해야 한다.

② 기본계획에는 다음 각호의 사항이 포함되어야 한다.

1. 국내외 사회보장환경의 변화와 전망
2. 사회보장의 기본목표 및 중장기 추진방향
3. 주요 추진과제 및 추진방법
4. 필요한 재원의 규모와 조달방안

[......]

부칙 〈법률 제17202호, 2020.4.7〉

이 법은 공포 후 3개월이 경과한 날부터 시행한다.

22) 책자라 그대로 따르지 않았지만, 글자 서식과 크기도 지정되었다. 법률제명은 가운데 정렬에 신명조 16pt, 법령의 종류와 공포번호는 14pt다. 부칙도 14pt인데 가운데 정렬이다. 항과 호는 앞에 두 칸을 띄고, 그 아래로 내려갈수록 두 칸씩 더 띄고 시작한다.

(2) 입법 절차

① 입법 준비단계 : 국회의원 개인이 관심을 가진 분야에 대한 입법을 추진하기도 하고, 정당정치에서는 정책기구나 지도부의 결정에 따라 입법을 추진한다. 또 전문가나 일반 시민의 의사를 수렴하여 입법을 추진할 수도 있다.

② 법률안 기초단계 : 보통 법률안의 초안은 법제 실무자에게 맡긴다. 국회의 법제실이 그 일을 한다. 의원이나 정당에서 넘어온 입법 초안은 법제실에서 입법 관련 내용의 전문 지식을 갖춘 이들과 입법의 기술 면에서 경험과 학식이 있는 이들이 서로 의견을 교환해 입안에 참여한다. 아울러 입법의 목적과 내용을 정확히 파악해 입법 자료를 수집하고 외국 입법례와 비교하여 법률안 요강과 분석서를 작성한다. 이를 바탕으로 초안을 작성 및 검토하고 수정하여 애초 요청한 의원에게 제공한다.

③ 국회 제출 : 이 법률안은 자신 포함 10인 이상의 서명을 받아 국회의장에게 제출한다.

④ 국회의장은 법안을 소관 상임위원회(사회복지 법안은 보건복지위원회)에 넘긴다. 아래의 그 다음 단계들은 행정입법 절차 8항 이하와 같다.

⑤ 상임위원회에서 심의, 의결(보통 법안심사소위원회에서 검토한 뒤 의결하는데, 과반수 출석, 출석 과반수 찬성이면 의결됨)

⑥ 법제사법위원회로 이송하여 심의, 의결

* ⑤번 및 ⑥번 절차는 국회의장 직권으로 생략할 수 있다.

⑦ 국회 본회의에 상정하여 의결(재적인원 과반 출석, 출석 과반 찬성)

⑧ 정부로 보내면 대통령이 15일 이내 공포(대통령은 의결된 입법안에 거부권을 행사할 수 있고, 그러면 법안은 국회로 다시 보내 재적인원 과반수 출석, 출석 인원의 2/3 이상 찬성을 받아야 재의결된다. 재의결되지 못한 법안은 폐기되고, 재의결된 법안에 대한 대통령의 거부권은 허용되지 않는다.)

⑨ 공포 후 일정한 날부터('부칙'에 효력 발생 시점을 나타내는 시행일 조항) 시행

2) 행정입법 절차

행정부가 발의한 법안의 입법은 다음 절차를 밟아야 한다.

① 소관 부처에서 법률안 작성

② 관계기관 의견 조회(최소 10일 이상, 보통 1개월 정도 걸림)

③ 관보게재로 법령안 입법 예고(최소 20일 이상, 긴급한 경우 단축 가능)

④ 규제개혁위원회 심사(과도 규제 여부 등 심사)

⑤ 법제처에 보내 법령심사(법령 문안을 법안 형식으로 다듬고 다른 법령과의 마찰 가능성을 따져 다시 법리상 타당성 등 검토, 심사)

⑥ 차관회의 및 국무회의에서 심의 후 정부안 확정(사회복지의 경우 보건복지부 장관 간담회를 거칠 수도 있음)

⑦ 정부안 국회로 송부(그 다음부터는 의원입법과 절차가 같음)

⑧ 국회사무처에서 소관 상임위원회에 회부(사회복지 법안은 보건복지위원회)

⑨ 상임위원회에서 심의, 의결(보통 법안심사소위원회에서 검토한 뒤 의결하는데, 과반수 출석, 출석 과반수 찬성이면 의결)

⑩ 법제사법위원회로 이송하여 심의, 의결

* ⑨번 및 ⑩번 절차는 국회의장 직권으로 생략 가능

⑪ 국회 본회의에 상정하여 의결(재적인원 과반수 출석, 출석 과반수 찬성)

⑫ 정부로 보내면 대통령이 15일 이내 공포(대통령은 의결된 입법안에 거부권을 행사할 수 있고, 그러면 법안은 국회로 다시 보내 재적인원 과반수 출석, 출석 인원의 2/3 이상 찬성을 받아야 재의결된다. 재의결되지 못한 법안은 폐기되고, 재의결된 법안에 대한 대통령의 거부권은 허용되지 않는다.)

⑬ 공포 후 일정한 날부터('부칙'에 효력 발생 시점을 나타내는 시행일 조항) 시행

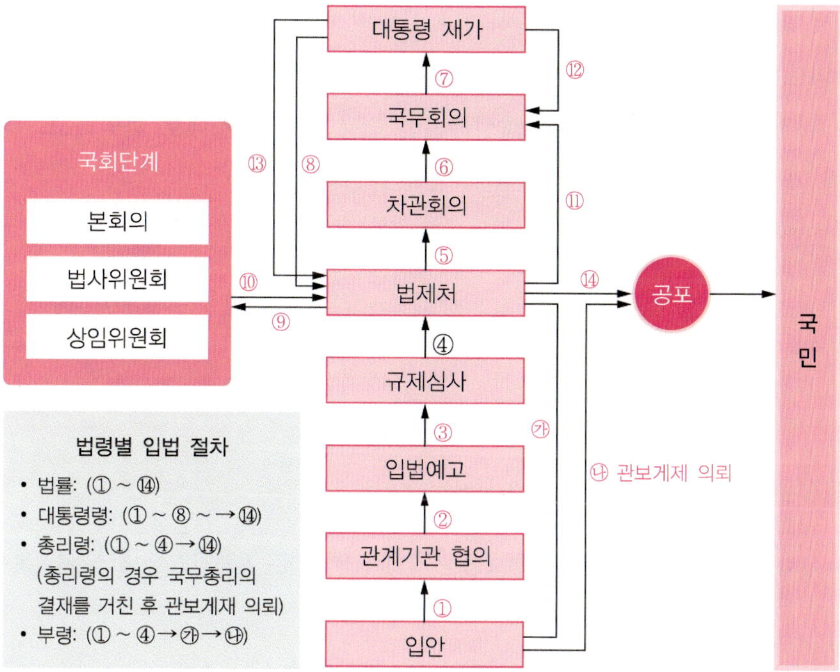

그림 1-6 입법 과정

3) 사회복지와 입법

사회복지 관련 입법은 정부 보건복지부와 국회의 보건복지위원회에서 이루어진다. 사회복지학을 공부하거나 사회복지실천가들은 이 입법 과정에 관심을 기울여야만 한다. 그 이유는 첫째, 사회복지의 다양한 분야에서 일하는 현장의 사회복지사는 관련법률의 시의성과 현실성 그리고 미비점을 누구보다 절실하게 체험하기 때문이다. 따라서 관련법률에 관심을 유지하고 법률의 개정이나 새로운 입법이 예고되면 현장의 요구가 반영되도록 하고, 필요하면 요구와 정보를 전달한다. 그래야 더 효과적인 사회복지실천이 가능하여 사회복지서비스를 누리는 시민들에게 도움이 된다. 특히 국회의 보건복지상임위원회 활동에 주의를 기울이는 게 좋다. 어느 경로에서 출발하든 결국 이 상임위원회의 소위원회를 거치기 때문이다. 둘째, 현장에서 직접 겪다 보면 기존의 법률로는 해결하기 어려운 문제들이 많다. 혼자서는 어렵지만(입법청원 자체가 시민 개인으로서는 감당하기 어렵다), 협회나 학회 차원에서 의견을 모아 정당과 접촉하거나 아니면 여론을 조성하여 필요한 법률안이 입법되도록 노력해야 한다. 셋째, 사회복지사로서의 위상과 처우는 기본적으로 법률로 결정된다. 위상과 처우를 개선하려면 해당 법률을 제대로 파악하고, 필요하면 법 개정이나 새로운 입법을 위해 힘써야 한다.

5. 사회복지법

복지(welfare) – 안녕 – 저마다의 안녕
+ 사회 – 공동체, 집합적
= 사회복지 : 사회의 안녕 – 사회보장 + 사회가 책임지는 개개인의 안녕 – 사회복지

헌법에서도 '사회복지'와 '사회보장'이 함께 쓰이고, 기본법 이름도 「사회보장기본법」이다. 표준국어대사전에서는 사회보장을 "국민의 생존권을 지킬 것을 목적으로 하는 경제적 보장, 사회보험, 생활보호, 공중위생 따위의 분야에 걸쳐 국가가 통일적으로 운영"하는 것으로 풀이한다. 사회보장과 사회복지는 사전조차도 명확히 구분하지 못할 만큼 복잡하다. 「사회보장기본법」 총칙 제1조의 목적에서도 이 두 개념은 섞여 사용된다. "사회보장에 관한 국민의 권리와 국가 및 지방자치단체의 책임을 정하고 사회보장정책의 수립·추진과 관련 제도에 관한 기본적인 사항을 규정함으로써 국민의 복지증진에 이바지하는 것을 목적으로 한다." 즉, 사회보장 정책을 수립하고 추진하여 국민의 복지를 증진한다는 말이다. 사회보장이 사회복지를 위한 수단이라고 해석할 수도 있다.

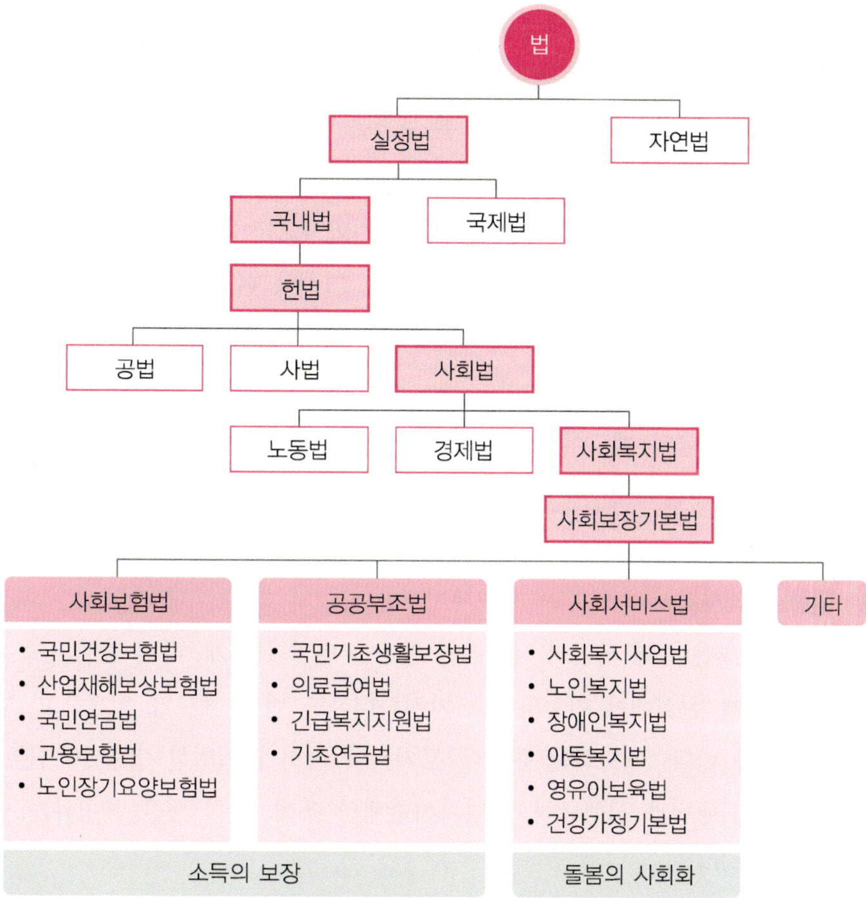

그림 1-7 법의 수직·수평적 체계와 사회복지법 분류

사회복지는 국민이 생존권을 지키며 사람답게 살도록 국가 차원에서 보장하려는 정책과 그와 관련된 활동과 시설이다. 사회보장이란 용어를 쓰면, 사회 안전의 보장을 위해, 또는 국민의 사회생활이 건강하고 안녕하도록 국가 차원에서 펼치는 정책, 제도, 시설 등 모든 관련 활동이다. '사회보장'과 '사회복지'를 같은 맥락으로 보면서도 「사회보장기본법」을 「사회복지기본법」으로 해야 옳다는 주장도 있다(김수정, 2019: 63; 윤찬영, 2017).

다른 한편 가치관의 차이를 반영한다고 볼 수도 있다. 사회보장이나 사회복지 모두 건강한 사회와 사람다운 삶을 위한 제도적 장치란 점에서는 같다. 그러나 사회복지가 시민 개개인의 사람다운 삶을 강조한다면, 사회보장은 사회의 건강과 질서유지를 더 강조한다. 복지정책과 수단을 통해 개인의 어려움과 불행을 최소화하는 일은 그 개인의 사람다운 삶, 삶의 질 보장을 위해 중요하다. 그런데 사회질서의 안녕, 보장을 해쳐 더 큰 사회비용을 초래하는 걸 막는다는 점에서도 중요하다. 법(제정 법률)에서는 사회보장의 개념을 먼저 정립하고, 이를 사회보험, 공공부조, 사회복지서비스와 관련 복지제도로 정의하였다. 그러나 현실 사회에서는 사회복지라는 용어를 더 널리 사용한다. 사회복지학과는 있지만, 사회보장학과는 없다(윤찬영, 2017).

법제(法制)란 법률과 제도이며, 법률로 정한 제도나 체계를 말하기도 한다. 따라서 '사회복지 법제'는 국민 개개인 또는 모든 사람의 생활 향상과 사회보장을 위한 사회정책을 법률로 정한 제도와 체계이며 아울러 시설도 여기에 포함된다.[23] 구체적인 법률로 제도화하지 않으면 사회복지뿐만 아니라 다른 어떤 정책이든 현실성이 떨어진다. 재벌이 된 시인이 사회복지 활동을 벌인다는 게, 다시 말해 사회복지를 실천하는 게 현실에서 가능하다고 가정하더라도 법과 제도가 필요하고, 법과 제도를 따라야 한다. 제도화는 헌법에 근거하여 국회가 입법한 법률을 기본으로 정부의 관련 시행령과 시행규칙, 지방자치단체의 조례, 규칙 등을 통칭하는 법령을 통해 실현된다.

사회복지 관련법도 수직적 체계에 따라 먼저 법 중의 법, 모든 국내법의 기준이 되는 헌법이 첫 단추다. 헌법 제34조에서는 인간다운 생활에 대한 국민의 '권리'(제1항)에 이어 사회보장과 사회복지증진에 노력할 국가의 '의무'를 규정한다(제2항). 이어서 여자, 노인, 청소년, 장애인과 생활 능력이 없는 국민에 대한 국가의 보호의무(제3항~제5항)를 규정한다. 국민 누구나 사람다운 생활을 해야 하는데, 그러기 위해 특히 먼저 챙겨야 할 사회적 약자를 따로 짚어놓은 셈이다.

23) 우리 사회복지법제의 기본 대상은 대한민국 국적을 가진 사람(국민)이고, 국내 거주 외국인은 상호주의 원칙에 따라 사회보장 혹은 사회복지협약이 체결된 국가의 국민만 대상이 될 수 있다(「사회보장기본법」 제8조). 헌법을 바꾸면 새 헌법에서는 '국민'이란 개념을 두고 '시민'과 바꿀지를 두고 논란이 벌어지겠다. 그래도 국적과 무관하게 모두를 대상으로 하는 사회복지는 현실적으로 어렵다. 재원도 문제지만 밀려올 난민 문제도 해결하기 어려운 까닭이다.

둘째 단추는 헌법이 정한 대원칙의 실현을 위한 큰 틀인 「사회보장기본법」이다.[24] 기본법의 사전적 의미는 '여러 가지 법의 기본이 되는 법이다. 기본법은 헌법을 보완(더 구체화)하고 헌법과 개별법을 연계하는 매개법의 위치다. 법의 이름에 '기본법'이란 말이 있으면 일단 형식적 의미의 기본법이지만, 그 이름이 없더라도 일정 분야의 법, 제도, 정책에서 방향성과 기본, 원칙, 기준 등을 지시하는 법률은 실질적, 혹은 넓은 의미의 기본법이다. 우기택(2016)에 따르면 기본법의 기능은 정부조직의 통폐합과 정책의 방향 제시, 제도와 정책의 체계화와 종합화, 행정의 통제와 정책의 계속성, 국민에 대한 정책의 전달, 지방자치의 활성화 등 다섯 가지다. 「건강가정기본법」부터 「근로복지기본법」, 「사회보장기본법」을 거쳐 「환경정책기본법」까지 2016년 기준 65개의 기본법이 있다.[25] 이 법의 제3조 제1항에 따르면, 사회보장은 출산, 양육, 실업, 노령, 장애, 질병, 빈곤, 사망 등의 사회적 위험으로부터 모든 국민을 보호하고 국민 삶의 질을 향상하는 데 필요한 소득과 서비스를 보장하는 사회보험, 공공부조, 사회서비스다.

세 번째 구체적인 단계로 「사회보험법」, 「공공부조법」, 「사회복지서비스법」이 있다(〈그림 1-8〉 참조). 동시에 이 법률이 정하는 바를 행정에서 실현하기 위한 시행령과 시행규칙, 조례와 규칙 등으로 이어진다. 아래 단계의 법이 상위법(헌법, 기본법)에 위배하면 안 된다(법률의 수직적 체계).[26]

24) 사회보장은 사회복지보다 체계와 질서를 중시한다. 개인 인권과 기본권을 더 중시하는 것, 더 민주적인 개념이 사회복지다. 사회보장의 목적이 안보라면, 사회복지의 목적은 그 사회에 사는 사람들 하나하나의 행복이요 복지다. 따라서 「사회복지기본법」이 더 정확한 말이다. 다른 법들의 이름이 모두 '사회복지'인데 그 기본법이 '사회보장'인 것은 적절하지 않다. 1960년대 미국 루스벨트의 법을 본떠 처음 입안한 법안명이라서 폐기 후 새로 입법했어야 하나, 개정한 탓에 그 이름이 남았다.

25) 「민법」, 「상법」, 「형법」도 기본법에 속하지만, 여기에 넣지 않았다. 법제처와 한국법제연구원의 기본법 분류기준에 따른 것이다(우기택, 2016: 47).

26) 그래서 법의 수직체계도 중요하다. 행정부의 규칙이 시행령에 어긋나면 안 되고, 시행령은 법률, 법률은 기본법과 「헌법」을 위배하면 안 된다.

사회보장기본법

사회보험법	공공부조법	사회복지서비스법	복지관련법
• 국민연금법 • 군인연금법 • 공무원연금법 • 사립학교교직원 연금법 • 국민건강보험법 • 산업재해보상 보험법 • 고용보험법 • 노인장기요양 보험법	• 국민기초생활 보장법 • 의료급여법 • 긴급복지지원법 • 기초연금법 • 장애인연금법 • 재해구호법	• 아동복지법 • 노인복지법 • 장애인복지법 • 한부모가족지원법 • 영유아보육법 • 성매매방지 및 피해자보호 등에 관한 법률 • 정신보건법 • 성폭력 등 방지법 • 입양촉진 및 절차 등에 관한 특례법 • 일본군위안부생활안정법 • 사회복지사업법 • 사회복지공동모금회법 • 장애인·노인·임산부 등의 편의증진보장에 관한 법률 • 장애인 등에 대한 특수교육법 • 가정폭력방지 및 피해자보호 등에 관한 법률 • 농어촌주민의 보건증진을 위한 특별법 • 식품기부활성화에 관한 법률 • 다문화가족지원법 등	• 건강가정기본법 • 청소년기본법 • 특수교육진흥법 • 보호관찰법 • 근로기준법 • 최저임금법 • 장애인고용 촉진법 • 고령자고용 촉진법 • 치매관리법 • 기타

그림 1-8 사회복지법의 범위

CHAPTER

02

사회복지의 권리와 의무 - 수급권

1절 복지가 시민의 권리, 국가의 의무
2절 수급권의 근거
3절 사회복지수급의 구체적 권리

CHAPTER 02

사회복지의 권리와 의무 - 수급권

1절 복지가 시민의 권리, 국가의 의무

사회복지가 국민 또는 시민 모두의 온전한 권리가 되려면 생산양식에 따른 경제의 변화와 함께 국민주권의 발달에 따른 정치제도의 변화가 필요했고, 앞으로도 더 필요할 것이다. 왕이나 제후 혹은 황제가 오늘날의 사회복지로 볼 만한 정책을 펼쳤다면, 그 이유는 통치의 편의를 위해서다. 복지정책(재분배)을 통해 지배와 통치(수탈)를 강화한다는 말이다(가리타니 고진, 2008). 오늘날에는 사회비용을 줄인다는 말로 설명될 수 있다(윤찬영, 2017). 실업과 같은 사회문제가 범죄를 낳으면, 범죄의 증가로 수사와 재판 등 형법 체계와 교도소 교정(혹은 처벌)시설과 필요한 인력 고용에 따른 비용이 커진다. 그 비용은 세금을 재원으로 하기에 사회의 비용이다. 사회비용은 그것으로 그치지 않는다. 범죄가 심해지면 범죄에 대한 공포와 사람 사이의 신뢰 약화로 온갖 신용 확인과 방범을 위한 비용도 커진다. 정부와 개인 모두 마찬가지다. 사회비용이 커지면 끝내 사회가 공동체의 성격을 유지하지 못하고, 그 결과 공동체의 해체로 이어질 수도 있다. 이처럼 사회문제란 사회 전체에 영향을 미칠 정도의 파급력이 있는 문제로 사회복지에서 중요한 개념이다.[1]

사회복지가 필요한 이유는 현실적으로 보면 결국 공동체 또는 사회의 유지로 귀결된다. 사회비용 감소나 사회문제 예방도 마찬가지로 사회와 공동체의 유지를 위해서다. 사회복지란 결국 사회의 보장을 위한 권력자의 시혜나 수단이요, 여기서

1) 이에 대해서는 김근홍 외(2013)의 사회문제론(신정)을 참조하면 명확히 이해할 수 있다.

말하는 사회의 보장이란 공동체로서의 사회질서 유지를 보장한다는 말이다. 이런 시각에서는 사회복지가 공동체 구성원 개개인의 권리요 국가와 사회의 의무라는 인식이 빛을 발하기 어렵다. 성장과 대외 안보의 확보가 공동체 유지의 기본 전제라고 보기 때문이다. 그래서 복지는 늘 뒷전이다.

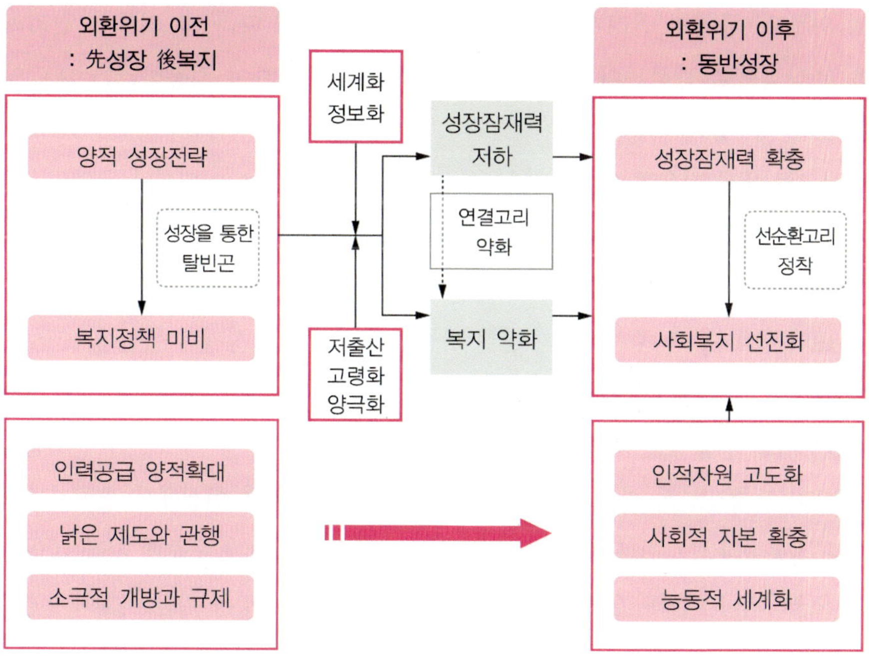

그림 2-1 **패러다임의 전환**

출처: 정부 · 민간 합동작업단 (2006).

사회복지학의 시각에서는 개개인의 인권 또는 인간의 존엄성 보장이 가장 궁극의 목적이다. 공동체와 인권 그리고 인간 존엄성 유지는 사실 서로 불가분의 관계이다. 인권과 인간 존엄성이 제대로 지켜질 때 공동체가 비로소 유지되고, 공동체가 제대로 유지되어야 인권과 인간 존엄성도 보장된다. 인권과 인간 존엄성이 제대로 지켜지려면 결국 국민주권의 민주주의와 인권존중의 정치가 뿌리를 내려야 한다. 생산성을 키우고 지속 가능한 경제를 유지하기 위해서도 개인의 창의성을 키워야 한다. 그러려면 개개인의 복지 수준이 유지되어야 한다. 결국, 사회복지는 경제와 정치의 변화를 바탕으로 한다. 이런 시각에서 복지는 비로소 비용이 아니라 투자가 된다. 그 바탕 위에서 사회복지는 국가사회의 의무요, 공동체 구성원의 권리가 될 것이다.

사회복지를 시혜가 아니라 권리로 보는 문화, 사회의식의 발달도 함께 가야 한다. 현대의 헌법은 대체로 이 인권과 인간 존엄성 그리고 국민주권 혹은 주권재민을 최상위로 규정한다. 우리 헌법도 마찬가지다. 그에 따라 사회복지서비스가 국가의 의무요, 국민의 권리가 된다. 다만 구체적 현실에 따라 그 의무와 권리의 성격을 추상적으로 해석하여 적용하고, 구체적으로 해석하여 적용하려는 태도의 차이를 보일 수 있다.

현실 정치에서 적용해 보자. 시민사회 성립 이전의 복지는 어디서나 국왕의 시혜거나 사회 유지를 위한 통제 수단일 뿐이었다. 공동체 존립의 위기 상황이 되고, 또 국민이 투표로 정부를 선택할 수 있으면서 비로소 현실적 복지정책이 구체화된다. 그리고 투표의 실효권, 즉 주권재민의 발현 가능성에 따라 복지정책의 현실성과 구체성도 함께 커진다. 유럽을 비롯한 어느 나라에서나 확인할 수 있는 과정이다. 국내 차원에서 보면 어느 정당 또는 정권의 사회복지 공약이 정책으로 제시되고, 다시 입법을 통한 구체화로 제도로서 자리 잡고 더 구체적인 법령을 통해 현실에서 관련자 행동의 준거로 작용한다. 그 결과 제공되는 사회복지서비스의 철학과 수준에 따라 국민은 개선을 요구하거나 여의치 않으면 다음 정부를 선택한다. 이것은 비단 사회복지 혜택의 증가만을 의미하는 것은 아니다. 그보다는 철학과 진정성이 더 우선이다.[2)]

우리나라에서 그간 복지 공급의 패러다임은 〈그림 2-1〉과 같은 방식으로 다음 4단계로 발전했다(최균, 2019).

- 복지 1.0시대(온정주의): 민간 중심의 자선 형태
- 복지 2.0시대(제도주의): 국가복지의 확대와 제도화
- 복지 3.0시대(합치주의): 민·관 협력을 통한 내실화
- 복지 4.0시대(공동체주의): 지역사회 네트워크 복지

2) 단순히 비교하긴 어렵지만, 2019년 발생된 코로나 19와 관련한 정부의 자세를 보자. 촛불혁명으로 정권이 바뀐 한국에서는 국가가 최대한 앞장서서 대처하며 국민 안전을 최우선으로 삼았다. 국민의 손으로 정부를 바꿔본 일이 거의 없는 일본 정부는 올림픽과 정권의 안위를 더 중요하게 생각하고 국민의 안전보다 일본의 이미지를 먼저 생각해서 피하고 감추는 데 공을 들였다. 아직 끝나지 않은 상황에서 섣부르긴 하지만, 그 결과는 엄청난 차이를 보인다. 민주주의의 정도가 정부의 태도를 결정한다.

2절 수급권의 근거

사회복지서비스를 받을 수 있는 권리는 무엇으로 보장하는가? 사회복지법의 법원이 무엇이냐는 말과도 통한다. 가장 현실적으로는 국내의 제반 사회복지법이다. 사회복지 관련법마다 수급 자격이 규정되어 있다. 그 다음으로는 사회복지법 전체를 총괄하는 「사회보장기본법」과 다시 모든 법의 총사령관 격인 헌법이다. 그 밖에 국제적인 협약과 조약은 「헌법」에서 국내법과 같은 효과를 보장하였기 때문에 국제법에도 근거를 찾을 수 있다.

1. 자연법과 헌법

사회복지법에 따라 사회복지서비스를 받을 권리가 사회복지수급권이다. 시민 개개인의 사회복지수급권은 사회복지법의 근원(법원)에서부터 보장된다. 사람으로 태어난 이상에는 인간의 존엄성을 지킬 수 있는 기반에서 살아갈 권리가 있다. 어떤 문제로 그 기반이 완전하지 못한 상황이면 사회복지로 최소한의 인간 존엄성을 유지하며 행복을 추구할 수 있어야 한다. 즉, 사람다운 삶을 살 수 있어야 한다. 이것은 인간다움, 인간 존엄성의 기본원리이며 인권이자 자연법적 권리다. 법률에 따로 규정해 놓지 않더라도 자연 이치와 상식 차원에서 마땅히 그래야 한다.

현대사회에서는 그래도 실정법에 규정되지 않으면 권리의 성격을 충분히 보장받기 어렵다. 그래서 실정법의 최상위 법인 헌법의 전문에서부터 우리와 자손의 안전과 자유와 행복을 영원히 확보하겠다는 다짐을 명문화하였다. 다시 제10조에서는 국민의 권리와 국가의 의무를 분명하게 연계시켜 놓았다. 국민 모두의 인간으로서의 존엄과 가치, 행복 추구권, 개인의 불가침한 기본 인권을 확인하고 보장할 국가의 의무 등이다. 아울러 제34조 제1, 2항에 사회복지의 권리와 의무 관계를 다시 더 뚜렷하게 규명하였다. "① 모든 국민은 인간다운 생활을 할 권리를 가진다. ② 국가는 사회보장 · 사회복지의 증진에 노력할 의무를 진다."

헌법의 조문들은 하나같이 아름다우면서 장엄하다. 그런데 추상적인 나머지 구체적 현실성의 느낌은 덜하다. 자유와 행복을 확보할 구체적 행동이 아니라 "다짐"이고(전문), 사회보장과 복지를 책임질 구체적 의무가 아니라 "증진에 노력할 의무"라는 표현부터 그렇다. 그 이유는 대략 두 가지다. 첫째, 방향과 큰 갈래를 제시하는 헌법의 성격상 추상적일 수밖에 없어서 구체적 의무와 권리 사항을 명기하기 어렵다. 둘째, 재정 · 제도 · 인력 등 현실 여건상 국민의 권리를 말 그대로 충족시키기 어려워 국가의 구체적 의무로 밝힐 수 없다. 그래서 생존권을 비롯한 헌법의 사회복지 규정들을 구체적 청구권으로 인정할 수 없고, 프로그램의 방향을 제시하는 것으로 봐야 한다는 게 '프로그램 규정설'이다. 한편, 이를 법적 권리로 보아야 한다는 '법적 권리설'도 있지만, 추상적 권리로 보는 '프로그램 규정설'이 현재 법학계의 다수설이다. 그래도 소수지만 헌법에서 규정한 국가의 의무와 국민의 권리는 구체적인 권리이자 의무이기 때문에 국민이 국가에 소송을 제기할 수 있다고 보는 학자도 있다. 그러나 아직까지 헌법재판소의 실제 판결로 확인된 경우는 없다.

2. 법률 – 사회보장기본법과 사회복지 관련법

헌법을 좀 더 구체화한 「사회보장기본법」 제2조에서는 기본이념을 규명하며 사회적 성격과 복지사회를 연결하고 있다.

> 사회보장은 모든 국민이 다양한 사회적 위험으로부터 벗어나 행복하고 인간다운 생활을 향유할 수 있도록 자립을 지원하며, 사회참여 · 자아실현에 필요한 제도와 여건을 조성하여 사회통합과 행복한 복지사회를 실현하는 것을 기본이념으로 한다(「사회보장기본법」 제2조).

사람다운 삶, 행복한 복지사회는 '기본이념', 기본방향일 뿐, 아직 국가의 실질적인 의무와 국민이 현실에서 누릴 실질적 권리는 아니다. 제2장 사회보장에 관한 국민의 권리에서 제9조(사회보장을 받을 권리)에 따르면 모든 국민은 사회보장 관계

법령에서 정하는 바에 따라 사회보장급여를 받을 권리("사회보장수급권")가 있다. 역시 그 자체로 권리는 아니고 "사회보장 관계법령에서 정하는 바에 따라" 권리가 될 수 있을 뿐이다. 기본법의 성격상 사회보장의 구체적인 제도(법률)에서 현실 여건을 반영하여 그 권리의 정도와 규모를 정하게 하였다.

권리 주체인 우리와 직접 관계되는 각종 사회복지행정 관련법률에서는 헌법과 기본법이 제시한 방향에 따라 실질적인 사회복지수급권을 규명한다. 그런데 권리에는 의무도 따른다. 예컨대 「국민건강보험법」("제2장 가입자 – ① 국내에 거주하는 국민은 이 법에 따른 건강보험의 가입자 또는 피부양자가 된다.")이나 「국민연금법」("제6조 가입 대상 – 국내에 거주하는 국민으로서 18세 이상 60세 미만인 자는 국민연금 가입 대상이 된다.")이 그렇다. 사회보험 가입은 그 사회 구성원의 권리다. 이 권리에는 보험료 납부라는 의무가 전제된다. 보험료 납부의 전제가 없는 「공공부조법」의 「국기법」 또는 「의료급여법」에서는 소득이 없음을 증명하거나 국가의 소득 조사에 응해야 할 의무가 따른다.

사회복지법의 수직적 체계에서 사회복지수급권은 위로 올라갈수록 의무와 권리가 추상적이고, 아래로 내려갈수록 구체적이다. 물론 구체적인 만큼 추상적일 때보다 권리와 의무의 경계도 명확해진다.

3. 국제법

국제법에서도 자연법의 요소가 있다. 굳이 법이나 조약으로 정해놓지 않았어도 살인처럼 누가 봐도 해서는 안 될 일은 하지 말아야 하고, 사마리아인처럼 도움이 필요한 사람에게는 도움의 손길을 내밀어야 한다(국제관습법규). 물론 언제나 제대로 지켜지지는 않는다. 명문화된 국제협약과 조약 등의 국제법은 더 구체적이고, 그만큼 준수 의무의 성격도 더 강하다. 「헌법」에서는 국제법의 효력을 다음과 같이 규정하고 있다. 헌법 규정에 따라 정부가 체결하고 국회가 비준한 조약이나 협정 등의 국제법규는 국내에서도 효력이 있다(제6조 제1항). 외국인의 경우 국제법과 국가 간 상호 조약이 정한 대로 지위를 보장하고(제2항) 사회복지 혜택도 마찬가지다.

교통과 통신의 발달로 국가 사이의 거리가 짧아지고 세계화가 진행될수록 중요한 사안을 국제기구에서 협약(협정, 헌장, 규약, 규정)으로 정하고, 각 국가에서 협약에 가입하고 의회의 비준을 받는 식으로 발전하였다. 국적과 무관하게 사람이면 누구나 다 존중받고 인격적 대우를 받을 수 있도록 한다는 게 궁극의 목적이다. 국경 너머에서 일하는 근로자들이 갈수록 많은데, 서로 타국에 있는 자국민을 보호할 수 있도록 하기 위해서다. 국가 간 사회보장 분야를 규율하여 보험료 면제와 가입기간을 합산하는 사회보장협정이 대표적이다.[3)]

금융자산에 대한 세금이나 실명제 등 금융 분야를 보면 일부 국가가 일부로 협약에 들지 않음으로써 자국에 자금을 끌어들이는 일도 있다. 노동 분야도 마찬가지다. 낮은 인건비를 따라 자금이 이동하기 때문이다. 세계 어디서나 노동자들이 노동의 대가를 제대로 받을 수 있고, 자금에 대한 투명한 감시와 공정한 세금을 매겨야만 국제 금융질서가 바로잡히고 더 정의로워질 수 있다. 어린이, 여성, 환경, 노동자 등과 관련한 협약들은 바로 그런 필요에서 생겨났지만, 금융이나 임금의 경우 아직 거기에 미치지 못한다.[4)]

1919년 국제연맹 자매기구로 설립되고 1946년부터 UN의 산하 기구인 국제노동기구(ILO)는 임금 차이로 자금과 공장이 이전하는 것까지는 막지 못하더라도 노동자의 사회복지, 노동조건, 보건 등의 수준을 낮추면서까지 다른 지역 노동자의 일거리를 뺏는 일은 없도록 일찍부터 국제적인 기준을 세워왔다. 나라마다 사회복지법을 만들 때 그 기준을 따르도록 권고하고 있다. 우리는 1991년 가입(152번째)하고도 2008년까지 ILO 협약 중 24개만 비준하였다. 특히 핵심 협약 8개 중 절반인

3) 2020년 기준으로 41개국과 사회보장협정을 체결한 상태다(아르헨티나, 뉴질랜드, 노르웨이 등 5개국은 아직 미발효).

4) 우리나라 조선이 세계 최고 수준에 오르게 된 것은 당시 조선 선진국인 스웨덴(코쿰의 골리앗 크레인을 현대중공업이 1달러에 구매), 독일, 일본 등이 노동자 임금 수준을 맞추기 어려웠기 때문이었다. 이제 중국이 우리를 위협한다. 중국, 베트남, 캄보디아 등으로 이전한 공장들도 낮은 임금 때문이다. 우리 조선이 빠르게 부상할 때 조선 선진국의 조선 분야 노동자들은 실직하거나 이직해야 했다. 지금 제조업 분야 실업자가 많은 데에는 저와 같은 공장 이전 탓도 크다. 어느 지역에 햇빛이 들면 반대쪽에는 그늘이 질 수밖에 없다. 스위스의 비밀계좌, 파나마, 바하마, 버뮤다, 케이맨과 쿡 제도, 도미니카, 모나코, 리히텐슈타인 등 이른바 '조세 회피처' 등은 바로 저와 같은 국제협약을 위한 노력을 역이용하여 이익을 본다. OECD는 조세와 관련하여 기준을 세우고 조세회피처들로 하여금 따르도록 권고한다.

4개만 비준한 상태다.[5] 다른 기구보다 늦게 가입하고, 그러고도 협약 비준 수가 적은 것은 그만큼 우리 노동조건이 열악했고 아직도 그러하다는 반증이기도 하다. 특히 결사의 자유, 강제노동금지 부분 4개 협약은 비준하지 않았다. ILO가 주도한 국제사회복지조약(1944)에서는 소득보장, 의료보장, 고용서비스 등 3대 기본 권고를 담았다. 그 밖에 사회보장최저기준조약(1952), 사회보장에서 외국인 균등 대우조약(1969), 업무재해조약(1962), 질병 · 노령 · 유족급여조약(1967) 등이 있다.

국제연합(United Nations: UN)은 제2차 세계대전이 끝나던 해인 1945년에 국제전쟁의 방지와 평화 유지를 위해 결성된 국제기구다.[6] 우리는 1991년 북한과 동시 가입하였다. 세계인권선언(1948)은 협약이 아니고 강제성도 없지만, 존엄성, 생명권, 평등권과 공동체에 대한 의무 등에 대한 광범위한 기준을 제시하였다. 수많은 협약 중 인권 분야 9개 가운데 이주노동자권리협약과 강제실종협약 2개 협약에 아직 가입하지 않은 상태다.[7] UN난민협약(1951)의 경우 1992년 가입하고 1993년부터 효력이 발생하여 나아가 자체 난민법(2009)까지 제정한 상태다. 하지만 2018년 6월 제주에 예맨의 난민 500여명이 들어왔을 때 거의 광적인 인종차별을 대동한 반대 시위와 주장 등은 아직 부끄러운 모습이었다. 인권, 인간 존엄성, 측은지심의 반응도 강도(强度)에서 그 못지않았지만, 그만한 정도로 국론 분열로까지 이어진다는 것은 안타깝다. 그 밖에 장애인권리선언(75/한국 98년 '장애인인권헌장'), 정신지체인권리선언(71), 장애인권리협약(06) 등이 있다.

---

5) 미가입 핵심 협약: 결사의 자유(제87호 – 결사의 자유와 단결권의 보장 협약, 1948; 제98호 – 단결권과 단체교섭권 협약, 1949). 강제노동 금지(제29호 – 강제노동협약, 1930; 제105호 – 강제노동 철폐 협약, 1951). 가입한 핵심 협약: 차별금지(제100호 – 동등보수 협약, 1951 | 1997; 제111호 – 차별 〈고용과 직업〉협약, 1958 | 1998); 아동노동금지(제138호 – 최저연령협약, 1973 | 1999; 제182호 – 가혹한 형태의 아동노동협약, 1999 | 2001). 문재인 대통령은 2017년 라이더 ILO사무총장과 만나 대선공약이기도 한 핵심 협약 비준 의사를 밝힌 바 있다. 그런데 제105호의 경우 현행 형벌체계와 분단국가 상황을 들어 제외한 상황이다.

6) 제1차 세계대전 후 윌슨 미국 대통령의 제안으로 만들어진 국제연맹(League of Nations)을 대체한 조직이다. 미국은 정작 제안 당사자면서 상원의 베르사유조약 비준 거부로 가입하지 않았다. 결국, 유명무실하다 국제연합에 승계되었다.

7) 시민과 정치의 권리규약(66/90), 경제 · 사회 · 문화의 권리규약(66/90), 인종차별철폐협약(65/78), 여성차별철폐협약(79/84), 고문방지협약(84/95), 아동권리협약(89/91), 장애인권리협약(06/08), 이주노동자권리협약(06/미가입), 강제실종협약(06/미가입).

3절 사회복지수급의 구체적 권리

구체적이고 실체적인 수급권은 법률단계에서 사회복지급여청구권, 복지행정절차참여권, 이의제기, 행정심판, 행정소송 그리고 개선참여권 등으로 구체화된다.

1. 사회복지급여청구권과 참여권

사회복지급여청구권이란 인권과 헌법의 생존권 규정을 구체적으로 실현하기 위해 사회복지 관련법률들을 통해 급여를 청구할 수 있는 구체적인 권리를 말한다. 여기에는 각종 사회보험청구권(「사회보험법」[8]), 공공부조청구권(「공공부조 관련법」[9]), 사회복지서비스청구권(「사회복지서비스법」[10]) 등이 있다. 이 권리를 "실체적 권리"라고도 한다(남기민 · 홍성로, 2014; 김수정, 2019; 김종엽 외, 2012).

권리행사를 현실적으로 보장하기 위해서는 수급요건(자격), 수급권자, 급여 수준, 수급 기준, 급여의 종류, 재정 조달, 전달체계, 수급권의 보호와 제한 등이 먼저 규정되어야 한다. 자격요건과 급여 수준 등은 누구에게나 보편적으로 서비스할 수 없는 현실 여건 때문이고, 재정 조달과 전달체계 등은 서비스를 현실적으로 보장하기 위한 재원 마련과 효율적인 서비스 전달을 위한 규정이다. 수급권의 보호와 제한 역시 비슷한 맥락인데, 사회복지서비스를 받아 마땅한 사람이 받게 하고, 그럴 자격이 없는 사람이 받는 일을 막아서 부족한 재원의 낭비를 줄여 효율성을 키우려는 조치이다. 저마다 받아 마땅한 몫이 돌아가도록 하는 고전적인 (분배)정의 차원의 조치라고 할 수 있다. 열등처우의 원칙이나 보충성 원칙과도 통한다.[11] 그

8) 5대 사회보험은 「국민건강보험법」, 「국민연금법」, 「산업재해보상보험법」, 「고용보험법」 등 기존의 4대 보험에 「노인장기요양보험법」이 추가된 것을 의미한다. 여기에 4대 연금보험은 「공무원연금법」, 「사립학교교직원연금법」, 「군인연금법」, 「국민연금법」 등이다.

9) 대표적으로 「국민기초생활보장법」과 「의료급여법」이 있다.

10) 「아동복지법」, 「노인복지법」, 「장애인복지법」 등 25개 법률이 있다.

러나 다른 한편으로는 이러한 선별복지가 보편복지보다 오히려 행정비용이 더 들고, 수급 권리를 마치 시혜를 베푸는 것과 같은 감정을 불러일으켜 권리의 행사를 꺼리게 만드는 요인이 되기도 한다. 무상보육, 무상급식, 아동수당, 청년수당처럼 수급권자라면 자신이나 부양자의 재산 정도를 따지지 않고 급여를 제공하는 것을 보편복지라고 한다. 물론 이 경우도 아동수당은 아동만 해당하고, 청년수당 역시 청년(경우에 따라 해당 지역의 청년만)만 해당한다. 아울러 아무리 보편복지라도 신청을 해야만 받는다.

1) 복지행정 절차 참여권

복지행정 절차 참여권은 사회복지수급권이 행정 절차 과정에서 침해당하는 일이 없도록 스스로 그 절차에 참여하는 권리다. 「사회보장기본법」에 따르면 국가나 지방자치단체의 의무사항이다.[12] 국민의 권리 차원으로 바꾸면, 어떤 이유에서도 불평등한 취급을 받지 않을 권리, 문제가 있을 때의 행정 재량 청구권이다. 이 권리는 다시 급여 결정과 관련한 행정 재량권 결정 이전과 결정 이후로 나뉜다. 사회복지급여 관련 행정 재량권 결정이 이루어지기 전에 행사할 수 있는 권리는 세 가지다. 첫째, 해당 급여에 대한 정보를 충분히 얻을 권리. 둘째, 해당 급여와 관련한 상담과 조언 요구권. 셋째, 각종 사회복지기관을 이용할 권리 등. 준비단계부터 이러한 권리를 충분히 누리면 행정 재량권 결정에서 차별이나 권리 침해의 가능성이 그만큼 더 줄어든다. 재량권 결정 이후에는 사회복지급여의 신청, 조사, 결

11) 구빈법에서부터 기준이 된 열등처우의 원칙(principle of less eligibility)에 따르면 복지 또는 공공부조가 노동시장 최하위 임금수준을 넘어서지 않도록 해야 한다. 그렇지 않으면 일할 마음이 사라진다. 보충성 원칙(principle of subsidiarity)은 복지가 개개인의 노력을 보충하여 돕는 걸 말한다. 지방자치와 연결하면 기초 지자체에서 할 수 있는 일은 하게 하고, 그 자체만으로 하기 힘든 일을 상위 정부가 도와준다는 의미다. 비슷하게 보여도 최소보장과 보충성의 시각은 크게 다르다. 전자는 복지를 시혜로 보고, 후자는 다원주의를 기반으로 대상의 주체성을 먼저 생각한다.

12) 「사회보장기본법」에 따라 국가와 지방자치단체는 사회보장제도에 관하여 국민이 필요한 정보를 관계법령에서 정하는 바에 따라 공개·홍보(제33조 정보의 공개)하고 사회보장 관계법령에서 규정한 권리나 의무를 해당 국민에게 설명하려고 노력해야 한다(제34조 사회보장에 관한 설명). 사회보장에 관한 상담에 응해야 하고(제35조 사회보장에 관한 상담), 사회보장 관련 사항을 해당 국민에게 알려야 한다(제36조 사회보장에 관한 통지).

정 등의 행정 절차에서 인간의 존엄성, 생명, 자유, 행복추구권, 사생활존중 등의 권리 보장을 요구할 권리가 있다. 이를 두고 '수속적 권리'(김수정, 2019), '형성적 권리(절차진행청구권)'(김종엽 외, 2012)라고도 한다.

2) 사회복지수급 개선 참여권

사회복지수급과 관련하여 내려진 행정 결정에 만족하지 못할 때 해당 결정에 이의를 제기할 권리(사회복지급여 쟁송권)를 말한다. 사회복지행정 과정에 국민이나 사회복지수급권자가 참여할 권리(사회복지행정 참여권), 더 나아가 현재 법제도상에서 충분히 수급권을 누릴 수 없다는 판단이 서면 사회복지법의 개정 또는 새로운 입법을 청구할 권리(사회복지입법 청구권) 등이 포함된다. 사회복지급여 쟁송권에는 행정심판의 행정 구제와 행정소송을 통한 사법 구제가 있다. 이를 두고 '절차적 권리'라고도 한다(김수정, 2019; 김종엽 외, 2012).

2. 수급권자의 의무

권리와 의무 문제는 개개인의 권리 및 자유와 국가 개입의 문제와 연결되는데, 논리적 모순으로 보이지만 현실적으로는 그 모순 관계가 타당하다. 권리가 있는 사람이 그 권리를 누리려면, 사회가 그 권리를 보장하는 데 필요한 개인의 의무사항을 다해야 한다. 그렇지 않으면 권리를 가진 자와 그렇지 않은 자를 구분할 수 없어 결과적으로 애초의 그 권리를 제대로 보장하기 어렵다. 지극히 당연해 보이지만 여기에 내포된 모순은 권리의 보편성을 놓고 보면 금방 드러난다. 사회복지의 권리가 국민 누구나 보편적으로 누릴 권리라면, 그 권리를 갖지 못한 자가 따로 없으니 그걸 가리기 위해 권리를 가진 자에게 따로 의무를 요구할 필요가 없다. 그러나 부족한 재원과 형평성 그리고 행정능력 등 현실을 생각하면 권리의 보편성보다는 권리의 정당성이 우선하기에 결국 정당성 심사를 위해 요구되는 사항을 다할 국민의 의무가 성립한다.

사회복지수급권자의 의무에는 크게 신고의 의무, 조사 순응의 의무, 사회복지급여 남용 금지 등 세 가지가 있다.

1) 신고의 의무

「국민기초생활보장법」 제37조(신고의 의무) 규정에 따르면 거주지역이나 세대구성의 변동, 부양의무자와 수급권자의 상태변화(유무, 소득과 재산, 근로 능력과 취업, 건강 상태 등 – 「국민기초생활보장법」 제22조 제1항)가 있을 때 관할 보장기관에 즉각 신고해야 한다. 여기에 공공복리, 거래 안전, 권리남용의 금지와 함께 민법의 기본원리를 이루는(제2조) '신의성실의 원칙(신의칙)'[13]을 적용해도 마찬가지 의무가 성립한다(남기민 · 홍성로, 2014). 그러나 현실에서는 기초생활보장이 필요한 사람일수록 이런 신고 절차에 어둡거나 낯설어서 사회복지공무원의 수고와 어려움이 커지기 쉽다.

2) 조사 순응의 의무

신청의 편의를 위해 가족이나 친족, 그 밖의 관계인 더 나아가 복지담당 공무원이 대신 신청할 수도 있다(「국민기초생활보장법」 제21조). 그래도 권리에 따른 복지급여를 받으려면 이를 관리하는 행정에서 필요로 하는 각종 조사에 따라야 한다. 이를테면 「국민기초생활보장법」 제21조 급여신청 제3항에 따르면 급여신청 때 금융, 신용, 보험에 관한 정보의 서면 제공에 동의해야 한다. 어떤 형태든 재산이 있는 사람에게 급여가 돌아가 그보다 어려운 사람들이 피해를 보지 않게 하자는 취지다. 문제는 본인은 물론 부양자와 관계인의 유무와 소득까지 조사한다는 점이다(제22조 신청에 의한 조사). 가족과 친족 안에서 모든 문제를 해결하는 전통이 이어진 것인데(이혼 후 자식의 양육비를 보내지 않는 bad fathers처럼), 법률상의 부양자가 현실적으로 부양자 역할을 하지 않거나 못하고, 더 나아가 부양자의 존재 여부조

13) 국제법에서도 인정되는 신의 성실의 원칙 = 신의칙(信義則). 민법 제2조: 권리의 행사나 의무의 이행은 신의에 따라 성실히 해야 한다.

차 알지 못하는 경우도 많다는 게 문제다.[14] 문재인 정부의 부양의무자 규정 폐지의 공약 일환으로 2020년 중증장애인까지 적용되었던 것을 2022년까지는 생계급여 부양의무자 기준도 폐지하기로 하였다(노경목, 2020).

의무인 이상 어기면 수급자의 권리행사도 제한받을 수 있다. 수급권자나 부양의무자가 조사나 자료 제출 요구를 2회 이상 거부·방해 또는 기피하거나 검진 지시에 따르지 않으면 급여신청을 각하할 수 있다(제22조 제8항).

3) 사회복지급여 남용 금지

수급 자격이 없는 자가 사회복지급여를 받는 행위, 급여의 정도가 낮은 자격인데도 부당하게 높은 정도의 급여를 받는 행위, 수급 사유가 사라졌는데도 계속해서 급여를 받는 경우 급여의 일부 또는 전체를 중단해야 한다(제29조, 제30조). 더 나아가 부양의무자가 확인되면 생활보장위원회의 심의와 의결을 거쳐(제20조) 보장비용의 전부 또는 일부를 징수할 수 있고(제46조 비용의 징수), 과잉지급분의 반환을 명할 수도 있다(제47조 반환명령).

3. 수급권의 취약성

수급권의 의무는 한편으로 사회복지급여 수급권을 제대로 누리게 할 조건인 동시에, 다른 한편으로 사회복지수급권의 보호 조치이다. 그래서 이 수급권은 양날의 칼이요 빛과 그림자의 관계처럼 이중적이다. 이를 '취약성'으로 보기도 하는데(남기민·홍성로, 2014; 김종엽 외, 2012), 현실의 불완전성 때문에 어쩔 수 없는 현상이다. 정상 기준의 사회복지수급권이 없거나 모자란 사람에 대한 급여가 이루어지

14) 오랜 가족 중심의 전통과 1980년대 후반에 거론된 '한국형 복지모형'도 한몫한다. 그 배경은 1970년대부터 들려오던 복지국가의 위기론이었다. 시작도 하지 않은 한국의 복지제도인데, 한국에서도 공연히 사회복지제도를 잘못 시작했다가 복지병을 초래할지 모른다는 우려였다. 그래서 한국형 복지모형으로 국가 개입을 최소화하고, 보호가 필요한 당사자의 재활과 더불어 그 가족의 자조에 자원봉사의 참여를 장려하였다(김승훈, 2010).

거나 과다하면 정말 필요한 사람의 보장이 그만큼 감소될 수밖에 없다. 특히 사회복지법인이나 시설의 부정 수급은 국민의 세금으로 만든 여러 수급권자의 몫으로 소수의 배를 채우는 결과가 되어 사회의 정의마저 약화된다.

개인 차원에서 사회복지수급권의 취약성은 제도와 법의 홍보와 인식, 법 자체의 성격과 내용, 행정행위 이렇게 세 가지로 나누어 살펴볼 수 있다(김종엽 외, 2012).

1) 제도와 법의 홍보와 인식

제도와 법의 홍보나 인식은 앞서 권리로서의 사회복지수급권에서 복지행정 절차 참여권과 연결된다. 법률이 만들어져 제도로 자리 잡기 위해서는 시민의 참여가 필수인데, 법에 대한 인식 부족과 거리감 때문에 누려야 할 권리를 누리지 못하는 이들이 많다. 복지담당 공무원이 찾아서 직권으로 신청하기도 하지만 그 역시 한계가 있다. 따라서 새로운 법률, 특히 사회복지의 수급권과 관련한 다각적인 홍보가 필요하다. 힘들 때 짜증이 더 쉽게 일어나고 자포자기가 많은 만큼, 사회복지가 필요한 사람일수록 수급권이 자기 권리인 줄 모르고 지나쳐 버리거나 나서서 신청하길 포기하기 쉽다. 행정 차원의 더 적극적인 홍보와 사회복지 현장에서 일하는 사람들의 관심 그리고 시민 저마다의 참여가 필요하다.

2) 법 자체의 성격과 내용

법에서 정한 수급권의 성격과 내용 면의 문제라면 급여의 복잡한 성격, 수급권 권리 규정상의 문제 등이 있다. 급여 자체가 현금과 현물 그리고 이른바 '복지서비스'(상담, 교육훈련, 재가서비스, 시설서비스 등)로 다양하고 또 (수급자 자신과 그리고 또 제도 자체의) 상황 변화에 따라 유동적이기 때문에 표준화나 계량화가 어렵다. 게다가 수급권 자체를 놓고 보면 국가 또는 지자체에 대한 청구권으로서 공법(公法)적 성격이지만, 개인 사정에 따른 급여 청구라는 주관적 측면에서 보면 사법(私法)적 성격도 없지 않다. 그래서 스스로 원한다면 수급권을 포기할 수도 있다. 다만 그러한 포기가 다른 사람에게 피해를 주거나 사회보장에 관한 법률을 위반할 경우에는 포기할 수 없다(「사회보장기본법」 제14조).

이 모든 사정 때문에 수급권자가 자기에게 맞는 복지서비스를 선택하기 쉽지 않고, 또 선택한다고 그대로 받아들여지기도 어렵다. 그러다 보면 자기 권리에 관심이 줄고 마침내는 포기하고 말거나 아니면 담당자가 주는 대로 받는 수동적인 태도로 머물기 쉽다. 특히 수급자일수록 심신 상태가 적극적인 권리 추구와 거리가 멀다는 점까지 고려하면 수급권의 취약성은 더욱 커진다. 이러한 문제의 해결을 위해서는 궁극적으로 법조문의 구체성을 키워야 하겠지만, 이는 다시 법리 문제와 얽히기 때문에 그리 쉽지 않다.[15] 대안이라면 사회복지실천가의 적극적인 홍보와 대화로 수급권자의 인식을 일깨우는 한편, 참여하는 시민정신을 북돋우는 체계적인 교육(학교교육과 특히 평생교육과 시민교육)이 필요하다.

3) 행정행위

정책과 제도의 홍보도 그렇지만 수급권의 자격에 대한 심사나 조사에서도 행정 담당자의 주관 내지는 재량권이 어쩔 수 없이 개입하기 마련이다. 지난 2013년 안타깝게도 여러 차례 일어난 불행한 일(복지담당 공무원들의 잇따른 자살)에서 알 수 있듯이, 복지행정이 소수의 복지담당 공무원에게 지나치게 과도한 짐을 지우는 일이 많다. 그런 사정 때문에 복지행정이 제대로 이루어지기 어려운 것이다. 물론 거기에다 부족한 재정에서 오는 재정적 한계까지 더하면 사회복지수급권을 두고 이루어지는 행정의 어려움과 그로 인한 사회복지급여 수급의 권리성 약화는 한결 더 심해진다. 이러한 문제의 해결을 위해서는 선별복지 대신 보편복지 비중을 키우는 복지행정의 간소화가 최선이다. 그럴 수 없다면 사회복지 전문가의 확충이 대안이다. 복지를 담당하는 복지 전문가 수가 늘어날수록 공무원 쪽에서는 과도한 업무에서 풀려나고, 그럴수록 복지행정의 서비스 성격이 강화되어 사회복지급여 수급의 권리가 그만큼 더 보장될 수 있다. 물론 공무원 사회의 해묵은 관례나 의식도 바로잡혀야 한다. 사회복지 분야 업무를 등한시하고, 그쪽 담당 공무원을 낮

15) 지도 중 가장 완벽한 지도는 1 : 1 척도의 지도겠지만, 정작 그런 지도는 쓸모가 없다. 법률도 사안을 구체화하여 일일이 나열하면 끝이 없다. 그래서 지도의 축척과 법률용어의 추상화가 불가피하다. 그래도 더 쉽게 풀어쓰는 노력은 필요하다.

추어 보거나 사회복지 분야 재원 책정을 줄이려는 고위층 공무원과 정치가들의 문제는 아직도 여전하다. 공무원 증원이나 복지예산 증액이 마치 나라를 망치기라도 할 것처럼 이야기하면서, 정작 국회의원 자신들의 수나 보수, 예산은 절대로 줄이려고 하지 않는다.

4. 사회복지수급권의 제한

사회복지수급권에 의무가 수반되면, 그 의무의 이행 여부에 따라 수급권에 제한이 오기 마련이다. 이 제한은 한정된 재정을 최대한 효율적으로 배분하기 위해서다. 정작 수급 자격이 있는 사람의 권리 침해를 막기 위해 권리를 남용 또는 오용하는 사람들의 권리는 제한한다. 금지와 처벌보다는 법의식과 문화의 발달로 이러한 문제를 해결해야겠지만, 현실 여건상 수급권 오남용에 대한 금지와 처벌은 불가피한 면이 있다. 제한된 행정인력 때문에 스스로 신청과 조사에 적극 응하지 않으면 받을 수 있는 급여를 놓치기도 한다. 아쉽지만 의무를 다하지 않은 데 따른 급여 권리의 제한이다. 아울러 금지와 처벌의 우선은 형식에 서투르거나 형식적 절차를 꺼리는 사람에게 공연한 불이익을 줄 수도 있다는 점도 함께 염두에 두어야 하겠다.

1) 수급권 제한의 기본원칙

수급권 제한의 기본원칙은 두 가지다(「사회보장기본법」 제13조). 첫째, 제한 및 정지 불가성 – 관계법령에서 따로 정하지 않는 한 사회보장수급권은 제한하지 못하고 또 정지하지도 못한다. 둘째, 제한 및 정지의 최소화 – 관계법령에 따라 제한하거나 정지할 때에 그 목적에 필요한 정도로 최소한의 범위에 그쳐야 한다.

표 2-1 사회보험과 공공부조의 수급권 비교

구분	사회보험	공공부조
대상	• 모든 국민(근로 능력 있고 일자리 있는 이)	• 빈곤층(근로 능력 없고 소득 없는 이)
재원	• 법으로 정해진 기여금(보험료 또는 부담금)	• 조세
급여	• 피보험자의 수요 및 재정 상태와 관계없이 규정에 따른 보험금 지급(수급 시기와 수급 금액의 예측 가능)	• 신청자의 수요에 따라 법정금액 지급 • 수급 여부 및 수급액의 예측 불가능
자산조사 필요성	• 필요 없음	• 필수

사회보장 또는 사회복지의 효율성을 높이고 분배의 정의를 위해서 관계법령에서 따로 정해 복지서비스 수급의 권리를 제한할 수 있다. 효율성과 분배의 정의를 앞세우면 사회보험처럼 보험료를 내지 않은 이들에게는 보험급여 권리를 인정하지 않고, 공공부조나 의료급여 그리고 사회복지서비스처럼 사전 기여가 전제되지 않는 경우라도 급여가 최소한의 필요를 넘지 않게 하려고 한다. 그 이유는 멀리 보면 사회복지를 통치자의 시혜로 보던 것, 엘리자베스 여왕의 구빈법처럼 노동인력 확보와 노동윤리를 연결하며 내세우던 '열등처우의 원칙'과 이어진다. 아울러 《인구론(An Essay on the Principle of Population)》(1798)의 맬서스(T. Malthus, 1766~1834) 등에 의한 주장처럼, 넘치는 급여가 사람을 게으르게 만들고 사회를 병들게 만든다는 가치관과도 연결된다. 이른바 '공유지의 비극'도 같은 맥락의 다른 버전이다. 자기 것이 아닌 공동의 것(복지재원)은 함부로 써버려 결국은 남아나질 않는다는 주장이다. 오늘날에도 그 영향이 남아 보편복지 반대, 선별복지 찬성, 복지행정 인력 충원 반대, 복지예산 증액 반대 등의 논거로 이용된다. 급여의 제한 차원에서는 과잉급여의 금지, 중복급여 금지를 말한다.[16)]

16) 「국민연금법」 제56조(중복급여의 조정) ① 수급권자에게 이 법에 따른 2 이상의 급여수급권이 생기면 수급권자의 선택에 따라 그중 하나만 지급하고 다른 급여의 지급은 정지된다.

2) 수급권 제한의 구체적 요건

신고의 의무, 조사 순응의 의무, 사회복지급여 남용 금지 등의 위반과 연결된다.

(1) 신고 및 조사 순응의 의무 위반

수급권 소멸 사유를 공단에 신고하지 않거나 늦게 신고하여 급여가 잘못 지급되면 대통령령에 따라 환수한다(「국민연금법」 제57조 급여의 환수 제1항 제2호). 환수가 이루어지지 않으면 보건복지부 장관의 승인을 받아 국세 체납처분의 예에 따라 이를 징수한다(제57조의2, 제3항). 공단의 서류, 그 밖의 자료 제출 요구에 응하지 않거나 공단의 진단 요구 또는 확인에 응하지 않으면 장애연금이나 유족연금의 지급을 정지할 수 있다(제86조 지급의 정지 등). 고의나 과실로 공단에서 요구하는 문서와 기타 물건 제출을 거부하거나 질문이나 진단의 기피도 급여 제한 사유가 된다(「국민건강보험법」 제53조 제1항 제3호).

(2) 오 · 남용 금지 위반

사회복지급여의 오 · 남용은 수급권의 제한으로 이어진다. 이를테면 사회복지급여의 연장을 위해 급여 수급의 조건을 부당하게 연장하거나 급여 수급의 수준을 조작하면 수급권이 제한된다. 거짓이나 그 밖의 부정한 방법으로 받은 급여(「국민연금법」 제57조 급여의 환수 제1항 제1호)나 지원금(제100조의5 연금보험료 지원금의 환수 제1항 제1호)은 환수하도록 규정되어 있다. 속임수나 그 밖의 부당한 방법으로 보험급여를 받은 사람이나 보험급여 비용을 받은 요양기관도 마찬가지로 그 보험급여나 보험급여 비용에 상당하는 금액의 전부 또는 일부를 징수한다(「국민건강보험법」 제57조 제1항). 사용자나 가입자의 거짓 보고나 거짓 증명 또는 요양기관의 거짓 진단에 따라 지급된 보험급여는 받은 사람과 연대하여 제1항에 따른 징수금을 내게 할 수 있다(제3항).

(3) 수급 조건의 고의 조작

사회복지급여를 받기 위해 고의로 수급 사유를 만들면 역시 제한이 가해진다. 고의 또는 중대한 과실로 인한 범죄행위에 그 원인이 있거나 고의로 일으킨 사고라면 급여가 제한될 수 있다(「국민건강보험법」 제53조 제1항 제1호). 이 경우 자기의 과실과 타인에 의한 범죄행위 그리고 고의 사고가 함께 섞여 규정되는데, 국민연금법에서는 고의로 수급 사유를 만드는 행위는 크게 자신에 대한 위해의 경우와 타인에 의한 또는 타인에 대한 (고의적)위해의 경우, 이렇게 두 가지로 분류한다.

첫째, 자신에 대한 위해 행위는 사회복지급여 수급의 조건을 스스로 초래하는 경우다. 이 경우 다시 직접적인 고의와 간접적인 고의로 나뉜다. 고의로 질병·부상 또는 그 원인이 되는 사고를 일으켜 장애를 입으면 장애연금을 지급하지 않을 수 있다(「국민연금법」 제6절 제82조 제1항). 그 다음 직접 스스로 위해를 가하지 않더라도 고의나 중대한 과실로 요양 지시에 따르지 않거나 정당한 사유 없이 요양 지시에 따르지 않아 장애를 입거나 사망 또는 그 원인이 되는 사고를 일으키면, 또 스스로 장애를 악화하거나 회복을 방해하면 그로 말미암아 발생하는 급여의 전부 또는 일부의 지급을 제한할 수 있다(「국민연금법」 제6절 제82호 제2항, 「국민건강보험법」 제53조 제1항 제2호).

둘째, 타의에 의한 또는 타인에 대한 (고의적)위해의 경우는 유족연금 같은 사회복지급여가 자기에게 돌아오게 하려고 가입자나 가입자였던 사람을 사망하게 만들면 연금이 지급되지 않는다(제82조 제3항 제1호). 그 밖에 유족연금 수급권자가 될 수 있는 자를 사망하게 만든 유족(같은 법 제2호), 또는 다른 수급권자를 고의로 사망하게 한 경우(같은 법 제3호)에도 유족연금이 지급되지 않는다. 이는 결국 범죄와 같이 제3자의 행위에 의한 수급권 발생은 인정하지 않는다는 말이다. 사회보장기본법을 비롯해 각 관련법에서는 이 경우에 구상권(求償權)[17] 또는 제3자로 하여금 그 권리를 대신할 '대위권'[18] 조항을 두고 있다.

17) 「사회보장기본법」 제15조(불법행위에 대한 구상)과 「국민건강보험법」 제58조(구상권), 산업재해보상보험법 제87조(제3자에 대한 구상권) 등이 그 예다.

18) 채권자가 자기 채권을 보전하기 위해 자기 채무자에게 속한 권리를 대신 행사할 수 있게 한 권리로 민법(제404조~제405조) 규정이다. 「국민연금법」 제114조(대위권 등)는 제3자의 행위로 장애 또는 유족연금 지급 사유가 발생하여 해당 연금을 지급하면 그 범위에서 그 제3자에 대한 수급권자의 손해배상청구권을 대위하게 하고 있다.

5. 사회복지급여 수급권의 보호와 구제

사회복지급여 수급과 관련한 권리를 두면서 다시 의무와 그 위반에 따른 권리의 제한을 두었던 것은 재정과 행정(인력)의 제한된 현실 여건으로 말미암은 불가피함 때문이다. 따라서 그 제한은 최소한에 그쳐야 한다. 사회복지서비스 급여는 현금이든 현물이든 재산 가치를 갖기 마련이다. 이런 이유로 개인의 채무 변제나 조세 또는 공과금 등과 맞물릴 수밖에 없다. 그러나 최소한의 인간다운 생활을 보장하는 게 사회복지급여의 목적인 이상, 여기에 채무 관계에 따른 처분이나 압류 등이 걸리면 그 목적을 달성할 수 없다. 그런 이유들로 압류 등 처분의 금지가 바로 수급권의 보호가 된다. 한편 그러한 제한 조치를 위한 행정행위로 말미암아 자칫 권리의 침해가 발생하기도 한다. 그렇게 침해받은 권리를 회복하기 위한 (행정)구제 절차도 있다.

1) 수급권의 보호

(1) 수급권의 양도, 담보 제공 및 압류 금지

사회복지와 관련된 법들은 공법과 사법의 성격이 함께 있는 사회법에 해당한다. 민법에서라면 개인의 재산권은 양도나 담보로 제공하고 또 법적 의무를 다하지 않으면 압류 처분을 당할 수도 있다. 그에 반해 공법에서 규정하는 권리는 압류될 수도 없고 또 처분(양도, 담보제공) 대상이 될 수도 없다. 이를 개인적 공권의 일신전속성, 또는 그런 권리를 일신전속권(一身專屬權)이라 한다.[19] 이럴 때 사회법은 공법의 성격을 띤다. 따라서 사회복지수급권은 압류나 처분 대상 또는 담보물이 될 수 없다. 사회복지서비스의 수급권 자체가 자연법과 헌법이 보장하는 인간다운

19) 개인적 공권의 고전적 분류 방법에 따르면 자유권 · 수익권 · 참정권의 셋으로 나뉘나, 현대에 와서는 평등권 · 자유권 · 수익권 · 생활권(생존권 · 사회권) · 참정권 등으로 분류된다. 개인적 공권은 사권(私權, 사적 권리)과는 달라서 개인적 이익만을 위하여 인정하는 게 아니라, 국가적 · 공익적 견지에서 인정하는 권리이기에 일신전속성(一身專屬性) · 비대체성이 있으며 이전성이 제한되고 그 포기가 인정되지 않는 것이 원칙이다(두산백과사전). 오직 당사자 한 사람에만 해당하고, 다른 사람에게 주거나 양보할 수도 없고, 또 다른 권리나 사람으로 대체할 수도 없다는 말이다.

삶, 행복한 삶의 최소한을 보장하기 위한 장치이기 때문이다. 그 최소한을 넘어설 때 비로소 처분이나 압류할 수 있지만, 그 경우 사회복지수급권, 특히 공공부조 계통의 수급권과는 거리가 멀기에 어차피 해당하지 않는다.

국민건강보험의 보험 자격을 다른 사람에게 빌려주거나 남의 것을 빌리는 것이 금지된다는 점도 바로 사회법의 적용을 받는 국민건강보험의 수급권 때문이다. 국민연금이 "대통령령으로 정하는 금액 이하의 급여" 한도를 넘으면 양도나 압류 또는 담보로 제공할 수 있다는 말이 된다. 이른바 최소한을 넘어섰다는 말이다. 공공부조 등의 사회복지급여와 다른 점이다.

(2) 조세와 기타 공과(公課)의 금지

마찬가지 맥락으로 소득이 있는 곳이면 반드시 세금이 있는 것이 대원칙이지만, 인간다운 기초 생활을 위한 사회공공부조에 세금을 매긴다는 것은 상식에 맞지 않는다. 따라서 공공부조에 대한 납세는 실제로 소득세법에 규정되지 않는다. 즉, 세금이 없다는 말이다. 법에도 「국민연금법」에 따른 연금과 「산업재해보상법」에 따른 연금 등에 대한 과세 감면 규정이 명시되어 있다(「소득세법」 제12조 비과세소득 중에서 제3호, 제4호, 「국민연금법」 제60조, 「산업재해보상법」 제91조).

(3) 불이익 변경의 금지

본래 소송법 원칙으로 불이익변경금지의 원칙(不利益變更禁止의 原則)이라 하는데, 피고인이 상소한 사건이나 피고인을 위하여 상소한 사건의 경우 원심판결의 형보다 중한 형을 선고할 수 없게 하여 피고인을 보호한다. 사회복지수급권에도 수급권자 또는 수급권을 보호하기 위한 취지는 똑같다. "수급자에 대한 급여는 정당한 사유 없이 수급자에게 불리하게 변경할 수 없다."(「국민기초생활보장법」 제34조).

2) 수급권의 구제

권리를 규정하고, 그 권리 보호를 위해 의무와 보호 규정까지 두고 있다. 더욱이 스스로 포기했던 권리행사도 포기를 취소하여 애초의 권리를 되찾을 수 있다(「사회보장기본법」 제14조 제2항 – "사회보장수급권의 포기는 취소할 수 있다."). 이는 크게 두 가지로 나뉜다. 첫째, 수급권자가 자기 권리를 제대로 누리지 못하였다고 하여 문제를 제기하며 권리의 구제를 요구하는 경우(사회보장수급권자 권리구제)를 말한다. 둘째, 사각지대로 정당한 수급권자에게 수급권이 부여되지 않는 경우(사회보장급여의 사각지대 발굴)[20]이다.

권리구제의 차원에서 사회복지수급권의 구제는 보통 수급권자의 불만 제기와 연결된다. 여기에는 행정기관 안에서 이루어지는 이의신청과 행정심판 그리고 법원의 재판을 통한 행정소송, 이렇게 두 갈래가 있다. 이 둘을 합쳐 (법적) '쟁송'이라 한다. 행정심판의 판정 대상은 위법행위 또는 부당행위지만, 행정소송은 오직 위법행위만 다루기 마련이다. 행정심판은 약식소송이기에 구술심리 또는 서면심리로 진행하지만, 행정소송은 정식 쟁송이므로 구술심리주의가 원칙이다.[21]

(1) 이의신청(또는 심사청구)과 행정심판

사회복지급여에 대한 청구가 있고 심사나 심판이 있는 곳에서는 결정에 대한 불만이 없기가 힘들다. 그래서 그런 분야를 규정한 법에서는 거의 예외 없이 이의신청 절차가 있고, 사안의 심각성 또는 민감성 정도에 따라 재심단계가 추가된다. 용어와 관련하여 이의신청은 불복신청, 재심사청구, 재결신청, 재조사청구 등과 같은 맥락이다. 이의신청과 행정심판의 경우 재심은 처분 행정기관을 거쳐 상급 행정기관에 청구할 수 있다. 이를테면 근로자의 고용보험 피보험자격, 실업급여 수급 등과 관련해서 일차 처분은 지방고용노동관서장이, 심사의 결정은 고용보험심사관이 한다. 그런데 이 결정에 대해 피보험자 쪽에서 이의신청을 제기하면, 근로자의 권리구제를 위한 고용노동부 소속 행정위원회인 고용보험심사위원회에서 이의신청을 담당한다.

---

20) 사회보장급여의 관리를 규정한 「사회보장기본법」 제30조 제1항의 제1호, 제2호가 여기에 해당된다.

21) 좁은 의미에서 행정상 쟁송은 이의신청과 행정심판을 말하고, 행정소송에서는 사법부의 법적 판단에 의한 위법 여부를 가린다.

(2) 행정소송

행정소송절차를 통하여 행정청의 위법한 처분 그 밖에 공권력의 행사·불행사 등으로 인한 국민의 권리 또는 이익의 침해를 구제하고, 공법상의 권리관계 또는 법 적용 관련 다툼을 적정하게 해결하기 위한 절차다(「행정소송법」 제1조 목적). 사회복지급여 결정에 적용하면 두 단계를 거친다. 첫째, 급여의 결정에서 담당 행정기관의 잘못이 있거나 결정했어야 할 사항을 결정하지 않아서 수급권에 침해가 일어났을 때 구제한다. 이는 행정심판과 다르지 않다. 둘째, 공법상의 권리관계, 즉 국가와 개인 또는 법인 사이의 권리와 의무 관계나 법 적용에서 다툼이 있을 때 해결한다. 행정심판과 달리 법원을 심판으로 두고 행정기관을 상대로 하여 법적으로 다투는 과정이다. 사회복지급여 결정에 대한 이의신청과 심사청구를 규정한 법률 조항은 사회복지와 관련한 법률들에 모두 들어 있다.[22)]

(3) 기타 구제 방법

다른 구제 방안으로 구상권의 경우 민법에 의한 민사소송 또는 손해배상청구권 소송이 있다. 이 경우 수급권자 자신이 직접 대상자가 되지 않아서 기타 방법으로 분류한다. 불완전한 법률로 다 구제하지 못하는 사안들은 최종 단계로 헌법소원의 길이 있다. 헌법재판소에 해당 법률의 위헌 여부 심사를 청구하는 방법이다.

3) 수급권의 소멸

현실의 권리는 아무리 완벽해도 생명과 마찬가지로 영원할 수 없다. 따라서 당사자가 사망하면 그 권리도 함께 소멸한다. 물론 유족에게는 일정한 권리가 유지되지만, 본인의 권리 자체는 사라진다. 사망 이후에 수급권 소멸은 사망에 따른 수급권 소멸 이외에도 앞에서 살펴본 「사회보장법」 제14조(사회보장수급권의 포기)에 따른 본인의 정식 포기가 있다. 루돌프 폰 예링(Rudolf von Jhering, 1818~1892)은

22) 예컨대 「사회보장기본법」(제7장 보칙 제39조 권리구제), 「국민기초생활보장법」(제7장 제38조~제41조 이의신청), 「국민건강보험법」(제7장 제87조~제90조 이의신청 및 심판청구 등), 「국민연금법」(제7장 제108조~제112조 심사청구와 재심사청구), 「산업재해보상보호법」(제6장 제103조~제111조 심사청구 및 재심사청구), 「고용보험법」(제7장 제87조~제104조 심사 및 재심사청구) 등이다.

"권리 위에 잠자는 자는 보호받지 못한다."라고 하였지만, 사회복지수급권은 비록 잠을 잘 때도 보호 가능성을 보장하는 길이 있다. 그러나 스스로 포기하는 권리 역시 개인의 권리에 해당하기에 국가로서도 어쩔 수 없이 보장해야 한다. 이렇게 행사하는 자유권은 일반 권리관계나 활동에서의 자유권보다도 차원이 더 높은 권리라고 보아야 할 것이다. 다만, 그 포기가 다른 사람에게 피해를 주면 예외다(위의 법 제3항).

PART 02

사회복지법의 개별적 이해

CHAPTER

03

사회보장기본법과 사회보장급여법

CHAPTER 03

사회보장기본법과 사회보장급여법

1절 사회보장기본법

1. 사회보장기본법의 제정과 연혁

1) 사회보장기본법의 연혁

「사회보장기본법」을 포함한 모든 법의 기본이 헌법이라면, 사회보장(사회복지)과 관련한 모든 법의 기본이 「사회보장기본법」이다.

1995년 「사회보장기본법」(법률 제5134호, 시행 1996년) 제정으로 기존에 이름뿐이던 사회보장에 관한 법률(1963)[1]은 폐지되었다. 이후 2020년까지 여러 차례 개정을 거쳤다(〈표 3-1〉 참조).[2] 특히 2012년 개정은 사회복지 철학의 변화를 논할 정도로 전면적이다. 전문에 사회보장을 최저생활보장 또는 위험에서 구제하던 것에서 사회참여와 자아실현으로 확장했다. 출산과 양육 등의 사회복지서비스도 사회복지 범주로 명시하였다. 평생사회안전망 개념을 도입하고 국가와 지방자치단체의 의무규정도 구체화했다. 사회보장위원회의 권한 강화, 사회서비스의 품질 기준, 평가와 개선을 위한 전담기구, 통계 관리 등이 사회보장의 구체화 방안에 속한다.

1) 사회보장에 관한 법률이 제정된 이후 약 30년 여간 급속하게 이룩한 사회 · 경제적인 발전과 변화에 따라 정부는 국민의 지지를 얻기 위해 사회복지에 관한 많은 관련법률을 임시적 · 단속적으로 개정 내지 제정해 왔다(김종엽 외, 2012: 73).

2) 2013년 타법 개정. 앞으로도 '타법 개정'에 따른 개정은 따로 설명에 넣지 않는다.

표 3-1 사회보장기본법의 주요 연혁

제정/ 시행년도	중요한 변화 내용
1963년	• 「사회보장에 관한 법률」 제정(1963), 1995년 폐지 • 「사회보장법」이 기본법으로 갖추어야 할 실질적인 내용을 갖추지 못함
1995/96	• 「사회보장기본법」 제정(법률 제5134호)
2005/05 일부 개정	• 사회보장심의위원회 위원 확대(20인에서 30인)와 관련부처의 참여 확대(부위원장에 부총리인 교육인적자원부 장관) • 주요 시책 추진 실적에 대한 평가제도 도입
2009/09 일부 개정	• 사회보장심의위원회의의 사회보장정책 총괄기능 강화 • 「사회보장사업법」에 따른 지역사회복지계획과 중복되는 시·도의 주요 시책 추진방향에 관한 사항 삭제 – 지방자치단체의 업무 부담 완화 • 법문을 한글화하고 용어를 쉽게 하여 접근성 높임
2012/13 전부 개정	• 사회참여와 자아실현에 필요한 제도와 여건 조성(제2조) • 출산, 양육을 사회적 위험으로 인정하여 사회보장에 포함(제3조 제1항) • 사회복지서비스와 관련 복지제도 사회서비스에 포괄(제3조 제4항) • 기본욕구와 특수욕구를 고려한 소득 서비스 보장이라는 맞춤형 사회보장제도로서 평생사회안전망 개념 도입(제3조 제5항)
2015/16	• 「국민기초생활보장법」 개정에 따라 '최저생계비'를 '최저보장수준'으로(제10조 제2~3항). • '최저보장수준' – 소득 지출 수준과 수급권자의 가구 유형 등 생활실태, 물가 상승률 등을 고려하여 제6조에 따라 급여의 종류별로 공표하는 금액이나 보장 수준(「국민기초 생활보장법」 제2조 제6항)
2018/18	• 자료의 수집·조사 및 분석에 관한 업무 위탁이 가능한 기관 또는 단체(제26조 제3항 신설) 1. 「정부출연연구기관 등의 설립·운영 및 육성에 관한 법률」에 따라 설립된 정부출연 연구기관 2. 「사회보장급여의 이용·제공 및 수급권자 발굴에 관한 법률」 제29조에 따른 사회보장 정보원 3. 그 밖에 대통령령으로 정하는 전문기관 또는 단체

2) 사회보장기본법 이전의 관련법률 입법

사회보장에 관한 법률이 나오기 이전에 「공무원연금법」(1960), 「갱생보호법」(1961), 「군사원호보상법」(1961), 생활 유지 능력 없는 이들에게 최저생활보장과 자활을 돕는 「생활보호법」(1961), 「아동복리법」(1961), 「선원보호법」(1962), 「재해구호법」(1962), 「국가유공자 등 특별원호법」(1962), 「군인연금법」(1963), 「산업재해보상보험법」(1963) 「지방공무원법」(1963) 등의 입법이 있었다. 공무원과 군인을 위한 복지가 먼저 고려된 점은 통치(행정) 편의주의와 함께 재정 때문이라고 볼 수 있다.

표 3-2 사회복지 관련법률(사회보장기본법 입법 이전)

법령	제·개정	취지
「고아입양특례법」→「입양특례법」(2011.12)	1961년 제정 및 시행 → 1995/96년 「입양촉진 및 절차에 관한 특례법」으로 전부 개정 → 2011/12년 「입양특례법」으로 전부 개정	외국인이 대한민국 국민인 고아를 양자로 하는 절차를 간소화하여(민법 규정에 의거) 고아의 복리 증진 → 보호 필요한 아동의 입양을 촉진하고 양자가 되는 자의 보호와 복지증진 도모
「의료보험법」→「국민의료보험법」(1997) →「국민건강보험법」(2000)	1963년 제정. 1970, 76년 전부 개정. 1977(500인), 1979(300인), 1981(100인), 1985, 1988(5인, 농어촌 주민), 1989(전 국민 대상) 일부 개정, 1994 전부 개정. 1995, 1998 일부 개정. 2000 폐지→「국민건강보험법」(99 제정/시행) → 1999, 2001~08, 10, 11 일부 개정. 2012년 전부 개정(직장가입자 보수월액 보험료 징수 등 재정상황 보완). 13~14, 16~20 일부 개정	「사회보장에 관한 법률」에 따라 근로자의 업무 외의 사유로 인한 질병, 부상, 사망 또는 분만과 근로자 부양가족의 질병, 부상, 사망 또는 분만에 관하여 보험급여하기 위한 목적 → 국민의 질병·부상에 대한 예방·진단·치료·재활과 출산·사망 및 건강증진에 보험급여로 국민 보건의 향상과 사회보장증진에 이바지
「자활지도사업에 관한 일시조치법」	1968년 제정 → 1982년 폐지	외원자원의 적정한 관리 도모
「사회복지사업법」	1970년 제정 → 전부 개정: 92/93('사회복지사'란 명칭 등장, 자격-3급), 1997/98년 수급권자의 인간다운 생활권 보장, 사회복지사의 전문성 제고(1급 국가시험), 복지사업의 공정-투명-적정성 제고. 자원봉사활동 지원·육성 위한 법적 근거 마련, 그 밖에 「정신보건법」, 「성폭력범죄처벌에 관한 법률」, 「입양촉진 및 절차에 관한 특례법」, 「사회복지공동모금법」, 「장애인·노인·임산부 등의 편의 증진 보장에 관한 법률」 등 신설 → 2000, 2005, 2009, 2011, 2011/12, 2013~20 일부 개정	사회복지사업에 관한 기본적 사항 규정으로 사회복지가 필요한 사람에 대해 인간의 존엄성과 인간다운 생활을 할 권리 보장과 사회복지의 전문성 제고, 사회복지사업의 공정·투명·적정 도모와 지역사회복지의 체계 구축으로 사회복지의 증진에 이바지. 사회복지가 필요하면 누구나 서비스를 신청해 제공받을 수 있음. 사회복지법인과 시설의 공공성 규정, 사회복지 필요한 자의 인권과 선택권 보장
「국민복지연금법」→「국민연금법」(1986/1988)	1973년 제정 → 「국민연금법」(86/88)으로 대체 1992년 5인 이상 사업장(시행령) - 97년 농어촌지역 자영자 - 1999 도시지역 거주자 포함(전 국민 대상) - 2003 1인 이상 사업장과 일용직근로자 포함 - 2007 급여 수준 조정 - 2012 급여 지급일 말일에서 25일로, 유족연금 만 18세 미만에서 만 19세 미만, 노령연금 체계 단순화 - 2015 보험료 신용카드 납부 가능, 노령연금액 감액 기준을 연령에서 소득으로 2012/13, 2016, 2020년 생업목적 적용기준 개선	국민의 노령·폐질 또는 사망 등에 대하여 연금급여를 실시하여 생활안정과 복지증진에 기여(보건사회부장관이 관장): 근로자, 사용자, 갹출료, 부담금, 기여금 등 개념 정립 (「국민연금법」) 국민의 노령, 장애 또는 사망에 연금급여로 생활안정과 복지증진에 이바지. 수급권, 수급권자, 수급자, 초진일 개념 정립. 사실상의 혼인관계 인정. 대학강사 등으로 근로하는 사업장은 각각 사업장 가입자로 가입 대상이 됨

법령	제·개정	취지
「의료보호법」→ 「의료급여법」 (2001)	1977년 제정 → 2001년 전부 개정하며 「의료급여법」으로 대체. 2002, 2003, 2004/05, 2006, 2013, 2014, 2016, 2019 일부 개정. 1961년 「생활보호법」에도 의료보호 사업이 포함되었으나, 시행되지 않음	생활이 어려운 사람에게 의료보호로 국민보건의 향상과 사회복지의 증진에 이바지 →'의료보호' 대신 '의료급여'(재원은 의료보호기금에서 조세로)
「공무원 및 사립학교 교직원 의료보호법」→ 「국민의료보험법」→ 「국민건강보험법」	1977년 제정 → 1997년 폐지되며 「국민의료보험법」에 통합 → 1999년 「국민건강보험법」 제정으로 대체. 1999, 2000, 2001, 2002, 2203, 2004, 2005, 2006, 2007, 2008, 2009, 2010, 2011 일부 개정 2012년 전부 개정, 2013, 2014, 2016~20 여러 차례 일부 개정.	공무원·사립학교교직원 및 그 부양가족의 질병·부상·분만 또는 사망 등에 보험급여로 건강 향상과 사회보장 → 국민의 질병·부상에 예방·진단·치료·재활과 출산·사망 및 건강증진에 보험급여로 국민보건 향상과 사회보장
「사회복지사업기금법」 → 「사회복지공동모금법」 → 「사회복지공동모금회법」	1980년 제정 → 1997/98 폐지. 1998년 「사회복지공동모금법」 제정 1999년 전부 개정하여 「사회복지공동모금회법」으로 2001, 2002, 2008, 2011, 2012, 2016, 2019 일부 개정	사회복지사업의 효과적 수행을 위하여 사회복지사업기금의 설치·운용 → 국민의 자발적 성금으로 공동모금된 재원의 효율적 관리와 운용 → 사회복지공동모금회의 공동모금으로 사회복지 이해, 참여 제고, 재원의 효율적이고 공정한 관리와 운용
「아동복지법」	1961년의 「아동복리법」대체 → 1981년 「아동복지법」으로 전부 개정 2000, 2011년 전부 개정 2004, 2006, 2007, 2008, 2008, 2013, 2014, 2015, 2016~2019 일부 개정	아동의 유실, 유기, 이탈 또는 보호자의 아동 육성이 불가하거나 부적당할 때의 보호(아동복리) → (1981: 그동안 경제·사회발전에 따른 사회적 복지요구에 부응하며 특히 유아기 기본적 인격 특성과 능력 개발 → 12: 아동종합실태조사 – 5년마다) 아동이 건강하게 출생하여 행복하고 안전하게 자랄 수 있도록 아동복지 보장
「심신장애자복지법」→ 「장애인복지법」 (1989)	1981년 제정(국제연합 1981년을 '세계 장애자의 해'로 지정) → 1989년 「장애인복지법」으로 전부 개정 → 2003/05, 2004 일부 개정 → 2007 전부 개정 → 2007, 2011/12, 2012, 2012/13, 2015, 2016~19 일부 개정.	심신장애의 발생 예방과 심신장애자의 재활과 보호 → 장애인의 인간다운 삶과 권리 보장할 국가와 지자체의 책임 명시, 장애 예방과 장애인의 의료·교육·직업재활·생활환경 개선 등 장애인복지대책 종합적 추진. 장애인의 자립생활·보호와 수당지급 등에 필요한 사항을 정하여 장애인의 생활 안정에 기여. 장애인의 복지와 사회활동 참여증진으로 사회통합
「국민복지연금법」→ 「국민연금법」	1973년 제정(시행되진 않음) → 1986/88 전부 개정 「국민연금법」 2007 전부 개정. 1989, 1995, 1999, 2000, 2009, 2011/12 2013~19, 2020 일부 개정.	국민의 노령·폐질 또는 사망에 대하여 연금 급여로 국민의 생활안정과 복지증진에 이바지 → (86)시행 연기했던 법을 평균수명 연장과 핵가족화로 절실해져 88년부터 실시(노령, 장해, 유족연금과 반환일시금) → (07)외국인 근로자 반환일시금 수령자 범위 확대, '폐질'이란 용어가 '장애'로 변경

법령	제·개정	취지
「노인복지법」	1981년 제정(1982년 '경로헌장' 발표) → 1989 전부 개정 → 1993/94 일부 개정 → 1997/98 전부 개정 → 1999, 2005, 2007, 2011~20년 해마다 일부 개정.	노인 심신 건강 유지와 생활안정에 필요한 조치 강구 → 노인의 질환 사전예방 또는 조기 발견과 적절한 치료·요양으로 심신의 건강 유지, 노후 생활안정에 필요한 조치 강구로 노인의 보건복지증진. (97/98)경로연금(65세 이상 생활안정 도모, 노인공경), 노인지역봉사기관, 노인취업알선기관 지원 근거(노인의 사회참여와 취업 활성화), 치매노인 연구와 노인재활요양사업(국가, 지자체), 노인의 날(10월 2일), 경로의 달(매년 10월)
「최저임금법」	1986년 제정 → 1993/94, 1999, 2000, 2005, 2007~10, 2012, 2017, 2018 일부 개정.(주무: 고용노동부)	근로자에게 임금의 최저수준 보장으로 근로자의 생활안정과 노동력의 질적 향상을 꾀하여 국민 경제의 건전한 발전에 이바지
「남녀고용평등과 일·가정 양립 지원에 관한 법률」	1987년 제정 → 89, 95, 99, 2005, 07, 10, 12, 14~17, 19, 20 일부 개정 2001년 전부 개정	헌법의 평등이념에 따라 고용에서 남녀의 평등한 기회와 대우를 보장하고 모성보호와 여성 고용 촉진으로 남녀고용평등의 실현과 근로자의 일과 가정의 양립 지원하여 모든 국민의 삶의 질 향상에 이바지
「보호관찰법」 → 「보호관찰 등에 관한 법률」(1995)	1988/1989년 제정/시행 → 1995년 「보호관찰 등에 관한 법률」로 전부 개정(「출소자 사후관리법령」 통합 – 「갱생보호법」 흡수) → 1996/97 전부 개정(형사범 전체로 보호관찰 대상 확대, 사회봉사명령, 수강명령 조건부집행유예제도 도입에 따른 절차 규정) 2008, 2009, 2010, 2014, 2016, 2020 일부 개정.(주무: 법무부)	죄 범한 자 재범방지 위해 체계적 사회 내 처우 필요한 자에 대한 지도와 원호로 건전한 사회복귀 촉진, 개인과 공공의 복지증진과 사회 보호 →(96/97) 보호관찰, 사회봉사, 수강 및 갱생보호 등 체계적 사회 내 처우 필요자에 대한 지도와 원호 → 죄를 지은 사람으로서 재범방지를 위하여 보호관찰, 사회봉사, 수강, 갱생보호 등 체계적인 사회 내 처우가 필요하다고 인정되는 사람을 지도하고 보살피며 도와서 건전한 사회 복귀 촉진과 효율적 범죄예방으로 개인과 공공의 복지증진과 사회 보호
「모자복지법」 → 「모부자복지법」(2002/03) → 「한부모가족지원법」(2007/08)	1989년 제정 → 2002/03년 「모부자복지법」으로 명칭 변경(일부 개정) → 2007/ 08년 「한부모가족지원법」으로 명칭 변경 → 2011, 2012, 2013, 2020 일부 개정 * 처음부터 모자가정의 복지증진은 국가의 책임이고 국민은 협력할 책임 규정	모자가정이 건강하고 문화적 생활 영위할 수 있게 하여 모자가정의 생활안정과 복지증진에 기여 → 모·부자가정 → 한부모가족이 건강하고 문화적인 생활을 영위할 수 있게 하여 한부모가족의 생활안정과 복지증진에 이바지
「장애인고용촉진 등에 관한 법률」 → 「장애인고용촉진 및 직업재활법」(2000)	1990/91년 제정/시행(근로자 100인 이상 사업장에서 총 근로자의 1~5%는 장애인으로 고용할 의무) → 2000년 전부 개정으로 「장애인고용촉진 및 직업재활법」으로 대체 → 2004, 2005/06, 2007/08, 2008, 2009, 2011, 2012/13, 2012/14, 2011/15, 2014~20 일부 개정 (주무: 고용노동부)	장애인이 그 능력에 맞는 직업생활로 인간다운 생활을 할 수 있게 장애인의 고용촉진, 직업재활 및 직업안정 도모 → ('직업안정' 삭제 – 2000) 매년 장애인 고용촉진과 직업재활 사업비용 일부를 일반회계에서 부담

법령	제·개정	취지
「영유아보육법」	1991년 제정 → 2004/05 전부 개정(여성의 사회참여 확대와 가족구조 변화로 보육 수요 증가 - 보육시설 종사자 자격기준 강화, 시설의 설치와 운영을 신고제에서 인가제로 전환) ; 1997/98, 1999, 2007, 2008, 2011, 2011/12, 2013~19 일부 개정	영유아(嬰幼兒 Early Kids)의 심신 보호와 건전한 교육으로 건강한 사회 구성원으로 육성하고 보호자의 경제·사회적 활동을 원활하게 하여 영유아와 가정의 복지증진에 이바지
「사내근로복지 기금법」(1991/92) + 「근로복지기본법」(2001/02)]	「사내근로복지기금법」 1991년 제정, 2010년 폐지 「근로자복지기본법」(01/02) → 「근로복지기본법」으로 (10)전부 개정(「사내근로복지 기금법」 통합) 2012, 2014, 2016~20 일부 개정 (주무: 고용노동부)	사업주에게 사업 이익의 일부를 재원으로 사내근로복지기금을 설치하여 이를 효율적으로 관리·운영하게 함으로써 근로자의 생활안정과 복지증진에 이바지 근로복지정책의 수립과 복지사업의 수행에 필요한 사항 규정하여 근로자 삶의 질 향상과 국민경제의 균형 있는 발전에 이바지
「청소년기본법」	1991/93년 제정/시행 → 1995/96 2005, 2010, 2011~19 일부 개정 (주무: 여성가족부) 청소년 - 9세 이상 24세 이하; 청소년지도자 - 청소년지도사+청소년상담사	청소년육성정책에 관한 기본적인 사항을 규정. 사회 구성원으로서 청소년의 정당한 대우, 권익 보장, 스스로 생각하고 자유롭게 활동할 수 있게 하며 더 나은 삶을 누리고 유해한 환경으로부터 보호하여 국가와 사회가 필요로 하는 건전한 민주시민으로 자랄 수 있도록(기본이념) - 참여보장, 자율성과 능동적 삶의 실현, 성장 여건과 사회 환경 개선, 민주·복지·통일조국에 대비하는 청소년 자질 향상
「고령자 고용촉진법」→ 「고용상 연령차별 금지 및 고령자 고용촉진에 관한 법률」(2008)	1991/92년 제정/시행 → 2002/03, 2006/ 07년 일부 개정 → 2008/09년 「고용상 연령차별금지 및 고령자고용촉진에 관한 법률」로 명칭 변경(연령을 이유로 한 고용차별 관행 해소를 위한 연령차별 금지정책 병행) → 2010, 2013, 2016, 2019, 2020 일부 개정. (주무: 고용노동부)	합리적인 이유 없이 연령을 이유로 한 고용차별 금지, 고령자가 그 능력에 맞는 직업을 가질 수 있도록 지원, 촉진하여 고령자의 고용안정과 국민 경제의 발전에 이바지
「일제하 일본군 위안부에 대한 생활안정지원법」→ 기념사업 추가(2002)→ 「보호·지원 및 기념사업 등에 관한 법률」(2017)	1993년 제정, 시행 → 2002/03 「일제하 일본군 위안부 피해자에 대한 생활안정 지원 및 기념사업 등에 관한 법률」 → 2008, 2012/13, 2013, 2014, 2015 일부 개정 → 2017/18 「일제하 일본군위안부 피해자에 대한 보호·지원 및 기념사업 등에 관한 법률」(약칭: 「위안부피해자법」) (주무: 여성가족부)	일제에 의한 강제 동원으로 위안부 생활을 강요당한 피해자를 보호·지원하고, 일본군위안부 피해자의 명예 회복과 진상 규명을 위한 기념사업 수행으로 이들의 생활안정과 복지증진을 꾀하고 국민의 올바른 역사관 정립과 인권 증진에 이바지함이 목적 → 일본군위안부 관련 역사 자료의 수집·보존·조사·연구·홍보 및 기념사업 등을 추가·확대 → +국민의 올바른 역사관 정립과 인권 증진에 이바지
「성폭력범죄의 처벌 및 피해자보호 등에 관한 법률」→「성폭력범죄의 피해자 보호 등에 관한 법률」/「성폭력범죄의 처벌 등에 관한 특례법」(2010)	1994년 제정 → 2003년 일부 개정(성폭력피해자 수사에서 인권침해 방지 보완) → 2010년 「성폭력방지 및 피해자보호 등에 관한 법률」+ 2011~14, 16~20 일부 개정 (주무: 여성가족부, 법무부)	성폭력 범죄의 처벌 및 절차에 관한 특례 규정으로 성폭력 범죄 피해자의 생명과 신체의 안정 보장과 건강한 사회질서 확립에 이바지 - 성폭력 범죄(특히 13세 이하 대상) 처벌 강화, 성범죄자 신상정보 인터넷 등록 및 공개 등으로 재범방지

3) 사회보장기본법(1995) 이후 제정된 관련법률 입법

사회복지 정책과 실천의 경험이 누적되면서 장애인 관련법률처럼 법률도 점점 세분화되고, 시대의 변화에 따라 「다문화가족지원법」(2008)과 같이 새로운 영역이 생겨났다. 또 예술인(2011/12)이나 노숙인(2011/12)처럼 전에 없지 않았으나 미처 돌볼 여유가 없는 분야도 사회복지의 지붕 아래로 끌어들였다. 「사회복지사 등의 처우 및 지위 향상을 위한 법률」(2011/12)은 한편으로 국가의 자상한 모습을 보여주기도 하지만, 다른 한편으로는 사회복지사의 현실이 얼마나 열악했고 또 아직도 열악한지 실감하게 한다.

표 3-3 사회복지 관련법률(「사회보장기본법」 이후)

법령	제정/시행	목적	개정(전부/일부)
「국민건강증진법」	1995	국민에게 건강에 대한 가치와 책임의식을 함양하도록 건강에 관한 바른 지식을 보급하여 스스로 건강생활을 실천할 여건을 조성하여 국민의 건강증진이 목적. '국민건강증진사업' – 보건교육, 질병예방, 영양개선, 건강관리, 건강생활 실천 등으로 국민의 건강을 증진하는 사업	99, 02~04, 06~07, 09~11, 14~17, 20 일부 개정
「정신보건법」→ 「정신건강증진 및 정신질환자 복지서비스 지원에 관한 법률」(2016/17) 약칭: 「정신건강복지법」	1995/96	정신질환의 예방과 정신질환자의 의료 및 사회 복귀에 관하여 필요한 사항을 규정하여 국민의 정신건강증진에 이바지 → 정신질환자의 범위를 중증정신질환자로 축소, 전 국민 대상 정신건강증진: 정신질환의 예방과 치료, 정신질환자의 재활・복지・권리보장과 정신건강 친화 환경 조성으로 국민의 정신건강증진과 정신질환자의 인간다운 삶 영위에 이바지; '정신질환자' – 독립적 일상생활 영위에 중대한 제약이 있는 사람. 질환을 이유로 부당한 차별대우 받지 않고 자유권과 자신 관련 정책의 결정 과정에 참여할 권리	1997/98, 2016/17 전부, 2000, 04, 08/09, 13, 15, 18~19 일부 개정
「사회복지공동모금법」 →「사회복지공동모금회법」(1999)	1997/98	사회복지공동모금회의 공동모금으로 국민이 사회복지를 이해하고 참여하도록 하면서 국민의 자발적인 성금으로 조성된 재원의 효율적이고 공정한 관리・운용으로 사회복지증진에 이바지	99 전부 개정 01~02, 08, 11~12, 16, 19 일부 개정
「청소년보호법」	1997/97	청소년에게 유해한 매체물과 약물 등이 청소년에게 유통되는 것과 청소년의 유해업소 출입 등을 규제하고 유해환경으로부터 보호・구제하여 청소년이 건전한 인격체로 성장할 수 있도록 함(주무: 여성가족부) 사회의 책임 – 누구나 청소년 보호를 위해 필요한 노력을 해야 함(유해환경 노출과 출입 막기 – 선도, 신고, 고발 등); 인터넷게임 이용자의 친권자 등의 동의(제24조), 심야시간 인터넷게임 제공시간 제한(제26조)	2011/12 전부 99, 04~06, 08, 14~20 일부 개정

법령	제정/시행	목적	개정(전부/일부)
「장애인·노인·임산부 등의 편의증진 보장에 관한 법률」(「장애인 등 편의법」)	1997/98	장애인·노인·임산부 등이 일상생활에서 안전하고 편리한 시설과 설비 이용과 정보 접근 보장으로 이들의 사회활동 참여와 복지증진에 이바지 – 장애인 등이 공공건물과 공중이용시설 이용 때 가능한 최대한 편리한 방법으로 최단거리로 이동할 수 있도록 설치	99, 03~05, 08, 12, 15, 16, 20 일부 개정
「가정폭력방지 및 피해자보호 등에 관한 법률」(「가정폭력방지법」)	1997/98	가정폭력을 예방하고 가정폭력의 피해자를 보호·지원. 기본이념: 가정폭력 피해자는 피해 상황에서 신속하게 벗어나 인간으로서의 존엄성과 안전을 보장받을 권리가 있음 '아동' – 18세 미만; (주무)여성가족부 장관은 3년마다 실태조사하여 결과 발표 – 가정폭력 예방 위한 정책 수립의 기초 자료로 활용	2004, 06 (전문개정) 07, 09~10, 12~20 일부 개정
「국민기초생활 보장법」	1999/2000	생활 어려운 사람에게 필요한 급여로 최저생활 보장과 자활을 돕는 것. '최저보장수준' – 국민의 소득·지출 수준과 수급권자의 가구 유형 등 생활 실태, 물가상승률 등을 고려하여 공표하는 금액이나 보장 수준. '최저생계비' – 건강하고 문화적인 생활 유지에 필요한 최소한의 비용	2004~07, 09, 11~12, 2015~19 일부 개정
「청소년의 성 보호에 관한 법률」 → 「아동·청소년의 성 보호에 관한 법률」	2000→2010	아동·청소년 대상 성범죄 처벌과 절차에 관한 특례로 피해 아동·청소년의 구제와 지원 절차 마련하고, 그 대상 성범죄자의 체계적 관리로 아동·청소년을 성범죄로부터 보호하여 건강한 사회 구성원으로 성장할 수 있도록 함. 아동 역시 보호대상이라는 점 명확히. 관련 성범죄자 처벌 강화와 신상정보 정보통신망에 공개 – 경각심 제고(주무: 여성가족부)	2010 전부 개정하며 법 이름 개정; 11~14, 16, 18, 20 일부 개정
「농어촌주민의 보건복지증진을 위한 특별법」	2004	농어촌주민의 보건복지증진을 위한 시책 강화와 이에 관한 국가 및 지방자치단체의 책임의 명확화로 농어촌에 보건의료 및 사회복지시설을 확충하여 농어촌주민의 인간다운 삶 보장. 보건복지부 장관 – 5년마다 농어촌의 보건복지 수준에 관한 실태조사와 공표하고, 그 토대로 중앙행정기관의 장과 협의 – 농어촌보건복지 기본계획 5년마다 수립. 암 검진 사업과 정신보건사업의 우선 실시	2006~08, 2015~18 일부 개정
「성매매방지 및 피해자 보호 등에 관한 법률」(「성매매피해자 보호법」)	2004	성매매를 방지하고, 성매매피해자 및 성을 파는 행위를 한 사람의 보호, 피해회복 및 자립·자활지원. 국가와 지자체 – 신고체계 구축·운영, 피해자 등에 대한 주거지원, 직업훈련, 법률 구조, 기타 지원 서비스 제공, 유해환경 감시, 국제협력 증진 등의 책임; 3년마다 실태조사, 보고서 발간, 성매매 예방교육(주무: 여성가족부)	2005/06, 08, 11~12, 14, 16, 18 일부 개정
「성매매알선 등 행위의 처벌에 관한 법률」(「성매매처벌법」)	2004	성매매, 성매매알선 등 행위 및 성매매 목적의 인신매매를 근절하고, 성매매피해자의 인권을 보호(「윤락행위 등 방지법」 폐지). 성매매피해자의 성매매는 처벌하지 않음(주무: 법무부)	2005, 2011, 2014 일부 개정

법령	제정/시행	목적	개정(전부/일부)
「청소년복지 지원법」	2004/05	「청소년기본법」 제49조 제4항에 따라 청소년복지 향상에 관한 사항을 규정. 여성가족부 장관 – 3년마다 청소년의 의식·태도·생활 등에 관한 실태조사와 결과 공표. 지자체의 장 – 관할 구역 위기청소년 조기 발견, 보호, 청소년보호의 효율적 수행을 위해 지역사회 청소년통합지원체계 구축·운영할 책임 (주무: 여성가족부)	2012 전부 개정; 10, 13~18 일부 개정
「근로자퇴직급여 보장법」	2005	근로자 퇴직급여제도의 설정 및 운영에 필요한 사항을 정함으로써 근로자의 안정적인 노후생활 보장에 이바지. 전부 개정: 고령화시대 안정적인 노후 재원 마련 위해 퇴직연금제도 가입 근로자의 수급권 강화, 중간정산 요건 신설 등 (주무: 고용노동부)	2011/12 전부 개정; 2005, 08, 18, 20 일부 개정
「장애인 기업 활동 촉진법」(「장애인기업법」)	2005	장애인의 창업과 기업활동 촉진으로 장애인의 경제·사회적 지위 높이고 경제력 향상으로 국민 경제 발전에 이바지; '장애인 기업' – 장애인 소유 또는 경영 + 상시근로자 중 장애인 비율이 30% 이상 (주무)중소벤처기업부 - 2년마다 실태조사, 결과 공표. 필요하면 국유재산과 공유재산 무상 대부 가능	2008~10, 16~18 일부 개정
「긴급복지지원법」	2005/06	생계곤란 등의 위기상황에 처하여 도움이 필요한 사람을 신속하게 지원하여 위기상황에서 벗어나 건강하고 인간다운 생활을 하게 이바지 기본원칙 – 위기상황에 처한 사람에게 일시적으로 신속하게 지원	2009, 2012, 14~16, 18 일부 개정
「한국보건복지인력 개발원법」	2007	한국보건복지인력개발원 설립으로 보건복지에 관한 교육·훈련 등의 업무를 수행하게 하여 보건복지 관련 업무에 종사하는 자 등에게 전문성을 높이는 기회 제공 및 보건복지 분야의 발전 도모로 국민 삶의 질 향상에 이바지	2012, 17 일부 개정
「기초노령연금법」 → 「기초연금법」 (2014)	2007/08	노인이 후손의 양육과 국가와 사회의 발전에 이바지한 점을 고려하여 생활이 어려운 노인에게 기초노령연금을 지급하여 노인의 생활안정을 지원하고 복지증진(「기초연금법」 – 국가재정의 지속 가능성 확보, 노인세대에 안정적인 공적 연금제도 마련 – 65세 이상 노인 중 소득 기반 취약한 70%에게 기초연금 지급. 재원 조성하되 국민연금기금 사용 불가) 노인에게 기초연금 지급하여 안정적 소득 기반을 제공하여 노인의 생활안정 지원과 복지증진	2007, 11 일부 개정 2014 폐지 – 「기초연금법」 제정. 2016~20 일부 개정
「노인장기요양 보험법」	2007/08	고령이나 노인성 질병 등의 사유로 혼자 일상생활을 수행하기 어려운 노인 등에게 제공하는 신체활동 또는 가사활동 지원 등의 장기요양급여에 관한 사항을 규정하여 노후의 건강증진과 생활의 안정 도모하며 그 가족의 부담을 덜어주어 국민의 삶의 질 향상; '노인 등' – 65세 이상과 그 미만이면서 치매와 뇌혈관성질환 등 노인성 질병이 있는 사람 '장기요양원' – 장기요양기관에 소속하여 노인 등의 신체활동이나 가사활동 지원 등의 업무 수행자	2009~10, 13, 15~16, 18~19 일부 개정

법령	제정/시행	목적	개정(전부/일부)
「장애인차별금지 및 권리구제 등에 관한 법률」(「장애인차별금지법」)	2007/08	모든 생활영역에서 장애를 이유로 한 차별을 금지하고 장애를 이유로 차별받은 사람의 권익을 효과적으로 구제하여 장애인의 완전한 사회참여와 평등권 실현으로 인간으로서의 존엄과 가치를 구현 – 장애인은 자기 생활 전반에 자기 의사에 따라 선택하고 결정할 권리가 있다. 장애인 아닌 사람과 동등한 선택권 보장받기 위해 필요한 서비스와 정보 제공받을 권리(제7조) 보건복지부 장관 – 장애인 차별 해소 정책의 수립과 시행에 필요한 기초자료 확보 위해 3년마다 실태조사 실시, 그 결과 공표 의무(2019)	2010, 2012/13, 14, 17, 19 일부 개정
「다문화가족 지원법」(「다문화가족법」)	2008	다문화가족 구성원이 안정적인 가족생활 영위하고 사회 구성원으로서의 역할과 책임을 다할 수 있도록 하여 이들의 삶의 질 향상과 사회통합에 이바지; '아동·청소년' – 24세 이하. 지자체에 다문화가족 지원 담당 기구와 공무원을 두어야. (주무)여성가족부 장관 – 5년마다 기본계획, 연도별 시행계획 수립·시행	2011~13, 15~20 일부 개정
「국민연금과 직역연금의 연계에 관한 법률」(「연금연계법」)	2009	국민연금의 가입기간과 공무원연금, 사립학교교직원연금, 군인연금 및 별정우체국직원연금의 재직기간·복무기간을 연계한 연계급여 지급으로 국민의 노후 생활안정과 복지증진에 이바지 '직역연금' – 공무원, 사립학교교직원, 군인, 별정우체국직원연금 연계급여 – 연계 노령, 퇴직, 노령유족, 퇴직유족연금	2015, 2019 일부 개정
「장애인연금법」	2010	장애로 인하여 생활이 어려운 중증장애인(18세 이상)에게 장애인연금 지급으로 중증장애인의 생활안정 지원과 복지증진 및 사회통합 도모 '중증 장애인' – 근로 능력의 상실 또는 현저한 감소로 장애 정도가 중증인 사람 *장애인연금 지급으로 계층 간 소득 역전 현상이 없도록 하고, 근로 의욕 및 저축 유인이 저하되지 않도록 노력할 국가의 책임(제3조 제2항).	2014, 16~19 일부 개정
「치매관리법」	2011	치매의 예방, 치매환자에 대한 보호와 지원 및 치매퇴치를 위한 연구 등에 관한 정책을 종합적으로 수립·시행하여 치매로 인한 개인적 고통과 피해 및 사회적 부담 경감과 국민건강증진에 이바지 치매안심센터장이 치매환자와 그 가족에게 장기요양인정의 신청 등에 관한 사항을 안내사항 신설(제17조 제2항 제6호)	15, 17~19 일부 개정

법령	제정/시행	목적	개정(전부/일부)
「장애인활동 지원에 관한 법률」(「장애인활동법」)	2011	신체적·정신적 장애 등의 사유로 혼자 일상생활과 사회생활을 하기 어려운 장애인에게 제공하는 활동지원급여 등에 관한 사항의 규정으로 장애인의 자립생활을 지원하고 그 가족의 부담을 줄여 장애인 삶의 질을 높이는 것. '활동지원급여' – 활동보조, 방문목욕, 방문간호 등의 서비스 '활동지원인력' – 활동지원기관에 소속되어 수급자에게 활동지원급여를 수행하는 사람('활동지원사' – 제27조: 활동지원사교육기관의 교육과정 수료) *본인부담금(제33조) – 15% 한도에서 수급자와 부양의무자의 소득과 재산 등에 따라 비용 일부 차등 부담	2011, 13, 15, 17~20 일부 개정
「사회복지사 등의 처우 및 지위 향상을 위한 법률」(「사회복지사법」)	2011/12	사회복지사 등에 대한 처우 개선과 신분보장 강화로 사회복지사 등의 지위 향상으로 사회복지증진에 이바지 '사회복지 등' – 사회복지법인, 시설 등에서 사회복지사업 종사자	2012, 19 일부 개정
「예술인복지법」	2011/12	예술인의 직업적 지위와 권리를 법으로 보호하고, 예술인 복지 지원으로 예술인의 창작활동 증진과 예술 발전에 이바지 (주무)문화체육관광부 장관 - 3년마다 실태조사하고 그 결과 공표 – 관계 중앙행정기관의 장과 협의 5년마다 예술인복지 정책 기본계획 수립 *문화예술 용역 관련 계약 당사자가 대등한 입장에서 공정한 계약 체결하도록 문화예술 분야 표준계약서 개발, 보급. 예술인의 업무상 재해 – 「산업재해보상보험법」에 따름(제7조). 한국예술인복지재단 설립(제4장)	2013, 16, 18~20 일부 개정
「노숙인 등의 복지 및 자립지원에 관한 법률」(「노숙인복지법」)	2011/12	노숙인(露宿人) 등의 인간다운 생활을 할 권리 보호와 재활 및 자립 기반 조성으로 이들의 건전한 사회복귀와 복지증진에 이바지. '노숙인 등' – 상당 기간 일정한 주거 없이 생활하는 사람, 노숙인 시설 이용하거나 상당 기간 거기서 생활하는 사람, 주거로 적절하지 않은 곳(쪽방 포함)에서 상당 기간 생활하는 사람; 보건복지부 장관 - 5년마다 실태조사, 그 결과 공표; 노숙인시설 종사자는 노숙인 인권침해 예방 교육을 받아야 함	2015, 17, 19 일부 개정
「사회서비스 이용 및 이용권 관리에 관한 법률」	2011/12	사회서비스 이용의 활성화와 이용자의 선택권 보장으로 국민복지증진에 이바지. '사회서비스' = 사회복지서비스, 보건의료서비스	2016~20 일부 개정
「사회보장급여의 이용·제공 및 수급권자 발굴에 관한 법률」	2014/15	「사회보장기본법」에 따른 사회보장급여의 이용과 제공에 관한 기준과 절차 등 기본 사항을 규정하고, 지원받지 못하는 지원대상자를 발굴 지원하여 사회보장급여가 필요한 사람의 인간다운 생활을 할 권리를 최대한 보장하며 공정하고 효과적인 사회보장급여로 지역사회에서 사회보장 제도의 통합적 시행 기반 구축; 급여가 필요한 사람은 누구나 자기 의사에 따라 신청할 수 있고, 보장기관은 이에 필요한 안내와 상담 등의 자원을 충분히 제공해야 함. 특히 가정과 지역공동체의 자발적 협조 위해 노력	17~19 일부 개정

법령	제정/시행	목적	개정(전부/일부)
「노후준비 지원법」	2015	기대수명 연장으로 노년기 비중 증가에 따라 은퇴 이후 국민의 건강하고 안정된 노후생활을 위하여 노후준비 지원에 관한 사항 규정－'노후준비': 노년에 발생할지 모르는 빈곤, 질병, 무위, 고독 등을 사전에 대처하는 것. '노후준비서비스': 재무, 건강, 여가, 대인관계 등 분야별 적절한 노후준비를 위해 제공하는 진단, 상담, 교육, 관계기관 연계 및 사후관리 등	
「장애인·노인 등을 위한 보조기기 지원 및 활용촉진에 관한 법률」	2015/16	장애인과 노인 등을 위해 보조기기의 지원과 활용촉진을 규정하여 활동의 제약을 최소화하고 삶의 질 향상에 이바지	17~18 일부 개정

2. 사회보장기본법의 목적, 이념, 개념

1) 목적

목적과 이념은 사실상 추상적인 성격상 크게 다르지 않다. 다만 입법에서는 그 법률을 통해 구체적으로 도달하고자 하는 것이 목적이고, 그 법률과 목적에 담긴 기본 가치관 또는 발상이 이념이다.

「사회보장기본법」의 궁극적인 목적은 국민의 복지증진에 이바지하는 것이다. 거기에 다다르기 위해 세 가지 바탕이 필요하다. 옛날 국가를 상징하던 세 발 솥과 같은 모양이다. 첫째, 사회보장에서 국민의 수급권과 국가/지방자치단체(이하 '국가')를 명확하게 규명하는 것. 둘째, 사회보장 기본계획의 수립과 사회보장위원회 설치. 셋째, 사회보장정책의 기본방향을 세우고 제도 운영하기(제1장 제1조). 여기서 특히 기본방향은 아래의 기본이념과도 맥이 닿는다.

2) 기본이념

「사회보장기본법」 목적에 담긴 기본이념은 두 가지다. 첫째, 사회적 위험에서 벗어나 스스로 행복하고 인간다운 생활을 하도록 지원하는 것이다. 행복하고 인간다운 생활이라는 궁극의 목적은 무엇보다 먼저 사회적 위험에서 벗어나야 이룰 수 있다. 사회적 위험에서 벗어나게 하는 일은 국가의 책임이다. 그러나 행복하고 인간다운 생활을 이루는 것은 스스로 할 일이다. 국가가 해줄 수 있는 일이 아니다. 복지의 보충성 원칙에도 어긋나지만, 자칫 독재로 이어지기 쉽다. 둘째, 사회통합과 행복한 복지사회를 실현하려면 사회참여와 자아실현이 전제된다. 그러는 데 필요한 제도와 여건을 조성하는 것이 국가의 책임이다.[3] 위험이 없는 것만으로 행복한 것은 아니다. 자아를 실현할 때, 더 나아가 혼자만이 아니라 사회에서 더불어 살며 사회관계의 망에서 제 몫을 다할 때, 그럴 때 진정 행복할 수 있다. 따라서 국가는 그러기 위한 제도와 여건을 조성해야 한다. 그 제도와 여건을 바탕으로 자아를 실현하고 사회에 참여하는 것은 오롯이 개인의 몫이다.

3) 개념 규정

표 3-4 개념 정의

용어	개념 정의	의미
사회보장	출산, 양육, 실업, 노령, 장애, 질병, 빈곤, 사망 등과 같은 사회적 위험에서 모든 국민을 보호하고 국민 삶의 질 향상을 위해 필요한 소득·서비스를 보장하는 사회보험, 공공부조, 사회서비스	사회보장을 위한 기본요소 3가지는 사회보험, 공공부조, 사회서비스
사회보험	국민에게 발생하는 사회적 위험을 보험의 방식으로 대처하여 건강과 소득을 보장하는 제도	사회적 위험을 사회보험으로 대처
공공부조(公共扶助)	국가와 지방자치단체가 생활을 유지할 능력이 없거나 생활이 어려운 국민의 최저생활을 세금을 재원으로 보장하고 자립을 지원하는 제도적 책임	최저생활 보장과 자립 지원
사회서비스	국가·지방자치단체 및 민간부문의 도움이 필요한 모든 국민에게 복지, 보건의료, 교육, 고용, 주거, 문화, 환경 등의 분야에서 인간다운 생활을 보장하고 상담, 재활, 돌봄, 정보 제공, 관련시설 이용, 역량 개발, 사회참여 지원 등을 통하여 국민의 삶의 질 향상을 지원하는 제도	사회보장 중 민간부문 포함
평생사회 안전망	생애주기에 걸쳐 보편적으로 충족되어야 하는 기본욕구와 특정한 사회위험으로 발생하는 특수욕구를 동시에 고려하여 소득·서비스를 보장하는 맞춤형 사회보장제도	기본욕구와 특수욕구를 평생 함께 고려하는 맞춤형 사회보장

3) 이 부분이 바로 2012년 전부 개정에서 철학의 변화를 보여주는 부분이다. 「사회보장기본법」에서는 위험에서 벗어나기, 더 구체적으로는 최저생활의 보장이 목적이었다.

법에서 쓰이는 용어와 개념은 미리 정의해 놓아야 한다. 같은 말이라도 맥락에 따라 달라지기 때문이다. 그래서 법률마다 그 법률에서 쓰이는 중요한 용어는 미리 개념을 규정하기 마련이다.

3. 의무와 수급권

1) 국가와 지자체 및 국민의 의무

아이 하나를 제대로 키우려면 온 마을이 다 참여해야 한다. 하물며 사회보장을 하고 사회복지를 제대로 하려면 개개인부터 가정, 지역사회, 지자체 그리고 국가까지 온 나라 전체가 참여해야 한다. 「사회보장기본법」에서는 국가와 지자체의 의무(제5조~제6조)뿐만 아니라 국민의 책임까지도 함께 규정하고 있다(제7조).

(1) 국가의 의무

국가와 지자체의 의무는 크게 두 가지다. 첫째, 사회보장에 필요한 전체 틀을 세우고 환경과 재원을 마련할 책임(제5조). 둘째, 가정과 지역공동체의 자발적 복지 활동을 촉진할 의무(제6조). 사회보장에 대한 민간부문의 참여를 유도할 정책을 개발·시행하고, 그 여건을 조성하는 국가의 의무도 여기에 포함된다(제27조). 여기에는 자원봉사와 기부 등 나눔의 활성화와 사회보장정책의 시행에 민간부문과 상호협력체계의 구축 및 민간 참여 유도에 필요한 사업을 수립하고 시행할 책임 등 세 가지 세부 의무가 포함된다(제27조 제2항).

한편 사회보장의 틀과 환경을 조성하고 재원을 마련할 책임을 세분하면 4가지다(제5조). ① 국민 모두의 인간다운 생활 유지와 증진 ② 국가와 지자체 간 사회보장 관련한 책임과 역할의 합리적 분담 ③ 국가 발전 수준에 부응하여 사회 환경 변화에 대한 선제적 대응 및 지속 가능한 사회보장제도 확립과 그 재원 조달 ④ 운영의 안정을 위한 중장기 사회보장의 재정 추계의 수립과 공표(격년).

지방자치의 강화 추세에 따라 지자체의 사회복지 책임도 더 커가는 추세다. 「사회보장기본법」에서는 국가가 사회보험을 책임지고, 공공부조와 사회서비스는 지자체가 책임을 지되 국가에서 보조하도록 하고 있다(제25조).

(2) 국민의 의무

당사자인 국민의 적극적인 참여 없이 국가의 노력만으로는 사회보장과 사회복지가 제대로 실현될 수 없다. 그런 의미에서 국민의 의무를 세 가지 차원으로 살펴볼 수 있다. 첫째, 국가의 사회 환경 조성에 함께 힘쓸 책임(제7조). 이 책임은 스스로 자립과 자활을 위해 노력할 자기 책임과 국민 서로 보호가 필요한 사람에게 지속적 관심을 가지고 더 나은 삶을 누릴 수 있는 사회 환경 조성에 협력하고 노력할 책임으로 나뉜다(제7조 제1항, 제2항). 둘째, 사회보장급여를 받을 때 필요한 정보를 제공할 책임. 셋째, 사회보장의 비용을 분담할 책임(제7조 제3항) 등.

(3) 지역사회의 책임과 역할

지역사회의 역할과 책임이 날로 커가는 추세지만, 「사회보장기본법」에서는 아직 구체적인 규정이 없다. 그러나 국가와 국민의 의무 규정을 함께 생각하면 지역사회의 책임도 추론해 볼 수 있다. 국민은 개개인으로 출발하지만, 크게는 모여 국가를 이루고, 작게는 가정을 이루며, 그 사이 지역사회를 구성한다. 사회복지에서 국가와 가정은 성격을 달리하는 주체다. 국가 차원의 공공복지가 제대로 발달하지 못하면 가정과 민간 차원의 사회복지 책임이 강조된다. 심하게 말하면 떠넘긴다는 말이 된다. 그렇다고 국가 차원의 시설 수용 중심의 복지는 이미 그 한계를 경험하였다. 그래서 가장 이상적인 사회복지 전달체계라면 국가의 통합적, 장기적, 체계적 설계와 가정의 사회복지가 살아 움직일 수 있도록 해야 하면서, 동시에 국민 개개인과 가정이 모인 지역사회가 사회복지의 주체가 되어 움직일 수 있도록 여건을 조성하고 지원해야 한다.

지역사회는 지역의 특색을 살리면서 공동체를 복원하여 지역사회 주민의 의식 변화와 자발적 통합과 조직화로 주민이 바라는 이상적 지역사회를 추구할 책임이 있다. 이 책임은 법으로 규정하기 어렵지만, 전체 사회복지에서는 매우 중요하다.

지역사회의 사회복지 책임에서 가장 중요한 것은 정상화(Normalization)와 사회통합(Social Integration)의 책임이다. 지역사회의 의식변화를 통해 소수자(특별한 장애나 특별한 욕구를 가진 사람)도 격리하지 않고 똑같은 인권과 존엄성으로 지역사회에서 더불어 살아갈 수 있도록 하는 것이다. 사회통합도 같은 맥락인데, 특히 장애인이나 노인 또는 환자 등 보호 대상자를 시설에 격리하기보다 살아온 지역사회에서 함께 살면서 지역사회 전체가 돌보는 것을 말한다. 왜냐하면 지역사회 차원의 사회복지가 원활해야 가정과 개인의 복지 실현이 수월하기 때문이다.

2) 사회복지수급권

'사회보장에 관한 국민의 권리(제2장)' 중에서 가장 중요한 것이 바로 사회복지 수급권인데(제9조~제15조), 이미 앞 장에서 정리하였지만 주요 부분을 재정리하면 다음과 같다.

'사회보장수급권'은 법령에서 정하는 바에 따라 제한이 있다(제9조). 국내 거주 외국인에 대한 사회보장은 상호주의 원칙에 따른다(제8조). 수급의 권리가 제대로 행사되기 위해서는 본인뿐만 아니라 지방자치단체에서 대행이라도 하여 공백을 최소화할 필요가 있다(제11조). 또 수급권은 제한을 둘 정도로 귀한 것이기 때문에 따로 규정을 두어(제12조~제15조) 보호해야 한다. 수급권은 압류 대상이 될 수 없고, 양도나 담보 제공도 금지다(제12조). 관계법령에서 따로 정하면 제한이나 정지할 수 있지만, 그러더라도 최소한의 범위에 그쳐야 한다(제13조).

한편 아무리 좋은 것도 마다할 자유는 있다. 수급권이라도 서면 통지를 통해 포기할 수 있다(제14조). 그러나 그 포기로 불이익이나 피해를 보는 사람(자신 외에)이 생긴다면, 그 자유를 행사할 수 없다(제3항). 그리고 포기했던 권리라도 다시 포기 취소로 회복 가능하다(제2항).

불법행위로 피해가 생겨 사회보장수급권이 발동되면, 공단에서는 불법행위자에 대해 구상권을 행세할 수 있다(제15조). 피해자인 수급권자에게 급한 사회보장급여를 먼저 하고, 그에 해당하는 비용을 피해자를 대신해서 가해자에게 받는 방식이다. 물론 피해자가 이미 피해 보상을 받았다면 그 금액만큼 급여가 줄어든다.

4. 사회보장 기본계획의 수립과 운영

1) 기본계획의 수립

정책의 수립, 기본정책과 기본계획에 고려해야 할 사항은 7가지다. ① 국내외 사회보장환경의 변화와 전망 ② 사회보장의 기본목표와 중장기 추진 방향 ③ 주요 추진과제와 추진 방법 ④ 필요한 재원의 규모와 조달방안 ⑤ 사회보장 관련 기금의 운용 방안 ⑥ 사회보장 전달체계 ⑦ 그 밖에 사회보장정책의 추진에 필요한 사항(제3장 제16조). 기본계획 담당 주무부처는 보건복지부이며, 관계있는 다른 중앙행정기관의 장과 협의하여 기본계획에 따라 사회보장과 관련된 소관 주요 시책의 시행계획을 매년 수립 · 시행하여야 한다(제18조 제1항). 아울러 사회보장에 관한 주요 시책을 심의 · 조정하기 위하여 국무총리 소속 사회보장위원회를 둔다(제20조). 기본계획은 5년마다 사회보장위원회와 국무회의 심의를 거쳐 확정한다. '기본'이란 말이 붙었기 때문에 "다른 법령에 따라 수립되는 사회보장에 관한 계획에 우선하며 그 계획의 기본"이다(제17조).

2) 사회보장정책의 기본방향

사회보장정책의 기본방향은 "인간다운 생활과 자립, 사회참여, 자아실현 등 지원"(제23조)이다. 사회서비스 보장과 소득보장이 효과적이고 균형 있게 연계할 책임도 있다(제23조 제2항, 제24조). 인간다운 생활이 가능하게 소득을 보장할 책임은 국가와 지자체의 몫이다(제24조 제1항). 그러나 국가나 공공부문이 다 해결할 수도 없고 또 그래서도 안 된다. "공공부문과 민간부문의 소득보장제도가 효과적으로 연계"되어야 한다(제2항). "평생사회안전망"을 앞에 두고(제22조), 공공부조를 통한 취약계층의 최저생활 보장은 지방자치단체와 국가의 의무다(제22조 제1항~제2항).

3) 사회보장제도의 운영

(1) 운영의 기본원칙

운영원칙은 4가지 기본원칙을 따른다(제25조). ① 제도가 필요한 국민이면 누구나 적용 대상(복지의 보편성) ② 급여 수준과 비용부담의 형평성 유지(→ 제28조 비용부담 참조). ③ 정책 결정과 시행 과정의 민주화(공익 대표자와 이해관계인 참여) ④ 다양한 복지 욕구 충족을 위한 연계성과 전문성 제고(제4항→제31조 전문인력 양성 참조).

사회보장에 대한 국가와 지자체의 역할은 구분된다. 사회보험은 국가, 공공부조와 사회서비스는 국가와 지자체에서 시행하되, 재정 형편에 따라 협의 조정한다(제5항). 민간과 지역사회 참여의 유도와 확대는 국가와 지자체 모두의 몫이다.

(2) 운영에서 민간 참여의 확대

민간부문의 참여 유도나 해당 정책의 개발과 시행, 여건의 조성 역시 국가와 지자체의 책임이다(제27조 제1항). 구체적인 예는 3가지다(제2항).

① 자원봉사, 기부 등 나눔의 활성화를 위한 각종 지원사업

② 사회보장정책 시행에서 민간부문과의 상호협력체계 구축 지원사업

③ 그 밖에 사회보장에 관련된 민간의 참여 유도에 필요한 사업

(3) 운영비용 부담의 형평성

공공과 민간부문 사이 비용부담의 합리적 조정 외에 제28조에는 3가지 원칙이 더 있다. 사회보험의 경우 사용자와 피용자 및 자영업자가 부담하는 게 원칙이다. 원칙에 따른 사회보험료의 사업주와 근로자의 2020년 분담 몫은 다음과 같다. 건강보험은 보수월액의 각각 3.335%씩 부담하여, 총 6.67%이며, 장기요양보험료는 건강보험의 10.25%에 해당하는 금액을 각각 절반씩 부담하도록 하고 있다. 연금보험료는 각각 기준소득월액의 4.5%씩 부담하여 총 9%가 된다. 그 밖에 고용보험료는 2019년 10월부터 인상하여 각각 0.8%씩, 총 1.6%(기존 1.3%) 부담한다. 근로자가 아니라 사업장이 보험 대상인 산재보험의 보험료는 기업에서 100% 부담한다(2020년 보험료율 0.09% 인하하여 1.56%).

공공부조와 소득이 법정 수준에 미치지 못하는 국민에 대한 사회서비스 비용은 국가와 지자체가 부담하는 것이 원칙이다(제28조 제3항). 부담 능력이 있는 국민에 대한 사회서비스 비용은 수익자 부담이 원칙이지만, 국가와 지자체에서 일부를 부담할 수 있다(제4항).

5. 사회보장급여의 관리와 사회보장통계

1) 사회보장급여의 관리

사회보장수급권의 보장과 다른 한편 재정의 효율적 운용을 위한 관리체계는 다음 4가지로 나뉜다.

① 사회보장수급권자의 권리구제
② 사회보장급여의 사각지대 발굴
③ 사회보장급여의 부정 · 오류 관리
④ 사회보장급여의 과 · 오 지급액의 환수 등 관리(제30조)

2) 전문인력의 양성과 사회보장통계

사회보장제도의 발전을 위한 전문인력의 양성, 학술 조사 및 연구, 국제 교류의 증진 등을 위한 노력은 국가와 지자체의 책임이다. 아울러 효과적인 사회보장정책의 수립과 시행에 필요한 사회보장통계의 작성과 관리, 그에 따른 행정절차 역시 국가와 지자체의 의무다(제32조). 보건복지부 장관은 사회보장통계의 작성 대상 범위와 절차 등의 내용을 포함한 사회보장통계 운용지침을 마련하여 매년 12월 31일까지 관계 중앙행정기관의 장과 지방자치단체의 장에게 통보해야 한다. 통보를 받은 중앙행정기관의 장과 지방자치단체에서는 이를 작성하여 1월 31일까지 보건복지부 장관에게 제출해야 한다(시행령 제18조).

3) 정보관리 및 기타

사회복지법과 관련한 정보는 두 가지다. 하나는 철저히 공개해야 하는 정보인데, 사회보장제도에 관하여 국민에게 알려야 할 정보다. 이 정보의 공개와 홍보 역시 국가와 지자체의 책임이다(제33조). 다른 하나는 철저히 보호해야 하는, 수급권자의 신상에 관한 정보다(제6장 제37조~제38조). 또 제32조의 통계를 위한 정보, 사회보장수급과 관련한 수급권자의 정보 등에는 프라이버시와 관련한 정보들이 많아서 보호가 필요하다.

정부와 지자체에서 복지제도 이용과 관련한 정보의 처리와 전자 관리 시스템("사회보장정보시스템")의 운용은 반드시 정보의 사용 목적상 관련 업무에만 제한되어야 한다(제37조). 개인정보의 보호를 위해 관계법령을 정해 정보의 보유와 이용과 제한 등을 규정해야 한다(제38조).

6. 사회보장위원회

1) 역할 – 심의

사회보장위원회가 주로 하는 일은 심의다. 의결보다 규정력이 약하지만, 물음에 대답하는 정도의 '자문'보다는 강하다. 관계 중앙행정기관의 장과 지방자치단체의 장은 위원회의 심의 · 조정 사항을 반영하여 사회보장제도를 운용하고 개선할 책임이 있다(제20조 제4항). 이때 심의와 조정 사항을 반드시 그대로 따라야 하는 것은 아니고, '반영'할 뿐이다(제20조~제21조).

2) 위원회의 구성

위원회는 위원장 1명(국무총리), 부위원장 3명(기획재정부, 교육부, 보건복지부 장관)과 행정안전부, 고용노동부, 여성가족부, 국토교통부 등의 장관을 포함한 30명 이내의 위원 등으로 구성한다(제21조 제1항~제2항). 민간위원으로는 근로자 대표, 사용자 대표, 사회보장 관련 학식과 경험이 풍부한 사람, 변호사 자격자 등에서 대통령이 위촉한다. 위원회 구성을 살펴보면 현실적이고 구체적이지만 사회보장수급권자의 입장 대변이 부족하다. 노동자와 전문가가 그 현실에 대한 이해가 있겠고, 노동자의 경우 수급권자에 직접 해당하지만, 이를테면 노인이나 장애인 대표, 공공부조수급자, 또는 고용(실업)보험이나 상해보험급여수급자 등의 대표를 다 위촉하진 못하더라도 적어도 돌아가면서 둘 이상은 포함할 수 있을 것으로 보인다.[4)]

한편 위원회를 효율적으로 운영하고 위원회의 심의사항을 전문적으로 검토하기 위하여 위원회에 실무위원회를 두며, 실무위원회에 분야별 전문위원회를 둘 수 있다(제21조 제6항). 실무위원회에서 의결한 사항은 위원장에게 보고하고 위원회의 심의를 거쳐야 하지만, 대통령령으로 정하는 경미한 사항에 대하여는 실무위원회의 의결로써 위원회의 의결을 갈음할 수 있다(제21조 제7항).

7. 사회보장기본법의 의의와 한계

법제 차원에서 「사회보장기본법」은 추상적인 헌법 이념(국민의 행복추구권, 인권 등)을 구체적인 개별 법률(사회복지 관련법률들)과 연결하는 매개 역할을 한다. 다른 법률 제정이나 개정 때 이 법에 따라야 한다고 규정해 놓았다(제4조). 개별법보다 추상적이되, 헌법보다는 구체적이다. 명칭이 사회복지가 아니라 사회보장이 된 것은 입법이 사회복지 전문가가 아니라 법률 전문가가 주체가 되어 미국과 일본의 법을 반영한 탓으로 보인다. 당시 일본이나 미국에서 쓰던 용어가 사회보장(social security)이고, 그런 맥락에서 사회복지란 말은 사회복지서비스(social welfare service)와 연결되어 오히려 하위 개념처럼 사용되는 경향이 있다.

4) 「국민연금법」의 '국민연금심의위원회'의 구성에서는 농어민, 자영자 관련 단체, 소비자단체, 시민단체 등도 포함된다. 사회보장급여 관련한 시 · 도사회보장위원회에도 사회보장이 필요한 사람의 이익 등을 대표하는 사람과 사회보장업무 담당 공무원이 함께 포함된다.

사회복지에 대한 이해에서도 전반적인 사회적 합의가 이루어지지 못한 상황이 「사회보장기본법」에 여러 가지 한계가 되었다. 예컨대 사회복지수급권이 국민의 선언적 권리에 지나지 않고, 수급권을 기본법에 적시하지 않은 채 관련법령에 떠넘겼다(제9조).[5] 사회보장급여의 지급 요건인 '사회적 위험'에서 산업재해 부분이 빠진 점도 한계다. 사회복지 발달사에서 산업재해가 아주 중요한 사회문제이며 사회복지 필요의 요인으로도 중요하다. 그 밖에 굳이 구체성을 피하고 추상적 표현으로 머문 중요한 개념들도 마찬가지다. 제10조의 인간다운 생활(제1항: 건강하고 문화적인 생활을 할 권리)과 최저보장수준과 최저임금(제2항) 관계가 모호하다. 최근 개정된 「최저임금법」에 따른 시급의 인상률을 살펴보면, 2013년 4,860원(6.1%인상)이던 게 2019년 8,350원(820원, 10.9% 인상), 2020년에는 8,590원(240원, 2.9% 인상)으로 인상되었다. 2020년 시세로 소위 '빅맥세트' 하나 값이 6,000원 내외인데 이 정도로 건강하고 문화적인 생활이 가능한지 의문이다.[6]

---

5) 1994년 입법 과정에 여야 간의 이견이 예시된다. 당시 야당인 민주당 법안에서는 사회보장수급권과 관련 대상(장애인, 노인, 아동 및 청소년 등)과 영역(사회보험, 생활보호 등) 별로 권리성을 규정했다(윤찬영, 2017).

6) 빅맥지수 : 맥도널드사의 '빅맥' 가격으로 전 세계 120여 개국의 물가 수준과 통화가치를 비교하는 주요 지수. '일물일가의 법칙'과 '구매력 평가' 이론을 전제로 영국 〈이코노미스트〉에서 분기마다 발표. 2019년 1월 빅맥지수(Big Mac index)에 따르면, 우리나라의 빅맥지수는 44개국 중 16번째이고, 아시아국가 중에는 싱가포르 다음으로 2위다.

2절 사회보장급여의 이용 · 제공 및 수급권자 발굴에 관한 법률(사회보장급여법)

1. 사회보장급여법의 목적과 기본원칙

1) 법의 목적

제1조 목적 규정은 두 차원으로 나뉜다. 첫째, 사회보장급여가 필요한 사람의 인간다운 생활권을 최대한 보장하는 것이다. 그러기 위해 급여의 제공기준과 절차를 규정하고 받아야 하는데 그러지 못하는 지원 대상자를 발굴하여 지원한다. 둘째, 사회보장급여의 공정하고 효과적인 제공이다. 그러기 위해 지역사회에서 사회보장제도의 통합적 시행 기반을 구축한다.

2) 기본원칙

사회보장급여가 필요하면 누구나 사회보장급여를 신청할 수 있다. 이것이 기본원칙인데, 표현의 차이가 있을 수는 있어도 이 법이 생기기 전이라고 이 원칙이 없던 것은 아니다. 문제는 이에 대한 보장기관의 대응 원칙이다. 이 법에서는 6가지 원칙을 규정하고 있다(제4조 제1항~제6항).

① 필요한 안내와 상담 등의 지원을 충분히 제공할 책임
② 지원이 필요한 국민이 급여대상에서 빠지는 일이 없도록 지원 대상자를 적극적으로 발굴하여, 이들이 필요한 사회보장급여를 적절히 받을 수 있도록 노력할 책임
③ 국민의 다양한 복지 욕구를 충족시키고 생애주기별 필요에 맞는 사회보장급여가 공정 · 투명 · 적정하게 제공되도록 노력할 책임
④ 사회보장급여와 「사회복지사업법」 제2조 제3호~제4호의 사회복지법인, 사회복지시설 등 사회보장 관련 민간 법인 · 단체 · 시설이 제공하는 복지혜택 또는 서비스를 효과적으로 연계하여 제공하도록 노력할 책임

⑤ 국민의 사회보장급여 이용 편의를 위해 사회보장 정책 및 관련 제도를 수립·시행하기 위하여 노력할 책임

⑥ 지역사회보장 수준의 균등 실현을 위해 노력할 책임

> **"주인아주머니께 죄송합니다. 마지막 집세와 공과금입니다."**
>
> 2014년 2월 26일, 서울 송파구 석촌동 한 단독주택 지하에 세 들어 살던 60대 여성과 30대 딸 2명이 스스로 목숨을 끊은 채 발견됐다. 60대 어머니는 근처 놀이공원의 식당에서 일하며 병든 큰딸과 신용불량자인 작은딸을 보살핀 것으로 알려졌다. 하지만 그가 몸을 다쳐 식당에 나가지 못하게 되자 이들의 삶은 벼랑 끝으로 내몰렸다. 가난하고 도움받을 곳 없는 이들을 지원해 주는 '기초생활보장제도'가 있었지만 자격이 까다로워 이들 모녀는 신청조차 하지 못했다. 이들의 죽음은 '송파 세 모녀 사건'이란 이름으로 한국 사회에 남아 있는 복지 사각지대의 문제를 알리는 계기가 됐다.
>
> 출처: 경향신문 (2019.02.19).

2. 연혁과 개념 정의

1) 연혁

2014년 제정되어 2015년부터 시행되었다. 그 이후 2016, 2017~2019년에 걸쳐 일부 개정이 있었다. 「사회보장기본법」을 보충하는 성격인데, 기본법이 있고 「사회복지사업법」에 「국민기초생활보장법」까지 존재하였음에도 송파 세 모녀 사건이 일어나 몇 차례 개정이 뒤따랐다. 제2장 사회보장급여의 제2절 지원 대상자 발굴 규정을 두고 제6조에 사회보장의 요구를 조사하도록 하여 보장기관의 책임을 강화시켰다. 아울러 발굴 조사와 실태 점검(제12조의2), 지원 대상자의 발견에 따른 신고의 의무(제13조) 등으로 허점을 최대한 막으려 하였다. 그러나 부양의무자 규정은 이 법에서도 그 한계를 벗어나지 못하고 있다.

2) 개념 정의

사회보장급여에 관한 법률에서 사용하는 주요 용어의 뜻은 〈표 3-5〉와 같다.

표 3-5 사회보장급여의 주요 용어 개념

용어	개념 정의(관련법규)
사회보장급여	보장기관이 제공하는 현금, 현물, 서비스 및 그 이용권(「사회보장기본법」 제3조 제1호)
수급권자	사회보장급여를 받을 권리를 가진 사람(「사회보장기본법」 제9조)
수급자	수급권자가 그 권리를 행사하여 사회보장급여를 받는 사람
지원대상자	사회보장급여가 필요한 사람
보장기관	사회보장급여를 제공하는 국가기관과 지방자치단체
부양의무자	배우자, 1촌의 직계혈족(부모와 아들, 딸)과 그 배우자
사회보장정보	사회보장급여 현황 자료와 정보, 급여의 신청과 조사 및 관리에 필요한 인적사항, 소득과 재산, 수급이력, 사회보장 관련 민간 법인과 단체와 시설의 급여 제공 현황과 보조금 수급이력 등에 관한 자료나 정보(제23조)

3. 사회보장급여 신청, 발굴 및 지원과 이용 절차

1) 신청

사회보장급여를 신청할 수 있는 사람은 본인 외에도 그 친족, 후견인(「민법」), 청소년상담사와 청소년지도사(「청소년기본법」), 사실상의 보호자(관련기관과 단체의 장 포함) 등이 대신할 수 있다. 급여신청을 받는 대상자의 주소지 담당 보장기관의 업무 담당자 역시 직권으로 사회보장급여를 신청하여 지원 대상자가 신청에서 빠지는 일이 없도록 하고 있다.

2) 발굴 – 적극적 행정과 신고의 의무

보장기관의 장은 적극적 행정과 신고의무차원에서 몇 가지 핵심적인 내용들을 명시하여 제시하고 있다. 첫째, 지원이 필요한데도 신청에서 빠진 대상자가 사회보장급여를 받을 수 있도록 '위기가구'(보장기관의 장이 위기상황이라 판단한 사람의 가구, 자살 발생 가구나 자살 시도자가 있는 가구 – 대통령령)를 발굴하는 적극적인 행정 노력을 해야 한다(제9조의2).

둘째, 지원대상자 발굴을 위한 자료와 정보(사회보장급여의 내용과 규모, 수급자 요건과 신청 절차, 수급에 필요한 정보)를 제공하고 홍보에 노력해야 한다(제10조).

셋째, 관할 지역 지원대상자 발굴을 위해 관계기관 · 법인 · 단체 · 시설(사회복지 법인과 시설, 국민연금과 국민건강보험공단, 보건소, 학교, 경찰서, 소방대, 기타 시행령에 규정)의 장과 정보를 공유하고 관련 직원의 현장 조사와 동행 등의 협조를 구할 수 있다(제11조).

넷째, 보건복지부 장관은 보장기관 장의 업무 수행 효율화를 위해 사회보장정보 시스템(「사회보장기본법」 제37조)을 통해 자료와 정보 등(제12조 제1항: 전기, 수도, 가스가 단절된 가구, 학교의 담당 교원이 위기상황으로 판단한 학생의 가구, 국민건강 보험료 3개월 이상 체납자 가구, 「국민기초생활보장법」이나 「긴급복지지원법」에 따른 신청이나 지원 중 탈락 가구, 「사회복지사업법」 제35조 시설 퇴소자 중 시설의 장이 위기상황이라 판단한 사람의 가구 등의 정보와 기타 신용정보 중 보건복지부 장관이 위기상황이라 판단한 사람과 대통령령으로 정하는 정보)을 처리하고, 보장기관의 장에게 제공할 수 있고, 보장기관의 장은 지원대상자의 동의를 받아 대통령령으로 정한 법인과 단체, 시설의 장이 활용할 수 있도록 지원할 수 있다(제12조 제3항).

다섯째, 보장기관의 장은 발굴조사를 분기마다 정기적으로 실시하고, 보건복지부 장관은 발굴체계 운영 실태를 매년 정기적으로 점검, 개선방안을 마련해야 한다(제12조의2).

여섯째, 사회보장급여가 필요한 지원 대상자를 발견한 사람은 누구든 보장기관에 알려야 한다. 특히 다음 시설이나 기관(사회복지시설과 장애인 활동 지원기관, 성폭력피해상담소, 성매매방지 및 피해자 보호 지원시설, 가정폭력 상담소, 장기요양기관 등)의 장이나 종사자, 의료인과 의료기관의 장, 의료기사, 응급구조사, 구조대와 구급대, 경찰공무원, 교직원과 강사, 상담교사, 산학겸임교사, 학원 운영자 · 강사와 직원 및 교습자, 보건소와 방문간호 업무 종사자, 이장이나 통장, 「공동주택관리법」 상의 관리 주체 등이 구체적으로 언급되어 있다(제13조 제1항, 제2항).

3) 지원과 이용 절차

신청과 발굴도 중요하지만, 결국은 적격 여부의 조사 단계를 거쳐야 지원이 결정되고, 그런 다음에야 사회보장급여를 이용할 수 있다. 조사단계는 세 가지 사항에 대한 고지로 시작하고, 신청자와 부양의무자의 실태조사를 거쳐 마침내 신청자와 부양의무자의 금융, 신용, 보험 등의 정보를 조사한 다음 지원 여부가 결정된다.

(1) 고지

보장기관 담당자는 사회보장급여 신청 때 신청인이나 지원 대상자에게 세 가지를 알려야 한다(제5조 제3항: 조사의 목적과 조사 정보의 범위와 그 이용 방법, 제20조에 따른 신고의 의무, 제34조에 따른 정보의 보유기관과 파기)(제5조 제3항 제1호~제3호).

(2) 신청자와 부양의무자 실태조사

사회보장급여 신청을 받은 보장기관의 장이 1차로 실태를 조사할 항목으로 3가지가 있다(제6조: 지원 대상자의 사회보장 요구와 관련된 사항, 그의 건강 상태와 가구 구성 등 생활 실태, 그에게 필요하다고 인정되는 사회보장급여 사항). 다음 보장기관의 장은 수급 자격을 조사하기 위해 부양의무자(배우자, 1촌의 직계혈족과 그 배우자)의 인적사항과 가족관계, 소득과 재산과 근로 능력 및 취업상태, 사회보장급여 수급 이력과 그 밖에 수급권자 선정에 필요한 자료 등을 제출하도록 요구할 수 있다(제7조).

(3) 신청자와 부양의무자의 금융, 신용, 보험 등의 정보 조사

지자체나 중앙행정기관의 장은 적격 조사를 위해 신청자와 그 부양의무자의 금융정보 등의 조사가 필요할 때 금융, 신용, 보험 등의 정보 제공에 대한 서면 동의를 받아 조사할 수 있다(제8조).

(4) 사회보장급여 결정

조사 절차를 거친 다음 사회보장급여의 제공 여부와 제공 유형을 결정하는데, 지원대상자와 그 친족 또는 관계인의 의견을 물을 수 있으나, 사회보장급여와 보장의 내용에 중복이 있어서는 안 된다(제9조 제1항). 결정되면 먼저 지원계획(사회보장급여의 유형 · 방법 · 수량 · 제공 기간, 제공 기관과 단체, 둘 이상이면 상호 연계 방법 등)을 수립하고(제15조), 이를 서면(신청인이 동의하면 전자문서도 포함)으로 지원 대상자에게 알려야 한다(제9조 제3항: 필요하면 구두 전달). 특히 급여 제공이 결정된 수급권자를 가정에서 돌보는 사람에게 부담 경감을 위해 상담이나 금전적 지원도 할 수 있다(제18조).

(5) 이의신청

보장기관의 결정에 이의가 있으면 처분받은 날로부터 90일 이내에 이의신청을 할 수 있다(정당한 사유가 있으면 60일 연장). 제기된 이의신청은 10일 이내에 결정하여 결과를 통지해야 한다(제17조).

4) 사회보장급여의 관리

제도의 관리라면 그 제도의 유지와 개량을 책임지는 걸 말한다. 사회보장급여 제도를 유지하고 개선하기 위해 사회보장급여의 적정성 확인(제19조)과 부정 수급 실태조사(제19조의2)로 문제가 있으면 사회보장급여를 변경 또는 중지하고(서면 통지), 더 나아가 이루어진 사회보장급여를 환수할 수 있다(제22조). 거짓과 부정이 아니어도 수급자의 거주지, 세대원, 소득, 재산 상태, 근로 능력, 다른 급여의 수급 이력 등의 변동이 있으면 수급자 스스로 관할 보장기관의 장에게 신고해야 한다(제20조).

5) 사회보장정보

사회보장정보란 사회보장급여 관련 현황자료나 정보, 급여의 신청과 조사 및 관리에 필요한 인적사항과 소득과 재산, 수급 이력, 사회보장 관련 민간 법인과 단체와 시설의 급여 제공 현황과 보조금 수급 이력 등에 관한 자료나 정보를 말한다(제23조). 사회보장급여를 받고 싶은 사람에게 사회보장급여를 설명하는 정보를 제공받아 마땅한 사람들이 제대로 받을 수 있는 환경을 제공한다. 이것이 본 법의 애초 취지다. 한편, 이 제도를 관리하기 위해 사회보장급여를 받는 사람의 관련 정보를 확인할 필요가 있다. 사회보장정보 처리와 관리는 물론 보호도 중요하기 때문이다.

(1) 사회보장정보의 처리와 관리

사회보장정보의 처리와 관리는 보건복지부 장관의 몫이다. 장관은 사회보장정보시스템을 마련하고 관리하여 보장기관의 장의 효율적 업무 수행을 지원한다(제24조). 아울러 국민이 사회보장 관련 자료와 정보를 검색하고 조회할 수 있도록 인터넷 기반의 대국민 포털을 구축·관리하여 활용을 촉진해야 한다(제25조). 관련 정보의 정확성을 유지하고(제26조) 또 표준화하여야 한다(제27조). 사회보장정보시스템의 운영과 지원을 위해 한국사회보장정보원을 법인으로 설립하여 운영한다(제29조).

(2) 사회보장정보의 보호와 파기

사회보장정보시스템의 사회보장정보를 안전하게 보호하는 것도 보건복지부 장관의 책임이다(제30조). 한국사회보장정보원의 장은 정보 보호 대책을 위한 실행계획을 해마다 수립하여 장관에게 제출하고, 시스템을 이용하는 보장기관의 장은 '정보보호책임자'를 지정하여 장관에게 통보해야 한다(제30조 제2항~제3항). 아울러 장관은 사회보장정보 처리자들에게 정보 보호에 관한 교육을 해야 한다(제31조의2). 그 밖에도 보장기관의 장과 한국사회보장정보원의 장은 5년이 지난 사회보장정보를 파기해야 한다(제34조 예외는 대통령령으로 정함).

사회보장급여와 관련된 업무에 종사하거나 종사했던 사람이 직무상 알게 된 비밀을 누설하거나 직무상의 목적 외의 용도로 쓰면 안 되며(제49조), 조사 범위 넘어 개인정보를 수집하면 5천만원, 파기해야 할 정보를 파기하지 않으면 3천만원 이하의 과태료를 부과한다(제54조, 제55조).

4. 사회보장의 지역계획과 운영체계

1) 지역사회보장에 관한 계획

시·도와 시·군·구 지방자치단체의 장은 지역의 사회보장을 위하여 4년마다 지역사회보장에 관한 계획을 세우고, 그 계획에 따라 해마다 시행계획을 세워야 한다(제35조). 이때 「사회보장기본법」의 사회보장에 관한 기본계획(제16조)에 연계해야 한다. 시장·군수·구청장은 지역사회보장계획(연차별 시행계획 포함)을 세우고 시·도의 장에게 제출한다. 시와 도의 장은 시·도사회보장위원회(제40조)의 심의와 해당 의회의 보고를 거쳐 보건복지부 장관에게 제출한다. 이 경우 보건복지부 장관은 제출된 계획을 사회보장위원회에 보고한다(제35조 제5항~제6항).

2) 지역사회보장 운영체계

지역의 사회보장을 증진하고 관련기관과 단체의 연계를 강화하며 사회보장 업무를 효율적으로 수행하기 위해 시·도지사는 시·도의 사회보장 증진을 위하여 "시·도사회보장위원회"(제40조)를, 시·군·구와 읍·면·동 단위에는 "지역사회보장협의체"를 둔다(제41조). 지자체의 장은 업무의 효율적 수행을 위해 관련 조직의 인력과 관계기관 사이 협력 체계 등을 마련하기 위해 사회보장 관련 사무를 전담하는 기구(사회보장사무 전담기구)를 따로 둘 수 있다(제42조).

3) 통합 사례관리

보건복지부 장관, 시·도지사, 시장·군수·구청장은 지원대상자의 사회보장 수준을 높이기 위하여 통합 사례관리를 할 수 있다. 통합 사례관리로 추구하는 것은 다음 5가지 사항이다. ① 지원대상자의 다양하고 복합적인 특성에 따른 상담과 지도 ② 사회보장에 대한 욕구의 조사 ③ 서비스 제공의 계획 수립 ④ 그 계획에 따라 지원대상자에게 보건·복지·고용·교육 등에 대한 사회보장급여 제공 ⑤ 민간

법인 · 단체 · 시설 등이 제공하는 서비스의 종합적 연계 등. 이런 이유들로 통합사례관리를 위해 필요할 경우 특별자치시 및 시 · 군 · 구에 통합사례관리사를 둘 수 있다(제42조의2).

4) 사회복지전담공무원

시 · 도, 시 · 군 · 구, 읍 · 면 · 동 또는 사회보장사무 전담기구에서는 사회복지사업에 관한 업무를 담당할 사회복지전담공무원을 둘 수 있다(제43조). 사회복지전담공무원은 사회복지사의 자격을 가진 사람(「사회복지사업법」 제11조)으로 한다. 그 업무에는 취약계층에 대한 상담과 지도, 생활실태의 조사 등 보건복지부령으로 정하는 사회복지에 관한 전문적 업무를 담당한다. 시 · 도지사 및 시장 · 군수 · 구청장은 「지방공무원 교육훈련법」 제3조에 따라 사회복지전담공무원의 교육 · 훈련에 필요한 시책을 수립 · 시행하여야 한다.

5) 지역사회보장 지원과 균형발전

중앙행정기관의 장과 시 · 도지사는 시 · 도와 시 · 군 · 구 사이의 사회보장 수준의 차이를 최소화하기 위하여 예산 배분, 사회보장급여의 제공 기관 등의 배치 등에 필요한 조치를 하여야 한다(제45조). 보건복지부 장관은 시 · 도와 시 · 군 · 구의 사회보장 추진 현황의 분석, 지역사회보장계획의 평가, 지역 간 사회보장의 균형발전 지원 등의 업무를 효과적으로 수행하기 위하여 지역사회보장균형발전지원센터를 설치 · 운영할 수 있다(제46조).

중앙행정기관의 장 또는 시 · 도지사는 「공공주택 특별법」에 따른 영구임대주택단지, 저소득층 밀집 거주지와 보건 · 복지 · 고용 · 주거 · 문화 등 특정 분야 서비스가 취약한 지역을 사회보장 특별지원구역으로 선정하여 지원할 수 있다. 이때 관계 행정기관의 장과 협의하여야 한다(제48조).

CHAPTER

04

사회보험 관련법령

1절 국민연금법
2절 국민건강보험법
3절 노인장기요양보험법
4절 산업재해보상보험법
5절 고용보험법

CHAPTER 04

사회보험 관련법령

1절 국민연금법

1. 목적, 개념 정의, 연혁

1) 국민연금법의 목적

국민의 노령, 장애 또는 사망에 대한 연금 급여로 생활의 안정과 복지의 증진에 이바지하자는 것이 목적이다(제1조).

사회보험 방식의 대표적 제도인 국민연금은 미래의 위험에 대비하여 기여금(contribution)을 지불한 후 일정한 법적 조건에 해당되면 소득조사나 자산조사 없이 급여를 받도록 되어 있다. 따라서 위험분산과 공동부담이라는 보험원리와 강제가입 그리고 법적 권리의 사회적 성격을 갖기 마련이다. 결국 연금보험은 본인과 가족 모두 어떤 경우라도 가장 기본적인 소득을 보장시켜 가정과 사회가 유지되도록 하기 위한 취지라 할 수 있다(김근홍, 2017).

2) 주요 개념의 정의

「국민연금법」에서 사용하는 주요 용어의 뜻은 〈표 4-1〉과 같다

표 4-1 「국민연금법」의 주요 용어 개념

용어	개념 정의	의미
근로자	직업의 종류가 무엇이든 사업장에서 노무를 제공하고 그 대가로 임금을 받아 생활하는 자(법인의 이사와 그 밖의 임원 포함)	가입 대상 참조(근로자에서 제외되는 경우)
사용자(使用者)	해당 근로자가 소속되어 있는 사업장의 사업주	
소득	일정 기간 근로를 제공하여 얻은 수입에서 대통령령으로 정하는 비과세소득을 제외한 금액 또는 사업 및 자산운영으로 얻는 수입에서 필요경비를 제외한 금액	소득 범위에 따른 가입자 종류와 보험료는 가입자 종류와 보험료 참조
평균소득월액	매년 사업장가입자와 지역가입자 전원의 기준소득월액을 평균한 금액	
기준소득월액	연금보험료와 급여 산정을 위하여 가입자의 소득월액을 기준으로 하여 대통령령으로 정하는 금액	실제 소득과 다를 수 있음
사업장가입자	사업장에 고용된 근로자와 사용자로서 제8조에 따라 국민연금에 가입된 자(18세 이상 60세 미만)	
지역가입자	사업장가입자가 아닌 자로서 제9조에 따라 국민연금에 가입된 자	
임의가입자	사업장가입자 및 지역가입자 외의 자로서 제10조에 따라 국민연금에 가입된 자	
임의계속가입자	국민연금가입자 또는 가입자였던 자가 제13조 제1항에 따라 가입자가 된 자	
연금보험료	국민연금사업에 필요한 비용으로서 사업장가입자의 경우에는 부담금 및 기여금의 합계액을, 지역가입자·임의가입자 및 임의계속가입자의 경우에는 본인이 내는 금액	기준소득 월액의 9% (본인 4.5 + 사용자 4.5%)
부담금	사업장가입자의 사용자가 부담하는 금액	
기여금	사업장가입자가 부담하는 금액	
사업장	근로자를 사용하는 사업소 및 사무소	

3) 국민연금법의 연혁

「국민연금법」의 제·개정 관련된 주요 연혁은 〈표 4-2〉와 같다.

표 4-2 국민연금법 주요 연혁

제정/시행년도	주요 내용
1973/74	• 「국민연금복지법」 제정(석유파동으로 시행 연기)
1986/88	• 「국민연금법」 제정(구법 폐기). 상시근로자 10인 이상 사업장 대상
1998/99	• 일부 개정: 가입 대상자 범위 도시 지역 상시 5인 미만 사업장 근로자와 사용자, 임시직, 일용직 근로자, 자영업자 등으로 확대 • 5년마다 재정수지 계산 제도 도입
2007/07	• 전부 개정: 병역의무 기간 일부 인정 • 둘째 자녀 이상 출산 – 가입기간 추가 인정 • 급속한 고령화에 따른 국민연금 급여 수준 조정 • 연금 지급 연령을 2013년부터 상향 조정 • 유족연금 수급에서 남녀 차별 요소 개선
2011/12	• 일부 개정: 말일 지급하던 연금 25일 지급 • 감액노령연금과 재직자노령연금 노령연금으로 통일
2013/13	• 국민연금기금운용위원회 회의록 내용 요약 공개 • 회의 개최일에서 1년(예외 4년) 후 회의록 공개
2014/14	• 연금급여 지급의 안정성(물가 연동), 지속성 규정으로 국민 신뢰 강화와 FTA 체결로 농어업인 연금보험료 지원기한 2014년에서 2019년으로 연장
2015/15	• 미성년 근로자 사용자 동의 없어도 사업장가입자 가능 • 고용보험의 구직 급여수급자 일부 보험료 지원(실업크레딧 제도) • 노령연금 감액 기준 - 연령에서 소득으로 변경 • 신용카드 보험료 납부 가능 • 국민연금기금의 사회책임투자 근거 마련 • 개인정보 보호 내실화와 국민연금 압류 금지의 실효성 강화(급여수급전용계좌) • 「노후준비지원법」 제정에 맞춘 연금공단의 노후준비서비스사업 관련 규정 정비 • 연체금 계산을 월할 계산에서 일할 계산으로 변경
2015/16	• 분할연금 지급 특례 – 수급연령 되기 전에 이혼하면 이혼 효력 발생하는 때부터 분할연금 먼저 청구 • 국민연금공단의 업무가 장애인복지, 기초생활수급자 근로 능력평가, 기초연금, 노후준비서비스 등으로 확대됨에 따라 상임이사 신설 • 조사와 연구 기능의 안정적 수행을 위해 국민연금연구원 설립 근거 명시
2016/16	• 전업주부와 경력단절여성의 연금수급권 강화(적용 제외 기간 연금보험료 추후 납부 허용, 장애연금과 유족연금 수급 기준 개선), 유족연금 수급 자녀 연령 19세 미만에서 25세 미만 • 군복무크레딧 적용대상자 확대
2017/17 2017/18	• 조기노령연금 수급자 신청이 있으면 조기노령연금 지급 정지(급여 수준 확충 가능) • 신용카드 납부액 한도(1천만원) 폐지 • 유족연금 수급권자가 입양되면 수급권 일시 정지했다가 본인의 청구로 지급정지 해제하여 생계 보호 강화 • 반환일시금 반납자 – 추후 납부 신청 가능 • 가입기간 10년 미만자가 60세 되면 지급하는 반환일시금 수급권 소멸시효 5년에서 10년으로 연장 • 헌법불합치결정에 따라 분할연금 산정에서 '혼인기간' 중 별거, 가출 등 실질적인 혼인관계 없던 기간 제외

제정/시행년도	주요 내용
2018/19	• 국민연금심의위원회에 수급자 대표 위원 4명 추가, 국민연금공단 이사로 수급자 대표 추가 • 연금보험료 체납처분 사전 안내 절차 강화
2019/19	• 전국소비자물가변동률에 따른 연금액 조정 시기 4월에서 1월로 조정 – 수급액 실질 가치 하락 방지 • 국민연금기금운용 전문인력 양성 지원
2020/20	• 연체금 인하(1천분의 10에서 1천500분의 1로, 상한 연금보험료 1천분의 30에서 20) • 혼자서 보험료 전체를 내야 하는 지역가입자(재산과 소득이 기준 이하일 때)에 대한 국가 지원 • 가족관계 등록에 관한 전산정보자료 개선 • 농어업인 연금보험료 보조 특례 기한 2019년에서 2024년으로 연장

2. 국민연금가입자

1) 가입 대상과 종류

(1) 국민

국민연금 가입 대상의 대원칙이라면 국내 거주하는 18세 이상 60세 미만의 국민이다.[1] 가입자가 60세가 되면 가입 자격에서 벗어나고, 수급 자격을 얻었지만, 이제는 62세가 되어야 수급 자격이 생긴다(2023년부터는 만 65세).[2] 연금지급은 희망할 경우 연기가 가능하다(제62조). 공무원, 군인, 교직원, 별정우체국직원과 대통령령으로 정하는 자는 대상에서 제외한다(제6조). 제외되는 경우는 일용근로자나 1개월 미만 기한을 정하여 일하는 근로자, 소재지가 일정하지 않은 사업장 근로자, 법인 이상 중 소득이 없는 사람, 1개월 근로시간 60시간 미만인 단시간 근로자 등이다(시행령 제2조).

1) 18세 미만이라도 국민연금에 가입된 사업장에서 일하면 사업장가입자가 된다(제8조 제2항).

2) 2019년 기준 만 57세 이상이면서 연금가입기간이 10년 이상에 소득 있는 일을 하지 않으면 조기노령연금을 신청할 수 있다(월 2,356,670원. 소득이 있는 기간 연금 지급 정지). 지급되는 금액은 나이에 따라 다르다. 61세는 원 연금액의 94%, 60세는 88%, 59세 82%, 58세 76%, 57세 70%를 지급한다. 한편 국민연금의 노령연금 수급연령 다음과 같은 년도생별 나이로 상향 조정되었다. 1952년생 이전 60세, 1953~1956년생 61세, 1957~1960년생 62세, 1961~1964년생 63세, 1965~1968년생 64세, 1965년생 이후 65세.

(2) 외국인

상호주의 원칙을 적용한다. 해당 외국인의 본국 법에서 대한민국 국민에게 국민연금에 상응하는 연금을 적용받지 않으면 그 외국인에게도 이 법이 적용되지 않는다. 다만 이 법의 적용을 받는 사업장에서 일하는 외국인이라면 당연히 사업장가입자가 된다(제126조). 특히 사회보장협정을 맺은 국가라면 국민연금의 가입, 연금보험료의 납부, 급여의 수급 요건, 급여액의 산정, 급여의 지급 등에 관하여 그 사회보장협정에서 정하는 바에 따른다(제127조).

2) 가입자 종류

사업장가입자, 지역가입자, 임의가입자와 임의계속가입자로 구분한다(〈표 4-1〉의 주요 용어 개념 정의 참조).

(1) 사업장가입자

사업장에 고용된 노동자(종류 불문. 노동을 제공하고 대가로 임금을 받으면 모두 노동자 또는 근로자)와 사용자로 국민연금에 가입하면 모두 사업장가입자다(제3조). 공무원이나 사립학교 교직원처럼 따로 연금법이 적용되는 경우는 제외한다(제6조). 또 「국민기초생활보장법」의 생계급여수급자나 의료급여수급자는 원하면 사업장가입자에서 제외될 수 있다(제8조).

(2) 지역가입자

18세 이상 60세 미만으로 사업장가입자가 아니면 당연히 지역가입자다. 단 사업장가입자에서 제외 대상(제6조), 사업장가입자와 지역가입자와 임의계속가입자, 노령연금 수급권자와 퇴직연금 등 수급권자 등 세 가지 경우의 배우자로 별 소득이 없으면 역시 지역가입자에서 제외한다(제9조 제1항). 생계급여와 의료급여수급자, 18세 이상 27세 미만 학생이나 군인(소득 없는 자. 단 연금보험료 납부 사실이 있으면 제외), 1년 이상 행방불명된 자 등은 지역가입자에서 제외한다. 퇴직연금 등 수급권자가 연계 신청을 하면 지역가입자가 될 수 있다.

(3) 임의가입자

사업장과 지역의 가입자가 아니지만 18세 이상 60세 미만이면 공단에 신청하여 임의가입자가 될 수 있다. 임의가입한 다음 서식(시행규칙 별지 제5호)을 작성 공단에 신청하면 다시 탈퇴할 수 있다(제10조).

(4) 임의계속가입자

60세가 되어 국민연금가입자 자격을 잃었더라도 가입기간이 짧아 연금을 받지 못하거나 가입기간을 연장하여 더 많은 연금을 받으려고 하면 신청하여 65세까지 임의계속가입자가 될 수 있다(제13조).

3) 가입 자격의 취득과 상실

(1) 자격 취득

가입 자격의 취득은 설명하긴 힘들지만 실제로는 간단하다. 당연적용사업장에 고용되거나 사용자가 되면 그대로 자격이 생긴다. 국민연금 가입 대상 제외자(제6조)가 아닌 사업장가입자 자격을 잃으면 그대로 지역가입자 자격이 생긴다. 다만 18세 이상 27세 이하로 소득이 없던 자가 소득이 생기면, 또 위의 제9조 제1항의 배우자에게 소득이 발생하면 지역가입자 자격이 생긴다. 임의가입자는 신청이 수리된 날 자격이 생긴다.

(2) 자격의 상실

공통으로 사망, 국적 상실 또는 국외 이주, 60세가 된 때에는 국민연금가입자 자격이 사라진다.

사업장가입자는 거기에 사용 관계 종료, 공무원 등처럼 가입 대상 제외자(제6조)가 된 때 가입자 자격이 사라진다. 지역가입자도 공무원 등처럼 가입 대상 제외자(제6조)나 사업장가입자가 된 때, 제9조 제1항의 배우자로 소득이 없게 된 때에는 가입자격이 없어진다.

임의가입자는 탈퇴 신청이 수리된 때, 대통령령으로 정한 기간 이상 계속 연금 보험료를 체납한 때, 사업장이나 지역가입자 혹은 공무원 등(제6조)의 자격을 취득한 때 자격이 없어진다.

3. 연금 가입기간의 계산, 보험료와 보험급여

1) 국민연금의 가입기간 계산

가입기간은 월 단위로 계산한다. 가입 자격을 취득한 날이 속하는 달의 다음 달부터 자격을 잃은 날의 전날이 속하는 달까지 계산한다. 자격 취득이 달의 첫날, 곧 1일이면 그달부터 계산한다. 또 자격 상실과 함께 임의계속가입자의 자격을 취득해도 그달부터 그대로 계산한다. 이 가입기간에 연금보험료를 내지 않은 기간이 있으면 그만큼 뺀다. 사용자가 임금에서 기여금을 공제하고 연금보험료를 내지 않았다면 기간의 절반(1/2)만 가입기간에 포함하는데, 1개월 미만이면 그대로 1개월로 친다. 단, 건강보험공단에서 사업장의 연금보험료 체납 사실을 본인에게 통지한 경우에는 그 이후의 체납 기간은 가입기간에 포함하지 않는다. 이 경우 근로자 스스로 기여금을 공단에 낼 수 있다. 또 하나 반환일시금이 잘못 지급되어 반납해야 하는데(제77조와 제57조 제1항), 반납하지 않은 기간은 가입기간에 포함하지 않는다(제17조).

가입자 자격을 잃었다가 자격을 다시 얻은 때에는 실제 가입했던 기간만 합산하며, 가입자 종류가 달라지면 종류별 가입기간을 합산한다(제20조).

(1) 군 복무 기간에 따른 기간 추가

군 복무(「병역법」상의 현역병, 공익근무요원)를 하면 국민연금 가입기간에 6개월을 추가한다. 단, 복무 기간이 6개월 미만일 때, 「공무원연금법」, 「사립학교교직원 연금법」, 「별정우체국법」에 따라 재직기간에 산입되거나 「군인연금법」에 따라 복무기간에 산입하면 제외한다. 또 복무 기간에 연금보험료를 납부해 이미 기간으로 인정되었다면 따로 인정하지 않는다. 가입기간의 추가에 따라 필요한 재원은 국가가 부담한다(제18조).

(2) 출산에 따른 가입기간 추가

자녀가 2명 이상인 가입자의 경우 가입기간을 추가하는데, 자녀가 2명인 경우 12개월, 3명 이상인 경우에는 거기에다 자녀 1명마다 18개월을 추가한다. 다만 추가 기간은 50개월을 초과할 수 없다. 부모가 모두 가입자면 합의하여 어느 한 사람의 기간에 추가하지만, 합의되지 않으면 절반씩 나누어 추가한다. 가입기간의 추가에 따라 필요한 재원은 국가가 전부 또는 일부를 부담한다(제19조).

(3) 실업에 대한 가입기간 추가

「고용보험법」 제37조 제1항에 따른 구직급여를 받는 경우, 구직급여를 받는 기간을 국민연금공단에 신청하여 가입기간으로 산입한다. 단, 추가로 산입하는 기간은 1년을 초과할 수 없다(제19조의2).

2) 보험료

2020년 기준 사업장가입자의 경우 월 기준소득월액의 9%(보험료율)를 본인(4.5%)과 사업장의 사용자(4.5%)가 절반씩 부담한다. 기준소득월액은 전년도 당해 사업장에서 얻은 소득 총액을 근무일 수로 나눈 금액에 30을 곱한 값이다. 지역가입자(임의가입자, 임의계속가입자)의 경우 본인이 전액 부담하는데, 다만 농어업인의 경우 지역가입자에서 임의계속가입자로 된 경우에는 보험료의 50%를 국고(농어촌구조개선특별회계의 재원)에서 지원받을 수 있다. 처음 제도가 시작될 때는 부담을 줄이기 위해 3%에서 시작된 제도가 2000년 7월부터 1%씩 높여서 2005년 7월 이후 9%로 높아져 지금까지 지속되고 있다.

3) 국민연금의 급여

「국민연금법」에 따른 급여의 종류는 노령연금, 장애연금, 유족연금, 반환일시금(제49조)의 네 가지다. 급여는 수급자의 청구에 따라 공단이 지급하며, 연금액은 지급 사유에 따라 기본연금액과 부양가족연금액을 기초로 산정한다(제50조).

(1) 4대 급여

노후 소득보장을 위한 급여로 국민연금의 기초가 되는 노령연금(제61조~제66조), 장애로 인한 소득감소에 대비한 급여인 장애연금(제67조~제71조), 가입자가 사망했을 때 유족의 생계 보호를 위한 급여인 유족연금, 연금을 받지 못했거나 더 이상 가입할 수 없을 때 청산 삼아 지급하는 급여인 반환일시금이 국민연금의 4대 급여에 해당된다. 그 밖에 유족연금 또는 반환일시금을 받지 못할 경우 장제보조적·보상적 성격으로 지급하는 사망일시금이 있다. 4대 급여의 수급요건과 급여수준 등은 〈표 4-3〉과 같다.

표 4-3 4대 급여 수급요건

종류	노령연금	장애연금	유족연금	반환일시금
수급권자	본인, 배우자(배우자) 분할연금	본인	유족[3]	본인 또는 유족
수급요건	가입기간 10년 이상에 60세(특수직종근로자는 55세)가 된 때. 가입기간 10년 이상에 55세 이상인데, 일정 소득(대통령령)의 업무에 종사하지 않을 때 60세 이전에라도 본인 희망에 따라 수급 일을 앞당길 수 있음(=조기노령연금 - 다시 일정 소득 이상 일을 하면 지급 정지)	가입자 또는 가입자였던 자가 질병이나 부상으로 신체상 또는 장애가 있고 처음 진료일 당시 18세 이상이며 노령연금의 지급 연령 미만 • 처음 진료 때 연금보험료를 낸 기간이 가입 대상 기간의 3분의 1 이상 • 처음 진료일 5년 전부터 보험료를 낸 기간 3년 이상 • 초진일 당시 가입기간이 10년 이상	노령연금 수급권자, 가입기간 10년 이상인 자, 가입 중인 자, 장애등급이 2급 이상인 장애연금 수급권자가 사망하면 그 유족에게 유족연금을 지급함. 다만, 가입기간이 1년 미만인 경우에는 가입 중에 생긴 질병이나 부상으로 사망한 경우에만 유족연금을 지급함	가입기간이 10년 미만인 자가 60세가 된 때, 가입자 또는 가입자였던 자가 사망한 때, 국적을 상실하거나 국외로 이주한 때에는 가입자 또는 가입자였던 자 본인 또는 그 유족의 청구에 의하여 반환일시금을 받을 수 있음
급여수준	가입기간 20년 이상 - 기본연금+부양가족 연금 10년 이상 20년 미만: 기본연금액의 1/2+가입기간 10년 초과하는 1년(1년 미만이면 매 1개월을 12분의 1년으로 계산)마다 기본연금액의 1천분의 50에 해당하는 금액	장애등급 1급 - 기본연금액+부양가족연금액, 2급 - 기본연금액의 1천분의 800+부양가족연금액, 3급 - 기본연금액의 1천분의 600+부양가족연금액, 4급 - 기본연금액의 1천분의 2천250 일시보상금 지급. 장애등급이 바뀌면 급여수준도 바뀜	가입기간에 따라 금액산정(10년 미만 - 기본연금액의 1천분의 400, 10~20년 - 1천분의 500, 20년 이상 - 1천분의 600)+부양가족연금액(노령연금 수급권자 사망 때 유족연금액이 사망자가 받던 노령연금액을 초과할 수 없음)	

3) 유족연금 대상이 되는 유족 범위에는 배우자, 자녀(배우자의 자녀 포함), 부모(배우자 부모 포함), 손자녀, 조부모(배우자의 조부모 포함) 등이 포함된다. 단, 배우자의 경우 수급권이 발생한 때부터 3년 동안 유족연금을 지급한 후 55세가 될 때까지 지급을 정지한다. 다만 장애등급이 2급 이상인 경우, 가입자 또는 가입자였던 자의 25세 미만 자녀 또는 장애등급 2급 이상인 자녀의 생계를 유지하면서 일정 급여 이상의 업무에 종사하지 않으면 지급을 정지하지 않는다(제76조).

종류	노령연금	장애연금	유족연금	반환일시금
수급권 소멸 및 기타	분할연금 – 연금가입 중 혼인 기간 5년 이상에 배우자가 연금수급권자이고 본인이 60세가 되어 이혼하면 연금 급여(부양가족연금 제외)를 균등하게 나누어 받을 수 있음. 단, 5년 이내 신청해야 함. 분할연금을 받는 경우 유족연금 대상에서 빠지고, 다시 노령연금 수급권자가 되면 합산하여 지급. 지급연기에 따른 가산 – 노령연금의 수급권자(제61조)로 60세 이상 65세 미만이면서(특수직종 근로자는 55세 이상 60세) 연금지급의 연기를 희망하면 1회에 한하여 65세(특수직종근로자는 55세) 전 까지 기간에 대하여 그 연금의 일부 또는 전부의 지급을 연기 – 연기되는 1개월마다 1천분의 6의 금액을 합산(제62조)	반환일시금이 지급되면 장애연금은 지급하지 않음. 장애연금의 수급권자가 고의나 중대한 과실로 요양 지시에 따르지 않거나 정당한 사유 없이 요양 지시에 따르지 않아서 장애를 악화시키거나 회복을 방해하면 제70조에 따라 장애연금액을 변경하지 않을 수 있음(제83조)	10년 미만 가입자가 가입 중에 생긴 질병이나 부상 또는 그 부상으로 생긴 질병으로 가입 중의 초진일 또는 가입자 자격 상실 후 1년 이내의 초진일부터 2년 이내에 사망하면 그 유족에게 유족연금 지급. 단, 본인이나 유족이 반환일시금을 받으면 유족연금은 지급하지 않음. 수급권자 사망 때, 배우자인 수급권자 재혼 때, 자녀나 손자녀인 수급권자가 다른 사람에게 입양 또는 파양 때, 장애등급 2급 이상에 해당하지 않은 자녀 또는 손자녀인 수급권자가 19세가 된 때, 장애로 수급권 취득자가 장애등급 2급 이상에 해당하지 않게 된 때 유족연금 수급권 소멸. 가입자 또는 가입자였던 자의 사망 당시의 태아가 출생하면 부모, 손자녀 또는 조부모의 유족연금 수급권 소멸	수급권자가 다시 가입자 상태일 때, 노령연금의 수급권 취득 때, 장애연금의 수급권 취득 때, 그 유족이 유족연금의 수급권 취득 때에는 반환일시금 수급권 소멸. 사망일시금(제80조) – 가입자 또는 가입자였던 자 사망 때 유족(제73조)이 없으면 그 배우자·자녀·부모·손자녀·조부모·형제자매 또는 4촌 이내 방계혈족에게 사망일시금 지급. 다만, 가입자 또는 가입자였던 사람의 사망 당시 그에 의해 생계유지하던 경우에만 해당. 사망일시금 수급권 순위는 배우자·자녀·부모·손자녀·조부모·형제자매, 4촌 이내로 하며, 순위가 같으면 똑같이 분배. 가입자 또는 가입자였던 자, 유족연금 수급권자를 고의로 사망하게 한 유족은 수급권 상실(제84조)
지급 정지	1. 수급권자가 정당한 사유 없이 제122조 제1항에 따른 서류, 그 밖의 자료 제출 요구에 응하지 않은 때 2. 장애연금 또는 유족연금의 수급권자가 정당한 사유 없이 제120조에 따른 공단의 진단 요구 또는 확인에 응하지 않은 때 3. 장애연금 수급권자가 고의나 중대한 과실로 요양 지시에 따르지 않거나 정당한 사유 없이 요양 지시에 따르지 않아 회복을 방해한 때 4. 수급권자가 정당한 사유 없이 제121조 제1항에 따른 신고를 하지 않았을 때, 위 사항 중 하나에 해당하면 수급권자 급여의 전부 또는 일부의 지급을 정지할 수 있음. 지급 정지 전에 급여 지급의 일시 중지도 가능함			

(2) 수급권자의 기본연금액 산정 방법(제51조 제1항)

가입기간 20년 내 : [a + b + c] ÷ 3 × 1.2(= 1천분의 1천200)

- a : 연금 수급 3년 전년도 월평균소득 금액을 그 해와 수급 전년도 전국소비자물가변동률로 환산한 금액(균등부분)
- b : 연금 수급 2년 전년도 월평균소득 금액을 그 해와 수급 전년도 전국소비자물가변동률로 환산한 금액
- c : 연금 수급 전년도의 월평균소득 금액

기본연금액 계산식[4)]

$$\underbrace{[2.4(A+0.758)\times P_1/P}_{1988\sim1998년} + \underbrace{1.8(A+B)\times P_2/P}_{1999\sim2007년} + \underbrace{1.5(A+B)\times P_3/P}_{2008년} + \underbrace{1.485(A+B)\times P_4/P}_{2009년}$$

$$+ \underbrace{1.47(A+B)\times P_5/P}_{1988\sim1998년} + \underbrace{1.455(A+B)\times P_6/P}_{1999\sim2007년} + \cdots\cdots + \underbrace{1.2(A+B)\times P_{23}/P}_{2028년\ 이후} + \underbrace{Y(A+A)\times C/P}_{출산크레딧}$$

$$+ \underbrace{X(A+\tfrac{1}{2}A)\times 6/P]\times(1+0.05n/12)}_{군복무크레딧}$$

4) 상수의 의미는 기본연금 산정에서 (A+B)값 앞의 2.4, 1.8, 1.5, 1.2 등의 상수는 40년 가입 시 연금 소득대체율을 70%, 60%, 50%, 40%로 만들어주는 것을 의미한다. 이는 값이 클수록 연금액의 소득 대체율이 높다는 것을 의미하며, 2008년부터 매년 0.015%씩 감소하여 2028년에 1.2%가 되도록 법률에 명시시켰다. 따라서 2028년에 소득대체율이 40%가 되도록 할 예정이다. 한편 "P"는 가입자의 전체 가입월수를 의미하고 있기에 여기에 언급된 P_1~P_{23}은 연도별 가입월수로 이해하면 된다(오세영, 2020: 202).

- 20년 초과의 경우: 1년마다 연금 환산액의 0.05%를 추가하고, 1년 미만의 경우 개월 수를 12로 나눈 수로 계산한다.

기본연금액 + (그 금액 × 0.05)

제1항 각호의 금액을 수급권자에게 적용할 때에는 연금 수급 2년 전 연도와 대비한 전년도의 전국소비자물가변동률을 기준으로 그 변동률에 해당하는 금액을 더하거나 빼되, 미리 제5조에 따른 국민연금심의위원회의 심의를 거쳐야 한다(제51조 제2항).

(3) 부양가족연금액 산정 방법(제52조)

국민연금에 가입해 있거나 가입했던 사람이 생계를 책임지는 사람들(부양가족)에게 지급하는데, 그 자격이나 상태에 따라 연금 금액도 다르다. 배우자는 연 15만원이고, 19세 미만(정규 고등학교에 다니면 19세 미만) 또는 장애등급 2급 이상의 자녀(배우자의 자식도 마찬가지)와 60세 이상이거나 장애등급 2급 이상인 부모(배우자 부모도 마찬가지)는 연 10만원이다.[5)]

(4) 부양가족연금 수급권 제외

중복으로 받을 수 없고(일부 연금 연계는 예외), 또 수급 사유가 소멸하면 지급 또한 정지하는 것이 대원칙이다. 이 원칙에 다음 3가지 경우에는 부양가족 연금의 수급권이 제외 또는 제한된다.

① 이미 다른 연금을 받는 사람. 국민연금과 직역연금의 연계에 관한 법률에 따른 연계급여 수급권자를 포함하고, 퇴직연금이나 공무원연금(「공무원 재해보상법」에 따른 연금 포함), 사립학교교직원, 별정우체국 또는 군인 등의 연금법에 따른 유족연금 수급권자도 여기 해당

5) 미지급금의 경우 배우자, 자녀, 부모, 손자녀와 조부모와 형제자매(급여자격 순서대로)까지 포함된다. 유족연금 대상이 되는 유족 범위에는 배우자, 자녀(배우자의 자녀 포함), 부모(배우자 부모 포함), 손자녀, 조부모(배우자의 조부모 포함)까지 포함된다.

② 수급권이 사라진 경우. 사망하거나 수급권자에 의한 생계유지 상태가 끝난 때, 배우자가 이혼하거나 자녀가 다른 사람의 양자가 되거나 파양된 때, 자녀가 19세가 된 때(단, 수급권자가 그 권리를 취득할 당시부터 장애등급 2급 이상의 상태에 있는 자는 제외), 장애등급 2급 이상의 상태에 있던 자녀 또는 부모가 더는 그 장애 상태가 아닌 때, 배우자가 혼인 전에 얻은 자녀와의 관계가 이혼으로 인하여 종료한 때, 재혼한 부 또는 모의 배우자와 수급자의 관계가 부모와 그 배우자의 이혼으로 인하여 종료된 경우 등이 여기 해당

③ 연금의 월별 지급액에는 제한이 있어서, 가입자 상태의 최종 5년간 평균 기준 월 소득 금액이나 가입기간 기준 월 소득 평균 금액의 조정 금액 중 많은 쪽보다 연금 월 지급금액이 더 많으면 안 됨(제53조)

(5) 미지급 급여(제55조)

수급권자가 사망했는데 지급했어야 할 급여 중 미처 지급하지 않은 것은 그 배우자 · 자녀 · 부모 · 손자녀 · 조부모 또는 형제자매(사망 당시 수급권자에 의하여 생계를 유지하고 있던 경우)의 청구에 따라 지급한다. 급여 수급권 순위는 배우자, 자녀, 부모, 손자녀, 조부모, 형제자매의 순서고, 순위가 같은 사람이 2명 이상이면 똑같이 나누어 지급한다. 미지급 급여에 대한 청구는 사망일로부터 5년 이내에 이루어져야 한다.

(6) 중복급여의 조정(제56조)

수급권자에게 2가지 이상의 급여 수급권이 생기면 중복급여를 인정하지 않기에 수급권자가 그중 하나를 선택할 수 있다. 선택하지 않은 급여의 일정 부분을 선택한 급여에 추가하는 때도 있다. 첫째, 유족연금일 때(반환일시금은 제외) 유족연금의 100분의 30에 해당하는 금액 추가. 둘째, 선택하지 않은 급여가 반환일시금이면(선택한 급여가 장애연금이고 선택하지 않은 급여가 본인의 연금보험료 납부로 인한 반환일시금이면 제외) 제80조 제2항의 한도 내에서 가산한다.

4. 국민연금 담당기관

보건복지부 장관이 최고 담당 책임자이지만, 실제로는 국민연금공단에 위탁하여 국영과 위탁관리 방식이 혼합된 체제로 운영된다. 따라서 국민연금의 실제 담당기관은 국민연금공단이지만 정책 결정과 관련해서는 보건복지부 내 국민연금심의위원회, 국민연금기금운용위원회도 역할을 함께한다.[6)]

1) 국민연금심의위원회

(1) 위원회의 역할

위원회에서 하는 일은 크게 다음 다섯 가지다.

① 국민연금제도와 재정 계산에 관한 사항

② 급여에 관한 사항

③ 연금보험료에 관한 사항

④ 국민연금 기금에 관한 사항

⑤ 국민연금제도의 운영 관련 보건복지부 장관이 회의에 부치는 사항

(2) 구성

국민연금심의위원회는 위원장 · 부위원장과 위원으로 구성하며, 위원장은 보건복지부 차관, 부위원장은 공익을 대표하는 위원 중에서 자체 투표로 뽑는다. 그러나 위원은 보건복지부 장관이 지명하거나 위촉하도록 하고 있다. 여기에는 사용자 단체가 추천하는 4명과 근로자 단체가 추천하는 4명 그리고 지역가입자를 대표하는 위원(농어업인 단체 추천 2명+농어업인 단체 외의 자영자(自營者) 관련 단체 추천 2명+소비자단체와 시민단체 추천 2명) 그리고 국민연금 전문가로 공익을 대표하는 위원 5명이 포함된다.

6) 무엇보다 국민연금기금의 운용은 국민연금제도의 성패와 직결되기 때문에 그 운용을 심의하고 평가하는 "국민연금기금운용실무평가위원회"를 따로 둔다.

2) 국민연금공단

국민연금공단은 법인이며 기금 이사가 관장하는 부서의 소재지는 전라북도 전주로 하고, 공단에서는 다음과 같은 일들을 한다.

① 가입자에 대한 기록의 관리와 유지
② 연금보험료의 부과
③ 급여의 결정 및 지급
④ 가입자, 가입자였던 자와 제50조에 따른 수급권자를 위한 노후설계서비스와 자금의 대여, 복지시설의 설치 · 운영 등 복지증진사업
⑤ 가입자와 가입자였던 자에 대한 기금 증식을 위한 자금 대여사업
⑥ 이 법 또는 다른 법령에 따라 위탁받은 사항
⑦ 기타 국민연금사업에 관하여 보건복지부 장관이 위탁하는 사항

3) 국민연금기금운용위원회

(1) 국민연금기금

보건복지부 장관은 국민연금 사업에 필요한 재원을 원활하게 확보하고, 이 법에 따른 급여의 충당 책임준비금으로 국민연금 기금을 설치한다. 그 재원은 연금보험료, 기금운용 수익금, 적립금, 공단의 수입지출 결산상의 잉여금 등 4가지다. 이 기금운용의 대원칙은 3가지다.

① 기금을 잘 불려 연금의 재원 확충: 기금운용 수익이 많을수록 연금재원이 탄탄해지고 그 덕은 전 국민에게 미칠 수 있다.
② 자본 또는 금융 시장과 경기 활성화: 국민연금 기금의 규모가 커지면서 금융시장(특히 주식과 파생상품)과 서로 이익을 줄 수 있다.[7)]

---

7) 주식과 채권시장과 파생상품시장의 규모가 커질수록 이익금도 증가하고, 금융시장과 경제 전 분야의 안정성도 커진다. 다만, 2008년 미국 발 금융위기처럼 자칫 통제를 벗어나기 쉬운 파생상품시장과 아울러 주식 및 채권시장의 변화에 따라 연금기금을 아예 날려버릴 수도 있다. 실제로 2008년 사태에서 연금과 같은 기금을 날린 나라가 적지 않았다.

③ 사회보험의 연대로 복지 및 운영의 안정성 확대 : 국민연금 기금에서는 복지사업과 대여사업에 관여하고(이상 제102조), 건강보험공단에도 출연한다(제102조의 2).

(2) 역할

운용위원회에서 심의 · 의결하는 사항은 다음 5가지다.

① 기금운용지침에 관한 사항

② 기금을 관리기금에 위탁할 경우 예탁 이자율의 협의에 관한 사항

③ 기금운용 계획에 관한 사항

④ 기금의 운용 내용과 사용 내용에 관한 사항(제107조 제3항)

⑤ 그 밖에 운용위원회 위원장이 회의에 부치는 사항

(3) 구성과 임기

운용위원회는 위원장인 보건복지부 장관, 당연직 위원인 기획재정부차관 · 농림축산식품부차관 · 산업통상자원부차관 · 고용노동부차관과 공단이사장 그리고 위원장이 위촉하는 다음 인사들로 구성된다. 사용자 단체가 추천하는 사용자 대표 위원 3명, 노동조합을 대표하는 연합단체가 추천하는 근로자 대표위원 3명, 지역가입자를 대표하는 위원 6명(농어업인 단체 추천 2명, 농어업인 단체 외의 자영자 관련 단체 추천 2명, 소비자단체 및 시민단체 추천 2명), 관계 전문가로서 국민연금에 관한 학식과 경험이 풍부한 2명 등으로 구성된다.

임기는 2년에 1차만 연임할 수 있다. 위원장과 당연직 위원 임기는 재임 기간으로 한다.

5. 수급권과 권익 보호

1) 양도 · 압류 및 담보 제공 등의 불가

급여수급 전용계좌에 입금된 급여와 이에 대한 채권은 압류해선 안 된다. 수급권 보호에서 양도 · 압류 · 담보 제공 등이 안 되는 것 같지만, 수급권자에게 지급

된 급여의 압류에서는 "대통령령으로 정하는 금액 이하의 급여"란 단서가 붙는다(제58조). 복지사업(제46조 관련)의 상환금 관련한 채무가 있으면 급여에서 공제할 수 있다(사망일시금을 포함하고 지급이 정지된 급여, 일시보상금으로 지급되는 장애연금 제외). 다만 해당 연금 월액의 50%를 초과하여 공제할 수는 없다(제59조).

아울러 연금 급여에 대해 「조세특례제한법」이나 그 밖의 법률 또는 지방자치단체가 조례로 정하는 바에 따른 조세, 그 밖에 국가 또는 지방자치단체의 공과금의 감면은 다른 급여와 같다(제60조).

2) 근로자의 권익 보호

사용자는 근로자가 가입자가 되는 것을 방해하거나 부담금 증가를 기피할 목적으로 정당한 사유 없이 근로자의 승급 또는 임금 인상을 하지 않거나 해고나 그 밖의 불리한 대우를 하면 안 된다(제119조).

6. 심사청구와 재심사

1) 심사청구

가입자의 자격, 기준소득월액, 연금보험료, 그 밖의 이 법에 따른 징수금과 급여에 관한 국민연금공단 또는 건강보험공단의 처분에 이의가 있으면 그 처분을 한 공단 또는 건강보험공단에 심사를 청구할 수 있다(제108조). 청구 마감은 해당 처분을 알게 된 날부터 90일 이내이며, 180일이 경과하면 청구권의 시효가 사라진다. 심사청구를 하지 못할 정당한 사유가 있다면 예외다. 심사청구 문제 해결을 위해 국민연금공단에 국민연금심사위원회를 두고 또 건강보험공단에 징수심사위원회를 둔다(제109조).

2) 국민연금재심사

위의 심사청구 결과에 불복하면 그 결정통지를 받은 날부터 90일 이내에 대통령령으로 정하는 사항을 적은 재심사청구서로 국민연금재심사위원회에 재심사를 청구할 수 있다(제110조). 재심사는 보건복지부 산하 국민연금재심사위원회에서 담당한다(제111조). 재심사위원회의 재심사와 재결 절차는 「행정심판법」을 준용하며, 「행정소송법」 제18조를 적용하면 재심사는 「행정심판법」에 따른 행정심판으로 본다(제112조).

3) 시효(제115조)

연금보험료, 환수금, 그 밖의 이 법에 따른 징수금을 징수하거나 환수할 권리는 3년, 급여를 받거나 과오납금을 반환받을 수급권자 또는 가입자 등의 권리는 5년간 행사하지 않으면 소멸시효가 완성된다.

2절 국민건강보험법

1. 목적, 개념 정의, 연혁

1) 법의 목적

국민의 질병 · 부상에 대한 예방 · 진단 · 치료 · 재활과 출산 · 사망 및 건강증진 등에 보험급여로 국민 보건의 향상과 사회보장 증진에 이바지하는 것이 목적이다. 요람에서 무덤까지 병들지 않고 건강하게 살도록 예방하고, 병들면 진단해 치료하고, 사고로 다치면 재활하는 등에 드는 비용을 보험의 급여로 충당한다면 국민의 보건 수준이 나아지고 아울러 사회보장 수준이 높아진다.

앞으로 닥칠지 모를 건강상 위험이나 사고로 다칠 위험에 다 같이 미리 돈을 내어 대비한다는 점이 특징이다. 보험을 통해 보험의 주체가 영리를 추구하지 않고 사회 전체의 이익을 추구한다는 점에서 사회보험이다. 사회보험인 이상 의무보험에 해당하고, 그에 따라 보험료 부과와 징수에 강제 수단이 동원될 수 있다. 다른 사회보험과 달리 회계연도가 1년 단위기 때문에, 굳이 따지자면 지급 기간은 단기이면서, 가입 상태인 한 계속된다는 점에서 장기적이다. 비용의 부담은 소득에 비례하지만, 급여는 동등하다는 점에서 어느 정도 부의 재분배 기능도 있다.[8)]

2) 개념 정의

「국민건강보험법」에서 사용하는 주요 용어의 뜻은 〈표 4-4〉와 같다.

---

8) 엄밀하게 소득에 비례하려면, 이재용이나 정몽준 같은 이들은 보험료가 수억이 넘어야 하지만, 최고 상한선이란 것이 있어서 2019년 기준 월 318만여 원을 넘지 않는다. 2019년 저 상한선 급여자로 보험료를 낸 사람이 총 2,800명이 넘었다. 2018년 고소득층에 대한 부담률은 높이고 저소득층에게는 낮추는 건보료 부과체계 개편 덕에 상한선이 좀 오른 결과이다. 그전 상한선은 229만원이었다. 급여가 같다는 점에서 바라보면 보험료 납부에 따른 차등 지급은 연금보험보다 재분배 기능이 더 높다.

표 4-4 건강보험 주요 용어 개념

용어	개념 정의(관련법규)
근로자	직업의 종류와 관계없이 근로의 대가로 보수를 받아 생활하는 사람(법인의 이사와 그 밖의 임원을 포함). 공무원과 교직원은 제외
사용자	가. 근로자가 소속한 사업장의 사업주 나. 공무원이 소속한 기관의 장으로 대통령령으로 정하는 사람 다. 교직원이 소속한 사립학교(「사립학교교직원 연금법」 제3조)를 설립·운영하는 자
사업장	사업소나 사무소
공무원	국가나 지방자치단체에서 상시 공무에 종사하는 사람
교직원	사립학교나 사립학교의 경영기관에서 근무하는 교원과 직원

3) 국민건강보험법의 연혁

1963년 「의료보험법」이 제정되어 1977년 500인 이상 사업장 근로자를 대상으로 건강보험이 실시된 이후 1979년 공무원과 사립학교 교직원으로 확대되었다. 1988년 5인 이상 사업장과 농어촌 지역주민까지 적용되고, 1989년 전 국민 의료보험 시대를 맞았다. 한편 1997년 「국민의료보험법」을 제정, 1998년 시행되었지만, 현 「국민건강보험법」의 연혁에는 포함하지 않는다.

기존 의료보험제도가 상병 치료의 비용과 의료서비스에만 치중하는 한계가 있었다. 건강진단, 재활, 예방까지 포함하는 적극적이고 포괄적인 「국민건강보험법」은 1999년 제정되어 시행에 들어갔다. 2000년 7월 1일 기존의 공무원 사립학교 의료보험, 직장의료보험, 지역의료보험 등 조합을 통합하여 국민건강보험공단으로 개편하여 오늘에 이른다(〈표 4-5〉 참조).

표 4-5 국민건강보험의 주요 연혁

제정/시행	주요 내용
1963	• 「의료보험법」 제정
1976	• 「의료보험법」 전면 개정
1977	• 500인 이상 사업장근로자 당연적용의 의료보험제도 실시
1979	• 공무원 및 사립학교교원 「의료보험법」 실시, 300인 이상 사업장까지 의료보험 확대
1981	• 100인 이상 사업장으로 적용 확대
1985	• 1종 의료보험 – 직장의료보험, 2종 의료보험 – 지역의료 및 직종의료보험 변경
1987	• 한방의료보험 전국 확대 실시
1988	• 농어촌 지역주민 의료보험 실시; 5인 이상 사업장 근로자 의료보험 실시
1989	• 도시지역주민 의료보험 실시(전 국민의료보험 실현); 약국의료보험 실시, 국민의료보험관리공단 설립: 227개 지역의료보험과 공무원 및 사립학교 교직원 의료보험 통합

제정/시행	주요 내용
1997 1998	• 「국민의료보험법」 제정 • 「국민의료보험법」 시행
1999 /99, 00	• 「국민건강보험법」 제정, 시행; 일부 개정: 직장 및 지역가입자 의료보험 재정 한시 구분(2001년 말) – 지역가입자의 합리적 보험료 부과체계 개발 준비 • 2000년 말(다시 2003)까지 공무원과 교직원 보험 구분
2000/01	• 국민건강보험공단 설립과 남은 의료보험 조합 모두 통합하여 국민건강보험 실시(의 · 약 분업 실시) • 5인 미만 사업장 근로자 직장가입자 편입
2003/04	• 한국희귀의약품센터의 희귀의약품 구입에도 건강보험 적용
2004/04	• 현역병 등 병역의무자 요양급여 받으면 그 비용을 국방장관 등에게서 예탁받아 처리
2005/05	• 보수나 소득 신고 내용에 축소와 탈루 혐의가 있을 때 보건복지부 장관 거쳐 국세청에 송부하여 세무조사
2005/06	• 군입대나 교도소 수감 등 자격 변동 사항의 신속한 통보(1개월 이내) – 요양급여 비용 국가 부담
2006/07	• 「국민건강보험재정건전화특별법」의 만료(2006년 말)에 따라 주요 사항 이전 • 보험료 부과기준 등급제 폐지 – 실제 보수와 소득 기준으로 부과 • 보험료 경감 대상 확대(65세 이상, 장애인, 휴직자) • 정부 지원 – 보험료 예상 수입액의 100분의 14 국고 지원(건강보험사업 운영비와 취약계층 보험료 경감에 사용) • 「국민건강증진법」에 따른 건강증진기금의 지원(흡연 질병, 검진사업, 65세 이상 노인의 보험급여에 사용)
2008/08	• 사업장 신고의무 부과(14일 이내) • 가입자 건강보험증 제시 의무 – 공단의 자격 확인 • 요양기관의 업무정지 처분 효과 – 기관 양수한 자나 합병 후 존속하는 법인에 승계 – 편법 요양급여 청구 예방
2009/11	• 사회보험료 징수 업무 국민건강보험공단으로 일원화
2011/12	• 전부 개정: 건강보험재정에 대한 정부 지원 2016년 말까지 연장(기존 11년 말, 다시 22년으로 연장) • 직장 가입자 보수월액보험료 외 소득월액보험료 징수 근거 마련 • 요양기관 시설과 장비, 인력 현황 신고의무화와 과태료 부과 근거 • 과징금 징수율 제고와 체납자 명단 공개와 재산 발생 때 결손처분 취소
2014/14	• 의약품 리베이트 제재 수단 강화 • 사립학교 직원 제외하고 교원에게만 국가가 보험료 일부 부담
2017/18	• 피부양자 인정 요건 명확히(소득과 재산의 기준) • 직장가입자 보수월액 보험료율의 50%에서 100%, 보험료의 상 · 하한 규정 통합, 금액 대통령령으로 정함 • 보험료부과제도개선위원회 설치
2018/18	• 재난적 의료비지원에 관한 법률에 따른 지원사업에 출연금 출연 • 임의계속가입자 인정 요건 완화
2018/19	• 일반건강검진 대상을 40세 이상 지역가입자와 피부양자에서 20세 이상 • 부당 급여 신고 포상제
2019/19	• 외국인 · 재외국민 당연 가입과 가입 제외 신청, 보험료 납부와 보험급여 제한 규정 명확화
2019/20	• 지역가입자 보험료 부담 경감 – 실제 거주 목적의 주택 구입/임차 위해 대출받은 경우 – 보험료 부과점수 산정 시 제외. 부당한 급여를 받은 자 – 인적사항과 체납액, 위반행위 등 공개

2. 국민건강보험가입자

1) 보험 적용 대상 – 가입자와 피부양자

국내의 국민은 원칙적으로 모두 건강보험의 가입자 또는 피부양자가 된다(제5조). 국외에서 일하며 체류하는 직장가입자는 국내 직장가입자 보험료의 절반만 낸다(제73조 제2항). 국외 여행 중인 사람도 마찬가지다(제54조).[9] 국내에 체류하는 재외국민은 가입자나 피부양자가 된다. 국내 거주 외국인은 따로 규정하는데, 역시 상호주의에 입각한다. 국내 사업장 근로자는 당연직장가입자가 된다(제109조). 피부양자란 직장 가입자에게 주로 생계를 의존하며 보수나 소득이 따로 없는 사람들로, 다음 4가지다(제5조).

① 직장가입자의 배우자
② 직장가입자의 직계존속(배우자의 직계존속 포함) – 부모와 조부모
③ 직장가입자의 직계비속(배우자의 직계비속 포함)과 그 배우자 – 자녀 및 손자녀
④ 직장가입자의 형제 · 자매

2) 적용 제외 대상(제5조 제1항)

건강보험 가입에서 제외되는 경우는 두 가지다. 첫째, 「의료급여법」에 따라 의료급여 수급권자 – 따로 부양자가 없는 상태에서 소득이 없거나 아주 적어서 건강보험료를 낼 수 없는 사람들은 세금을 통해 무료로 의료서비스를 받는다. 둘째, 독립유공자와 국가유공자 – 따로 법에 따라 의료보호를 받는다. 다만 스스로 건강보험의 적용을 신청하거나, 건강보험 적용을 받다가 유공자 등의 의료보호대상자가 되고도 건강보험 적용배제 신청을 하지 않은 사람은 그대로 건강보험 가입자 또는 피부양자로 남는다.

9) 오랫동안 논란이 되어왔던 건강보험료 부담 회피성 해외여행 등 제도 악용방지를 위해 해외 단기출국자가 보험료를 면제받을 수 있는 출국기간 기준을 2020년 7월부터 기존 1개월에서 3개월로 강화시켰다.

3) 가입자의 종류(제6조)

가입자는 직장가입자와 지역가입자로 나뉜다. 모든 (적용 대상) 사업장의 근로자와 사용자, 공무원, 교직원 등이 직장가입자고, 이들 직장가입자와 그 피부양자를 뺀 가입자가 지역가입자다. 직장 근로자라 하더라도 직장가입자에서 제외되는 경우가 네 가지 있다.

① 고용 기간이 1개월 미만인 일용근로자
② 「병역법」에 따른 현역병(지원에 의하지 않고 임용된 하사 포함), 전환복무된 사람과 군간부후보생
③ 선거에 당선되어 취임하는 공무원으로서 매월 보수 또는 보수에 준하는 급료를 받지 않는 사람
④ 사업장의 특성, 고용 형태, 사업의 종류 등을 고려하여 대통령령으로 정하는 사업장의 근로자와 사용자, 공무원, 교직원 - 이들은 직장가입자로 남거나 아니면 탈퇴할 수 있다.

4) 가입 자격의 취득, 상실 및 변동

(1) 가입 자격의 취득

가입자는 국내에 거주하게 된 날에 직장가입자 또는 지역가입자의 자격을 얻는데, 도중에 자격을 잃더라도 그 자격 상실의 원인이 사라지면 곧바로 다시 가입 자격을 얻는다. 다음 4가지 경우가 이에 해당한다.

① 수급권자였던 사람이 그 수급 대상자에서 제외된 날
② 직장가입자의 피부양자이었던 사람이 그 자격을 잃은 날
③ 유공자 등 의료보호대상자이던 사람이 그 대상자에서 제외된 날
④ 제5조 제1항 제2호 가목에 따라 보험자에게 건강보험의 적용을 신청한 유공자 등 의료보호대상자는 그 신청한 날

(2) 가입 자격의 상실

가입자의 자격이 상실되는 경우는 다음 6가지다.

① 사망한 날의 다음 날

② 국적을 잃은 날의 다음 날

③ 국내에 거주하지 아니하게 된 날의 다음 날

④ 직장가입자의 피부양자가 된 날

⑤ 수급권자가 된 날

⑥ 건강보험을 적용받고 있던 사람이 유공자 등 의료보호대상자가 되어 건강보험의 적용배제신청을 한 날

(3) 가입자 자격의 변동

다음 5가지 경우에 가입자 자격이 변동한다.

① 지역가입자가 적용 대상사업장의 사용자로 되거나, 근로자 · 공무원 또는 교직원(이하 "근로자 등")이 된 날

② 직장가입자가 다른 적용대상사업장의 사용자가 되거나 근로자 등으로 사용된 날

③ 직장가입자인 근로자 등이 그 사용 관계가 끝난 날의 다음 날

④ 적용 대상사업장에 휴업, 폐업(제7조 제2호) 등의 사유가 발생한 날의 다음 날

⑤ 지역가입자가 다른 세대로 전입한 날

5) 각종 신고

자격을 잃거나(제10조) 자격이 도로 생기거나(제8조) 자격의 변동이 있으면(제9조), 직장가입자의 사용자와 지역가입자의 세대주는 이 사실을 발생일 14일 이내에 보험자(공단)에 신고해야 한다. 아울러 사업장 사용자가 14일 이내에 보험자에게 신고해야 할 사항은 두 가지다.

① 제6조 제2항에 따라 직장가입자가 되는 근로자 · 공무원, 교직원을 사용하는 사업장이 된 경우

② 휴업 · 폐업 등 보건복지부령으로 정하는 사유가 발생한 경우

군복무 또는 금고나 교화 등의 이유로 군대나 교도소에 있는 사람들에 대해서 국방부 장관/법무부 장관은 그로부터 1개월 이내에 보험자에게 신고해야 한다(제9조 제3항). 아울러 사용자, 직장가입자, 세대주는 공단 요구에 따라 가입자의 거주지 변경이나 가입자의 보수·소득 그리고 건강보험사업을 위하여 필요한 사항을 신고하거나 관계 서류(전자적 방법으로 기록된 것. 이하 같다)를 제출해야 한다. 공단은 이 신고 사항과 제출된 자료의 사실 여부를 조사·확인할 수 있다(제94조).

3. 관할 및 관련기관

주관은 보건복지부 장관이고(제2조), 운영을 맡은 보험자는 보험공단이며, 보건복지부 장관 아래 심의·의결기관으로 건강보험정책심의위원회("심의위원회")가 있다(제4조).

1) 국민건강보험공단

(1) 공단의 역할

국민연금공단과 마찬가지로 법인격이며 보험자로, 여기서 맡은 업무는 다음 13가지다(제14조).

① 가입자와 피부양자의 자격 관리
② 보험료와 그 밖에 이 법에 따른 징수금의 부과와 징수
③ 보험급여의 관리
④ 가입자와 피부양자의 건강 유지와 증진에 필요한 예방사업
⑤ 보험급여 비용의 지급
⑥ 자산의 관리·운영과 증식사업
⑦ 의료시설의 운영
⑧ 건강보험에 관한 교육·훈련 및 홍보
⑨ 건강보험에 관한 조사연구와 국제협력

⑩ 이 법에서 공단의 업무로 정한 사항

⑪ 「국민연금법」, 「고용보험 및 산업재해보상보험의 보험료징수 등에 관한 법률」, 「임금채권보장법」 및 「석면피해구제법」에 따라 위탁받은 업무

⑫ 그 밖에 이 법 또는 다른 법령에 따라 위탁받은 업무

⑬ 건강보험과 관련하여 보건복지부 장관이 필요하다고 인정한 업무

(2) 공단의 구성

국민건강보험공단의 임원은 이사장 1명, 이사 14명, 감사 1명이다. 이중 이사장과 이사 중 5명 그리고 감사는 상임이다. 비상임이사는 보건복지부 장관이 임명하는데, 여기에는 노동조합 · 사용자단체 · 시민단체 · 소비자단체 · 농어업인단체 · 노인단체 등이 추천하는 각 1명에 대통령령으로 정하는 바에 따라 추천하는 관계 공무원 3명이 포함되어 총 9명으로 구성한다.

(3) 회계, 예·결산 등

공단의 회계연도는 정부의 회계연도에 따르며, 직장가입자와 지역가입자의 재정을 통합하여 운영한다(제35조). 예산안을 편성하거나 변경할 때 이사회 의결을 거친 후 보건복지부 장관의 승인을 받아야 한다(제36조). 회계연도마다 결산보고서와 사업보고서를 작성하여 다음 해 2월 말일까지 보건복지부 장관에게 보고해야 한다(제39조).

(4) 재정운영위원회(제33조)

공단에서는 요양급여 비용의 계약(제45조 제1항)과 결손처분(제84조) 등 보험재정에 관련된 사항을 심의 · 의결하기 위해 재정운영위원회를 둔다. 재정운영위원회는 직장가입자를 대표하는 위원 10명(노동조합과 사용자단체 추천 각 5명), 지역가입자를 대표하는 위원 10명(농어업인 단체 · 도시자영업자단체 · 시민단체에서 추천하는 사람), 공익을 대표하는 위원 10명(관계 공무원, 건강보험에 관한 학식과 경험이 풍부한 사람)으로 구성한다(제31조와 시행령 제14조~제17조).

2) 국민건강보험심사평가원

「국민건강보험법」은 요양급여비용을 심사하고 요양급여의 적정성을 평가하기 위해 공단과 별도 법인으로 건강보험심사평가원(이하 '심사평가원'이라 한다)을 설립하였다. 심사평가원은 법인(제64조)이며, 임원으로 원장과 이사 15명 및 감사 1명을 둔다. 이 경우 원장, 이사 중 4명과 감사는 상임이다(제65조). 심사평가원의 주요 업무는 다음 7가지다(제63조 및 시행령 제28조 참고).

① 요양급여비용의 심사
② 요양급여의 적정성 평가
③ 심사와 평가 기준의 개발
④ 위 3가지 규정에 따른 업무와 관련된 조사연구와 국제협력
⑤ 다른 법률에 따라 지급되는 급여비용의 심사 또는 의료의 적정성 평가에 관하여 위탁받은 업무
⑥ 건강보험과 관련하여 보건복지부 장관이 필요하다고 인정한 업무
⑦ 그 밖에 보험급여 비용의 심사와 보험급여의 적정성 평가와 관련하여 대통령령으로 정하는 업무

3) 건강보험정책심의위원회

요양급여의 기준과 요양급여 비용, 기타 건강보험에 관한 주요 사항을 심의하기 위하여 보건복지부 장관 아래에 건강보험정책심의위원회(이하 '심의위원회')를 두도록 하고 있다(제3조의2, 시행령 제3조 참고).

4) 진료심사평가위원회

심사평가원의 업무를 효율적으로 수행하기 위해 심사평가원에 진료심사평가위원회(이하 "심사위원회")를 둔다(제66조). 이 위원회는 위원장을 포함하여 90명 이내의 상근 심사위원과 1천 명 이내의 비상근 심사위원으로 구성하며, 진료과목별 분과위원회를 둘 수 있다.

5) 건강보험분쟁조정위원회

심판청구(제88조)를 심리 · 의결하기 위해 보건복지부에 둔 기관으로 위원장을 포함하여 60명 이내의 위원으로 구성하고, 위원장을 제외한 위원 중 1명은 당연직 위원으로 한다(제89조).

6) 건강보험공표심의위원회

요양기관이 부당한 급여청구로 행정처분을 받으면 보건복지부 장관은 위반 행위, 처분 내용, 해당 요양기관의 명칭 · 주소 · 대표자 성명, 그 밖에 다른 요양기관과의 구별에 필요한 사항으로서 대통령령으로 정하는 사항을 공표할 수 있는데, 이때 공표 여부를 심의하는 기관이다(제100조).

4. 보험급여

「국민건강보험법」에 따라 제공되는 급여와 관련하여 요양급여, 건강검진, 요양비와 그 밖에 부가급여 등의 현물급여와 현금급여로 실시된다.

1) 요양급여

요양급여는 질병 · 부상 · 출산 등이 있을 때 가입자와 피부양자에게 제공하는 7가지 급여다(제41조). ① 진찰과 검사 ② 약제와 치료재료의 지급 ③ 처치, 수술 및 기타 치료 ④ 예방과 재활 ⑤ 입원 ⑥ 간호 ⑦ 이송

2) 요양기관

요양급여를 제공하는 곳을 요양기관이라고 한다(간호와 이송은 제외). 공익이나 국가 시책상 적합하지 않다고 판단된 의료기관을 제외한 의료와 요양기관을 다 포함하는데, 대략 다음 5가지다(제42조).

① 「의료법」에 따라 개설된 의료기관
② 「약사법」에 따라 등록된 약국
③ 「지역보건법」에 따른 보건소·보건의료원·보건지소(이상 세 군데는 정당한 이유 없이 요양급여를 거부할 수 없다.)
④ 「약사법」 제91조에 따라 설립된 한국희귀·필수의약품센터
⑤ 「농어촌 등 보건의료를 위한 특별조치법」에 따라 설치된 보건진료소

3) 요양급여의 비용

요양급여의 비용은 국민건강보험사에서 대부분 지급하지만, 요양급여를 받는 사람도 비용의 일부(이하 "본인일부부담금")를 부담한다(제44조). 비용 충당의 의미도 있지만, 그보다는 특히 병원 진료와 치료 그리고 약제 등에서 필요 이상의 지나친 수요를 억제하여 비용이 과도해지는 걸 막는 의미도 크다. 가입자나 피부양자는 본인 일부부담금 외에 자신이 부담한 비용이 제41조 제3항에 따라 요양급여 대상에서 제외되는 비용인지 심사평가원에 확인을 요청할 수 있고, 확인 후 초과 징수된 비용("과다본인부담금")이 있으면 반환해야 한다(제48조).[10]

요양기관 관련한 요양급여비용은 공단의 이사장과 대통령령으로 정하는 의약계 대표자들의 계약으로 정하며 계약 기간은 1년이다. 그러나 공단 이사장은 이 계약과 관련하여 재정운영위원회의 심의·의결을 거쳐야 한다(제45조). 한편 요양기관은 요양급여비용을 최초로 청구하는 때(제47조)에 요양기관의 시설·장비·인력 등에 대한 현황을 건강보험심사평가원(이하 "심사평가원")에 신고해야 한다. 또 계약한 요양급여비용(제45조)의 증감이 있으면 변경된 날로부터 15일 이내에 심사평가원에 신고해야 한다(제43조). 요양기관이 심사평가원에 요양급여비용에 대한 심사청구를 신청하면, 심사평가원은 심사 후 곧바로 공단과 요양기관에 결과를 알리는데, 이 과정을 요양기관의 요양급여비용 청구로 본다(제47조).

10) 본인부담률은 경우마다 달라 매우 복잡하다. 2019년 본인부담상한제의 개선으로 개인별로 81~580만원을 초과하면, 초과한 금액을 건강보험공단이 부담하고 있다.

4) 요양비

긴급하거나 부득이한 사유로 요양기관과 비슷한 기능을 하는 기관으로서 보건복지부령으로 정하는 기관(제98조 제1항에 따른 업무정지 기간 중인 요양기관 포함)에서 질병·부상·출산 등에 대하여 요양을 받거나 요양기관이 아닌 장소에서 출산한 경우 그 요양급여에 상당하는 금액을 보건복지부령으로 정하는 바에 따라 가입자나 피부양자에게 요양비로 지급한다. 이때 요양을 받은 사람은 그 명세서나 영수증을 공단에 제출해야 한다(제49조).

5) 부가급여

공단은 이 법에서 정한 요양급여 외에 대통령령으로 정하는 바에 따라 임신·출산 진료비, 장제 또는 장례의 비용, 요양에 필요한 비용 외에 추가로 받는 수당인 상병수당[11)]과 그 외 기타 급여를 실시할 수 있다(제50조).

6) 장애인 특례

공단은 「장애인복지법」에 따라 등록한 장애인 가입자와 피부양자에게는 「장애인·노인 등을 위한 보조기기 지원 및 활용촉진에 관한 법률」 제3조 제2호에 따른 보조기기에 대하여 보험급여를 할 수 있다(제51조).

7) 건강검진

공단은 가입자와 피부양자에 대하여 질병의 조기 발견과 그에 따른 요양급여를 하기 위하여 건강검진을 실시한다(제52조 제1항). 검진 항목은 성별, 연령 등의 특성과 생애주기에 맞게 설계한다(제52조 제3항).[12)]

11) 일반 근로자의 휴업수당과 같은 맥락이다.

12) 지역가입자, 세대원, 직장 피부양자의 경우 만 40세 이상이면 만 2년에 한 번씩 건강검진을 받는다. 사무직의 경우 2년에 한 번, 비사무직은 매년 건강검진을 받도록 되어 있다. 그러나 건강검진의 사각지대에 놓여 있었던 미취업 청년과 전업주부들도 건강검진 대상자로 포함되는 소위 '2030

5. 급여의 제한, 반환과 구상권

1) 급여의 제한

다음 4가지 경우 공단에서 보험급여를 하지 않는다(제53조).

① 고의 또는 중대한 과실에 의한 범죄행위에 그 원인이 있거나 고의로 사고를 일으킨 경우
② 고의 또는 중대한 과실로 공단이나 요양기관의 요양에 관한 지시에 따르지 않은 경우
③ 고의 또는 중대한 과실로 제55조에 따른 문서와 그 밖에 물건의 제출을 거부하거나 질문 또는 진단을 기피한 경우
④ 업무 또는 공무로 생긴 질병 · 부상 · 재해로 다른 법령에 따른 보험급여나 보상(報償) 또는 보상(補償)을 받는 경우

보험료 체납의 경우(대통령령으로 정하는 기간 이상인 경우. 그 이하는 제외)에는 그 체납한 보험료를 완납할 때까지 그 가입자와 피부양자에게 보험급여가 이루어지지 않을 수 있다. 직장가입자의 경우 사용자가 체납했더라도, 가입자 본인에게 귀책사유가 있으면 마찬가지다.

2) 급여의 정지

보험급여를 받을 수 있는 사람에게 일정 기간 보험급여가 정지되는 다음 4가지 경우다. 제3호 및 제4호의 경우에는 제60조에 따른 요양급여를 실시한다(제54조).

① 국외에 체류하는 경우
② 「병역법」에 따른 현역병(지원에 의하지 않고 임용된 하사 포함), 전환 복무되거나 군간부후보생(제6조 제2항 제2호)의 경우
③ 교도소, 그 밖에 이에 준하는 시설에 수용된 경우

년 청년 · 주부 「국가 건강검진법」'이 국회를 통과하여 미취업자 20~30대와 전업주부도 건강검진 체계로 포함되었다(임종명, 2018).

3) 급여의 반환 – 부당이득 징수

속임수나 그 밖의 부당한 방법으로 보험급여를 받은 사람이나 보험급여 비용을 받은 요양기관의 경우 공단에서 그 보험급여나 보험급여 비용에 상당하는 금액의 전부 또는 일부를 징수한다. 의료기관 및 약국을 개설할 자격이 없는 자가 개설하여 운영한 의료기관 및 약국이 위와 같은 방법으로 보험급여를 부당하게 받으면 해당 요양기관과 연대하여 개설자로부터 징수금을 납부받을 수 있다(제57조).

4) 구상권

국민연금과 마찬가지로 제3자의 행위로 보험급여 사유가 생겨 가입자 또는 피부양자에게 보험급여를 하면 공단은 그 급여에 들어간 비용 한도에서 그 제3자에게 손해배상을 청구할 권리가 있다. 보험급여를 받은 사람이 제3자에게서 이미 손해배상을 받았으면 공단은 그 한도 내에서 보험급여를 하지 않는다(제58조).

6. 수급권의 보호와 이의신청/심판청구

1) 수급권의 보호

보험급여를 받을 권리는 양도하거나 압류할 수 없다(제59조).

2) 이의신청

가입자와 피부양자의 자격, 보험료 등, 보험급여 비용에 관한 공단의 처분에 이의가 있으면 공단에 이의신청을 할 수 있다. 요양급여비용과 요양급여의 적정성 평가 등에 관한 심사평가원의 처분에 이의가 있는 공단, 요양기관 또는 그 밖의 자도 마찬가지다. 처분이 있음을 안 날부터 90일 이내에 문서(전자문서 포함)로 해야 하며, 처분이 있은 날부터 180일을 지나면 제기하지 못한다(제87조). 5대 보험의 이의신청 시효와 기한은 모두 이와 같다.

3) 심판청구

이의신청에 대한 결정에 불복하는 자는 제89조에 따른 건강보험분쟁조정위원회에 심판청구를 할 수 있다. 이때 심판청구의 제기 기간과 방법은 이의신청과 같다. 심판청구는 해당 처분을 한 공단 또는 심사평가원에 제출하거나 제89조에 따른 건강보험분쟁조정위원회에 제출하여야 한다(제88조). 심판청구를 심리·의결하기 위하여 보건복지부에 건강보험분쟁조정위원회를 둔다(제89조).

4) 행정소송

공단 또는 심사평가원의 처분에 이의가 있는 자와 제87조에 따른 이의신청 또는 제88조에 따른 심판청구에 대한 결정에 불복하는 자는 「행정소송법」에서 정하는 바에 따라 행정소송을 제기할 수 있다.

7. 보험 재정과 보험료

공단의 건강보험사업 비용은 보험료로 우선 충당하며, 이를 위해 납부 의무자에게서 보험료를 징수한다. 그 밖에 정부지원은 매년 예산의 범위에서 해당 연도 보험료 예상 수입액의 100분의 14에 상당하는 금액을 국고에서 공단에 지원한다. 아울러 「국민건강증진법」에서 정하는 바에 따라 국민건강증진기금에서 자금을 지원받을 수 있다(제108조).

보험료는 가입자 자격을 취득한 날이 속하는 달의 다음 달부터 가입자 자격을 상실한 날의 전날이 속한 달까지 징수하되, 자격 취득이 첫날(1일)이면 그달부터 징수한다. 자격 변동이 발생한 경우 변동 상황 반영도 마찬가지다(제69조).

1) 보험료 산정

보험료 산정을 위한 보험료율은 직장가입자의 경우 1천분의 80, 즉 월 보수 또는 소득의 8% 내에서 심의위원회를 거쳐 대통령이 정하는데, 현재 1만분의 667(6.67%)이다(시행령 제44조). 국외에서 업무에 종사하는 직장가입자의 보험료율은 이의 절반이다. 직장가입자의 월별 보험료액은 첫째, 보수월액보험료는 제70조에 따라 산정한 보수월액에 제73조 제1항 직장가입자의 보험료율은 1천분의 80의 범위에서 또는 제2항에 따른 국외업무종사자 보험료율을 곱하여 얻은 금액(사업자 부담), 둘째, 소득월액보험료는 제71조에 따라 산정한 소득월액에 제73조 제1항 또는 제2항에 따른 보험료율의 100분의 50을 곱하여 얻은 금액이다(제69조; 직장가입자 부담 - 제77조). 이때 직장가입자의 보수월액은 직장가입자의 보수를 기준으로 산정하지만, 대통령령으로 정하는 금액이란 각각 3,400만원(시행령 제41조)이다(제71조).

지역가입자의 보험료부과점수당 금액 역시 심의위원회의 의결을 거쳐 대통령령으로 정한다(제73조). 지역가입자의 월별 보험료액은 세대 단위로 산정하되, 지역가입자가 속한 세대의 월별 보험료 금액은 제72조에 따라 산정한 보험료부과점수에 따른 보험료부과점수(제73조 제3항)에 195.8원을 곱한 금액이다(제69조/시행령 제44조).

보수 관련 자료가 없거나 불명확한 경우 등 대통령령으로 정하는 사유에 해당하면 보건복지부 장관이 정하여 고시하는 금액을 보수로 본다(제69조).

표 4-6 직장가입자의 건강보험료와 장기요양보험료율 및 부담비율[13)]

구분	기준액	보험료율	근로자부담	사업주부담
건강보험료	보수월액	6.67%	3.335%	3.335%
장기요양보험료	건강보험료	10.25%	50%	50%

13) 2020년 8월 건강보험심의위원회에서 2021년 건강보험료율을 2020년 6.67% 대비 2.89% 인상된 6.86%로 결정하였다. 한편 노인장기요양보험료의 경우 소득에 건강보험료율과 장기요양보험료율을 곱하여 계산되는 방식이기 때문에 장기요양보험의 안정적 재정 충당을 위해 2020년 10.25%보다 일정부분 더 인상될 것으로 보여진다(중앙일보, 2020).

표 4-7 건강보험료와 장기요양보험료 및 부담비율 보험요율의 변화

연도	건강보험료	장기요양보험
2007년	4.77%	
2008년	5.08%	4.05%
2009년	5.08%	4.78%
2010년	5.33%	6.55%
2011년	5.64%	6.55%
2012년	5.80%	6.55%
2013년	5.99%	6.55%
2014년	5.99%	6.55%
2015년	6.07%	6.55%
2016년	6.12%	6.55%
2017년	6.12%	6.55%
2018년	6.24%	7.38%
2019년	6.46%	8.51%
2020년	6.67%	10.25%

- 건강보험료 = 보수월액×건강보험료율(십원 미만 버림)
- 장기요양보험료 = 건강보험료×장기요양보험료율(십원 미만 버림)

2) 보험료의 면제와 경감

공단은 국외에 머물며 일하는데 국내 거주 피부양자가 없는 직장가입자와 유공자 자격을 얻거나 교도소나 그 비슷한 시설에 수용된 지역가입자의 보험료를 면제한다(제74조). 가입자 또는 그 가입자가 속한 세대의 보험료의 일부를 경감할 수 있는 경우는 다음 6가지다(제75조).

① 섬·벽지·농어촌 등 대통령령으로 정하는 지역에 거주하는 사람
② 65세 이상인 사람
③ 「장애인복지법」에 따라 등록한 장애인
④ 「국가유공자 등 예우 및 지원에 관한 법률」 제4조 제1항 제4호, 제6호, 제12호, 제15호 및 제17호에 따른 국가유공자
⑤ 휴직자
⑥ 그 밖에 생활이 어렵거나 천재지변 등의 사유로 보험료 경감이 필요하다고 보건복지부 장관이 정하여 고시하는 사람

그 밖에 제79조 제2항에 따라 보험료의 납입 고지를 전자문서로 받거나 보험료를 계좌 또는 신용카드 자동이체의 방법으로 내도 보험료 감액 등 재산상의 이익을 제공할 수 있다(제75조).

3) 보험료의 부담(제76조)

직장가입자의 경우 보수월액보험료의 절반은 본인이 부담하고, 나머지 절반은 사업주가 부담한다(〈표 4-6〉 참조). 이때 사용자는 보수월액보험료 중 직장가입자가 부담해야 하는 그달의 보험료를 그 보수에서 공제하여 납부하고, 공제액을 알려야 한다(제77조). 다만 교직원의 경우 사용자가 30%, 국가가 20% 부담한다(사립학교의 경우 사용자가 전액 부담할 수 없는 상황에는 학교에 속하는 회계에서 부담). 공무원은 소속한 국가 또는 지방자치단체가 사업주가 된다. 지역가입자의 보험료는 그 가입자가 속한 세대의 지역가입자 전원이 연대하여 부담한다. 다만, 소득 · 생활수준 · 경제활동참가율 등을 고려하여 대통령령으로 정하는 기준에 해당하는 미성년자는 납부 의무의 부담을 지지 않는다(제77조).

4) 보험료의 연체, 독촉, 체납

납부 기한까지 보험료(제69조)나 보험급여 제한 기간 중 받은 보험급여에 대한 징수금을 내지 않는 경우 그 납부 기한이 지나는 날부터 1일이 지날 때마다 체납된 보험료 등의 1,500분의 1에 해당하는 연체금을 징수한다. 다만 해당 체납금액의 1,000분의 20을 넘어서는 안 된다. 30일이 지난 날부터는 1일 지날 때마다 6,000분의 1에 해당하는 금액(1천분의 50은 넘지 못함)을 앞의 연체금에 더하여 징수한다(제80조 제1항).

그 외의 징수금 체납에 대해서는 1,000분의 1의 연체금을 부담하는데, 해당 체납금액의 1,000분의 30은 넘어서는 안 된다. 30일이 지난 날부터는 1일 지날 때마다 3,000분의 1에 해당하는 금액(1천분의 90은 넘지 못함)을 앞의 연체금에 더하여 징수한다(제80조 제2항).

내지 않은 보험료 등에 대해서는 10일 이상 15일 이내의 기한을 정하여 독촉장을 발부하여 독촉할 수 있다. 그래도 내지 않으면 보건복지부 장관의 승인을 받아 국세 체납처분의 예에 따라 징수할 수 있다(제81조). 보험료 징수 또는 공익목적을 위하여 필요한 경우에 신용정보의 이용 및 보호에 관한 법률 제25조 제2항 제1호의 종합신용정보집중기관이 체납자 또는 결손처분자의 인적사항·체납액 또는 결손처분액에 관한 자료를 요구할 때에는 그 자료를 제공할 수 있는데, 여기에 해당하는 경우는 다음 2가지다.

① 이 법에 따른 납부기한의 다음 날부터 1년이 지난 보험료, 이 법에 따른 그 밖의 징수금과 체납처분비의 총액이 500만원 이상인 자
② 제84조에 따라 결손 처분한 금액의 총액이 500만원 이상인 자

다만, 체납된 보험료나 법에 따른 그 밖의 징수금과 관련하여 행정심판 또는 행정소송이 계류 중이거나, 그 밖에 대통령령으로 정하는 사유가 있으면 그러하지 아니한다. 해당 자료를 받은 자는 이를 업무 외의 목적으로 누설하거나 이용하면 안 된다(제81조의2).

특히 납부 기한의 다음 날부터 2년이 지난 고액(총액 1천만원 이상)·상습체납자의 경우는 인적사항과 체납액을 공개할 수 있다. 단, 그와 관련한 행정심판 또는 행정소송이 계류 중이거나 그 밖에 체납된 금액의 일부 납부 등 대통령령으로 정하는 사유가 있으면 예외로 한다. 이 정보의 공개 여부를 심의하기 위하여 공단에 보험료정보공개심의위원회를 둔다. 위원회에서는 심의를 거친 후 공개대상자에게 공개대상자임을 서면으로 통지하여 소명의 기회를 주고, 통지한 날부터 6개월이 경과한 뒤 체납액의 납부이행 등을 참작하여 공개대상자를 선정한다. 공개는 관보에 게재하거나 공단 인터넷 홈페이지에 게시하는 방법에 따른다.

보험료를 3회 이상 체납한 자에 대하여 보건복지부령으로 정하는 바에 따라 분할 납부를 승인할 수 있다. 그러나 분할납부 승인을 받은 자가 정당한 사유 없이 5회 이상 그 승인된 보험료를 내지 않으면 승인을 취소한다(제82조).

5) 결손처분과 강제징수

다음 3가지의 경우 공단에서 재정운영위원회의 의결을 받아 보험료 등을 결손처분할 수 있다.

① 체납처분이 끝나고 체납액에 충당될 배분금액이 그 체납액에 미치지 못하는 경우

② 해당 권리에 대한 소멸시효가 완성된 경우

③ 그 밖에 징수 가능성이 없다고 인정되는 경우로서 대통령령으로 정하는 경우

결손처분을 한 다음에도 압류할 수 있는 다른 재산이 있는 것을 알게 되면 즉각 그 처분을 취소하고 체납처분을 해야 한다(제84조). 이때 보험료는 국세와 지방세를 제외한 다른 채권에 우선하여 징수한다. 다만, 보험료 등의 납부 기한 전에 전세권·질권·저당권 또는 동산·채권 등의 담보에 관한 법률에 따른 담보권의 설정을 등기 또는 등록한 사실이 증명되는 재산을 매각할 때에는 전세권·질권·저당권 또는 동산·채권 등의 담보에 관한 법률에 따른 담보권으로 담보된 채권에 대해서는 우선하지 않는다(제85조).

8. 제재와 벌칙

사회법인 사회복지법은 공법이 아니지만, 개인과 기관에 제재와 벌칙을 가할 수 있다. 이런 제재와 벌칙에는 업무정지 명령, 과징금, 벌금은 물론 징역형까지 포함한다. 이는 보험 가입자의 이익을 보호하는 동시에 부당한 행위로 이익을 얻거나 공무방해를 막기 위해서다. 따라서 반대로 그러한 행위를 신고하는 경우는 포상금을 지급하기도 한다.

1) 업무정지

보건복지부 장관이 요양기관에 대하여 1년의 범위에서 기간을 정하여 업무정지를 명할 수 있는 경우는 2가지다(제98조).

① 속임수나 그 밖의 부당한 방법으로 보험자·가입자·피부양자에게 요양급여비용을 부담하게 한 경우
② 제97조 제2항에 따른 명령을 위반하거나 거짓 보고 또는 거짓 서류 제출, 소속 공무원의 검사 또는 질문의 거부·방해 또는 기피 때

2) 과징금

보건복지부 장관은 요양기관이 제98조 제1항 제1호 또는 제3호에 해당하여 업무정지 처분을 해야 하지만, 업무정지 처분이 해당 요양기관을 이용하는 사람에게 심한 불편을 주거나 보건복지부 장관이 정하는 특별한 사유가 있다고 인정되면 업무정지 처분 대신에 속임수나 그 밖의 부당한 방법으로 부담하게 한 금액의 5배 이하의 금액을 과징금으로 부과·징수할 수 있다. 이 경우 보건복지부 장관은 12개월의 범위에서 분할 납부하게 할 수 있다. 납부 기한까지 내지 않으면 국세 체납처분의 예에 따라 징수한다(제99조). 거짓으로 청구한 금액이 1천500만원 이상이거나 요양급여비용 총액 중 거짓으로 청구한 금액의 비율이 20% 이상이면 건강보험공표심의위원회의 심의를 거쳐 위반 행위와 함께 처분 내용, 해당 요양기관의 이름·주소 및 대표자 이름, 그 밖에 다른 요양기관과의 구별에 필요한 사항으로 대통령령으로 정하는 사항을 공표할 수 있다(제100조).

3) 벌칙

정보의 유지 등에 관하여 공단 심사평가원과 대행청구단체에 종사하였거나 종사하는 사람은 개인정보를 누설하거나 직무상 목적 외의 용도로 이용 또는 정당한 사유 없이 제3자에게 제공하면(제102조), 5년 이하의 징역이나 5천만원 이하의 벌금에 처한다(제115조 제1항). 대행청구단체의 종사자가 그러할 시 3년 이하의 징역

또는 3천만원 이하의 벌금에 처한다(제115조 제2항).

거짓이나 그 밖의 부정한 방법으로 보험급여를 받거나 타인이 보험급여를 받게 한 사람은 2년 이하의 징역 또는 2천만원 이하의 벌금에 처한다(제115조 제3항). 1년 이하의 징역 또는 1천만원 이하의 벌금에 처하는 경우는 다음 4가지가 있다(제115조 제4항).

① 제42조의2 제1항 및 제3항을 위반하여 선별급여를 제공한 요양기관의 개설자
② 제47조 제6항을 위반하여 대행청구단체가 아닌 자로 하여금 대행하게 한 자
③ 제93조(근로자의 권익 보호)를 위반한 사용자
④ 제98조 제2항(업무정지 중 요양급여 중단)을 위반한 요양기관의 개설자

제97조 제2항(요양기관에 요양과 약재 지급 등 보험급여에 관한 보고 또는 서류 제출 명령)을 위반하여 보고 또는 서류 제출을 하지 않은 자, 거짓으로 보고하거나 거짓 서류를 제출한 자, 검사나 질문을 거부·방해 또는 기피한 자는 1천만원 이하의 벌금에 처한다(제116조). 또 제42조 제5항을 위반한 자 또는 제49조 제2항을 위반하여 요양비 명세서나 요양 명세를 적은 영수증을 내주지 아니한 자는 500만원 이하의 벌금에 처한다(제117조).

3절 노인장기요양보험법[14)]

1. 노인장기요양보험법의 목적과 기본원칙

1) 목적

고령이나 노인성 질병 등의 사유로 일상생활을 혼자서 수행하기 어려운 노인 등에게 제공하는 신체활동 또는 가사활동 지원 등의 장기요양급여에 관한 사항을 규정하여 노후 건강의 증진과 생활의 안정을 도모하고 그 가족의 부담을 덜어줘 국민 삶의 질을 향상시키자는 목적이다(제1조).

이에 대해 다음과 같이 핵심적 내용으로 나눠서 설명할 수 있다. ① 대상은 고령이나 노인성 질병 같은 사유로 일상생활을 혼자서 수행하기 어려운 '노인 등'이다. 여기서 '노인 등'이라는 말은 노인을 비롯하여 다른 사람도 포함한다는 말이다. 제2조 정의와 제5조의 국가의 정책 방향을 보면 이해된다. "노인뿐만 아니라 장애인 등 일상생활을 혼자서 수행하기 어려운 모든 국민이 장기요양급여, 신체활동지원서비스 등을 제공받을 수 있도록 노력"해야 한다는 규정으로 미루어, 앞으로 수급자가 꼭 노인이 아닌 장애인 등까지 포함하는 쪽으로 발전시켜 나가겠다는 취지다. ② 궁극의 목적은 국민 삶의 질 향상이다. 노인 등이라 하지 않고 국민을 포괄한 것은 요양서비스 수급자뿐만 아니라 그 가족들을 서비스 수혜 대상에 포함한다는 말이다. ③ 방법은 노후 건강의 증진과 생활의 안정을 도모하여 그 가족의 부담을 덜어주는 것이다.

---

14) 「노인장기요양보험법」은 5대 사회보험 가운데 가장 늦게 나온 제도지만 두 가지 이유에서 먼저 다룬다. 첫째, 국민건강보험과 내용이나 관할 면에서 밀접한 관계(보험료도 건강보험료를 기준으로 하며 건강보험료의 6.5%)이기 때문에 나란히 살피는 것이 이롭다. 둘째, 전 국민을 상대로 한다는 점에서 근로자를 위한 뒤에 다룰 「산업재해보상보험법」과 「고용보험법」보다 앞의 국민연금이나 국민건강보험과 함께 분류될 수 있다.

2) 기본원칙

장기요양급여의 기본원칙은 종합적 판단과 급여 제공의 적정성, 재가급여 우선, 의료서비스 연계 등 3가지다(제3조).

(1) 종합적 판단과 급여 제공의 적정성

장기요양급여는 수급자의 심신 상태와 생활환경뿐만 아니라 그 가족의 욕구와 선택을 종합적으로 고려하고, 필요한 범위 안에서 적정하게 제공해야 한다. 수급자를 우선 고려하고, 그 다음 가족을 고려한다는 것은 당연하다. 일방적 시혜는 자유의지에 반할 수도 있지만, 무엇보다 프로크루테스(Procrustes)의 침대처럼 기준에 맞지 않는다고 팔다리를 잘라내 버리는 식이 되기 쉽다. 급여 제공의 적정성은 두 가지 방향이다. 첫째, 너무 모자라지 않아야 한다. 최소한, 최저생계비 등과 비교하면 된다. 둘째, 필요 이상 과잉제공하지 않는다. 비현실적으로 들리지만, 무엇보다 형평성을 지키면서 비용을 절감하자는 취지다.

(2) 재가급여 우선

급여수급자가 가족과 함께 생활하면서 가정에서 장기요양을 받는 것을 시설 이용보다 우선해야 한다. 이는 비용 문제 때문이기도 하지만, 노인시설에 대한 노인들의 거리낌이 현실적으로 크다. 아울러 무엇보다 자신이 오래 살면서 몸에 익은 곳에서 생활하는 것이야말로 거의 본성에 가까운 사람들의 일반 성향이며, 노인이나 장애인처럼 안정감이 부족한 경우는 특히 더하다. 시설 격리는 근대 합리성의 원리에서 나온 것으로 선진국에서도 1970년대 이후는 지향이 아니라 지양하는 경향이다.

(3) 의료서비스와 연계

장기요양급여는 노인 등의 심신 상태나 건강이 악화하지 않도록 치료와 연계하여 제공해야 한다. 적어도 노화나 치매의 진행 속도를 늦추는 것도 중요하지만, 진행될수록 치료가 필요한 상황이 빈발하기 때문이다.

2. 주요 개념과 연혁

1) 주요 개념

「노인장기요양보험법」에서 사용하는 주요 용어의 정의는 〈표 4-8〉과 같다.

표 4-8 노인장기요양보험 주요 용어 개념

용어	개념 정의(관련법규)
노인 등	첫째, 65세 이상의 노인, 둘째, 65세 미만이더라도 치매 · 뇌혈관성 질환 등 대통령령으로 정하는 노인성 질병이 있는 사람
장기요양급여	6개월 이상 혼자 일상생활을 수행하기 어렵다고 인정되는 자(제15조 제2항)에게 신체활동 · 가사활동의 지원 또는 간병 등의 서비스(현물급여)나 이에 갈음하여 지급하는 현금(현금급여) 등
장기요양사업	장기요양보험료, 국가 및 지방자치단체의 부담금 등을 재원으로 노인 등에게 장기요양급여를 제공하는 사업
장기요양기관	제31조에 따라 지정을 받은 기관 또는 제32조에 따라 지정된 재가장기요양기관으로서 장기요양급여를 제공하는 기관
장기요양요원	장기요양기관에 소속해 노인 등의 신체 또는 가사 활동 지원 등의 업무를 수행하는 사람

2) 노인장기요양보험법의 연혁

세계 최초로 사회보험 방식으로 1994년 입법, 1995/96년부터 시행(재가/시설)된 독일의 수발보험(Pflegeversicherung)과 2000년부터 시행된 일본의 개호보험(介護保險)을 거울삼았다.[15)]

15) 이미 노인요양, 엄밀히 노인의 수발을 건강 또는 의료보험 안에서 또는 조세 기반으로 시행 중인 나라들이 많다. 네덜란드와 프랑스는 1980년부터 특별의료비보상제도를 통해 장기요양시설이나 장기입원병동 등에서 요양서비스급여를 실시했고, 뉴질랜드와 영국은 병원 내 장기입원병동을 축소하고, 민간 요양시설을 확대하여 장기요양보호서비스 급여를 실시했다. 오스트리아는 1993년에 기존의 연방 및 지방 정부의 수발수당(현금)제도를 통합, 장기요양보호수당제도로 전환했다(Voges, 2002). 또 덴마크, 핀란드, 이탈리아, 노르웨이, 스페인, 스웨덴 등이 조세를 재원으로 일반 병원 내 장기입원병동을 줄이고 따로 장기요양 내지 입원 시설을 마련하였다(김근홍 외, 2017; 보건복지부, 2003).

장기적 수발을 필요로 하는 사람들을 누가 돌볼 것인가, 여기에 소요되는 비용은 누가, 어떤 방식으로 어떻게 담보할 수 있을 것인가의 이슈로 시작되었다.

그런 의미에서 우리나라도 가파르게 증가하는 노인인구 비율이 불러올 문제를 의식하여 2000년 보건복지부에 '노인장기요양보호 정책기획단'을 구성하였다. 여기서 제도와 재원 조달 방식 등 기본 골격을 정하고, 이를 토대로 2004년 '공적 노인요양보장제도 실행위원회와 실무기획단'을 설치해 구체적인 실행모형 개발에 나섰다. '노인수발보험제도 기본안'(2005), 「노인수발보험법안」(2006)이 마련되었다. 그 뒤 여러 공청회와 법안심의 과정을 거쳐 2007년 「장기요양보험법」을 확정하여(법률 제8403호), 2008년 7월 1일부터 시행되었다.[16)]

그 뒤 몇 차례 일부 개정이 이루어졌는데, 2009년 도서, 벽지, 농어촌 등 거주자의 요양급여비용 중 본인일부부담금 50% 경감, 2009년 외국인근로자 「장기요양보험법」 적용 제외 신청 가능성이 추가되었다. 2013년(2014 시행)에는 장기요양기관의 의무에서 영리 목적으로 한 시설의 수급자 모집에 관여하지 못하게 하는 것과 과징금 부과 등의 행정처분과 벌칙의 내용을 추가하였다. 「노인장기요양보험법」 제·개정과 관련된 주요 내용들을 살펴보면 〈표 4-9〉와 같다.

16) 저자가 1999년 한국사회복지학회의 학술대회며 학술지를 통해 주장했던 명칭은 「수발보험법」이다(김근홍 외, 1999). 처음 그 의견이 학회에서 공감대를 얻었고 국무회의까지 통과되어 관철되는 듯하다가 안타깝게도 「노인장기요양법」으로 결정되었다. '수발보험'이란 명칭을 주장한 데에는 크게 세 가지 논거가 있었다. 첫째, 수발이란 말은 환자를 위한 병수발 외에도 식사수발, 신체수발, 목욕수발 등, 현재 요양보험에서 제공되는 서비스 전반을 포함할 수 있으면서 쉬운 말이다. 따라서 이 법에서 제공하는 서비스를 이용하는 이들에게 쉽게 이해될 수 있다. 법에 쓰이는 말이라고 해서 굳이 어려울 필요가 없고, 누구나 쉽게 이해할 수 있는 말을 사용하는 것이 바람직하다. 둘째, 요양이란 말에는 아무래도 치료의 개념이 묻어 있다. 이 법의 대상은 치료가 아니라 주로 돌봄, 곧 수발이 필요한 사람들이다. 셋째, 굳이 노인이 아니더라도 장기적인 수발이 필요한 사람(환자가 아니더라도)을 모두 수혜대상자로 포함해야 옳다(Klie, 2017). 굳이 어려운 말로 가더라도 「노인장기요양법」이 아니라 「장기요양법」이 타당하다. '노인'이 들어가는 바람에 다시 '노인 등'의 추가 설명이 덧붙었다. 논리적 모순이다.

표 4-9 노인장기요양보험 주요 내용

제정/ 시행년도	주요 내용
2007/08	유례없이 빠르게 진행되는 고령화와 그에 따른 치매와 중풍 등으로 일상생활이 어려운 노인 수의 증가, 핵가족화와 여성의 사회참여 증가 등으로 갈수록 어려워지는 노인의 가정 부양과 간병이 제정 배경이자 이유. 일상생활이 어려운 노인 등을 장기 요양하는 사업의 재원을 마련하기 위해 노인장기요양보험제도 도입
2009/09	수급 대상자가 되기 어려운 외국인 근로자에게 장기요양보험가입에서 제외될 가능성에 길을 터줌. 도서, 벽지, 농어촌 등 거주자에게 장기요양급여 본인일부부담금의 50% 감경
2011/11	노인전문병원을 노인복지시설에서 제외하고 「의료법」에 따른 요양병원으로 일원화. 노인휴양소 폐지. 노인학대 신고의무 범위 확대(장기요양기관・건강가정지원센터의 장과 종사자, 소방서 구급대원)와 신고의무자 신분보호 강화. 경로당 활성화 위해 표준 모델과 프로그램 개발, 보급. 실종 노인의 신고 체계
2013/14	장기요양기관 등이 본인일부부담금 면제나 할인하는 행위 금지. 거짓 급여비용 청구-위반사실 공표. 행정제재 처분의 효과 양수인, 합병 후 법인, 폐업 후 같은 장소에서 장기요양기관 운영하는 직계 혈족 승계
2015/16	2014년 7월 장기요양 5등급(치매특별등급) 신설 - 기타 재가급여 범위에 치매노인의 인지기능 유지와 향상을 위한 용구 추가. 장기요양기관 설치자의 결격 사유 신설. 지역 간 불균형 해소 고려
2016/17	장기요양기관 재무와 회계 기준 - 「사회복지사업법」에 따름. 장기요양요원의 처우개선과 복지증진 위한 노력: 장기요양기본계획에 포함+3년마다 실태조사, 장기요양급여비용 중 일부 인건비로 지출, 장기요양요원 지원센터 지자체에서 설치, 운영
2018/18	장기요양기관의 설치・운영자와 종사자 및 이용자에 대한 인권교육으로 노인학대 예방. 과징금 5천만원에서 2억원으로 상향 본인일부부담금 경감 범위를 50~60% 범위 내에서 차등 감경
2019/19	「노인복지법」에 따른 재가노인복지시설 신고제로 서비스 질 저하 - 지정제로 단일화와 유효기간을 두어 지정 갱신 가능. 표준장기요양이용계획서의 실효성 강화. 장기요양기관의 장이 요양요원에 대한 급여외 행위 제공 요구 금지 장기요양 인정 신청이 어려운 치매환자를 위해 치매안심센터(「치매관리법」)의 장이 신청 대리 가능. 장기요양기관의 배상책임보험 미가입 급여비용 감액

3. 국가의 책임과 정책의 방향 및 기본계획

1) 국가와 지방자치단체의 책무

국가와 지방자치단체가 할 일과 져야 할 책임은 다음 6가지다(제4조).

① 노인이 일상생활을 혼자서 수행할 수 있는 온전한 심신상태를 유지하는 데 필요한 사업 실시

② 노인성 질환 예방사업을 하는 지자체나 국민건강보험공단의 비용에 대한 국가의 지원
③ 노인 인구와 지역 특성 등을 고려하여 장기요양급여를 원활하게 제공할 수 있도록 적정한 수의 장기요양기관 확충과 설립 지원
④ 장기요양급여를 원활하게 제공할 수 있도록 공단에 필요한 행정적, 재정적 지원
⑤ 장기요양요원의 처우를 개선하고 복지증진
⑥ 지역의 특성에 맞는 장기요양사업의 표준을 개발 · 보급

2) 장기요양급여에 관한 국가의 정책 방향

국가는 기본계획을 수립해 시행할 때 노인뿐만 아니라 장애인 등 일상생활을 혼자서 수행하기 어려운 모든 국민이 장기요양급여, 신체활동지원서비스 등을 제공받을 수 있도록 노력하고, 이들의 생활안정과 자립지원 시책을 강구해야 한다(제5조).

3) 장기요양기본계획

보건복지부 장관은 5년 단위로 다음 4가지 사항에 관한 계획을 세우고, 지방자치단체의 장은 이 장기요양기본계획에 따라 세부시행계획을 수립 · 시행해야 한다(제6조 제1항).

① 연도별 장기요양급여 대상 인원과 재원 조달 계획
② 연도별 장기요양기관과 장기요양전문인력 확충 방안
③ 장기요양요원의 처우에 관한 사항
④ 그 밖에 노인 등의 장기요양에 관해 대통령령으로 정하는 사항

4) 국가의 부담(제58조)

국가는 매년 예산의 범위 안에서 해당 연도 장기요양보험료 예상수입액의 20%(100분의 20)에 상당하는 금액을 공단에 지원한다. 아울러 의료급여수급권자의 장기요양급여비용, 의사소견서 발급비용, 방문간호지시서 발급비용 중 공단이 부담

해야 할 비용(제40조 제1항 단서 및 제3항 제1호에 따라 면제 및 감경됨으로 인하여 공단이 부담하는 비용을 포함) 및 관리운영비는 전액 국가와 지방자치단체가 부담한다(대통령령). 이중 지방자치단체가 부담하는 금액은 특별시 · 광역시 · 특별자치시 · 도 · 특별자치도와 시 · 군 · 구가 분담한다(보건복지부령).

4. 관장 및 관련기관

1) 관장

장기요양보험 사업의 관장은 보건복지부 장관이 맡고,[17] 운영은 보험자인 공단에서 맡는다(제7조).

2) 장기요양위원회

(1) 장기요양위원회의 역할

보건복지부 소속의 장기요양위원회는 다음 4가지 일을 한다(제45조).

① 장기요양보험료율 결정(제9조 제2항)

② 가족요양비, 특례요양비, 요양병원간병비 지급기준 설정(제24조~제26조)

③ 재가 및 시설 급여비용 결정(제39조)

④ 그 밖에 대통령령으로 정하는 주요 사항

(2) 장기요양위원회의 구성

장기요양위원회는 위원장 1인, 부위원장 1인을 포함한 16인 이상 22인 이하의 위원으로 구성한다. 위원장은 보건복지부차관이 맡고, 부위원장은 위원 중에서 위원장이 지명한다. 위원장 외의 위원은 보건복지부 장관이 3년 임기로 임명 또는 위촉하는데, 위원의 구성은 다음과 같다(제46조).

17) 사회보험 중 산업재해보상보험과 고용보험만 주무 부처가 '고용노동부 장관'이다.

① 근로자단체, 사용자단체, 시민단체(「비영리민간단체 지원법」 제2조에 따른 비영리민간단체), 노인단체, 농어업인단체 또는 자영자단체를 대표하는 자
② 장기요양기관 또는 의료계를 대표하는 자
③ 대통령령으로 정하는 관계 중앙행정기관의 고위공무원단 소속 공무원, 장기요양에 관한 학계 또는 연구계를 대표하는 자, 공단 이사장이 추천하는 자

3) 관리운영기관 등

장기요양사업의 관리운영기관은 공단으로 하며, 그 역할은 다음과 같다(제48조).
① 장기요양보험가입자, 그 피부양자와 의료급여수급권자의 자격 관리
② 장기요양보험료의 부과 · 징수
③ 신청인에 대한 조사
④ 등급판정위원회의 운영 및 장기요양등급 판정[18]
⑤ 장기요양인정서의 작성 및 표준장기요양이용계획서의 제공
⑥ 장기요양급여의 관리 및 평가

18) 2014년 6월까지 존속되었던 1~3등급 시스템 대신 2014년 7월 1일부로 장기요양 "치매특별등급(5등급)"이 신설되면서 3등급이 3등급과 4등급으로 세분되었다. 3등급은 60점, 4등급은 51점, 5등급은 45점이다. 2014년 6월까지 존속되었던 기존 1~3등급 시스템 대신 2014년 7월 1일부로 장기요양 "치매특별등급(5등급)"이 신설되면서 3등급이 3등급과 4등급으로 세분화되었다. 또한 2018년 1월부터 인지지원등급이 신설되었다(김근홍 외, 2017: 277).

표 4-10 장기요양등급판정기준

장기요양 등급	장애 상태	장기요양 인정점수
1등급	심신의 기능상태 장애로 일상생활에서 전적으로 다른 사람의 도움이 필요한 자	95점 이상
2등급	심신의 기능상태 장애로 일상생활에서 상당부분 다른 사람의 도움이 필요한 자	75점 이상 95점 미만
3등급	심신의 기능상태 장애로 일상생활에서 부분적으로 다른 사람 도움이 필요한 자	60점 이상 75점 미만
4등급	심신의 기능상태 장애로 일상생활에서 일정부분 다른 사람의 도움이 필요한 자	51점 이상 60점 미만
5등급	치매(제2조에 따른 노인성 질병에 해당하는 치매로 한정)환자	45점 이상 51점 미만
인지지원등급	치매(제2조에 따른 노인성 질병에 해당하는 치매로 한정)환자	45점 미만

⑦ 수급자와 그 가족에 대한 정보제공 · 안내 · 상담 등 장기요양급여 관련 이용지원에 관한 사항
⑧ 재가 및 시설 급여비용의 심사 · 지급, 특별현금급여의 지급
⑨ 장기요양급여 제공 내용 확인
⑩ 장기요양사업에 관한 조사 · 연구 및 홍보
⑪ 노인성 질환 예방사업
⑫ 이 법에 따른 부당이득금의 부과 · 징수 등
⑬ 장기요양급여의 제공기준을 개발하고 장기요양급여비용의 적정성 검토를 위한 장기요양기관의 설치와 운영
⑭ 그 밖에 장기요양사업과 관련하여 보건복지부 장관이 위탁한 업무

공단은 장기요양사업에 대하여 독립회계를 설치 · 운영해야 하며, 아울러 장기요양사업 중 장기요양보험료를 재원으로 하는 사업과 국가 · 지방자치단체의 부담금을 재원으로 하는 사업의 재정을 구분하여 운영해야 한다. 다만, 관리운영에 필요한 재정은 그러지 않을 수 있다.

4) 등급판정위원회

장기요양의 인정 및 요양등급 판정 등을 심의하기 위하여 건강보험공단에 장기요양등급판정위원회를 둔다(제52조). 이 위원회는 특별자치시 · 특별자치도 · 시 · 군 · 구 단위로 설치한다. 다만, 인구 규모 등을 고려하여 하나의 특별자치시 · 특별자치도 · 시 · 군 · 구에 2개소 이상의 등급판정위원회를 설치하거나, 2개 이상의 특별자치시 · 특별자치도 · 시 · 군 · 구 통합하여 하나의 등급판정위원회를 설치할 수 있다.

등급판정위원회는 위원장 1인을 포함하여 15인의 위원으로 구성한다. 위원은 공단 이사장이 위촉하는데, 특별자치시 · 특별자치도 · 시 · 군 · 구에서 추천한 위원은 7인, 의사 또는 한의사가 1인 이상 각각 포함되어야 하며, 소속 위원의 성격은 다음과 같다.

① 「의료법」에 따른 의료인
② 「사회복지사업법」에 따른 사회복지사
③ 시·군·구 소속 공무원
④ 그 밖에 법학 또는 장기요양에 관한 학식과 경험이 풍부한 자

5) 장기요양요원지원센터

국가와 지방자치단체는 장기요양요원의 권리를 보호하기 위하여 장기요양요원지원센터를 설치·운영할 수 있다. 장기요양요원지원센터의 설치·운영 등에 필요한 사항은 보건복지부령으로 정하는 바에 따라 해당 지방자치단체의 조례로 정한다. 장기요양요원지원센터가 하는 업무는 다음 4가지다.
① 장기요양요원의 권리 침해에 관한 상담 및 지원
② 장기요양요원의 역량강화를 위한 교육지원
③ 장기요양요원에 대한 건강검진 등 건강관리를 위한 사업
④ 장기요양요원의 업무 등에 필요하여 대통령령으로 정하는 사항

5. 장기요양보험 가입자와 보험료

1) 가입자

가입자는 「국민건강보험법」에 따른 가입자와 똑같다(제11조). 국내 거주 국민 모두 가입자 또는 피부양자가 된다. 외국인의 경우 상호주의에 입각한다.

2) 보험료

장기요양사업에 사용되는 비용에 충당하기 위한 장기요양보험료는 「국민건강보험법」에 따른 '건강보험료'와 통합하여 징수한다. 고지서는 둘을 구분하고, 회계 역시 독립하여 관리한다(제8조). 보험료는 건강보험료의 10.25%다(시행령 제4조).

장애인은 「장애인복지법」에 따르되, 장애인 또는 이와 유사한 자로서 대통령령으로 정하는 자가 장기요양보험가입자 또는 그 피부양자로서 수급자로 인정받지 못한 경우 장기요양보험료의 전부 또는 일부를 감면할 수 있다(제10조).

6. 장기요양의 신청, 인정, 등급판정

1) 장기요양, 갱신과 변경 신청

(1) 장기요양

장기요양을 신청하려면 장기요양보험 가입자나 가입자의 피부양자, 또는 「의료급여법」에 따른 의료급여수급권자 가운데 하나의 자격을 갖추어야 한다(제12조). 자격을 갖춘 신청인은 장기요양인정신청서를 내는데, 이때 의사 또는 한의사가 발급하는 소견서(이하 "의사소견서")를 첨부해야 한다(공단에서 등급판정위원회에 자료를 제출하기 전까지). 거동의 불편이나 도서·벽지 지역 거주로 의료기관 방문이 어려운 자 등 대통령령으로 정하는 자는 의사소견서를 제출하지 않아도 된다(제13조).

(2) 갱신과 변경 신청

장기요양 인정의 유효기간이 만료되고도(제19조) 장기요양급여를 계속 받으려면 유효기간 만료 전 30일까지 공단에 장기요양인정의 갱신을 신청해야 한다(제20조). 장기요양등급, 장기요양급여의 종류 또는 내용을 변경하려면 공단에 변경신청을 해야 한다(제21조). 본인이 변경신청을 하기 어려우면 가족이 대신해도 되지만, 본인 또는 가족의 동의가 있으면, 담당 지역 사회복지전담공무원 또는 치매안심센터(「치매관리법」 제17조)의 장이 대신해도 된다. 그마저 어려우면 특별자치시장·특별자치도지사·시장·군수·구청장이 지정하는 자가 이를 대리한다(제22조).

2) 조사

신청서가 접수되면 다음 3가지를 조사한다(제14조).

① 신청인의 심신상태

② 신청인에게 필요한 장기요양급여의 종류와 내용

③ 그 밖에 장기요양에 관해 필요하여 보건복지부령으로 정하는 사항

조사할 때에는 조사 일시, 장소 및 조사를 담당하는 자의 인적사항 등을 신청인에게 미리 통보한다. 조사를 의뢰받은 특별자치시·특별자치도·시·군·구는 즉각 공단에 조사 결과를 보내며(제14조), 장기요양의 연장 또는 변경 신청에 대한 조사도 이 절차에 따른다(제21조).

3) 인정과 등급판정

조사 완료 후 조사결과서, 신청서, 의사소견서, 그 밖에 심의에 필요한 자료를 장기요양등급판정위원회(이하 "등급판정위원회")에 제출한다(제15조). 등급판정위원회는 신청인이 제12조의 신청자격 요건을 충족하고 6개월 이상 혼자서 일상생활을 수행하기 어렵다고 인정되면, 심신상태와 장기요양이 필요한 정도 등 대통령령으로 정하는 등급판정 기준에 따라 장기요양급여수급자로 판정한다(제15조).[19] 장기요양인정의 유효기간은 대통령령에 따라 최소 1년 이상으로 정한다(제19조). 등급판정은 신청서 제출일로부터 30일 이내 완료해야 하는데, 부득이한 사정이 있으면 30일 이내의 범위에서 연장할 수 있다. 이때 신청인 또는 대리인에게 그 내용·사유·기간을 통보해야 한다(제16조).

등급판정의 심의가 완료되면 공단에서 장기요양인정서를 수급자에게 보내는데, 여기에는 다음 3가지 사항과 함께 월 한도액 범위 안에서 표준장기요양이용계획서를 작성하여 함께 송부한다(제17조).

① 장기요양등급

② 장기요양급여의 종류 및 내용

③ 그 밖에 장기요양급여에 관하여 보건복지부령으로 정하는 사항

19) 이때 공단에서 고려해야 할 사항은 다음 세 가지다. 첫째, 수급자의 장기요양등급과 생활환경. 둘째, 수급자와 그 가족의 욕구와 선택. 셋째, 시설급여를 제공하는 경우 장기요양기관이 운영하는 시설 현황(제18조).

수급자로 판정을 받지 못하면 그 내용과 사유를 통보해야 한다. 이상의 조사와 판정 과정에 지자체장은 공단의 협조를 요청받을 수 있고, 또 지자체장이 공단에 통보를 요청할 수 있다.

7. 장기요양급여의 종류

장기요양급여는 재가급여, 시설급여, 특별현금급여로 나뉜다(제23조).

1) 재가급여

사는 집에서 계속 생활해 나갈 수 있도록 필요한 서비스를 방문해서 제공하는 급여를 말한다. 이때 시설과 연계하기도 하는데, 이때도 살던 집에서 계속 사는 걸 돕는 것이 주안점이다. 재가급여에는 다음 6가지가 있다.

① 방문요양: 장기요양요원이 수급자의 가정 등을 방문하여 신체활동과 가사활동 등을 지원하는 장기요양급여

② 방문목욕: 장기요양요원이 목욕 설비를 갖춘 장비를 이용하여 수급자의 가정 등을 방문하여 목욕 서비스를 제공하는 장기요양급여

③ 방문간호: 장기요양요원인 간호사 등이 의사, 한의사 또는 치과의사의 지시서(이하 "방문간호지시서")에 따라 수급자의 가정 등을 방문하여 간호, 진료의 보조, 요양에 관한 상담 또는 구강위생 등을 제공하는 장기요양급여

④ 주 · 야간보호: 수급자를 하루 중 일정 시간 동안 장기요양기관에 보호하여 신체활동 지원과 심신기능의 유지 · 향상을 위한 교육 · 훈련 등을 제공하는 장기요양급여

⑤ 단기보호: 수급자를 보건복지부령으로 정하는 범위 안에서 일정 기간 장기요양기관에서 보호하며 신체활동 지원과 심신기능의 유지 · 향상을 위한 교육 · 훈련 등을 제공하는 장기요양급여

⑥ 기타 재가급여 : 수급자의 일상생활 · 신체활동 지원과 인지기능의 유지 · 향상에 필요한 용구를 제공하거나 가정을 방문하여 재활에 관한 지원 등을 제공하는 장기요양급여로서 대통령령으로 정하는 것

2) 시설급여

장기요양기관에서 장기간 입소한 수급자에게 신체활동 지원과 심신기능의 유지 · 향상을 위한 교육 · 훈련 등을 제공하는 장기요양급여를 말한다. 시설급여는 재가급여를 우선 고려한 다음에 불가피할 때에만 선택하는 차선책이다(제23조 제2호).

3) 특별현금급여

가족요양비, 특례요양비, 요양병원간병비 등이 있다.

(1) 가족요양비

특별한 사정 때문에 수급자 가족이 위의 방문요양에 상당한 장기요양급여를 제공해야 할 때 공단은 수급자에게 가족요양비를 지급할 수 있다. 전제인 특별한 상황은 다음 3가지다(제24조).

① 도서 · 벽지 등 장기요양기관이 현저히 부족한 지역으로서 보건복지부 장관이 정하여 고시하는 지역에 거주하는 자

② 천재지변이나 그 밖에 이와 유사한 사유로 장기요양기관이 제공하는 장기요양급여를 이용하기 어렵다고 보건복지부 장관이 인정하는 자

③ 신체 · 정신 또는 성격 등 대통령령으로 정하는 사유로 가족 등으로부터 장기요양을 받아야 하는 자

(2) 특례요양비

수급자가 장기요양기관이 아닌 노인요양시설 등의 기관 또는 시설에서 재가급여 또는 시설급여에 상당하는 장기요양급여를 받는 경우 공단에서는 장기요양급여비용의 일부를 당해 수급자에게 특례요양비로 지급할 수 있다(제25조).

공단은 특별현금급여를 받는 수급자의 신청이 있으면 특별현금급여를 수급자 명의의 지정된 "특별현금급여수급계좌"로 입금하여야 한다. 다만, 정보통신장애나 그 밖에 대통령령으로 정하는 불가피한 사유로 특별현금급여수급계좌로 이체할 수 없을 때는 현금 지급 등 대통령령으로 정하는 바에 따라 특별현금급여를 지급할 수 있다(제27조의2).

(3) 요양병원간병비

수급자가 요양병원(「의료법」 제3조 제2항 제3호 라목에 따른)에 입원하는 경우 장기요양에 사용되는 비용의 일부를 요양병원간병비로 지급할 수 있다(제26조).

8. 장기요양급여의 범위와 제한

1) 장기요양급여의 제공 시기

장기요양급여는 장기요양인정서가 도달한 날부터 받을 수 있다. 다만 돌볼 가족이 없는 것과 같은 사유가 있으면 신청서를 제출한 날부터 장기요양급여를 받을 수 있다(제27조). 장기요양급여를 받으려면 장기요양기관에 장기요양인정서와 표준장기요양이용계획서를 제시하여야 한다. 다만, 이를 제시하지 못하는 경우 장기요양기관은 공단에 전화나 인터넷 등을 통하여 그 자격 등을 확인할 수 있다.

2) 장기요양급여의 범위

장기요양급여는 월 한도액 범위 안에서 제공하는데, 월 한도액은 장기요양등급 및 장기요양급여의 종류 등을 고려하여 산정한다(제28조). 재가급여의 경우 장기요양위원회의 심의를 거쳐 등급별로 보건복지부 장관이 정하여 고시하고, 시설급여의 월 한도액은 장기요양급여에 소요되는 장기요양기관의 각종 비용과 운영현황 등을 고려해 보건복지부 장관이 등급별로 정하여 고시하는 1일당 급여비용에 월간 일수를 곱하여 산정한다(시행규칙 제22조).

3) 장기요양급여의 제한

장기요양급여수급자가 정당한 사유 없이 제15조 제4항에 따른 조사나 제60조 또는 제61조에 따른 요구에 응하지 않거나 답변을 거절하면 장기요양급여의 전부 또는 일부를 제공하지 않을 수 있다(제29조). 보험료 체납자 등에 대해서는 「국민건강보험법」 제53조 제1항 제4호, 같은 조 제2항~제6항 및 제54조를 준용, 장기요양급여를 제한 또는 정지할 수 있다.

9. 장기요양기관

1) 장기요양기관의 지정

장기요양기관을 설치해서 운영하려면 보건복지부령으로 정하는 장기요양에 필요한 시설과 인력을 갖추고 관할 구역 특별자치시장·특별자치도지사·시장·군수·구청장의 지정을 받아야 한다(제31조). 지정받으면 곧바로 공단에 통보해야 한다. 시설과 인력 중 보건복지부령이 정하는 중요한 사항을 변경해도 신고하여야 한다. 신고를 받은 특별자치시장·특별자치도지사·시장·군수·구청장은 바로 변경명세를 공단에 통보해야 한다(제33조).

2) 장기요양기관 지정의 유효기간과 갱신

제31조에 따른 장기요양기관 지정의 유효기간은 지정받은 날부터 6년으로 한다(제32조의3). 지정의 유효기간이 끝난 후에도 계속 그 지정을 유지하려면 관할 특별자치시장·특별자치도지사·시장·군수·구청장에게 지정 유효기간이 끝나기 90일 전까지 지정 갱신을 신청한다(제32조의4 제1항). 갱신 심사가 완료되면 그 결과를 곧바로 해당 장기요양기관의 장에게 통보한다(제32조의4 제4항).

3) 정보 안내

장기요양기관은 수급자의 장기요양급여 선택을 쉽게 할 수 있도록 정보 안내에 최선을 다해야 한다. 아울러 장기요양기관이 제공하는 급여의 질을 보장하기 위하여 장기요양기관별 급여의 내용, 시설 · 인력 등 현황자료 등을 공단이 운영하는 인터넷 홈페이지에 게시해야 한다(제34조).

4) 장기요양기관의 의무

장기요양기관의 의무는 다음 7가지다(제35조).

① 급여제공 거부의 금지 : 수급자가 장기요양급여신청을 하면 장기요양기관은 정당한 사유 없이 장기요양급여의 제공을 거부해선 안 된다.

② 기준 · 절차 준수의 의무 : 장기요양급여를 할 때 급여 제공의 기준 · 절차, 방법 등에 따라야 한다.

③ 명세서 교부의 의무 : 수급자에게 비용 명세서를 교부해야 한다.

④ 기록과 기록 관리 의무 : 장기요양급여 제공에 관한 자료를 기록, 관리해야 한다.

⑤ 장기요양기관은 제40조 제1항 단서에 따라 면제받거나 같은 조 제3항에 따라 감경받는 금액 외에 영리 목적으로 수급자가 부담하는 재가 및 시설 급여비용(이하 "본인부담금")을 면제하거나 감경하면 안 된다.

⑥ 소개와 알선 또는 유인 금지 : 이익을 위해 수급자를 장기요양기관에 소개, 알선 또는 유인할 수 없으며, 아울러 이런 행위를 조장해서도 안 된다.

⑦ 명세서, 기록과 관리 자료 보충 : 제3항 장기요양급여의 명세서와 제4항 기록 · 관리하여야 할 장기요양급여 제공 자료의 보존기한과 그 밖에 필요한 사항은 보건복지부령으로 정한다.

5) 인권교육

장기요양기관을 운영하는 자와 그 종사자는 인권에 관한 교육을 받아야 하며, 해당 기관을 이용하는 장기요양급여수급자에게 인권교육을 할 수 있다(제35조의3).

6) 장기요양요원의 보호

장기요양요원에 대한 수급자나 그 가족의 다음 행위에 대해 장기요양기관의 장은 적절한 조치를 하여야 한다(제35조의4 제1항).

① 폭언 · 폭행 · 상해 또는 성희롱 · 성폭력 행위
② 제28조의2 제1항 각호에 따른 급여 외 행위의 제공 요구

장기요양기관의 장이 장기요양요원에게 해서는 안 되는 행위는 다음의 두 가지다(제35조의4 제2항).

① 제28조의2 제1항 각호에 따른 급여 외 행위의 제공 요구
② 수급자가 부담해야 할 본인부담금의 전부 또는 일부 부담 요구

7) 보험가입

장기요양기관 종사자가 장기요양급여를 제공하는 과정에서 발생할 수 있는 수급자의 상해 등 법률상 손해를 배상하는 보험(이하 "전문인 배상책임보험")에 가입할 수 있다(제35조의5 제1항). 만약 장기요양기관이 전문인 배상책임보험에 가입하지 않으면 공단은 그 기간에 제38조에 따라 해당 장기요양기관에 지급하는 장기요양급여비용의 일부를 감액할 수 있다(제35조의5 제2항).

8) 장기요양기관의 폐업 등 신고

장기요양기관이 폐업이나 휴업을 하려면 30일 전에 신고해야 한다. 이를 위해 특별자치시장 · 특별자치도지사 · 시장 · 군수 · 구청장은 위의 사항을 공단에 통보하며(정지 또는 폐지 명령의 경우에도), 필요하면 철회를 권고할 수 있다. 이때 장기요양에 관한 자료들은 공단으로 이관한다(제36조).

① 신고와 통보: 특별자치시장 · 특별자치도지사 · 시장 · 군수 · 구청장은 유효기간이 끝나기 30일 전까지 장기요양기관의 지정 갱신 신청을 하지 않으면 그 사실을 공단에 통보해야 한다.

② 권익 보호 : 장기요양기관을 폐업 또는 휴업, 지정 갱신하지 않으려면 보건복지부령으로 정하는 바에 따라 수급자의 권익 보호 조치를 취해야 한다.

③ 철회 권고 : 특별자치시장 · 특별자치도지사 · 시장 · 군수 · 구청장은 제1항에 따라 폐업 또는 휴업신고를 접수하거나 또는 유효기간이 끝나기 30일 전까지 제32조의4에 따른 지정 갱신 신청을 하지 않으면 제3항 각호에 따른 수급자의 권익 보호 조치를 했는지 확인하고, 인근 지역에 대체 장기요양기관이 없거나 장기요양급여에 중대한 차질이 우려되면 장기요양기관의 폐업 또는 휴업 철회를 권고하거나 그 밖의 다른 조치를 강구해야 한다.

④ 사업정지 또는 폐지 명령 : 특별자치시장 · 특별자치도지사 · 시장 · 군수 · 구청장은 「노인복지법」 제43조에 따라 노인의료복지시설 등(장기요양기관이 운영하는 시설에 한해)에 대하여 사업정지 또는 폐지 명령을 하는 경우 지체 없이 공단에 그 내용을 통보해야 한다.

⑤ 자료 이관 : 장기요양기관의 장이 폐업 또는 휴업 신고를 하면 장기요양급여 제공 자료를 공단으로 이관해야 한다. 다만, 휴업신고를 하는 장기요양기관의 장이 휴업 예정일 전까지 공단의 허가를 받으면 장기요양급여 제공 자료를 직접 보관할 수 있다.

9) 장기요양기관 등의 지정 취소 등

(1) 장기요양기관의 지정 취소와 업무정지 명령

장기요양기관에 대한 지정 취소 및 6개월 이내의 업무정지 명령권은 특별자치시장 · 특별자치도지사 · 시장 · 군수 · 구청장에게 있다. 그 원인이 되는 행위는 다음과 같이 크게 8가지, 작게는 21가지다. 이중 반드시 지정을 취소해야 하는 경우는 다음 5가지다. 그 경우 해당 사유를 공단에 즉각 통보하고, 보건복지부령으로 정하는 바에 따라 관할 특별시장 · 광역시장 또는 도지사를 거쳐 보건복지부 장관에게 통보해야 한다. 업무정지 기간이 지나지 않은 경우, 지정 취소 또는 폐쇄 명령을 받고 3년이 지나지 않으면 기관 지정을 받을 수 없다(제37조).

① 제1호의 2 : 급여 외 행위의 제공금지(제28조의2)를 위반한 경우

② 제2호의 2 : 결격사유(제32조의2)에 해당하는 경우

③ 제3호의 5 : 제36조 제1항에 따른 폐업 또는 휴업 신고를 하지 않고 1년 이상 장기요양급여를 제공하지 아니한 경우
④ 제7호 : 업무정지 기간 중에 장기요양급여를 제공한 경우
⑤ 제8호 : 「부가가치세법」 제8조에 따른 사업자등록 또는 「소득세법」 제168조에 따른 사업자등록이나 고유번호가 말소된 경우

(2) 과징금의 부과 등

특별자치시장 · 특별자치도지사 · 시장 · 군수 · 구청장은 업무정지 명령을 해야 할 상황이지만, 그 업무정지가 해당 장기요양기관을 이용하는 수급자에게 심한 불편을 줄 우려가 있는 등 보건복지부 장관이 정하는 특별한 사유가 있다고 인정되는 경우 업무정지 명령 대신 2억원 이하의 과징금을 부과할 수 있다. 과징금을 내야 할 자가 납부 기한까지 내지 않으면 지방세 체납처분의 예에 따라 징수한다. 아울러 제37조 제1항 제4호 또는 제3항 제4호에 해당하는 행위를 했을 때 위와 같은 특별한 사유가 있다고 인정되면 업무정지 명령 대신 거짓이나 그 밖의 부정한 방법으로 청구한 금액의 5배 이하의 금액을 과징금으로 부과할 수 있다(제37조의2).

10. 재가 및 시설 급여비용 등

1) 장기요양급여 비용의 청구

장기요양기관이 수급자에게 제23조에 따른 재가급여 또는 시설급여를 제공하면 공단에 장기요양급여비용을 청구한다. 공단은 청구 내용의 심사 후 공단부담금(재가 및 시설 급여비용 중 본인부담금을 공제한 금액)을 지급해야 한다. 아울러 공단은 제54조 제2항(장기요양급여 제공의 기준 · 절차 · 방법 등에 따라 적정하게 장기요양급여를 제공하였는지 평가하고 그 결과 공개)에 따른 장기요양기관의 장기요양급여 평가 결과에 따라 장기요양급여비용을 가산 또는 감액 조정하여 지급할 수 있다(제38조).

2) 재가 및 시설 급여비용의 산정

재가 및 시설 급여비용은 급여의 종류와 장기요양등급 등에 따라 제45조에 따른 장기요양위원회의 심의를 거쳐 보건복지부 장관이 정하여 고시한다. 이때 대통령령으로 정하는 바에 따라 국가 및 지방자치단체의 장기요양기관 설립비용 지원 여부 등을 고려할 수 있다(제39조).

3) 본인부담금

재가 및 시설 급여비용 중에서 수급자가 부담할 부분은 재가급여에서는 장기요양급여비용의 100분의 15, 시설급여에서는 장기요양급여비용의 100분의 20이다. 「의료급여법」에 따른 수급권자는 본인부담금이 없다. 급여의 범위와 대상에 포함되지 않는 장기요양급여, 장기요양인정서(제17조 제1항 제2호)에 기재된 급여의 종류 및 내용과 다르게 선택한 장기요양보호를 받았을 때 그 차액, 월 한도액을 초과하는 장기요양급여 등은 전액 수급자 본인이 부담한다. 본인부담금의 100분의 60의 범위에서 차등하여 감경할 수 있는 경우가 다음 3가지 있다(제40조).

① 「의료급여법」 제3조 제1항 제2호~제9호까지의 규정에 따른 수급권자
② 소득 · 재산 등이 보건복지부 장관이 정하여 고시하는 일정 금액 이하인 자 다만, 도서 · 벽지 · 농어촌 등의 지역에 거주하는 자에 대하여 따로 금액을 정할 수 있음
③ 천재지변 등 보건복지부령으로 정하는 사유로 생계가 곤란한 자

그 밖에 장기요양급여를 받은 금액의 총액이 보건복지부 장관이 정하여 고시하는 금액 이하에 해당하는 수급자가 가족 등으로부터 제23조 제1항 제1호 가목에 따른 방문요양에 상당한 장기요양을 받으면 공단은 보건복지부령으로 정하는 바에 따라 본인부담금의 일부를 감면하거나 이에 갈음하는 조치를 할 수 있다(제41조).

11. 부당이득의 징수와 구상권

1) 부당이득의 징수(제43조)

다음 5가지 경우에는 공단이 장기요양급여 또는 장기요양급여비용을 받은 자에게 그에 상당하는 금액을 도로 징수할 수 있다.

① 다시 등급판정(제15조 제5항)을 거친 결과 거짓이나 부정한 방법으로 장기요양인정을 받거나 고의로 사고를 일으키거나 본인의 위법행위 때문에 장기요양인정을 받은 경우(제15조 제4항)

② 장기요양급여 월 한도액 범위를 초과하여 급여를 받은 경우(제28조)

③ 제29조(조사 불응, 답변 거절) 또는 제30조(체납으로 급여 제한이나 정지)에 따라 장기요양급여의 제한 등을 받을 자가 장기요양급여를 받은 경우

④ 제37조 제1항 제4호(거짓이나 부정한 방법으로 급여비용 청구)에 따른 재가 및 시설 급여비용을 청구하여 받은 경우

⑤ 그 밖에 이 법상의 원인 없이 공단으로부터 장기요양급여를 받거나 장기요양급여비용을 받은 경우

공단은 제1항의 경우 장기요양기관이 수급자로부터 거짓이나 그 밖의 부정한 방법으로 장기요양급여비용을 받은 경우 해당 장기요양기관으로부터 이를 징수하여 수급자에게 즉시 지급해야 한다.

2) 구상권(제44조)

제3자의 행위 때문에 장기요양급여 제공 사유가 발생하여 수급자에게 장기요양급여가 이루어졌을 때 공단은 그 급여에 사용된 비용의 한도 안에서 그 제3자에 대한 손해배상의 권리를 얻을 수 있다. 그 수급자가 제3자로부터 이미 손해배상을 받았으면 그 손해배상액의 한도 안에서 장기요양급여를 행하지 아니한다.

12. 수급권의 보호: 이의신청, 심사청구 및 행정소송

장기요양급여를 받을 권리는 양도 또는 압류하거나 담보로 제공할 수 없으며(제66조), 특별현금급여수급계좌(제27조의2 제1항)의 예금에 관한 채권도 압류할 수 없다.

1) 심사청구

장기요양인정 · 장기요양등급 · 장기요양급여 · 부당이득 · 장기요양급여비용 또는 장기요양보험료 등에 관한 공단의 처분에 이의가 있는 자는 처분이 있은 날부터 90일 이내에 문서로 공단에 심사청구를 할 수 있다. 공단에서는 이 심사청구 사건을 심사하기 위해 공단에 장기요양심사위원회를 둔다(제55조).

2) 재심사청구

위의 심사청구에 대한 결정에 불복하는 자는 결정통지를 받은 날부터 90일 이내에 장기요양재심사위원회(이하 "재심사위원회"라 한다)에 재심사청구를 할 수 있다. 재심사위원회는 보건복지부 장관 소속으로 두고, 위원장 1인을 포함한 20인 이내의 위원으로 구성한다(제56조).

3) 행정소송

공단의 처분에 이의가 있는 자와 제55조에 따른 심사청구 또는 제56조에 따른 재심사청구에 대한 결정에 불복하는 자는 「행정소송법」으로 정하는 바에 따라 행정소송을 제기할 수 있다(제57조).

4절 산업재해보상보험법

1. 목적, 개념 정의, 연혁

1) 목적

근로자 보호에 이바지하기가 궁극의 목적인데, 그러기 위해 「산업재해보상보험법」은 세 가지 길을 규정한다. 첫째, 산업재해보상보험 사업으로 근로자의 업무상의 재해를 신속하고 공정하게 보상하기. 둘째, 재해근로자의 재활과 사회 복귀를 촉진하는 데 필요한 보험시설을 설치·운영하기. 셋째, 재해 예방과 그 밖에 근로자의 복지증진을 위한 사업의 시행(제1조). 이는 산업재해가 일어나지 않도록 하고 복지도 증진하지만, 그럼에도 재해가 일어나면 되도록 서둘러 보상하여 재활을 통해 직장 및 사회에 조속히 복귀할 수 있게 한다는 말이다.

「산업재해보상보험법」만을 놓고 보면 이제까지 국민 전체의 행복이었던 법의 목적이 근로자 보호로 범위가 줄었다. 그런 관점에서 바라보면 나라를 이끌어가는 사람들은 바로 근로자라 할 수 있다. 근로자들이 하는 일로 생산과 유통이 이루어지고, 이를 통한 소득으로 노동자와 그 가족들의 소비가 이루어지며(미래의 노동자를 낳아 기르는 것은 특히 중요), 그 소비 덕에 다시 생산과 유통이 돌아간다.

2) 주요 개념

「산업재해보상보험법」에서 쓰이는 주요 용어의 개념은 〈표 4-11〉과 같다(제5조).

표 4-11 산업재해보상보험의 주요 용어 개념

용어	개념 정의(관련법규)
업무상의 재해	업무상의 사유에 따른 근로자의 부상·질병·장해 또는 사망
유족	사망한 자의 배우자(사실상 혼인 관계에 있는 자도 포함)·자녀·부모·손자녀·조부모 또는 형제자매
치유	부상 또는 질병이 완치되거나 치료의 효과를 더 이상 기대할 수 없고 그 증상이 고정된 상태에 이른 것
장해	부상 또는 질병이 치유되었으나 정신적 또는 육체적 훼손으로 인하여 노동능력이 상실되거나 감소한 상태
중증요양상태	업무상의 부상 또는 질병에 따른 정신적 또는 육체적 훼손으로 노동능력이 상실되거나 감소한 상태로서 그 부상 또는 질병이 치유되지 않은 상태
진폐(塵肺)	분진을 흡입하여 폐에 생기는 섬유증식성(纖維增殖性) 변화를 주된 증상으로 하는 질병
출퇴근	취업과 관련하여 주거와 취업 장소 사이의 이동 또는 한 취업 장소에서 다른 취업 장소로의 이동
가입자	사회보험이지만 사업장 단위로 가입하며, 개인 자격으로는 가입불가
보험료	가입자인 사업장, 곧 사업자가 100% 부담
보험급여	현금과 현물을 동시에 받는데, 현금은 주로 생활을 위한 것이고, 현물은 치료와 재활 등을 위한 것

3) 산업재해보상보험법의 연혁

일제 강점기인 1915년 「조선광업령」이 광업자에게 근로자의 업무상 재해에 대해 부조 의무를 제도화한, 우리나라 최초의 산업재해 보호 조치라는 설명도 있다. 그리고 1953년 산업화에 따른 근로자 보호의 제도화 취지인 「근로기준법」 제정으로 산업재해 개별 사용주 책임이 제도화되었다. 그러나 사회보험을 통한 산업재해 보상은 1963년 11월 「산업재해보상보험법」으로 등장하여 우리나라 최초의 사회보험이라 칭하고 있다. 나머지 주요 변화는 다음 〈표 4-12〉와 같다.

표 4-12 산업재해보상보험법의 주요 연혁

제정/ 시행년도	주요 내용
1963/64 제정	• 법률 제1438호 「산업재해보상보험법」 제정 • 근로자 500인 이상의 광업 및 제조업 사업장
1965	• 전기 가스업과 운수 보관업 적용
1969	• 건설업, 서비스업, 수도위생시설, 통신업 적용
1970/71 일부 개정	• 사망의 추정 규정 신설 • 요양급여, 휴업급여를 지급하지 않는 한계 날짜 수 단축 • 유족 특별급여제 신설, 부정이득 징수 규정 신설, 가산금제 신설
1973 일부 개정	• 기업부담 경감 및 근로자의 요양 관리와 보험급여의 적정성 추구 • 연체금 비율 인하 • 요양 중 지시 위반에 의한 상병 악화나 보고 등의 의무 불이행에 대한 보험급여 제한 가능
1970/71 일부 개정	• 재해 입은 근로자에 대한 재해보상의 신속과 공정, 사업주의 위험 부담 경감이라는 산재보험의 근본이념에 따라 보험급여 사유 확대와 장해급여와 유족급여를 일시 보상에서 연금제도로 변경 • 장해등급 세분화로 근로자보호정책의 장기적 발전 기초 마련 • 금융, 증권, 보험 등의 업종에 적용배제 규정 명문화
1976 일부 개정	• 업무처리 기준 명확하게 하여 사업주와 근로자의 편의 도모 및 보험사업 운영의 효율화 • 보험금 일시급여에 임금변동순응률제 적용 • 중대한 과실(근로자나 보험가입자)에 의한 재해에 대해 보험금 지급 제한(대통령령) • 보험급여청구와 보험료 징수 관련 소멸시효기간 2년에서 3년으로 연장(「근로기준법」과 동일)
1981/82 일부 개정	• 요양 및 휴업급여와 장해보상연금 급여의 범위 확대 • 연금의 선급 및 차액일시금의 지급제도 신설 • 장해연금수준 인상 • 장해등급 제4급 또는 제7급 해당자에게도 연금 지급(연금급여액 수준 12% 인상) • 60일 이내에 종료되는 건설공사 등 기한제 사업의 경우 개산보험료를 사업종료일 전일까지 보고·납부
1982/83 일부 개정	• 폐질근로자 보호 위해 장기요양이 필요한 폐질근로자에 대한 상병보상연금제도를 신설하고 진폐근로자의 보상수준 제고 • 산업재해에 대한 민사상 손해배상의 신속한 해결을 위해 장해특별급여제도를 신설하며, 건설공사의 보험사무 절차 간소화 • 산업재해로 인하여 2년 이상 장기요양을 필요로 하는 폐질근로자에게 그 상태가 계속되는 동안 상병보상연금 지급
1983/84 일부 개정	• 사업주의 고의 또는 중대 과실로 발생한 산업재해에 대한 보험금 일부를 사업주로부터 징수하던 제도 폐지 • 보험 가입 대상 사업체의 증가에 따른 징수 업무 간소화
1986	• 산업재해보상보험요율의 결정방식 개선으로 보험재정의 안정 도모 • 재해발생의 빈도에 따른 사업장별 보험료 조정률의 폭 확대 • 재해근로자와 그 유족의 복지증진을 위한 사업 범위 확대

제정/ 시행년도	주요 내용
1986	• 보험요율 결정에 과거 3년간의 재해 발생 비율만 따지던 것을 연금 등 보험급여에 필요한 금액도 함께 감안토록 함 • 사업장별 재해발생에 따른 보험요율의 증감 폭을 30%에서 40%로 확대
1989 일부 개정	• 「근로기준법」적용 받는 사업에서 모든 사업 또는 사업장에 적용
1991 일부 개정	• 광업, 임업, 어업, 수렵업, 도소매업, 부동산 및 사업서비스업, 개인서비스업 등 7개 업종에서 근로자 10인 이상인 사업장에 적용
1992 일부 개정	• 광업, 임업, 어업, 수렵업, 도소매업, 부동산 및 사업서비스업, 개인서비스업 등 7개 업종에서 근로자 5인 이상인 사업장에 적용(일부 예외)
1994/95 전부 개정	• 정부에서 관리·운영하던 업무를 노동부산하 근로복지공단에 위탁 • 「산업재해보상보험특별회계법」과 「산업재해보상보험 업무 및 심사에 관한 법률」 통폐합하고 정비 • 전체 업종에서 근로자 5인 이상의 사업장으로 확대 적용
1996 일부 개정	• 교육서비스업, 보건 및 사회복지사업의 3개 업종에 확대 적용
1997/98 일부 개정	• 현장실습생과 해외 진출 근로자에게 확대 적용 • 연체금 징수 및 연금 지급 방법 등 보완 • 금융, 보험업 추가
1999/ 2000 일부 개정	• 보험급여의 최고/최저 보상한도 설정 등을 통해 급여 수준의 형평성 제고 • 간병급여 등 새로운 보험급여 • 중·소기업 사업주로 확대 적용 • 1인 이상 사업장 적용으로 전 사업장 확대
2005	• 건설업 등 면허를 가진 사람 등이 행하는 건설공사 모두와 법인이 행하는 농업, 임업(벌목업 제외), 어업, 수렵업 중 근로자 1인 이상 고용하는 사업은 당연 가입 대상으로 확대
2007/08 전부 개정	• 의료·재활서비스 확충과 요양관리 합리화를 통한 산재근로자의 재활과 직업·사회복귀 촉진 • 저소득·재활근로자에 대한 보호 강화와 산재근로자간 보험급여의 형평성과 합리성 강화 • 보험급여 결정 등에 관한 심사청구=재심사청구의 전문성 및 공정성 강화 • 골프장 캐디, 학습지 교사, 레미콘 기사, 보험설계사에 대한 산재보험 적용
2009/10 일부 개정	• 산업재해보상보험심의위원회를 「산업안전보건법」 제7조의 산업안전보건정책심의위원회와 통합하고 산업재해보상보험 및 예방심의위원회로 개칭 • 건설면허업자가 아닌 자가 시공하는 공사 중 공사금액이 2천만원 이상이고, 연면적이 100㎡를 초과하는 건축물의 건축 또는 연면적 200㎡를 초과하는 건축물의 대수선에 관한 공사 당연가입(의무가입) 대상으로 확대
2010 일부 개정	• 한국산재의료원을 폐지하고 근로복지공단에 통합 • 산업재해보상보험의 징수 업무를 국민건강보험공단에 위탁 • 진폐근로자에게 휴업급여와 상병보상연금 대신 요양 여부와 관계없이 기초연금을 포함한 진폐보상연금 지급으로 변경 • 보험급여 등의 부당 수급자 신고한 사람에 대한 포상금 지급 근거 마련

제정/ 시행년도	주요 내용
2011/12 일부 개정	• 유족 범위에서 자녀, 손자녀의 연령 제한을 기존 18세에서 19세로 변경 • 성차별적 요소를 없애기 위해 유족보상연금 수급자격자의 범위에서 남자 배우자에 대한 연령 제한 삭제 • 보험료 일괄징수
2015 일부 개정	• 근로복지공단의 사업 범위에 진료, 업무상 질병 관련 연구 등 추가(제11조) • 산재근로자 요양종결 후 건강보험공단에서 부담한 비용을 2년 이내에 산재보험에서 지원할 수 있는 근거 마련(제90조의2 신설) • 민법의 개정으로 금치산·한정치산제도가 폐지됨에 따라 산재보험재심사위원회 위원의 결격사유를 피성년후견인과 피한정후견인으로 변경(제107조 제6항 제1호)
2016 일부 개정	• 산업재해보상보험급여 신청 때 신청을 이유로 근로자가 해고 등의 불이익을 당하지 않도록, 불이익 처우 금지와 벌칙 조항 명시
2017/18 일부 개정	• 출퇴근 때 발생한 사고의 업무상 재해 인정(출퇴근 정의 신설 – 제5조 제8호)
2018 일부 개정	• 보험급여 전용계좌 개설 – 압류 금지 • 산재급여 부정수급 자진신고 활성화(배액징수 면제) • 유족보상연금 수급자격자가 자녀일 때 19세에서 25세 미만으로 확대 • 직장적응훈련비 지원 • 수급권 소멸 시효 3년에서 5년으로 연장 • 부정한 방법으로 보험급여 받게 하면 2년 이하 징역(2천만원).
2019 일부 개정	• 업무상 질병(9%)과 직무스트레스 원인(1%) – 업무상 질병 인정 기준에 직장 내 괴롭힘, 고객의 폭언 등 업무상 정신적 스트레스 원인으로 발생한 질병 추가 – 업무상 재해 폭넓게 인정

2. 국가의 역할

1) 국가의 역할

사회보험에서는 국가의 비용부담 외에도 일정한 지원을 한다. 이를테면 연금의 경우 군인과 출산에 따른 연금 가입기간 추가 비용을 국가가 책임지고, 건강보험에서도 사립학교 교원들의 경우 20%를 지원하고 있다. 특히 장기요양보험의 경우에는 행정적, 재정적 지원 외에도 노인성 질환 예방사업을 하는 지자체나 국민건강보험공단의 비용 지원, 장기요양기관 확충 및 설립도 지원한다. 다른 보험에 비해서 지원이 적은 편이지만, 산재보험에서도 보험사업의 사무 집행 비용을 회계연도마다 예산의 범위에서 국가가 부담한다. 또한 예산의 범위에서 보험사업에 드는 비용의 일부를 지원할 수도 있다(제3조).

2) 고용노동부 장관의 책무

고용노동부 장관은 근로복지 사업(제4장)에 드는 비용의 일부를 보조할 수 있다(제92조 제4항). 특히 보험사업, 산업재해 예방사업에 필요한 재원을 확보하고, 보험급여에 충당하기 위하여 '산업재해보상보험 및 예방기금'(이하 "기금")을 설치하고, 회계연도마다 기금지출예산 총액의 3%(100분의 3) 범위에서 세출 예산으로 정부 출연금을 낸다. 아울러 보험사업을 효율적으로 관리·운영하기 위하여 조사·연구 사업 등을 할 수 있다(제9조).

3) 관장(제2조)

산업재해보상보험 사업(이하 "보험사업"이라 한다)은 고용노동부 장관이 관장한다.

3. 관련기관 및 기구

1) 근로복지공단

근로복지공단의 설립은 고용노동부 장관의 위탁을 받아 제1조의 목적을 달성하기 위한 사업을 효율적으로 수행하기 위하여 근로복지공단(이하 "공단")을 설립한다(제10조). 공단의 형식은 법인이며(제12조), 주된 사무소 소재지는 정관으로 정한다. 다만 필요하다면 정관으로 정하는 바에 따라 분사무소를 둘 수도 있다(제13조).

(1) 공단의 사업

공단에서 수행하는 사업은 다음 8가지다(제11조).

① 보험가입자와 수급권자에 관한 기록의 관리·유지
② 「보험료징수법」에 따른 보험료와 그 밖의 징수금 징수
③ 보험급여의 결정과 지급
④ 보험급여 결정 등에 관한 심사청구의 심리·결정

⑤ 산업재해보상보험 시설의 설치 · 운영. 5의2. 업무상 재해를 입은 근로자 등의 요양 및 재활. 5의3. 재활보조기구의 연구개발 · 검정 및 보급. 5의4. 보험급여 결정 및 지급을 위한 업무상 질병 관련 연구. 5의5. 근로자 등의 건강유지 · 증진에 필요한 건강진단 등 예방사업
⑥ 근로자의 복지증진을 위한 사업
⑦ 그 밖에 정부로부터 위탁받은 사업
⑧ 제5호 · 제5호의2~5까지 · 제6호 및 제7호에 따른 사업에 딸린 사업

(2) 부설기관

공단은 의료기관, 연구기관 등을 부설기관으로 설치 · 운영할 수 있다(제1항 제5호의2부터 제5호의5까지의 사업을 위해). 제1항 제3호에 따른 사업의 수행에 필요한 자문을 위해 공단에 관계 전문가 등으로 구성되는 '보험급여자문위원회'를 둘 수 있다.

(3) 공단의 임원 구성

공단의 임원은 이사장 1명과 상임이사 4명을 포함한 15명 이내의 이사와 감사 1명으로 한다. 비상임이사(당연직 비상임이사로 선임되는 사람은 제외)는 고용노동부 장관이 임명하는데, 임명 대상은 다음 3가지 경우다.

① 총연합단체인 노동조합이 추천하는 사람
② 전국을 대표하는 사용자단체가 추천하는 사람
③ 사회보험 또는 근로복지사업에 관한 학식과 경험이 풍부한 사람으로 「공공기관의 운영에 관한 법률」 제29조에 따른 임원추천위원회 추천인

이때 노조와 사용자단체 추천자 수는 같게 하지만, 노사 어느 일방이 추천하지 않으면 예외로 한다.

(4) 공단의 회계

공단의 회계연도는 정부의 회계연도에 따르며, 보험사업에 관한 회계를 공단의 다른 회계와 구분하여 처리하여야 한다. 회계 규정은 고용노동부 장관의 승인을 받는다(제26조).

2) 산업재해보상보험 및 예방심의위원회

산업재해보상보험 및 예방에 관한 중요 사항에 대한 심의를 위해 고용노동부에 '산업재해보상보험 및 예방심의위원회'(이하 "위원회")를 둔다. 위원회는 근로자, 사용자, 공익을 대표하는 자로 구성하되, 그 수는 각각 같은 수로 한다. 위원회는 그 심의 사항을 검토하고, 위원회의 심의를 보조하기 위해 전문위원회를 둘 수 있다(제8조).

3) 업무상 질병판정위원회

업무상 질병의 인정 여부를 심의하기 위하여 공단 소속 기관에 업무상 질병판정위원회(이하 "판정위원회")를 둔다(제37조 제1항 제2호에 따름 - 제38조).

4) 진폐심사회의

제91조의6에 따른 진단 결과에 대하여 진폐병형 및 합병증 등의 심사를 위해 공단에 관계 전문가 등으로 구성된 진폐심사회의(이하 "진폐심사회의")를 둔다(제91조의7).

5) 산업재해보상보험심사위원회

제103조에 따른 심사청구의 심의를 위해 공단에 관계 전문가 등으로 구성한 산업재해보상보험심사위원회(이하 "심사위원회")를 둔다(제104조).

6) 산업재해보상보험재심사위원회

제106조에 따른 재심사청구를 심리 · 재결하기 위해 고용노동부에 산업재해보상보험재심사위원회(이하 "재심사위원회")를 둔다(제107조).

(1) 구성

재심사위원회는 위원장 1명을 포함한 90명 이내의 위원으로 구성하되, 위원 중 2명은 상임위원으로, 1명은 당연직위원으로 한다. 재심사위원회의 위원 중 5분의 2에 해당하는 위원은 제5항 제2호부터 제5호까지에 해당하는 자 중에서 근로자 단체 및 사용자 단체가 각각 동수로 추천한다.

(2) 재심사위원회의 위원장 및 위원의 자격

고용노동부 장관의 제청으로 대통령이 임명한다. 다만, 당연직위원은 고용노동부 장관이 소속 3급의 일반직 공무원 또는 고위공무원단에 속하는 일반직 공무원 중에서 지명한다.

재심사위원회 위원의 임기는 3년으로 하되 연임할 수 있고, 위원장이나 상임위원인 위원의 임기가 끝난 경우 그 후임자가 임명될 때까지 그 직무를 수행할 수 있다.

4. 보험급여

보험급여의 종류는 ① 요양급여 ② 휴업급여 ③ 장해급여 ④ 간병급여 ⑤ 유족급여 ⑥ 상병(傷病)보상연금 ⑦ 장의비(葬儀費) ⑧ 직업재활급여로 구분한다. 다만, 진폐에 따른 보험급여의 종류는 제1호의 요양급여, 제4호의 간병급여, 제7호의 장의비, 제8호의 직업재활급여, 제91조의3에 따른 진폐보상연금 및 제91조의4에 따른 진폐유족연금으로 한다(제36조).

1) 요양급여(제40조)

(1) 요양급여의 범위

요양급여는 업무상의 사유로 다치거나 질병에 걸린 근로자에게 지급한다. 이때 요양은 산재보험 의료기관에서 하지만, 상급 종합병원에서 요양할 경우 그 조치가 필요하다는 의학적 소견이 있을 때 또는 그 밖에 부득이한 경우에는 요양비를 지급할 수 있다. 3일 이내의 요양으로 질병을 치유할 수 있으면 요양급여는 지급하지 않는다. 요양급여의 범위는 다음과 같다. ① 진찰 및 검사 ② 약제 또는 진료재료와 의지(義肢) 그 밖의 보조기의 지급 ③ 처치, 수술, 그 밖의 치료 ④ 재활치료 ⑤ 입원 ⑥ 간호 및 간병 ⑦ 이송 ⑧ 그 밖에 고용노동부령으로 정하는 사항

(2) 요양급여의 신청(제41조)

요양급여를 받으려면 소속 사업장, 재해발생 경위, 그 재해에 대한 의학적 소견, 그 밖에 고용노동부령으로 정하는 사항을 적은 서류를 첨부하여 공단에 요양급여를 신청하여야 한다. 근로자를 진료한 산재보험 의료기관은 그 근로자의 재해가 업무상의 재해로 판단되면 그 근로자의 동의를 받아 요양급여의 신청을 대행할 수 있다.

(3) 건강보험의 우선 적용(제42조)

요양급여를 신청한 사람은 공단이 이 법에 따른 요양급여에 관해 결정을 내릴 때까지 「국민건강보험법」 제41조에 따른 요양급여 또는 「의료급여법」 제7조에 따른 의료급여(이하 "건강보험 요양급여 등")를 받을 수 있다. 건강보험 요양급여 등을 받고 나서 「국민건강보험법」 제44조 또는 「의료급여법」 제10조에 따른 본인 일부 부담금을 산재보험 의료기관에 먼저 납부한 다음, 이 법에 따른 요양급여 수급권자로 결정되고 나서 그 납부한 본인 일부 부담금 중 제40조 제5항에 따른 요양급여에 해당하는 금액을 공단에 청구할 수 있다.

(4) 추가상병 요양급여의 신청

업무상의 재해로 요양 중인 근로자는 추가로 아래에 해당하는 부상 또는 질병(이하 "추가상병")에 대한 요양급여를 신청할 수 있는데, 그 요건은 2가지다(제49조).

① 그 업무상의 재해로 이미 발생한 부상이나 질병이 추가로 발견되어 요양이 필요한 경우

② 그 업무상의 재해로 발생한 부상이나 질병이 원인이 되어 새로운 질병이 발생하여 요양이 필요한 경우

(5) 재요양(제51조)

제40조에 따른 요양급여를 받고서 치유된 뒤에 요양의 대상이 되었던 업무상의 부상 또는 질병이 재발하거나 치유 당시보다 상태가 악화되면 다시 제40조에 따른 요양급여(이하 "재요양")를 받을 수 있다. 그러기 위해서는 치유를 위해 적극적인 치료가 필요하다는 의학적 소견이 있어야 한다(제51조).

2) 휴업급여(제52조)

휴업급여는 업무상 사유로 다치거나 질병에 걸린 근로자에게 요양으로 취업하지 못한 기간에 대해 지급한다. 1일당 지급액은 평균임금의 100분의 70에 상당하는 금액으로 한다. 다만, 취업하지 못한 기간이 3일 이내이면 지급하지 않는다.

3) 장해급여(제57조)

장해급여는 근로자가 업무상의 사유로 다치거나 질병에 걸려 치유된 후 신체 등에 장해가 있을 때 지급한다. 장해급여는 장해등급에 따른 장해보상연금 또는 장해보상일시금으로 한다. 이때 장해보상연금 또는 장해보상일시금의 결정은 수급권자의 선택에 따른다. 다만, 대통령령으로 정하는 노동력을 완전히 상실한 장해등급(시행령 제53조 제1급부터 제3급까지의 장해등급)의 근로자에게는 장해보상연금을 지급하고, 장해급여 청구 사유 발생 당시 대한민국 국민이 아닌 자로서 외국에서 거주하고 있는 근로자에게는 장해보상일시금을 지급한다.

장해보상연금은 수급권자가 신청하면 그 연금의 최초 1년분 또는 2년분(제3항 단서에 따른 근로자에게는 그 연금의 최초 1년분부터 4년분까지)의 2분의 1에 상당하는 금액을 미리 지급할 수 있다. 이 경우 미리 지급하는 금액에 대하여는 100분의 5의 비율 범위에서 이자를 공제할 수 있다. 장해보상연금 수급권자의 수급권이 제58조에 따라 소멸한 경우에 이미 지급한 연금액을 지급 당시의 각각의 평균임금으로 나눈 일수(日數)의 합계가 장해보상일시금의 일수에 미치지 못하면 그 미치지 못한 일수에 수급권 소멸 당시의 평균임금을 곱하여 산정한 금액을 유족 또는 그 근로자에게 일시금으로 지급한다.

4) 간병급여

제40조에 따른 요양급여를 받고서 치유되었다가 나중에 다시 의학적으로 상시 또는 수시로 간병이 필요하다고 인정되어 실제로 간병을 받는 경우 간병급여를 받을 수 있다(제61조).

표 4-13 간병급여의 지급 대상(제59조 제1항 관련)(시행령 제59조)

구분	지급 대상
상시 간병급여	1. 신경계통의 기능, 정신기능 또는 흉복부 장기의 기능에 장해등급 제1급에 해당하는 장해가 남아 일상생활에 필요한 동작을 하기 위하여 항상 다른 사람의 간병이 필요한 사람 2. 두 눈, 두 팔 또는 두 다리 중 어느 하나의 부위에 장해등급 제1급에 해당하는 장해가 남고, 다른 부위에 제7급 이상에 해당하는 장해가 남아 일상생활에 필요한 동작을 하기 위하여 항상 다른 사람의 간병이 필요한 사람
수시 간병급여	3. 신경계통의 기능, 정신기능 또는 흉복부 장기의 기능에 장해등급 제2급에 해당하는 장해가 남아 일상생활에 필요한 동작을 하기 위하여 수시로 다른 사람의 간병이 필요한 사람 4. 장해등급 제1급(제53조 제2항에 따른 조정의 결과 제1급이 되는 경우를 포함한다)에 해당하는 장해가 남아 일상생활에 필요한 동작을 하기 위하여 수시로 다른 사람의 간병이 필요한 사람

5) 유족급여

(1) 유족보상연금과 유족보상일시금

근로자가 업무상의 사유로 사망하면 유족에게 유족급여가 지급된다. 유족급여는 유족보상연금이나 유족보상일시금으로 하되, 유족보상일시금은 근로자가 사망할 당시 제63조 제1항에 따른 유족보상연금을 받을 자격자가 없는 경우에 지급한다. 유족보상연금을 받을 수 있는 자격이 있는 자가 원하면 유족보상일시금의 100분의 50에 상당하는 금액을 일시금으로 지급하고 유족보상연금은 100분의 50을 감액하여 지급한다(〈표 4-14〉 참고).

유족보상연금을 받던 자가 그 수급자격을 잃은 경우 다른 수급자격자가 없고 이미 지급한 연금액을 지급 당시의 각각의 평균임금으로 나누어 산정한 일수의 합계가 1,300일에 미치지 못하면, 미치지 못하는 일수에 수급자격 상실 당시의 평균임금을 곱하여 산정한 금액을 수급자격 상실 당시의 유족에게 일시금으로 지급한다(제62조).

표 4-14 유족급여(제62조 제2항 관련)

유족급여의 종류	유족급여의 금액
유족보상연금	유족보상연금액은 다음의 기본금액과 가산금액을 합한 금액으로 한다. 1. 기본금액 급여기초연액(평균임금에 365를 곱하여 얻은 금액)의 100분의 47에 상당하는 금액 2. 가산금액 유족보상연금 수급권자 및 근로자가 사망할 당시 그 근로자와 생계를 같이 하고 있던 유족보상연금 수급자격자 1인당 급여기초연액의 100분의 5에 상당하는 금액의 합산액. 다만, 그 합산금액이 급여기초연액의 100분의 20을 넘을 때에는 급여기초연액의 100분의 20에 상당하는 금액으로 한다.
유족보상일시금	평균임금의 1,300일분

(2) 유족보상연금 수급자격자의 범위

유족보상연금을 받을 수 있는 자격이 있는 자(이하 "유족보상연금 수급자격자")는 근로자가 사망할 당시 그 근로자와 생계를 같이 하고 있던 유족(그 근로자가 사망할 당시 대한민국 국민이 아닌 자로서 외국에서 거주하고 있던 유족은 제외) 중 배우자와 다음 각호의 어느 하나에 해당하는 자로 한다(제63조).

① 부모 또는 조부모로서 각각 60세 이상인 자
② 자녀로서 25세 미만인 자. 2의2. 손자녀로서 19세 미만인 자
③ 형제자매로서 19세 미만이거나 60세 이상인 자
④ 제1호부터 제3호까지의 규정 중 어느 하나에 해당하지 않는 자녀·부모·손자녀·조부모 또는 형제자매로서 「장애인복지법」 제2조에 따른 장애인 중 고용노동부령으로 정한 장애 정도에 해당하는 자

이때 근로자가 사망할 당시 태아(胎兒)였던 자녀가 출생하면 그때부터 근로자가 사망할 당시 그 근로자와 생계를 같이 하고 있던 유족으로 본다. 또 유족보상연금 수급자격자 중 유족보상연금을 받을 권리의 순위는 배우자·자녀·부모·손자녀·조부모 및 형제자매의 순서로 한다.[20] 다만, 근로자가 유언으로 보험급여를 받을 유족을 지정하면 위의 순위와 상관없이 그 지정에 따른다.

20) 부모, 조부모에서 양부모와 실부모가 함께 있을 경우 양부모/양조부모가 우선한다.

(3) 유족보상연금 수급자격자의 자격 상실과 지급 정지 등

유족보상연금 수급자격자인 유족이 수급 자격을 잃는 경우는 다음과 같다(제64조).

① 사망한 경우
② 재혼한 때(사망한 근로자의 배우자만 해당하며, 재혼에는 사실상 혼인 관계에 있는 경우도 포함)
③ 사망한 근로자와의 친족 관계가 끝난 경우
④ 자녀가 25세가 된 때. 4의2. 손자녀 또는 형제자매가 19세가 된 때
⑤ 제63조 제1항 제4호에 따른 장애인이었던 자의 장애 상태가 해소된 경우
⑥ 근로자가 사망할 때 대한민국 국민이었던 유족보상연금 수급자격자가 국적을 상실하고 외국에서 거주하거나 외국에서 거주하기 위해 출국하는 경우
⑦ 대한민국 국민이 아닌 유족보상연금 수급자격자가 외국에서 거주하기 위하여 출국하는 경우

유족보상연금을 받을 권리가 있는 유족보상연금 수급자격자(이하 "유족보상연금 수급권자")가 그 자격을 잃으면 유족보상연금을 받을 권리는 같은 순위자가 있으면 같은 순위자에게, 같은 순위자가 없으면 다음 순위자에게 이전된다. 다만 유족보상연금 수급권자가 3개월 이상 행방불명이면 대통령령으로 정하는 바에 따라 연금 지급을 정지하고(언제든 당사자가 지급정지 해제를 요청할 수 있다-시행령 제62조), 위와 같은 방법으로 이전한다.

6) 상병보상연금

요양급여를 받는 근로자가 요양을 시작한 지 2년이 지난 날 이후에 다음 각호의 요건 모두에 해당하는 상태가 계속되면 휴업급여 대신 상병보상연금을 그 근로자에게 지급한다(제66조).

① 그 부상이나 질병이 치유되지 아니한 상태일 것
② 그 부상이나 질병에 따른 중증요양상태의 정도가 대통령령으로 정하는 중증요양상태 등급 기준에 해당할 것[21]
③ 요양으로 인하여 취업하지 못하였을 것

(1) 저소득 근로자의 상병보상연금

제66조에 따라 상병보상연금을 산정할 때 그 근로자의 평균임금이 최저임금액에 70분의 100을 곱한 금액보다 적으면, 최저임금액의 70분의 100에 해당하는 금액을 그 근로자의 평균임금으로 보아 산정한다. 그렇게 산정한 상병보상연금액을 365로 나눈 1일당 상병보상연금 지급액이 제54조에서 정한 바에 따라 산정한 1일당 휴업급여 지급액보다 적으면 제54조에서 정한 바에 따라 산정한 금액을 1일당 상병보상연금 지급액으로 한다(제67조).

(2) 고령자의 상병보상연금

상병보상연금을 받는 근로자가 61세가 되면 그 이후의 상병보상연금은 〈표 4-15〉에 따른 1일당 상병보상연금 지급기준에 따라 산정한 금액을 지급한다(제68조).

---

21) 시행령 제65조 중증요양상태등급의 기준(제65조 제1항 관련)을 살펴보면 다음과 같다(2019.7.2. 개정).

가. 제1급: 1) 두 눈이 실명된 사람 2) 말하는 기능과 씹는 기능을 모두 완전히 잃은 사람 3) 신경계통의 기능 또는 정신기능에 뚜렷한 장해가 있어 항상 간병을 받아야 하는 사람 4) 흉복부 장기의 기능에 뚜렷한 장해가 있어 항상 간병을 받아야 하는 사람 5) 두 팔을 팔꿈치관절 이상의 부위에서 잃은 사람 6) 두 팔을 영구적으로 완전히 사용하지 못하게 된 사람 7) 두 다리를 무릎관절 이상의 부위에서 잃은 사람 8) 두 다리를 완전히 사용하지 못하게 된 사람

나. 제2급: 1) 한쪽 눈이 실명되고 다른 쪽 눈의 시력이 0.02 이하로 된 사람 2) 두 눈의 시력이 0.02 이하로 된 사람 3) 두 팔을 손목관절 이상의 부위에서 잃은 사람 4) 두 다리를 발목관절 이상의 부위에서 잃은 사람 5) 신경계통의 기능 또는 정신기능에 뚜렷한 장해가 있어 수시로 간병을 받아야 하는 사람 6) 흉복부 장기의 기능에 뚜렷한 장해가 있어 수시로 간병을 받아야 하는 사람

다. 제3급: 1) 한쪽 눈이 실명되고 다른 쪽 눈의 시력이 0.06 이하로 된 사람 2) 말하는 기능 또는 씹는 기능을 완전히 잃은 사람 3) 신경계통의 기능 또는 정신기능에 뚜렷한 장해가 있어 전혀 노무에 종사하지 못하는 사람 4) 흉복부 장기의 기능에 뚜렷한 장해가 있어 전혀 노무에 종사하지 못하는 사람 5) 두 손의 손가락을 모두 잃은 사람 6) 진폐증의 병형이 제1형 이상이면서 동시에 심폐기능에 중등도 장해가 남은 사람.

표 4-15 고령자의 1일당 상병보상연금 지급기준(제68조 관련)

폐질등급 / 연령	제1급	제2급	제3급
61세	평균임금 × (329/365－0.04)	평균임금 × (291/365－0.04)	평균임금 × (257/365－0.04)
62세	평균임금 × (329/365－0.08)	평균임금 × (291/365－0.08)	평균임금 × (257/365－0.08)
63세	평균임금 × (329/365－0.12)	평균임금 × (291/365－0.12)	평균임금 × (257/365－0.12)
64세	평균임금 × (329/365－0.16)	평균임금 × (291/365－0.16)	평균임금 × (257/365－0.16)
65세 이후	평균임금 × (329/365－0.20)	평균임금 × (291/365－0.20)	평균임금 × (257/365－0.20)

(3) 재요양 기간 중의 상병보상연금

재요양을 시작한 지 2년이 지난 후에 상병상태가 제66조 제1항 각호의 요건 모두에 해당하는 자에게는 휴업급여 대신 다음 〈표 4-16〉의 중증요양상태 등급에 따른 상병보상 연금표에 따라 지급한다.

표 4-16 상병보상연금표(제66조 제2항 관련)

중증요양상태 등급	상병보상연금
제1급	평균임금의 329일분
제2급	평균임금의 291일분
제3급	평균임금의 257일분

이 경우 상병보상연금을 산정할 때에는 재요양 기간 중의 휴업급여 산정에 적용되는 평균임금을 적용하되, 그 평균임금이 최저임금액에 70분의 100을 곱한 금액보다 적거나 재요양 당시 평균임금 산정의 대상이 되는 임금이 없으면 최저임금액의 70분의 100에 해당하는 금액을 그 근로자의 평균임금으로 본다.

7) 장의비

근로자가 업무상의 사유로 사망하면 평균임금의 120일분에 상당하는 금액의 장의비를 그 장제(葬祭)를 지낸 유족에게 지급한다. 다만, 장제를 지낼 유족이 없거나 그 밖에 부득이한 사유로 유족이 아닌 자가 장제를 지내면 평균임금의 120일분에 상당하는 금액의 범위에서 실제 드는 비용을 그 장제를 지낸 자에게 지급한다. 이 장의비가 시행령 제66조에서 정하는 바에 따라 고용노동부 장관이 고시하는 최고 금액을 초과하거나 최저 금액에 미달하면 그 최고 금액 또는 최저 금액을 각각 장의비로 한다(제71조).

8) 직업재활급여

직업재활급여의 종류에는 다음과 같은 것들이 있다(제72조).

① 장해급여 또는 진폐보상연금을 받은 자나 장해급여를 받을 것이 명백한 자로서 대통령령으로 정하는 자(이하 "장해급여자") 중 취업을 위하여 직업훈련이 필요한 자(이하 "훈련대상자")에 대하여 실시하는 직업훈련에 드는 비용 및 직업훈련수당

② 업무상의 재해가 발생할 당시의 사업에 복귀한 장해급여자에 대하여 사업주가 고용을 유지하거나 직장적응훈련 또는 재활운동을 실시하면 각각 지급하는 직장복귀지원금, 직장적응훈련비, 재활운동비

(1) 직업훈련비용

훈련대상자에 대한 직업훈련은 공단과 계약을 체결한 직업훈련기관에서 실시한다. 그 비용(이하 "직업훈련비용")은 제1항에 따라 직업훈련을 실시한 직업훈련기관에 지급하도록 하고 있다. 다만, 직업훈련기관이 「장애인고용촉진 및 직업재활법」(제11조), 「고용보험법」(제29조) 또는 「근로자직업능력 개발법」(제11조의2, 제12조, 제15조 및 제17조)이나 그 밖에 다른 법령에 따라 직업훈련비용에 상당한 비용을 받았으면 지급하지 않는다. 직업훈련비용의 금액은 고용노동부 장관이 훈련비용, 훈련기간 및 노동시장의 여건 등을 고려하여 고시하는 금액의 범위에서 실제 드는 비용으로 하되, 직업훈련비용 지급 훈련 기간은 12개월 이내로 한다(제73조).

(2) 직업훈련수당

직업훈련수당은 제73조 제1항에 따라 직업훈련을 받는 훈련대상자에게 그 직업훈련 때문에 취업하지 못하는 동안 하루당 최저임금액에 상당하는 금액을 지급한다. 다만, 휴업급여나 상병보상연금을 받는 경우 직업훈련수당은 따로 지급되지 않는다(제74조).

(3) 직장복귀지원금 등

제72조 제1항 제2호에 따른 직장복귀지원금, 직장적응훈련비 및 재활운동비는 장해급여자에 대해 고용을 유지하거나 직장적응훈련 또는 재활운동을 실시하는 사업주에게 각각 지급한다. 이 경우 직장복귀지원금, 직장적응훈련비 및 재활운동비의 지급요건은 각각 대통령령으로 정한다. 직장복귀지원금은 고용노동부 장관이 임금수준 및 노동시장의 여건 등을 고려하여 고시하는 금액의 범위에서 사업주가 장해급여자에게 지급한 임금액으로 하되, 그 지급 기간은 12개월 이내로 한다.

5. 업무상 질병의 판정

공단 소속 기관에 업무상질병판정위원회(이하 "판정위원회")를 두어 제37조 제1항 제2호에 따른 업무상 질병의 인정 여부를 심의하게 하고 있다(제38조).

1) 업무상의 재해의 인정 기준

근로자가 부상·질병 또는 장해가 발생하거나 사망했을 때 업무상의 재해로 볼 수 있는 업무상 사고 또는 업무상 질병이란 다음 요건 중 하나를 충족시켜야 한다(제37조).

(1) 업무상 사고

가. 근로계약에 따른 업무나 그에 따르는 행위를 하던 중 발생한 사고
나. 사업주가 제공한 시설물 등을 이용하던 중 그 시설물 등의 결함이나 관리 소홀로 발생한 사고

다. 사업주가 주관하거나 사업주의 지시에 따라 참여한 행사나 행사 준비 중에 발생한 사고
라. 휴식 시간 중 사업주의 지배관리하에 있다고 볼 수 있는 행위로 발생한 사고
마. 그 밖에 업무와 관련하여 발생한 사고

(2) 업무상 질병

가. 업무수행 과정에서 물리적 인자(因子), 화학물질, 분진, 병원체, 신체에 부담을 주는 업무 등 근로자의 건강에 장해를 일으킬 수 있는 요인을 취급하거나 그에 노출되어 발생한 질병
나. 업무상 부상이 원인이 되어 발생한 질병
다. 「근로기준법」 제76조의2에 따른 직장 내 괴롭힘, 고객의 폭언 등으로 인한 업무상 정신적 스트레스가 원인이 되어 발생한 질병
라. 그 밖에 업무와 관련하여 발생한 질병

(3) 출퇴근 재해

가. 사업주가 제공한 교통수단이나 그에 준하는 교통수단을 이용하는 등 사업주의 지배관리하에서 출퇴근하는 중 발생한 사고
나. 그 밖에 통상적인 경로와 방법으로 출퇴근하는 중 발생한 사고

2) 업무상 재해에서 제외

업무와 재해 사이에 상당인과관계(相當因果關係)가 없는 경우나 근로자의 고의·자해 행위 또는 범죄 행위나 그것이 원인이 된 경우에는 업무상 재해로 보지 않는다. 다만, 그 부상·질병·장해 또는 사망이 업무상 재해에 따른 결과로 정상적인 인식능력 등이 뚜렷하게 저하된 상태에서 이루어진 행위로 발생한 경우에는 다시 업무상 재해로 본다. 제1항 제3호 나목의 사고 중에서 출퇴근 경로 일탈 또는 중단이 있는 경우에는 해당 일탈 또는 중단 중의 사고 및 그 후의 이동 중의 사고에 대하여는 출퇴근 재해로 보지 않는다. 다만, 일탈 또는 중단이 일상생활에 필요한 행위로서 대통령령으로 정하는 사유가 있는 경우에는 출퇴근 재해로 본다.

3) 사망의 추정

사고가 발생한 선박 또는 항공기에 있던 근로자의 생사가 밝혀지지 않거나 항행(航行) 중인 선박 또는 항공기에 있던 근로자가 행방불명 또는 그 밖의 사유로 그 생사가 밝혀지지 않으면 대통령령으로 정하는 바에 따라 사망한 것으로 추정하고, 유족급여와 장의비에 관한 규정을 적용한다.[22] 단, 사망의 추정으로 보험급여를 지급한 후에 그 근로자의 생존이 확인되면, 지급된 급여는 반환된다. 이때 그 급여를 받은 자의 신고가 선의(善意)에서 비롯했다고 인정할 수 있는 경우에는 받은 금액만 반환하고, 악의(惡意)가 있다고 인정되면 받은 금액의 2배에 해당하는 금액을 징수해야 한다(제39조).

6. 수급권의 보호

1) 수급권 보호

보험급여를 받을 근로자의 권리는 퇴직해도 소멸하지 않는다. 더욱이 다른 사회보험 수급권과 마찬가지로 보험급여를 받을 권리는 양도 또는 압류하거나 담보로 제공할 수 없다(제88조). 보험급여로서 지급된 금품에 대해서는 국가나 지방자치단체의 공과금도 부과하지 않는다(제91조).

2) 제3자에 대한 구상권

공단은 제3자의 행위에 따른 재해로 보험급여를 지급한 경우에 그 급여액의 한도 안에서 급여를 받은 자의 제3자에 대한 손해배상청구권을 대위(代位), 즉 대신 행사한다. 다만, 보험가입자인 2인 이상의 사업주가 같은 장소에서 하나의 사업을 분할하여 각각 행하다가, 그중 사업주를 달리하는 근로자의 행위로 재해가 발생하

22) 시행령 제37조: 행방불명이 3개월간 생사가 밝혀지지 않을 때 사고 당일 또는 행방불명된 날 사망한 것으로 추정한다. 3개월 이내 사망이 확인되더라도 사망 날짜 확인이 불가능할 때도 마찬가지다.

면 그러지 않는다. 이때 수급권자가 제3자로부터 동일한 사유로 이 법의 보험급여에 상당하는 손해배상을 받으면 공단은 그 배상액을 대통령령으로 정하는 방법에 따라 환산한 금액의 한도 안에서 이 법에 따른 보험급여를 지급하지 않는다. 수급권자 및 보험가입자는 제3자의 행위로 재해가 발생하면 곧바로 공단에 신고하여야 한다(제87조).

5절 고용보험법

1. 목적, 개념 정의, 연혁

1) 목적

「고용보험법」의 궁극의 목적은 경제 · 사회 발전에 이바지하는 것이다. 그러나 경제와 사회의 발전만이 이 보험의 중심 목적은 아니다. 오히려 경제 · 사회 발전은 근로자 고용보장이 우선될 때 따라오는 결과이다. 따라서 이 법의 주요 목적은 이의 전제라 할 수 있는 다음 3가지다. 첫째, 고용보험의 시행을 통한 실업의 예방, 고용의 촉진 그리고 근로자 직업능력의 개발과 향상. 둘째, 국가의 직업지도와 직업소개 기능의 강화. 셋째, 실업한 경우에 실업자가 생활에 필요한 급여를 실시하여 근로자의 생활안정과 구직 활동 촉진(제1조). 이를 다시 정리하면 다음과 같다.

첫째, 실업의 예방
둘째, 실업 상태가 된 근로자의 생활안정과 구직을 위한 급여 지급
셋째, 실업 상태를 조속히 면하고 재취업할 수 있도록 국가에서 직업지도와 직업소개 강화하고 또 근로자는 직업능력 개발과 향상

2) 주요 개념(제2조)

「고용보험법」에서 쓰이는 주요 용어의 개념은 〈표 4-17〉과 같다(제5조).

표 4-17 고용보험의 주요 용어 개념

용어	개념 정의(관련법규)
피보험자	가. 「고용보험 및 산업재해보상보험의 보험료징수 등에 관한 법률」(「보험료징수법」) 제5조 제1항, 제2항, 제6조 제1항, 제8조 제1항·제2항에 따라 보험에 가입되거나 가입된 것으로 보는 근로자 나. 「보험료징수법」 제49조의2 제1항·제2항에 따라 고용보험에 가입하거나 가입된 것으로 보는 자영업자("자영업자인 피보험자")
이직	• 피보험자와 사업주 사이의 고용 관계가 끝나는 것
실업	• 근로의 의사와 능력이 있는데도 취업하지 못한 상태에 있는 것 • '실업의 인정'은 직업안정기관의 장이 제43조에 따른 수급자격자가 실업한 상태에서 적극적으로 직업을 구하기 위하여 노력하고 있다고 인정하는 것 • 근로 의사와 능력이 없거나, 직업을 구하려는 노력이 인정받지 못한다면 일자리가 없어도 실업 상태가 아니고 실업자도 아님
보수	• 「소득세법」 제20조에 따른 근로소득에서 대통령령으로 정하는 금품(시행령 제1조의2, 제12조 제3호의 '비과세 근로소득')을 뺀 금액 • 다만, 휴직이나 그 밖에 이와 비슷한 상태에 있는 기간에 사업주 외의 자로부터 받는 금품 중 고용노동부 장관이 정하여 고시하는 금품은 보수
일용근로자	• 1개월 미만 동안 고용되는 자

3) 고용보험법의 연혁

1993년 12월 처음 제정된 우리나라 「고용보험법」은 이제 20년 역사를 넘어섰는데, 이미 100년을 훌쩍 넘긴 유럽과는 역사의 길이만큼이나 질적인 차이도 크다.

표 4-18 고용보험의 주요 연혁

제정/시행년도	주요 내용
1993/1995 개정	• 법률 제4664호 「고용보험법」 제정
1996/1997 일부 개정	• 고용보험 적용 대상 연령 제한(65세 이상) • 고용안정사업, 직업능력 개발 촉진 • 사업주 등에 대한 지원 범위 확대 • 근로 의욕 갖고 구직활동 의무화
1998 일부 개정	• 부정행위에 따른 지원 제한 • 1일 최저구직급여액 최저임금액 70% • 구직급여의 연장 가능 및 상호조정 • 단기 고용 근로자 범위 3개월에서 1개월로 단축 • 피보험자격의 이중 취득 제한 • 일정 금액 이상의 퇴직금 등 수령자 3개월간 구직급여 지급 유예
2001 일부 개정	• 출산전후 휴가급여와 근로자의 육아휴직 급여 지급

제정/시행년도	주요 내용
2002/04 일부 개정	• 일용근로자(고용 기간 1개월 미만)와 주15시간 이상 시간제근로자 등 비정규직 근로자 및 총 공사비 2천만원 이상의 건설공사 등에 고용보험 적용 확대 • 피보험자격 취득 및 상실일 • 구직급여 대기기간 14일에서 7일로 낮춤 • 조기 재취업 수당 자영업에도 적용
2003/05 일부 개정	• 「고용보험 및 산업재해보상보험의 보험료징수 등에 관한 법률」(「보험료징수법」) 제정으로 보험관계 성립과 소멸 및 피보험자격 등 규정
2005/06 일부 개정	• 유산과 사산에 따른 휴가에도 급여 지급
2005/06 일부 개정	• 고용안정사업과 직업능력개발사업 통합 • 고용보험사업 지원대상 확대(65세 이상, 고용보험 피보험자가 아닌 실업자도 급여 지급) • 육아휴직 급여 신청 기한 연장(휴직 종료 후 12월) • 부정행위 신고자에 대한 포상제도 도입 • 자영업자에 대한 고용보험 임의가입제도 도입
2007 일부 개정	• 구직급여의 수급자격 제한 규정 법안 마련 • 보험사업 전면 시행에 앞서 시범사업 실시 가능하도록 근거 마련
2007/08 일부 개정	• 배우자 출산 휴가 규정 신설 • 육아기 근로시간 단축 규정 신설 • 일·가정 양립 지원 기반 조성 규정 신설
2008 일부 개정	• 별정직, 계약직 공무원 고용보험 임의가입 가능 • 구직급여수급자가 직업능력개발 훈련을 연장할 경우 급여 지급 수준 100% 인상 • 고용보험위원회 신설 • 고용보험사업의 평가근거 마련 • 직업능력개발 훈련을 받는 저소득 계층에 대한 생계비 대부 조항 신설
2010/11 일부 개정	• 고용보험 및 산업재해보상보험의 보험료 산정기준을 임금에서 다른 사회보험과 같이 소득세 과세대상 근로소득으로 통일
2011/12 일부 개정	• 근로자 없거나 근로자 50인 미만 사업자인 자영업자의 경우 임의 가입 가능 • 육아휴직 대신 근로시간 단축 근로자에게 소득 감소액 보전하는 육아기 근로시간 단축 급여 신설 • 자활급여수급자에 대한 고용보험 적용
2013 일부 개정	• 고용조정 지원 - 휴업, 휴직 조치로 근로자 임금이 일정 수준 이하로 감소할 때 지원 가능 • 고용보험급여에 대한 공과금 면제 • 65세 이상인 자에 대하여 고용보험 중 실업급여의 획일적 제외에서 고용보험에 가입되어 있던 피보험자가 65세 이후에 이직(離職)한 경우 실업급여지급
2014 일부 개정	• 다태아 임산부의 출산전후 휴가를 현행 90일에서 120일로 확대 「근로기준법」의 개정에 맞추어 다태아 임신부에 대한 출산전후휴가 급여 지급기간 조정(근로자 수 등이 일정 기준에 해당하는 우선지원 대상기업의 경우 출산전후 휴가 120일에 대한 급여를 고용보험기금에서 지급하고, 대규모기업의 경우 최초 75일은 사업주가 지급하되 그 이후 45일은 고용보험기금에서 지급(제70조, 제73조의2, 제75조 및 제76조)

제정/시행년도	주요 내용
2015 일부 개정	• 실업급여 전용계좌에 지급과, 해당 계좌의 예금에 관한 채권 중 일정액은 압류불가(제37조의2 신설, 제38조) • 고액금품 수령에 따른 구직급여의 지급유예 폐지 • 금치산자 및 한정치산자를 피성년후견인과 피한정후견인으로 개정(제99조 제4항 제1호)
2016/16 일부 개정	• 구직급여 수급기간도 국민연금 가입기간으로 산입될 수 있도록 국민연금에 '실업크레딧' 제도 도입 • 신청하는 구직급여수급자에 대해 고용노동부 장관이 보험료 일부지원
2016/17 일부 개정	• 고령자·준고령자 대상 직업능력개발 훈련 실시하는 사업주에 대한 훈련비용 우대 지원(제27조) • 구직급여 지급 대상 조정(제113조의2 제2항) • 기초생활수급자의 중복지원 방지를 위해 실업급여 적용 제외하였으나, 2015년 7월 1일 기초생활보장제도가 맞춤형 급여 제도로 개편되면서 기초생활수급권자 중 일부가 생계비를 받지 못하게 됨에 따라 생계급여를 받지 못하는 수급권자에게 구직급여 지급
2019 일부 개정	• 실업급여 보장성 강화 - 65세 이전부터 피보험자격 유지자가 65세 이후 계속 고용 상태에 있으면 실업급여 적용 • 외국인근로자의 고용 등에 관한 법률의 적용을 받는 외국인근로자에게 고용안정과 직업능력개발사업 적용 • 건설일용근로자가 구직급여를 신속히 받도록 구직급여 수급 요건 완화
2019/20 일부 개정	• 단시간근로자가 일정 요건을 갖추면 구직급여 수급 기준 기간 완화, 구직 급여 소정 급여일 수 연장 등으로 고용보험제도의 사각지대 축소 • 모성보호와 남성의 육아 참여증진 위해 육아휴직 급여와 육아기 근로시간 단축 급여 지급 요건 조정 • 부정수급에 대한 처벌 강화(10년 동안 3회 이상 부정 수급의 경우 3년 범위에서 지급하지 않고, 사업주와 공모한 경우에 대한 처벌제도 신설)
2020 일부 개정	• 예술인인 피보험자에 대한 고용보험 특례 신설 • 예술인인 피보험자에 대한 적용과 구직급여 지급이 제도화되어 일정요건을 갖추면 보험이 적용됨

2. 국가의 역할

고용보험은 국가에서 강제하는 의무보험이자 사회보험이다. 따라서 국가가 고용보험제도의 주체가 되고, 고용노동부 장관이 고용보험을 관장한다(제3조). 아울러 매년 보험사업에 드는 비용의 일부를 일반회계에서 부담하며, 예산의 범위에서 보험사업의 관리·운영에 드는 비용을 부담할 수 있다(제5조).[23)]

23) 일례로 빠듯한 정부 예산에서 '일부' 비용이나 관리와 운영비 부담을 넘어서는 지출이 힘들어서 나온 것이 바로 고용보험기금이다. 고용보험의 역사적 분석은 이상동(1997) 자료를 참조하였다.

1) 고용안정 · 직업능력개발 등의 사업

고용노동부 장관은 피보험자나 피보험자였던 자, 그 밖에 취업할 의사를 가진 자(이하 "피보험자 등")에 대한 실업의 예방, 취업의 촉진, 고용 기회의 확대, 직업능력개발 · 향상의 기회 제공과 지원을 위해, 고용안정과 사업주에 대한 인력 확보 지원을 위하여 고용안정 · 직업능력개발 사업을 실시한다. 이때 근로자의 수, 고용안정 · 직업능력개발을 위해 취한 조치 및 실적 등 대통령령으로 정하는 기준에 해당하는 기업("우선지원 대상기업")을 우선적으로 고려한다(제19조).

2) 고용창출의 지원

고용노동부 장관은 고용환경 개선, 근무 형태 변경 등으로 고용의 기회를 확대한 사업주에게 대통령령으로 정하는 바에 따라 필요한 지원을 할 수 있다(제20조).

3) 고용조정의 지원

경기의 변동, 산업구조의 변화 등에 따른 사업 규모의 축소, 사업의 폐업 또는 전환으로 고용조정이 불가피할 때 고용노동부 장관이 고용안정을 지원할 수 있다. 사업주가 근로자에 대한 휴업, 휴직, 직업전환에 필요한 직업능력개발 훈련, 인력의 재배치 등을 실시하거나 그 밖에 근로자의 고용안정을 위한 조치를 하면 그 사업주에게 필요한 지원을 한다. 이때 휴업이나 휴직 등 고용안정을 위한 조치로 근로자의 임금이 대통령령으로 정하는 수준으로 감소하면 법령이 정하는 대로 그 근로자에게도 필요한 지원을 할 수 있다. 이러한 고용조정으로 이직된 근로자를 고용하는 등 고용이 불안정해진 근로자의 고용안정을 위한 조치를 하는 사업주에게 대통령령으로 정하는 바에 따라 필요한 지원도 할 수 있다(제21조).

4) 지역 고용의 촉진

고용노동부 장관은 고용의 기회가 두드러지게 부족하거나 산업구조의 변화 등으로 고용 사정이 급속히 악화되는 지역으로 사업을 이전할 때도 지원할 수 있다.

새로 이전한 지역에서 사업을 신설 또는 증설하여 그 지역의 실업 예방과 재취업 촉진에 기여한 사업주, 그 밖에 그 지역의 고용기회 확대에 필요한 조치를 한 사업주에게 대통령령으로 정하는 바에 따라 필요한 지원을 할 수 있다(제22조 및 시행령 제24조).

5) 고령자 등 고용촉진의 지원

고용노동부 장관은 고령자 등 노동시장의 통상적인 조건에서는 취업이 특히 곤란한 자(이하 "고령자 등")의 고용을 촉진하기 위한 사업도 할 수 있다. 새로 고용하거나 이들의 고용안정에 필요한 조치를 하는 사업주 또는 사업주가 실시하는 고용안정 조치에 해당하는 근로자에게 대통령령으로 정하는 바에 따라 필요한 지원이 가능하다(제23조, 시행령 제25조).

6) 건설근로자 등의 고용안정 지원

고용노동부 장관은 건설근로자 등 고용상태가 불안정한 근로자를 위해 다음 3가지 사업을 하는 사업주 또는 사업주 단체에게 대통령령으로 정하는 바에 따라 필요한 지원을 할 수 있다(제24조).

① 고용상태의 개선을 위한 사업
② 고용기회의 계속 부여 등 고용안정을 위한 사업
③ 그 밖에 대통령령으로 정하는 고용안정 사업

7) 고용안정 및 취업촉진(제25조)

고용노동부 장관은 피보험자 등의 고용안정과 취업촉진을 위해 다음 3가지 경우의 사업을 직접 하거나 이를 실시하는 자에게 필요한 비용을 지원 또는 대부할 수 있다.

① 고용관리 진단 등 고용개선 지원사업
② 피보험자 등의 창업을 촉진하기 위한 지원사업

③ 그 밖에 피보험자 등의 고용안정 및 취업을 촉진하기 위한 사업으로 대통령령으로 정하는 사업[24)]

8) 고용촉진 시설에 대한 지원

고용노동부 장관은 피보험자 등의 고용안정·고용촉진 및 사업주의 인력 확보를 지원하기 위해 대통령령으로 정하는 바에 따라 상담 시설, 어린이집, 그 밖에 대통령령으로 정하는 고용촉진 시설을 설치·운영하는 자에게 필요한 지원을 할 수 있다(제26조).

9) 사업주에 대한 직업능력개발 훈련의 지원

고용노동부 장관은 피보험자 등의 직업능력 개발·향상을 위하여 대통령령으로 정하는 직업능력개발 훈련을 실시하는 사업주에게 대통령령으로 정하는 바에 따라 그 훈련에 필요한 비용을 지원할 수 있다(제27조). 이때 지원 금액은 「보험료징수법」 제16조의3에 따른 해당 연도 고용보험료 또는 같은 법 제17조에 따른 해당 연도 고용보험 계산한 보험료 중 고용안정·직업능력개발 사업의 보험료에 대통령령으로 정하는 비율을 곱한 금액으로 하되, 그 한도는 대통령령으로 정한다(제28조).

10) 피보험자 등에 대한 직업능력개발 지원

고용노동부 장관은 피보험자 등이 직업능력개발 훈련을 받거나 그 밖에 직업 능력 개발·향상을 위하여 노력하면 대통령령으로 정하는 바에 따라 필요한 비용을 지원할 수 있다(시행령 제43조 피보험자가 자기 비용으로 「근로자직업능력개발법」 제2조 제1호에 따른 직업능력개발훈련을 수강한 경우 고용노동부령으로 정하는 바에 따라 필요한 비용의 전부나 일부 지원). 아울러 필요한 경우 피보험자 등의 취업을 촉진하기 위한

24) 이때 대통령령으로 정하는 사업이란 고용안정과 취업의 촉진 등을 위하여 임금체계 개편과 직무 재설계 등에 관해 전문기관의 진단을 받을 때 그 진단에 드는 비용의 전부 또는 일부를 말한다(시행령 제33조).

직업능력개발 훈련을 할 수 있다. 저소득 피보험자 등이 직업능력개발 훈련을 받는 경우 대통령령으로 정하는 바에 따라 생계비를 대부할 수 있다(제29조).[25)]

3. 관련기관

1) 고용보험기금

고용노동부 장관은 보험사업에 필요한 재원을 충당하기 위하여 고용보험기금(이하 "기금")을 설치하고 관리 · 운용한다(제78조~제79조). 기금은 보험료와 이 법에 따른 징수금 · 적립금 · 기금운용 수익금과 그 밖의 수입으로 조성한다(제78조).

고용노동부 장관은 매년 기금운용 계획을 세워 제7조에 따른 고용보험위원회 및 국무회의의 심의를 거쳐 대통령의 승인을 받고, 매년 기금의 운용 결과는 제7조에 따른 고용보험위원회의 심의를 거쳐 공표해야 한다(제81조). 아울러 기금과 정부 예산을 통해 정부(고용노동부 장관)는 고용안정과 직업능력 개발, 고용창출과 조정 등의 사업을 펼쳐야 한다.

2) 고용보험위원회(제7조)

「고용보험법」과 「고용산재보험료징수법」(보험에 관한 사항만 해당)의 시행에 관한 주요 사항을 심의하기 위하여 고용노동부에 고용보험위원회(이하 이 조에서 "위원회")를 둔다. 위원회는 위원장 1명 포함 20명 이내의 위원으로 구성하며, 위원은 근로자, 사용자, 공익, 정부의 대표들을 같은 수로 고용노동부 장관이 임명 또는 위촉하며, 위원장은 고용노동부 차관이 맡는다.

25) 고용안전 · 직업능력개발사업에 대한 구체적인 내용들 제30조~제34조까지는 김근홍(2017) 《알기 쉬운 사회복지법제론》 책자를 참고하면 알 수 있다.

3) 고용보험심사위원회

제87조에 따른 재심사를 위하여 고용노동부에 고용보험심사위원회(이하 "심사위원회")를 두는데, 근로자를 대표하는 자와 사용자를 대표하는 자 각 1명 이상을 포함한 15명 이내의 위원으로 구성한다(제99조). 심사위원회는 재심사의 청구를 받으면 그 청구에 대한 심리 기일과 장소를 정하여 심리 기일 3일 전까지 당사자와 그 사건을 심사한 심사관에게 알려야 한다(제101조). 재심사청구에 대한 심리는 공개를 원칙으로 하지만, 당사자의 한쪽이라도 신청하는 경우에는 공개하지 않을 수 있다.

4. 적용 범위와 피보험자 관리

1) 적용 범위

근로자를 사용하는 모든 사업 또는 사업장(이하 "사업")에 적용하되, 예외 대상은 대통령령으로 정한다(제8조). 그러나 「국민기초생활보장법」 제15조 제1항 제4호에 따라 자활을 위한 근로 기회를 제공하기 위한 사업은 이 법의 적용을 받는 사업으로 본다. 이 경우 해당 사업에 참가하여 유급으로 근로하는 「국민기초생활보장법」 제2조 제2호에 따른 수급자는 이 법의 적용을 받는 근로자로 보고, 같은 법 제2조 제4호에 따른 보장기관(같은 법 제15조 제2항에 따라 사업을 위탁하여 행하는 경우는 그 위탁기관)은 이 법의 적용을 받는 사업주로 본다(보칙 제113조의2). 보험관계의 성립, 소멸과 관련해서는 「보험료징수법」으로 정하는 바에 따른다(제9조).

2) 피보험자의 관리

(1) 피보험자격의 취득일

이 법이 적용되는 사업에 고용된 날 피보험자격을 취득한다. 다만, 법 적용 제외 대상이었던 경우 이 법의 적용을 받게 된 날, 보험관계 성립 전에 고용된 경우와 자영업자인 피험자의 경우는 보험관계가 성립한 날을 기점으로 한다(제13조).

(2) 피보험자격의 상실일

다음 4가지 중 어느 하나에 해당할 경우 바로 그날로 피보험자격을 상실한다(제14조).

① 피보험자가 제10조 및 제10조의2에 따른 적용 제외 근로자에 해당하게 되면 그 적용 제외 대상자가 된 날

② 「보험료징수법」 제10조에 따라 보험관계가 소멸하면 그 소멸 당일

③ 피보험자가 이직하면 이직한 날의 다음 날

④ 피보험자가 사망하면 사망한 날의 다음 날

그러나 자영업자인 피보험자는 보험관계가 소멸한 날에 피보험자격을 상실한다.

(3) 피보험자격에 관한 신고 등

사업주는 그 사업에 고용된 근로자의 피보험자격의 취득 및 상실 등에 관한 사항을 고용노동부 장관에게 신고해야 한다. 원수급인(元受給人)이 사업주면 그 사업에 종사하는 근로자 중 원수급인이 직접 고용하는 근로자 외의 근로자에 대하여 그 근로자를 고용하는 다음 하수급인(下受給人)에게 신고의 책임이 있다. 이 경우 원수급인은 고용노동부령으로 정하는 바에 따라 하수급인에 관한 자료를 고용노동부 장관에게 제출해야 한다(제15조).

사업주가 피보험자격에 관한 사항을 신고하지 않으면 근로자가 신고할 수 있다. 단, 자영업자인 피보험자의 경우 피보험자격의 취득 및 상실에 관한 신고를 하지 않아도 된다.

(4) 피보험자격 이중 취득의 제한

근로자가 보험관계가 성립하는 둘 이상의 사업에 동시에 고용되면 고용노동부령으로 정하는 바에 따라 그중 한 사업의 근로자로서의 피보험자격을 취득한다(제18조). 시행규칙 제14조에 따르면 고용노동부령으로 정하는 바는 ① 월평균보수가 많은 사업 ② 월 소정근로시간이 많은 사업 ③ 근로자가 선택한 사업 등이다.

5. 실업급여

보험이라면 아무리 사회보험이라 하더라도 급여가 가장 중요한데, 고용보험의 급여는 실업급여다. 실업급여는 구직급여와 취업촉진 수당으로 구분하며, 취업촉진 수당의 종류는 조기(早期)재취업 수당과 직업능력개발수당 그리고 광역구직활동비와 이주비이다(제37조). 그 밖에 자영업자인 피보험자의 실업급여, 육아휴직 급여, 출산전후휴가 급여 등이 있다. 실업급여는 수급자명의의 지정된 계좌(실업급여수급계좌)로 입금하여야 하며, 실업급여를 받는 권리는 양도하거나 압류 또는 담보로 제공할 수 없다.

1) 구직급여

(1) 구직급여의 수급 요건

구직급여는 이직한 피보험자가 다음 6가지 요건을 모두 갖춘 경우에 지급한다. 다만, 제5호와 제6호는 최종 이직 당시 일용근로자였던 사람만 해당한다(제40조).

① 이직일 이전 18개월간(이하 "기준기간") 제41조에 따른 피보험 단위기간이 총 180일 이상일 것[26]

② 근로의 의사와 능력이 있음에도 불구하고 취업(영리를 목적으로 사업을 영위하는 경우를 포함)하지 못한 상태에 있을 것

③ 이직 사유가 제58조에 따른 수급자격 제한 사유에 해당하지 않을 것

④ 재취업을 위한 노력을 적극적으로 할 것

⑤ 제43조에 따른 수급자격 인정신청일 이전 1개월 동안의 근로 일수가 10일 미만이거나, 건설일용근로자(일용근로자로서 이직 당시에 「통계법」 제22조 제1항에 따라 통계청장이 고시하는 한국표준산업분류의 대분류상 건설업에 종사한 사람)로서 수급자격 인정신청일 이전 14일간 연속하여 근로 내역이 없을 것

26) 다만 노동시간이 주 15시간 미만인 초단시간 노동자들의 경우 실업급여 수급 요건이 이직일 이전 18개월 동안 유급 근로일 180일 이상에서 이직일 이전 24개월 동안 유급 근로일 180일 이상으로 2019년 10월부터 변경되어 시행되고 있다.

⑥ 최종 이직일 이전 기준기간의 피보험 단위기간 180일 중 다른 사업에서 제58조에 따른 수급자격의 제한 사유에 해당하는 사유로 이직한 사실이 있는 경우에는 그 피보험 단위기간 중 90일 이상을 일용근로자로 근로하였을 것(일용근로자만 해당)

피보험자가 이직일 이전 18개월 동안에 질병 · 부상, 그 밖에 대통령령으로 정하는 사유로 계속하여 30일 이상 보수를 받을 수 없었던 경우에는 18개월에 그 사유로 보수를 받을 수 없었던 일수를 가산한 기간을 기준기간(3년을 초과할 때에는 3년)으로 한다(제40조).

(2) 피보험 단위기간

피보험 단위기간은 피보험기간 중 보수 지급의 기초가 된 날을 합하여 계산한다. 다만, 자영업자인 피보험자의 피보험 단위기간은 제50조 제3항 단서 및 제4항에 따른 피보험기간으로 한다. 이때 최후로 피보험자격을 취득한 날 이전에 구직급여를 받은 사실이 있는 경우에는 그 구직급여와 관련된 피보험자격 상실일 이전의 피보험 단위기간은 넣지 아니한다(제41조).

(3) 실업의 신고

구직급여를 받으려면 이직 후 곧바로 직업안정기관에 출석하여 실업상태를 신고해야 한다. 신고할 때 구직신청과 제43조에 따른 수급자격의 인정신청을 포함해야 한다. 구직급여를 받기 위하여 실업을 신고하려는 사람은 이직하기 전 사업의 사업주에게 피보험 단위기간, 이직 전 1일 소정근로시간 등을 확인할 수 있는 자료(이하 "이직확인서"라 한다)의 발급을 요청할 수 있다. 이 경우 요청을 받은 사업주는 고용노동부령으로 정하는 바에 따라 이직확인서를 발급하여 주어야 한다(제42조).

(4) 수급자격의 인정

구직급여를 받으려면 직업안정기관의 장으로부터 제40조 제1항 제1호부터 제3호까지 · 제5호 및 제6호에 따른 구직급여의 수급 요건을 갖추었다는 사실(이하 "수급자격")을 인정받아야 한다. 수급자격의 인정신청을 받은 직업안정기관의 장은 그 신청인에 대한 수급자격의 인정 여부를 결정하고, 대통령령으로 정하는 바에 따라 신청인에게 그 결과를 알려야 한다. 이때 신청인이 갖추어야 할 요건은 다음 2가지다.

① 피보험자로서 마지막에 이직한 사업에 고용되기 전에 피보험자로서 이직한 사실이 있어야 한다.

② 마지막 이직 이전의 이직과 관련하여 구직급여를 받은 사실이 없어야 한다. 다만, 마지막 이직 당시 일용근로자로서 피보험 단위기간이 1개월 미만인 자가 수급자격을 갖추지 못하면 일용근로자가 아닌 근로자로서 마지막으로 이직한 사업을 기준으로 결정한다(제43조).

(5) 실업의 인정

구직급여는 수급자격자가 실업 상태에 있는 날 중에서 직업안정기관의 장으로부터 실업을 인정받은 날에 대하여 지급한다. 실업을 인정받으려면 수급자격자는 제42조에 따라 실업의 신고를 한 날부터 계산하기 시작하여 1주부터 4주의 범위에서 직업안정기관의 장이 지정한 날(이하 "실업인정일")에 출석하여 재취업을 위해 노력한 사실을 신고해야 한다. 직업안정기관의 장은 직전 실업인정일의 다음 날부터 그 실업인정일까지의 각각의 날에 대하여 실업을 인정한다.

다음 3가지 경우 고용노동부령으로 정하는 기준에 따라 실업을 인정한다(제44조).

① 직업능력개발 훈련 등을 받는 수급자격자

② 천재지변, 대량 실업의 발생 등 대통령령(시행령 제64조 "실업인정의 특례사유" 참조)으로 정하는 사유가 발생한 경우의 수급자격자

③ 그 밖에 대통령령으로 정하는 수급자격자(시행령 제65조 "실업인정의 특례자" 참조)

직업안정기관의 장은 제1항에 따른 실업을 인정할 때에는 수급자격자의 취업 촉진을 위하여 재취업 활동에 관한 계획의 수립 지원, 직업소개 등 대통령령으로 정하는 조치를 하여야 한다. 이 경우 수급자격자는 정당한 사유가 없으면 직업안정기관의 장의 조치에 따라야 한다(제44조).

(6) 급여의 기초가 되는 임금일액

구직급여의 산정 기초가 되는 임금일액(이하 "기초일액(基礎日額)")은 제43조 제1항에 따른 수급자격의 인정과 관련된 마지막 이직 당시 「근로기준법」 제2조 제1항 제6호에 따라 산정된 평균임금으로 한다. 다만, 마지막 이직일 이전 3개월 이내에 피보험자격을 취득한 사실이 2회 이상이면 마지막 이직일 이전 3개월간(일용근로자의 경우에는 마지막 이직일 이전 4개월 중 최종 1개월을 제외한 기간)에 그 근로자에게 지급된 임금 총액을 그 산정의 기준이 되는 3개월의 총 일수로 나눈 금액을 기초일액으로 한다. 그러나 그렇게 산정된 금액이 「근로기준법」에 따른 근로자의 통상임금보다 적으면 그 통상임금액을 기초일액으로 한다. 다만, 마지막 사업에서 이직 당시 일용근로자였던 자의 경우에는 제외한다.

이상의 방법으로 산정하는 것이 곤란한 경우와 보험료를 「보험료징수법」 제3조에 따른 기준보수(이하 "기준보수")를 기준으로 낸 경우에는 기준보수를 기초일액으로 한다. 다만, 보험료를 기준보수로 냈어도 제1항과 제2항에 따라 산정한 기초일액이 기준보수보다 많으면 그러지 않는다. 그 밖에 이들 규정에 따라 산정된 기초일액이 그 수급자격자의 이직 전 1일 소정근로시간에 이직일 당시 적용되던 「최저임금법」에 따른 시간 단위에 해당하는 최저임금액을 곱한 금액(이하 "최저기초일액")보다 낮은 경우에는 최저기초일액을 기초일액으로 한다. 이 경우 이직 전 1일 소정근로시간은 고용노동부령으로 정하는 방법에 따라 산정한다(제45조).

(7) 구직급여일액

구직급여일액은 다음 2가지 구분에 따른 금액으로 하지만, 그렇게 산정된 구직급여일액이 최저구직급여일액보다 낮은 경우에는 최저구직급여일액을 그 수급자격자의 구직급여일액으로 한다(제46조).

① 제45조 제1항부터 제3항까지 및 제5항의 경우에는 그 수급자격자의 기초일액에 100분의 60을 곱한 금액

② 제45조 제4항의 경우에는 그 수급자격자의 기초일액에 100분의 80을 곱한 금액(이하 "최저구직급여일액")

(8) 실업인정대상기간 중의 취업 등의 신고

수급자격자는 실업의 인정을 받으려 하는 기간(이하 "실업인정대상기간") 중에 근로를 제공하거나 창업한 경우에는 그 사실을 직업안정기관의 장에게 신고해야 한다. 아울러 직업안정기관의 장은 필요하다고 인정하면 수급자격자의 실업인정 대상 기간 중의 취업 사실에 대해 조사할 수 있다(제47조).

(9) 대기기간

실업의 신고일로부터 계산하기 시작하여 7일간은 대기기간으로 보아 구직급여를 지급하지 아니한다. 다만, 최종 이직 당시 건설일용근로자였던 사람에 대하여는 제42조에 따른 실업의 신고일부터 계산하여 구직급여를 지급한다(제49조).

(10) 소정급여일수 및 피보험기간(제50조)

하나의 수급자격에 따라 구직급여를 받을 수 있는 날(이하 "소정급여일수")은 대기기간이 끝난 다음 날부터 계산하기 시작하여 피보험기간과 연령에 따라 다음 〈표 4-19〉에서 정한 일수가 되는 날까지로 한다. 수급자격자가 소정급여일수 내에 제48조 제2항에 따른 임신·출산·육아, 그 밖에 대통령령으로 정하는 사유로 수급기간을 연장한 경우에는 그 기간만큼 구직급여 지급을 미룬다.

표 4-19 구직급여의 소정급여일수

구분		피보험기간				
		1년 미만	1년 이상 3년 미만	3년 이상 5년 미만	5년 이상 10년 미만	10년 이상
이직일 현재 연령	50세 미만	120일	150일	180일	210일	240일
	50세 이상	120일	180일	210일	240일	270일

피보험기간은 그 수급자격과 관련된 이직 당시의 적용 사업에서 고용된 기간(제10조 각호의 어느 하나에 해당하는 근로자로 고용된 기간은 제외)으로 한다. 다만, 피보험자가 자영업자인 경우에는 그 수급자격과 관련된 폐업 당시의 적용 사업에의 보험가입기간 중에서 실제로 납부한 고용보험료에 해당하는 기간으로 한다.

(11) 훈련연장급여(제51조)

직업안정기관의 장은 수급자격자의 연령·경력 등을 고려할 때 재취업을 위해 직업능력개발 훈련 등이 필요하면 그 수급자격자에게 직업능력개발 훈련 등을 받도록 지시할 수 있다. 직업안정기관의 장은 제1항에 따라 직업능력개발 훈련 등을 받도록 지시한 경우에는 수급자격자가 그 직업능력개발 훈련 등을 받는 기간 중 실업을 인정받은 날에 대하여는 소정급여일수를 초과하여 구직급여 지급을 연장할 수 있다. 이 경우 연장 지급하는 구직급여(이하 "훈련연장급여")의 지급 기간은 대통령령으로 정하는 2년(시행령 제72조)을 한도로 한다.

(12) 개별연장급여

직업안정기관의 장은 취업이 특히 곤란하고 생활이 어려운 수급자격자로서 대통령령으로 정하는 자에게는 실업의 인정을 받은 날에 대하여 소정급여일수를 초과하여 구직급여를 연장하여 지급할 수 있다. 이때 연장하여 지급하는 구직급여(이하 "개별연장급여")는 60일의 범위에서 대통령령으로 정하는 기한(시행령 제73조 제2항 최대한 60일로 하되, 일정 기간 실업급여를 반복하여 수급한 정도를 고려하여 고용노동부 장관이 정하는 기준에 따라 그 지급기간을 60일 미만으로 정할 수 있음) 동안 지급한다(제52조).

(13) 특별연장급여(제53조)

고용노동부 장관은 실업의 급증 등 대통령령으로 정하는 사유[27)]가 발생한 경우에는 60일의 범위에서 소정급여일수를 초과하여 구직급여를 연장하여 지급할 수 있다. 다만, 이직 후의 생활안정을 위한 일정 기준 이상의 소득이 있는 수급자격자

27) 시행령 제74조에 명시된 내용을 살펴보면 다음 사유 중 하나를 말한다. 단, 제1호부터 제3호까지의 경우는 그와 같은 상황이 계속될 것으로 예상되는 경우로 한정하고 있다. 첫째, 매월의 구직급여 지급을 받은 자의 수(법 제51조부터 제53조까지의 규정에 따라 훈련연장급여, 개별연장급여 또는 특별연장급여를 받는 자의 수는 제외)를 해당 월의 말일의 피보험자수로 나누어 얻은 비율이 연속하여 3개월 동안 각각 100분의 3을 초과하는 경우. 둘째, 매월의 수급자격 신청률이 연속하여 3개월 동안 100분의 1을 초과하는 경우. 셋째, 매월의 실업률이 연속하여 3개월 동안 100분의 6을 초과하는 경우. 넷째, 실업의 급증 등에 따른 고용사정의 급격한 악화로 고용정책심의회에서 법 제53조에 따른 특별연장급여의 지급이 필요하다고 의결한 경우.

등 고용노동부령으로 정하는 수급자격자는 제외한다(시행규칙 제97조). 고용노동부장관은 제1항에 따라 연장 지급하는 구직급여(이하 "특별연장급여")는 기한을 정해 지급해야 한다.

(14) 연장급여의 수급기간 및 구직급여일액(제54조)

제51조부터 제53조까지의 규정에 따른 연장급여를 지급하는 경우에 그 수급자격자의 수급기간은 제48조에 따른 그 수급자격자의 수급기간에 연장되는 구직급여일수를 더하여 산정한다. 제51조에 따라 훈련연장급여를 지급하는 경우에 그 일액은 해당 수급자격자의 구직급여일액으로 하고, 제52조 또는 제53조에 따라 개별연장급여 또는 특별연장급여의 경우 그 일액은 해당 수급자격자의 구직급여일액의 100분의 70으로 한다. 이에 따른 최저구직급여일액보다 낮은 경우에는 최저구직급여일액을 그 수급자격자의 구직급여일액으로 한다.

(15) 연장급여의 상호 조정 등(제55조)

제51조부터 제53조까지의 규정에 따른 연장급여는 제48조에 따라 그 수급자격자가 받을 수 있는 구직급여의 지급이 끝난 후에 지급한다. 훈련연장급여를 받는 수급자격자에게는 그 훈련연장급여의 지급이 끝난 후가 아니면 개별연장급여 및 특별연장급여를 지급하지 않는다.

개별연장급여 또는 특별연장급여를 받는 수급자격자가 훈련연장급여를 받으면 개별연장급여나 특별연장급여는 지급하지 않는다. 특별연장급여를 받는 수급자격자에게는 특별연장급여의 지급이 끝난 후가 아니면 개별연장급여를 지급하지 않고, 개별연장급여를 받는 수급자격자에게는 개별연장급여의 지급이 끝난 후가 아니면 특별연장급여를 지급하지 않는다.

(16) 국민연금 보험료의 지원(제55조의2)

구직급여를 받는 기간을 국민연금 가입기간으로 추가 산입하려는 수급자에게 국민연금 보험료의 일부를 지원할 수 있다. 지원금액은 연금보험료의 100분의 25의 범위로 한다.

(17) 지급일 및 지급 방법(제56조)

구직급여는 대통령령으로 정하는 바에 따라 실업의 인정을 받은 일수분(日數分)을 지급한다. 직업안정기관의 장은 각 수급자격자에 대한 구직급여를 지급할 날짜를 정하여 당사자에게 알려야 한다.[28)]

2) 취업촉진 수당

취업촉진 수당은 수급자격자가 안정된 직업에 재취직하거나 스스로 영리를 목적으로 하는 사업을 영위하는 경우로서 대통령령으로 정하는 기준에 해당되면 지급하는 것을 말한다. 해당되는 항목은 조기(早期)재취업 수당(제64조), 직업능력개발 수당(제65조), 광역 구직활동비(제66조), 이주비(제67조) 등 4가지로 나뉜다. 다만, 거짓이나 그 밖의 부정한 방법으로 실업급여를 받았거나 받으려 한 자에게는 그 급여를 받은 날 또는 받으려 한 날부터의 취업촉진 수당을 지급하지 않는다.

3) 자영업자인 피보험자에 대한 실업급여 적용의 특례

자영업자인 피보험자의 실업급여 종류는 제37조에 따른다. 다만, 제51조부터 제55조까지의 규정에 따른 연장급여와 제64조에 따른 조기재취업 수당은 제외한다(제69조의2). 폐업한 자영업자인 피보험자에게 구직급여를 지급하기 위해서는 다음 4가지 요건을 모두 갖춰야 한다(제69조의3).

① 폐업일 이전 24개월간 제41조 제1항 단서에 따라 자영업자인 피보험자로서 갖춘 피보험 단위기간이 통산(通算)하여 1년 이상일 것
② 근로의 의사와 능력이 있음에도 불구하고 취업을 하지 못한 상태에 있을 것
③ 폐업 사유가 제69조의7에 따른 수급자격의 제한 사유에 해당하지 아니할 것
④ 재취업을 위한 노력을 적극적으로 할 것

28) 구직급여의 세부항목 제57조~제63조까지는 김근홍(2017) 《알기 쉬운 사회복지법제론》 책자를 참고하면 알 수 있다.

(1) 기초일액(제69조의4)

자영업자인 피보험자이었던 수급자격자에 대한 기초일액은 수급자격과 관련된 피보험 기간 3년 기준으로 한다. 그러나 그 이상의 경우 폐업일 이전 3년의 피보험기간, 미만인 경우 수급자격과 관련된 피보험기간에 본인이 납부한 보험료의 산정기초가 되는 「보험료징수법」 제49조의2 제3항에 따라 고시된 보수액을 전부 합산한 후에 그 기간의 총 일수로 나눈 금액으로 한다. 다만 금액이 최저기초일액에 미치지 못할 경우 최저기초일액으로, 대통령령으로 정한 금액에 11만원을 초과하는 경우 그 정해진 금액으로 한다. 여기서 말하는 대통령령으로 정한 금액은 임금일액이 초과할 때 11만원으로 하되, 물가상승률과 경기변동, 임금상승률 등을 고려하여 조정이 필요하다고 판단되면 고용노동부 장관이 해당 금액의 변경을 고려하도록 하고 있다(시행령 제68조).

(2) 구직급여일액(제69조의5)

자영업자인 피보험자로서 폐업한 수급자격자에 대한 구직급여일액은 그 수급자격자의 기초일액의 100의 60을 곱한 금액으로 한다.

(3) 폐업 사유에 따른 수급자격의 제한(제69조의7)

제69조의3에도 불구하고 폐업한 자영업자인 피보험자가 수급자격을 얻지 못하는 경우는 다음 네 가지가 있다.

① 법령 위반으로 허가 취소를 받거나 영업 정지를 받아서 폐업한 경우
② 방화(放火) 등 피보험자 본인의 중대한 귀책사유로 고용노동부령으로 정하는 사유로 폐업한 경우
③ 매출액 등이 급격하게 감소하는 등 고용노동부령으로 정하는 사유가 아닌 경우로서 전직 또는 자영업을 다시 하기 위하여 폐업한 경우
④ 그 밖에 고용노동부령으로 정하는 정당한 사유에 해당하지 않는 사유로 폐업한 경우

(4) 자영업자인 피보험자에 대한 실업급여의 지급 제한(제69조의8)

고용노동부 장관은 보험료를 체납한 사람에게는 고용노동부령으로 정하는 바에 따라 실업급여를 지급하지 않을 수 있다.

4) 육아휴직 급여 등

고용노동부장관은 「남녀고용평등과 일·가정 양립 지원에 관한 법률」 제19조에 따른 육아휴직을 30일(「근로기준법」 제74조에 따른 출산전후휴가기간 90일과 중복되는 기간은 제외) 이상 부여받은 피보험자 중 육아휴직을 시작한 날 이전에 제41조에 따른 피보험 단위기간이 통산하여 180일 이상인 피보험자에게 육아휴직 급여를 지급한다(제70조).

육아휴직 급여를 받으려면 육아휴직을 시작한 날 이후 1개월부터 육아휴직이 끝난 날 이후 12개월 이내에 신청해야 한다. 다만, 해당 기간에 대통령령으로 정하는 사유로 육아휴직 급여를 신청할 수 없었던 사람은 그 사유가 끝난 후 30일 이내에 신청해야 한다(제70조). 육아근로시간 단축급여(제73조의2) 역시 이와 같다.

(1) 육아휴직의 확인(제71조)

사업주는 피보험자가 제70조에 따른 육아휴직 급여를 받으려는 경우 고용노동부령으로 정하는 바에 따라 사실의 확인 등 모든 절차에 적극 협력하여야 한다.

(2) 급여의 지급제한 등(제73조)

피보험자가 육아휴직 급여 기간에 그 사업에서 이직하거나 새로 취업한 경우에는 그 이직 또는 취업하였을 때부터 육아휴직 급여의 지급을 중단한다. 또 사업주로부터 육아휴직을 이유로 금품을 받으면 대통령령으로 정하는 바에 따라 급여를 감액하여 지급할 수 있다. 특히 거짓이나 그 밖의 부정한 방법으로 육아휴직 급여를 받았거나 받으려 한 자에게는 그 급여를 받은 날 또는 받으려 한 날부터의 육아휴직 급여를 지급하지 않는다. 다만, 그 급여와 관련된 육아휴직 이후에 새로 육아휴직 급여 요건을 갖추면 그 새로운 요건에 따른 육아휴직 급여는 그러지 않는다.

5) 출산전후휴가 급여(제75조)

고용노동부 장관은 「남녀고용평등과 일·가정 양립 지원에 관한 법률」 제18조와 「근로기준법」 제74조에 따른 출산전후휴가 또는 유산·사산휴가를 받은 피보험자와 「남녀고용평등과 일·가정 양립 지원에 관한 법률」 제18조의2에 따라 배우자 출산휴가를 받은 자가 출산전후휴가 급여 등을 받으려면 다음 2가지 요건을 모두 충족시켜야 한다.

① 휴가가 끝난 날 이전에 제41조에 따른 피보험 단위기간이 통산하여 180일 이상일 것

② 휴가를 시작한 날(출산전후휴가 또는 유산·사산휴가를 받은 피보험자가 속한 사업장이 우선지원 대상기업이 아닌 경우에는 휴가 시작 후 60일(한 번에 둘 이상의 자녀를 임신한 경우에는 75일)이 지난 날로 본다.) 이후 1개월부터 휴가가 끝난 날 이후 12개월 이내에 신청할 것. 다만, 그 기간에 대통령령으로 정하는 사유로 출산전후휴가 급여 등을 신청할 수 없던 자는 그 사유가 끝난 후 30일 이내에 신청하여야 한다.

사업주가 출산전후휴가 급여 등의 지급사유와 같은 사유로 그에 상당하는 금품을 근로자에게 미리 지급한 경우 그 금품이 출산전후휴가 급여 등을 대체하여 지급한 것으로 인정되면 그 사업주는 지급한 금액(제76조 제2항에 따른 상한액을 초과할 수 없다.)에 대하여 그 근로자의 출산전후휴가 급여 등을 받을 권리를 대위하여 대신 받을 수 있다(제75조의2).

출산전후휴가 급여 등은 「근로기준법」 제74조에 따른 휴가 기간에 대하여 '통상임금'(휴가를 시작한 날을 기준으로 산정)에 해당하는 금액을 지급한다. 다만, 제19조 제2항에 따라 근로자의 수 등이 대통령령으로 정하는 기준에 해당하는 기업이 아닌 경우에는 휴가 기간 중 60일(한 번에 둘 이상의 자녀를 임신한 경우에는 75일)을 초과한 일수(30일을 한도로 한다)로 한정한다(제76조). 지급 금액은 대통령령으로 상·하한선을 둘 수 있다. 시행령 제101조에 따르면 상·하한선은 다음과 같다.

① 상한액 : 다음의 사항을 고려하여 매년 고용노동부 장관이 고시하는 금액: 가. 출산전후휴가 급여 등 수급자들의 평균적인 통상임금 수준. 나. 물가상승률. 다. 「최저임금법」에 따른 최저임금. 라. 그 밖에 고용노동부 장관이 필요하다고 인정하는 사항

② 하한액 : 출산전후휴가 또는 유산·사산휴가기간 시작일 당시 적용되던 「최저임금법」에 따른 시간 단위에 해당하는 최저임금액(이하 "시간급 최저임금액")보다 그 근로자의 시간급 통상임금이 낮은 경우에는 시간급 최저임금액으로 계산

6) 소멸시효(보칙, 제107조)

규정에 따른 지원금·실업급여·육아휴직 급여 또는 출산전후휴가 급여 등을 받거나 그 반환을 받을 권리는 3년간 행사하지 않으면 소멸한다.

6. 벌칙

사업주와 공모하여 거짓이나 그 밖의 부정한 방법으로 고용안정·직업능력개발 사업의 지원금, 실업급여, 육아휴직 급여, 육아기 근로시간 단축 급여 및 출산전후휴가 급여 등을 받은 자와 그 사업주는 각각 5년 이하의 징역 또는 5천만원 이하의 벌금에 처한다. 사업주는 근로자가 제17조에 따른 확인의 청구를 한 것을 이유로 그 근로자에게 해고나 그 밖의 불이익한 처우를 한 사업주는 3년 이하의 징역 또는 3천만원 이하의 벌금에 처한다. 거짓이나 그 밖의 부정한 방법으로 실업급여·육아휴직 급여 및 출산전후휴가 급여 등을 받은 자 역시 3년 이하의 징역 또는 3천만원 이하의 벌금에 처한다.

CHAPTER

05

공공부조

CHAPTER

05 공공부조

1절 공공부조의 법률 체계

1. 사회보장과 공공부조

「사회보장기본법」 제3조 제1항의 정의에 따르면 공공부조란 사회보험과 사회서비스와 함께 사회보장의 한 축이다. 공공부조(公共扶助)란 국가와 지방자치단체의 책임으로 생활 유지 능력이 없거나 생활이 어려운 국민의 최저생활을 보장하고 자립을 지원하는 제도다(제3조 제3항). 평생사회안전망에서 사회적 취약계층을 위한 최저생활을 보장하는 게 공공부조이기도 하다(제22조 제2항).

사회보장의 세 개 축은 각기 나름의 특색이 있다. 주체의 측면에서 사회보험은 국가의 책임으로 시행하고, 공공부조와 사회서비스는 국가와 지방자치단체의 책임으로 시행하는 것을 원칙으로 한다. 다만, 국가와 지방자치단체의 재정 형편 등을 고려하여 이를 협의 · 조정한다(제25조). 사회서비스는 민간에서도 서비스 시행 주체로 참여한다. 비용부담의 측면에서 사회보험은 사용자와 피용자(被傭者) 및 자영업자가 부담하되 국가가 비용 일부를 부담한다(제28조 제1항). 국가의 보조가 있지만 대체로 비용을 대고 그 대가를 받는 방식이다. 사회서비스에서도 부담 능력이 있는 국민이라면 서비스 수익자가 비용을 부담하되, 국가가 일부를 부담할 수 있다(제3항). 그에 반해 법령에서 정하는 일정 소득수준에 이르지 못한 국민은 공공부조에서 비용의 전부 또는 일부를 부담한다(제2항).

「공공부조법」은 따로 존재하지 않고, 공공부조 사업을 규정하는 법률, 곧 공공부조 관련법률들이 존재한다. 따라서 이러한 법률들을 따로 공공부조로 범주화하지 않고 작성한 책들도 많다(김수정, 2019; 윤찬영, 2017 등). 하지만 사회복지법을 3가지로 분류(사회보험 - 공공부조 - 사회복지서비스)하는 것이 타당하다면, 「국민기초생활보장법」, 「의료급여법」, 「기초연금법」과 아울러 「긴급복지지원법」, 「장애인연금법」을 공공부조 관련법률에 포함시키는 것도 의미가 있을 것이다.[1] 이 책에서는 국민 누구에게도 보편적으로 적용되고 있는 「국민기초생활보장법」, 「의료급여법」, 「긴급복지지원법」 그리고 「기초연금법」을 우선 다루었다.

표 5-1 사회보장(사회복지)의 3대 축 비교

구분	사회보장		
	사회보험	공공부조	사회서비스
대상	원칙은 전 국민 대상이지만 현실적으로는 근로자, 자영업자 등 일정 소득이 있는 사람과 그 가족(종류에 따라 대상 폭 다름)	사회보험료 납부 부담이 어려운 사회적 취약계층	서비스가 필요한 사람들 모두(현실적으로 해당 요건을 갖춘 사람들만 국가 보조)
주체	국가	국가와 지방자치단체	국가와 지방자치단체 민간부문
비용부담	사용자의 부담금과 피용자 및 자영업자의 보험료와 일부 국가보조	국가와 지방자치단체(부담 비율은 재정 형편 고려)	서비스 수혜자와 국가의 보조, 일부. 사회보험(노인장기요양보험, 상해보험, 건강보험)

2. 공공부조의 원칙

국가의 책임으로 국민 저마다 인간적인 삶, 문화적인 생활이 가능하도록 보장한다는 것이 공공부조의 제1원칙에 해당한다. 이것은 이어지는 보충성의 원칙과 신청 우선주의 원칙에서 충돌하는 면이 있다. 인간적이고 문화적인 삶과 최저생활보장은 이상 차원에서 조화를 이루어 문화적이고 인간적인 생활을 할 수 있는

1) 남기민 · 홍성로(2014)의 경우 앞의 셋만 공공부조 범주에서 살피고, 황인옥 외(2011)에서는 「장애인연금법」까지 다섯 가지 모두를 공공부조에 포함시켰다(황인옥 외, 2011).

최저한의 생활을 보장한다는 이야기지만, 현실에서 최저생활보장이란 문화적이라거나 인간적인 생활과는 거리가 있다. 물론 문화적, 인간적이란 기준에 대한 척도는 가치관에 따라 다르지만, 현실적으로(주거비가 남다른 수도권에서) 1인 가족이 1,054,317원(2020년)으로 문화적이고 인간적인 생활 수준을 유지하기란 쉽지 않아 보인다. 그런데 이 정도 금액을 넘어서면 현실의 법 시행에서는 보충성 원리와 상충한다고 보는 사람이 많다. 그래서 생존권 보장의 원리라고도 한다. 여기에는 평등 보장의 원리가 따른다. 성별이 어떻든지 그리고 장애인이든 소수자든 국민이라면 누구나 평등하게 보장하는 원리다.

원칙인 보충성의 원칙 차원에서 개인과 개인이 속한 가계에서 최대한 해결하고, 그래도 모자란 부분만 공공부조를 이용할 수 있다는 의미이다. 그래서 자산이 있으면 그걸 쓰거나 팔아야 하고, 근로 능력이 있으면 활용해야 한다. 거기에다 부양의무자의 의무가 먼저이기에, 친족부양 우선의 원칙이라고도 한다. 또 하나 타법 우선의 원칙이 있다. 거의 모든 법률은 적어도 해당 영역에서 타법보다 해당 법이 우선한다고 규정되어 있다. 그러나 공공급여의 경우 타법이 우선한다. 다른 법에서 하는 지원을 먼저 활용하고, 그래도 모자랄 때 비로소 공공급여에 해당하는 법률들을 적용한다는 말이다. 물론 긴급한 사정이 있으면 보충성 원리의 적용을 멈추고 긴급보호가 작동하기도 한다.

공공급여를 받기 위해서는 신청을 해야 한다는 원칙이 바로 신청주의다. 현실에서 보자면 당연해 보이기는 하지만, 그러나 이러한 원칙 때문에 같이 살지도 않고 아무 혜택도 없는 서류상의 부양의무자가 존재한다는 이유만으로 수급권을 인정받지 못하는 경우가 많다. 물론 부당수급자가 없지 않겠고, 그런 원칙마저 느슨해지면 그 수가 더 는다는 것도 엄연한 현실이다. 아울러 신청을 하지도 않았는데 찾아다니며 줄 수 있는 인력이나 재원 등이 넉넉하지 않은 현실에서 신청을 전제조건으로 내건 것은 불가피한 일이다. 신청한 후에는 다시 보충성 원리와 연계하여 조사의 원칙이 작동한다. 또 빈곤의 정도나 욕구의 종류와 정도에 따른 급여의 필요 상응의 원칙과도 이어진다.

더불어 세대 또는 개별가구 단위의 원칙이 있다. 재산과 소득 조사는 물론이고 공공급여 역시 가구 단위, 세대 단위로 이루어진다. 필요하다고 인정할 때에만 개인 단위로 한다.

직무상 알게 된 비밀을 누설하거나 다른 용도로 사용한 자는 1년 이하의 징역 또는 1천만원 이하의 벌금에 처하는 것도 공공부조의 법뿐 아니라 대부분의 법에서 공통적으로 보여지는 모습이다.

2절 국민기초생활보장법

1. 법의 목적, 개념 정의, 연혁

1) 목적

생활이 어려운 사람의 최저생활을 보장하고 자활을 돕는 것이 목적이다. 최저생활의 보장과 자활지원은 최저생활의 보장이 있고 나서야 자활도 가능하다고 해석할 수 있고, 자활에 나서도록 또는 그럴 정도로 최저생활을 보장한다고 해석할 수도 있다. 아무튼, 자활의 지원은 근로장려금의 도입 계기가 되기도 하였다. 이 제도는 일정 금액 이하의 저소득 근로자가구에 근로소득 금액에 따라 산정된 근로장려금을 세금환급의 형태로 지급하는 근로연계형 소득지원제도를 의미한다. 취지는 근로 빈곤층에게 일할 의욕을 키우고 실질소득을 지원하여 능동적이고 예방적으로 빈곤에서 탈출하는 동시에 극빈층으로의 추락을 방지하자는 것이다. 따라서 차상위계층을 위한, 이른바 '3중 사회안전망'으로 자리를 잡았다.

2) 개념 정의

「국민기초생활보장법」에서 사용하는 주요 용어의 개념 정의와 관련법규는 〈표 5-2〉와 같다.

표 5-2 국민기초생활보장법의 주요 용어 개념

용어	개념 정의(관련법규)
보장기관	급여를 담당하는 국가 또는 지방자치단체
부양의무자	수급권자를 부양할 책임이 있는 사람으로 수급권자의 1촌 직계혈족과 그 배우자. 다만 사망한 1촌의 직계혈족의 배우자는 제외
최저생계비	국민이 건강하고 문화적인 생활 유지를 위해 필요한 최소한의 비용. 제20조의2 제4항에 따라 보건복지부 장관이 계측
최저보장수준	국민의 소득, 지출 수준과 수급권자의 가구 유형 등 생활실태, 물가상승률 등을 고려하여 급여의 종류별로 공표하는 금액이나 보장수준

용어	개념 정의(관련법규)
개별가구	급여를 받거나 이 법에 따른 자격요건에 부합하는지 조사 대상의 기본단위로서 수급자 또는 수급권자로 구성된 가구. 이는 대통령령으로 정함
소득인정액	보장기관이 급여의 결정과 제공 등에 사용하기 위하여 산출한 개별가구의 소득평가액과 재산의 소득환산액을 합산한 금액
재산의 소득환산액	개별가구의 재산가액에서 기본재산액(기초생활의 유지에 필요하다고 보건복지부 장관이 정하여 고시하는 재산액)과 부채를 공제한 금액에 소득환산율을 곱하여 산정. 이 경우 소득으로 환산하는 재산의 범위에는 일반재산(금융재산과 자동차 제외한 재산), 금융재산, 자동차 등을 포함
차상위계층	수급권자(제14조의2에 따라 수급권자로 보는 사람은 제외)에 해당하지 않는 계층이면서 소득인정액이 대통령령으로 정하는 기준을 밑도는 계층
기준중위소득	보건복지부 장관이 급여의 기준 등에 활용하기 위하여 제20조 제2항에 따른 중앙생활보장위원회의 심의 의결을 거쳐 고시하는 국민소득의 중위 값

3) 법의 연혁

「국민기초생활보장법」과 관련된 주요 연혁은 〈표 5-3〉과 같다.

표 5-3 국민기초생활보장법의 주요 연혁

제정/시행년도	주요 내용
1999/2000 제정	• 법률 제6024호 「국민기초생활보장법」 제정 • 저소득 국민, 영세 도시빈민, 실업자 등을 지원해 빈곤문제에 대한 사회안전망의 기초를 튼튼히 하는 한편, 빈곤가구별로 자활지원 계획을 수립하고 그에 맞는 자활 급여로 빈곤의 장기화 방지
2004/04, 05 일부 개정	• 최저생계비 결정을 위해 수급권자의 생활실태에 가구 유형 포함 • 생활 실태 반영의 정확성을 위해 최저생계비 계측 조사 주기 5년에서 3년으로 단축
2005/07 일부 개정	• 제도 운영의 내실화 위해 부양의무자 범위 축소(1촌의 직계혈족과 그 배우자)와 수급대상자 확대 • 급여지급 기본단위인 개별가구의 개념 규정 명확화 • 국내 체류 외국인 중 한국인과 결혼하여 한국 국적의 미성년자 자녀 양육자도 수급권자 포함
2006/07 일부 개정	• 수급권자 기준 밖이지만 생활이 어려운 차상위계층의 주거, 교육, 의료, 장제, 자활 등 부분급여 지급으로 사회안전망 강화 • 중앙자활센터 설치 • 지역 자활기관협의체 설치 • 자활급여 대상자의 특성과 욕구를 고려한 다양한 자활지원 프로그램 • 상시근로자의 일정 비율 이상을 수급자로 채용하는 기업에 대한 지원-수급자 고용 촉진(대통령령) • 보장 재원 충당 위한 보장기금(보장기관에서 적립)을 자활기금으로 개명하고, 관리 운영을 비영리법인 등에 위탁
2007/08 일부 개정	• 수급권자와 부양의무자의 재산과 소득 파악의 정확성과 효율성 강화 위한 금융정보 조회 절차의 간소화(금융, 신용, 보험정보 제공에 서면동의 제출 의무화)

제정/ 시행년도	주요 내용
	• 기초생활보장사업 비용에 대한 국가와 시·군·구 사이의 분담 비율 조정-시·군·구의 재정부담 불균형 해소
2009 일부 개정	• 신용정보 주체의 자기 정보 통제권 보강으로 개인의 사생활 보호 강화 – 신용정보 보호를 위한 엄격한 내부통제 절차 마련과 신용정보 활용 책임성 제고
2011 일부 개정	• 거용지원서비스 연계-수급자의 취업으로 해당 기구에 필요해진 아동·노인 등에 대한 사회서비스 지원 • 자활에 필요한 자산 형성을 위한 지원과 교육 • 급여의 지정 계좌 입금과 압류 금지
2012 일부	• 중앙자활센터 사업에 수급자와 차상위자에 대한 취업, 창업, 자활 촉진프로그램 개발과 지원 추가
2014/15 일부 개정	• 부양의무자가 부양 능력이 없거나 부양받을 수 없는 경우의 구체적인 기준 명시 • 주거급여: 국토교통부로, 교육급여: 교육부 • 교육급여 수급권자 선정 시 교육급여와 교육비 지원 연계 • 통합을 위하여 부양의무자 기준 삭제(제12조의2 신설) • 의료급여 선정기준을 기준 중위소득의 100분의 40 이상 • 자활센터의 사업 수행기관에 사회적협동조합 추가 • 수급자와 차상위자의 자활촉진을 위한 교육 • 급여의 종류별 수급자 선정기준과 최저보장수준 결정 • 실태조사와 급여별 누락·중복, 차상의 계층 지원사업의 조정 • 3년마다 기초생활보장 기본계획 수립 → 보건복지부 장관 제출 → 기초생활보장 종합계획 수립 → 중앙생활보장위원회 심의 • 보장시설의 종류 구체화 • 처벌 강화로 징역 1년당 1천만원의 비율
2016 일부 개정	• 공무원: 수급권자가 정보의 부족으로 불리한 처지에 놓이지 않도록 쉽게 설명하고, 급여신청의 철회나 포기 유도 행위 금지 • 사회복지전담공무원의 신청자 조사 – 기초생활수급권 권리의 보호와 합리적인 조사
2017 일부 개정	• 정보(금융, 신용, 보험 등)의 목적 외 사용과 제공, 누설 등에 대한 벌칙 수준 강화와 통일(5년 이하 징역 또는 5천만원 이하 벌금) • 수급권자 소득과 재산 조사에 자동차 의무보험 가입관리전산망 추가 • 이의신청 기간 60일에서 90일로 연장
2018 일부	• 급여수급계좌에 지방자치단체의 급여 포함하고 부가 급여 압류 금지
2019 일부 개정	• 2018년 기준 중앙자활센터(1개), 광역자활센터(14개), 지역자활센터(249) 간의 효율적인 자립, 자활지원을 위해 자활기금 재원으로 사업의 즉각적 실시, 자활자원 사업의 수행과 관리 및 효과 분석에 필요한 자료와 정비를 처리, 기록, 관리하는 자활자원사업통합정보전산망 구축, 운영(보건복지부 장관) • 중앙자활센터 명칭 한국자활복지개발원으로 변경하고 그 안에 한국자활연수원을 둠 • 보장기관 자활기금 적립 의무화 • 국가의 한국자활복지개발원 설립과 운영에 경비 보조나 출연 가능 • 실제 부양받지 못하는 아동이 친부모 소득 발생 등으로 피해를 당하지 않도록 함 • 대리 수령자가 해당 급여 목적 외 사용 – 1년 이하의 징역, 1천만원 벌금, 구류 또는 과료
2019/20	• 수급권자의 알권리 강화 – 생계급여 실시 여부와 내용 결정 통보할 때 급여 산출 근거 포함
2020	• 2022년까지 생계급여 부양의무자 기준 폐지

2. 수급권

수급자는 「국민기초생활보장법」에 따른 급여를 받는 사람이며, 수급권자란 이 법에 따른 급여를 받을 수 있는 자격을 가진 사람을 의미한다(제2조 제1항~제2항). 「국민기초생활보장법」에 따른 수급권자에 해당하지 않아도 생활이 어려운 사람으로서 일정 기간 이 법에서 정하는 급여의 일부 또는 전부가 필요하다고 보건복지부장관 또는 소관 중앙행정기관의 장이 정하는 사람도 수급권자로 본다(제14조의2).

1) 수급자의 권리

급여변경의 금지와 압류 금지가 있다. 수급자에 대한 급여는 정당한 사유 없이 수급자에게 불리하게 변경할 수 없다(제34조). 또 수급자에게 지급된 수급품(제4조 제4항에 따라 지방자치단체가 실시하는 급여 포함)과 이를 받을 권리와 제27조의2 제1항에 따라 지정된 급여수급계좌의 예금에 관한 채권은 압류할 수 없다(제35조). 특히 신청한 결과에 대한 결정에 이의가 있으면 이의신청할 수 있다.

2) 수급자의 의무

양도금지와 신고의 의무로 나뉜다. 수급자는 급여를 받을 권리를 타인에게 양도할 수 없다(제36조). 거주 지역이나 세대의 구성 또는 임대차계약이 변동되거나 제22조 제1항 각호의 사항이 현저하게 변동되면 수급자는 곧바로 관할 보장기관에 신고해야 한다(제37조).

3) 수급 관련한 벌칙

금융정보와 관련한 제23조의2 제6항을 위반하여 금융정보를 사용·제공 또는 누설한 자는 5년 이하의 징역 또는 5천만원 이하의 벌금에 처한다(제48조). 또한 제22조 제6항(제23조 제2항에서 준용하는 경우를 포함)을 위반하여 정보 또는 자료를 사용하거나 제공한 자는 3년 이하의 징역 또는 3천만원 이하의 벌금에 처한다.

거짓이나 부정한 방법으로 급여를 받거나 다른 사람이 받도록 한 사람, 목적(제27조의3 제3항) 외의 용도로 사용한 사람은 부정 수급으로 1년 이하의 징역, 1천만 원 이하의 벌금, 구류 또는 과료에 처한다. 수급자의 급여 위탁을 정당한 사유 없이 거부하거나 종교상의 행위를 강제해도 300만원 이하의 벌금, 구류 또는 과료에 처한다(제50조, 제33조 제5항).

4) 외국인에 대한 특례

국내에 체류하고 있는 외국인 중 대한민국 국민과 혼인하여 본인 또는 배우자가 임신 중이거나 대한민국 국적의 미성년 자녀를 양육하고 있거나 배우자의 대한민국 국적인 직계존속(直系尊屬)과 생계나 주거를 같이하고 있는 사람으로서 대통령령으로 정하는 사람이 이 법에 따른 급여를 받을 수 있는 자격을 가진 경우에는 수급권자가 된다(제5조의2).

3. 급여의 기준, 종류

1) 급여의 기준

급여의 기본원칙은 앞에 공공급여의 원칙과 같다. 급여의 기준은 건강하고 문화적인 최저생활을 유지할 수 있는 정도(제4조 제1항)이어야 하는 게 이상적 원칙이다. 그러나 수급자의 나이, 가구 규모, 거주 지역, 그 밖의 생활 여건 등을 고려해 급여 종류별로 보건복지부 장관이나 급여를 지급하는 중앙행정기관의 장이 보건복지부 장관과 합의하여 정한다(제4조 제2항). 지방자치단체인 보장기관은 조례를 통해 이렇게 정하는 급여의 범위와 수준을 초과하여 급여를 제공할 수 있다(제4항).

결국 현실의 급여기준은 최저보장수준이다. 최저보장수준은 보건복지부 장관 또는 소관 중앙행정기관의 장이 결정하는데, 이때 급여 종류별 수급자 선정기준과 최저보장수준을 고려해야 한다. 다음 연도의 급여 종류별 수급자 선정기준과 최저보장수준은 매년 8월 1일까지 제20조 제2항에 따른 중앙생활보장위원회의 심의·의결을 거쳐 공표한다(제6조).[2)]

2) 급여의 종류

「국민기초생활보장법」에서 규정하고 있는 급여의 종류는 생계급여, 주거급여, 의료급여, 교육급여, 해산급여, 장제급여, 자활급여 등 7가지이다. 수급권자에 대한 급여는 수급자의 필요에 따라 7가지 급여의 전부 또는 일부를 실시하는 것이다. 차상위계층에 속하는 사람에 대한 급여는 보장기관이 차상위계층의 가구별 생활여건을 고려하여 예산의 범위에서 급여의 전부 또는 일부를 실시할 수 있다(제7조).

(1) **생계급여**(제8조)

수급자에게 의복, 음식물 및 연료비와 그 밖에 일상생활에 기본적으로 필요한 금품을 지급하여 그 생계를 유지하게 하는 것이다. 부양의무자가 없거나, 부양의무자가 있어도 부양 능력이 없거나 부양을 받을 수 없으면서 소득인정액이 중앙생활보장위원회의 심의 · 의결을 거쳐 결정하는 금액을 밑도는 사람이 수급권자다. 생계급여의 선정기준은 기준 중위소득의 100분의 30 이상이다. 따라서 생계급여 최저보장수준은 생계급여와 소득인정액을 포함하여 생계급여 선정기준 이상이 되도록 하여야 한다.

부양 능력이 없다고 보는 기준은 세 가지다. 첫째, 기준 중위소득수준을 고려하여 대통령령으로 정하는 소득 · 재산 기준의 미만. 둘째, 직계존속 또는 「장애인연금법」의 중증장애인인 직계비속을 자신의 주거에서 부양하는 자로 보건복지부 장관이 정하여 고시하는 경우. 셋째, 질병, 교육, 가구 특성 등으로 부양 능력이 없다고 보건복지부 장관이 정한 경우(제8조의2 제1항).

부양의무자가 다음 8가지 경우일 때 부양을 받을 수 없는 것으로 본다. ① 「병역법」에 따라 징집 혹은 소집된 경우 ② 「해외이주법」에 따른 해외 이주자에 해당할 때 ③ 「형의 집행 및 수용자의 처우에 관한 법률」이나 「치료 감호법」 등에 따른 교도소, 구치소, 치료감호시설 등에 수용 중일 때 ④ 실종선고 절차가 진행 중

2) 여기에 필요한 기준 중위소득(제6조의2)과 소득인정액의 산정과 재산의 소득 환산액(제6조의3) 등은 1.2) 개념 정의를 참조하면 된다.

일 때 ⑤ 제32조의 보장시설에서 급여를 받을 때 ⑥ 가출 또는 행방불명으로 경찰서 등 행정관청에 신고된 후 1개월이 지났거나 가출 또는 행방불명 사실을 특별자치시장 · 특별 자치도지사 · 시장 · 군수 · 구청장이 확인한 경우 ⑦ 부양을 기피하거나 거부하는 경우 ⑧ 그 밖에 부양을 받을 수 없다고 보건복지부 장관이 정하는 경우(제8조의2 제2항). 아동이 부양 대상이지만 보호조치 상태라면 부양을 받을 수 없는 것으로 본다(제3항).

생계급여는 금전 지급을 기본으로 하지만, 그럴 수 없거나 그것이 적당하지 않다고 인정되면 물품으로 지급할 수도 있다. 여기서 지급되는 금전과 물품을 합쳐 수급품이라 한다. 수급품은 대통령령으로 정하는 바에 따라 매월 정기적으로 지급해야 한다.[3] 수급품은 주거지에서 수급자 본인에게 직접 지급하여 주거급여와 연계하는 것이 원칙이지만, 제10조 제1항 단서(주거가 없거나, 있어도 급여 목적 달성이 어려울 때 또는 수급자가 희망할 때)에 따라 제32조에 따른 보장시설이나 타인의 가정에 위탁하여 생계급여를 실시할 때는 그 위탁받은 사람에게 지급할 수 있다. 이 경우 보장기관은 보건복지부 장관이 정하는 바에 따라 정기적으로 수급자의 수급 여부를 확인해야 한다.

생계급여는 보건복지부 장관이 정하는 바에 따라 수급자의 소득인정액 등을 고려하여 차등지급할 수 있다. 보장기관은 대통령령으로 정하는 바에 따라 근로 능력이 있는 수급자(시행령 제7조: 18세 이상 64세 이하의 수급자. 제외: 중증장애자, 지자체장이 근로 능력 없다고 판정한 경우)에게 자활에 필요한 사업에 참여하는 조건으로 생계급여를 할 수 있다. 보장기관은 제28조에 따른 자활지원계획을 고려하여 조건을 제시해야 한다(제9조, 제10조).

(2) **주거급여**(제11조)

수급자에게 주거 안정에 필요한 임차료, 유지 · 수선비, 그 밖의 수급품을 지급하는 것이다. 주거급여에 관하여 필요한 사항은 국토교통부에서 주관하는 「주거급

---

3) 매월 20일(토요일이거나 공휴일이면 그 전날)에 금융회사나 우편관서의 수급자 명의의 지정된 계좌에 입금한다(시행령 제6조).

여법」(2014 제정)에 따른다.[4] 그 법에서 주거급여 선정기준은 기준 중위소득의 100분의 43 이상이다(제5조 수급권자의 범위).

(3) **교육급여**(제12조)

수급자에게 입학금, 수업료, 학용품비, 그 밖의 수급품을 지급하는 급여를 말한다. 교육급여는 교육부 장관 소관이며, 수급권자는 부양의무자가 없거나, 부양의무자가 있어도 부양 능력이 없거나 부양을 받을 수 없는 사람으로서 그 소득인정액이 중앙생활보장위원회의 심의·의결을 거쳐 결정하는 금액(교육급여 선정기준)을 밑도는 사람이다. 이에 따른 선정기준은 기준 중위소득의 100분의 50 이상으로 한다. 교육급여의 신청과 지급 등에 대하여는 「초·중등교육법」에 따른 교육비 지원 절차를 준용한다.

(4) **의료급여**(제12조의3)

수급자에게 건강한 생활을 유지하는 데 필요한 각종 검사와 치료 등을 지급하는 급여다. 의료급여 수급권자 선정기준은 기준 중위소득의 100분의 40 이상으로 한다. 의료급여에 필요한 사항은 「의료급여법」(2011년; 1977년 제정된 「의료보호법」의 전부 개정)에서 따로 정한다.

(5) **해산급여**(제13조)

수급자에게 조산(助産)과 분만 전과 분만 후에 필요한 조치와 보호를 제공하는 급여다. 위의 생계, 주거, 의료급여 중 하나 이상의 급여를 받는 사람을 대상으로 한다. 보건복지부령으로 정하는 바에 따라 보장기관이 지정하는 의료기관에 위탁하여 실시할 수 있다. 해산급여에 필요한 수급품은 보건복지부령으로 정하는 바에 따라 수급자나 그 세대주 또는 세대주에 준하는 사람에게 지급한다. 다만, 제2항에 따라 그 급여를 의료기관에 위탁하는 경우에는 수급품을 해당 의료기관에 지급할 수 있다.

---

4) 보장기관은 수급자 거주지 관할 시장·도지사·군수·구청장이며, 급여의 조사와 결정과 실시는 사회복지전담공무원이다(같은 법 제6조).

(6) 장제급여(제14조)

장제급여는 위의 생계, 주거, 의료급여 중 하나 이상의 급여를 받는 자가 사망하면 사체의 검안(檢案) · 운반 · 화장 또는 매장을 비롯한 기타 장제조치를 하는 급여다. 장제급여는 보건복지부령으로 정하는 바에 따라 실제로 장제를 실시하는 사람에게 장제에 필요한 비용을 지급하는 게 원칙이다.[5] 다만, 그 비용을 지급할 수 없거나 비용을 지급하는 것이 적당하지 않다고 인정하면 물품을 지급할 수 있다.

(7) 자활급여(제15조)

수급자의 자활을 돕기 위한 급여로 여기에는 다음 8가지가 있다. ① 자활에 필요한 금품의 지급이나 대여 ② 자활에 필요한 근로 능력의 향상과 기능습득의 지원 ③ 취업 알선 등 정보의 제공 ④ 자활을 위한 근로 기회 제공 ⑤ 자활에 필요한 시설과 장비의 대여 ⑥ 창업교육, 기능훈련, 기술 · 경영 지도 등 창업지원 ⑦ 자활에 필요한 자산형성 지원 ⑧ 그 밖에 대통령령으로 정하는 자활을 위한 각종 지원.

자활급여는 관련 공공기관 · 비영리법인 · 시설과 그 밖에 대통령령으로 정하는 기관에 위탁해 실시하고, 그 비용을 보장기관이 부담할 수 있다.

4. 급여

수급권자에 대한 급여는 수급자의 필요에 따라 7가지 급여의 전부 또는 일부를 실시할 수 있다.

차상위계층에 속하는 사람(이하 "차상위자")에 대한 급여는 보장기관이 차상위자의 가구별 생활여건을 고려하여 예산의 범위에서 주거급여, 의료급여, 교육급여

---

5) 같은 법 제14조 제2항에 따라 장제에 필요한 비용을 받으려는 자는 장제급여지급신청서(전자문서로 된 신청서를 포함)를 거주지 관할 시장 · 군수 · 구청장에게 제출해야 한다. 지방자치단체장은 단독가구주(單獨家口主)의 사망처럼 불가피한 경우에 직접 장제를 실시할 수 있는 사람을 지정하여 장제급여를 할 수 있다(시행규칙 제18조).

및 장제급여와 자활급여 등의 전부 또는 일부가 될 수 있다. 이 경우 차상위자에 대한 급여의 기준 및 절차 등에 관하여 필요한 사항은 대통령령으로 정한다(시행령 제5조의5 참조).

1) 급여의 신청(제21조)

수급권자와 그 친족, 그 밖의 관계인은 관할시장 · 군수 · 구청장에게 수급권자에 대한 급여를 신청할 수 있다. 차상위자가 급여를 신청할 때도 마찬가지다. 사회복지 전담공무원은 이 법에 따른 급여가 필요한 사람이 누락되지 않도록 관할지역에 거주하는 수급권자에 대한 급여를 직권으로 신청할 수 있다. 이때 수급권자의 동의가 있어야 하며, 수급권자의 동의는 수급권자의 신청으로 보며, 수급권자와 부양의무자는 금융, 신용, 보험 등 세 가지 정보의 제공에 대한 서면동의를 제출해야 한다.

수급권자 등이 급여를 신청하면 사회복지 전담공무원은 신청한 사람이 급여에 관한 정보의 부족 등으로 불리해지지 않도록 수급권자의 선정기준, 급여의 내용과 신청 방법 등을 알기 쉽게 설명하여야 한다. 시장 · 군수 · 구청장은 신청자에게 급여 신청의 철회나 포기를 유도하는 행위를 해서는 안 된다. 급여의 신청방법과 절차 등에 필요한 사항은 보건복지부령으로 정한다. 보험정보에 따른 동의와 방법 · 절차 등에 관하여 필요한 사항은 대통령령으로 정한다.

2) 급여신청에 따른 조사(제22조)

위의 급여신청이 있으면 사회복지 전담 공무원이 급여의 결정과 실시 등에 필요한 사항(부양의무자 유무와 부양 능력, 소득과 재산, 근로 능력과 취업상태, 건강 상태 등 생활실태 등)을 조사하거나 수급권자에게 보장기관이 지정하는 의료기관에서 검진을 받게 할 수 있다.

시장 · 군수 · 구청장은 위의 필요한 자료를 확보하기 어려우면 보건복지부령으로 정하는 바에 따라 수급권자 또는 부양의무자에게 필요한 자료의 제출을 요구할 수 있다. 또 시장 · 군수 · 구청장은 급여의 결정 또는 실시 등을 위하여 필요한 경우에는 조사를 관계기관에 위촉하거나 수급권자 또는 그 부양의무자의 고용주, 그 밖의 관계인에게 이에 관한 자료의 제출을 요청할 수 있다. 이를 위해 금융 · 국세 · 지방세 · 토지 · 건물 · 자동차 · 건강보험 · 국민연금 · 고용보험 · 출입국 · 병무 · 교정 등 관련 전산망 또는 자료를 이용하고자 할 때는 관계기관의 장에게 협조를 요청할 수 있다. 이 경우 관계기관의 장은 정당한 사유가 없는 한 협조해야 한다. 조사하는 사회복지 전담공무원의 조사와 정보 자료 처리 방식은 다른 법의 조사 과정과 같다.

3) 확인조사(제23조)

시장 · 군수 · 구청장은 수급 자격과 급여의 적정성을 확인하기 위하여 매년 연간조사계획을 수립하고 관할구역의 수급자를 대상으로 제22조 제1항 각호의 사항을 매년 1회 이상 정기적으로 조사해야 하며, 특히 필요하다고 인정하는 경우에는 보장기관이 지정하는 의료기관에서 검진을 받게 할 수 있다. 다만, 보건복지부 장관이 정하는 사항은 분기마다 조사해야 한다.

보장기관은 수급자 또는 부양의무자가 자료제출 요구를 2회 이상 거부 · 방해 또는 기피하거나 검진 지시에 따르지 않으면 급여 결정을 취소하거나 급여를 정지 또는 중지할 수 있다.

4) 차상위계층에 대한 조사(제24조)

시장 · 군수 · 구청장은 급여의 종류별 수급자 선정기준의 변경 등에 의하여 수급권자의 범위가 변동함에 따라 다음 연도에 이 법에 따른 급여가 필요할 것으로 예측되는 수급권자의 규모를 조사하기 위하여 보건복지부령으로 정하는 바에 따라 차상위계층에 대해 조사할 수 있다. 이때 조사대상자의 동의를 받아야 하며, 조사대상자의 동의는 다음 연도의 급여신청으로 본다. 조사대상자의 자료제출, 조사의 위촉, 관련 전산망의 이용, 그 밖에 차상위계층에 대한 조사를 위하여 필요한 사항에 관하여는 제22조 제2항부터 제7항까지의 규정을 준용한다.

5) 조사 결과의 보고 등(제25조)

위의 제22조, 제23조, 제23조의2 및 제24조에 따라 수급권자, 수급자, 부양의무자 및 차상위계층을 조사한 시장·군수·구청장은 그 결과를 관할 시·도지사에게 보고하고, 보고를 받은 시·도지사는 이를 다시 보건복지부 장관이나 소관 행정기관의 장에게 보고해야 한다. 시·도지사가 조사한 경우도 마찬가지다.

6) 급여의 결정(제26조)

제22조(신청에 의한 조사)에 따라 조사가 이루어지면 시장·군수·구청장은 급여 실시 여부와 급여의 내용을 결정해야 한다. 제24조에 따라 차상위계층을 조사했을 때에도 제27조 제1항 단서에 규정된 급여개시일이 속하는 달에 급여 실시 여부와 급여 내용을 결정해야 한다. 그렇게 결정이 나면 그 요지, 급여의 종류·방법 및 급여의 개시 시기 등을 서면으로 수급권자 또는 신청인에게 통지해야 한다. 이 통지는 급여의 신청일부터 30일 이내에 이루어져야 한다. 다만, 부양의무자의 소득·재산 등의 조사에 시일이 걸리는 특별한 사유가 있는 경우나 수급권자 또는 부양의무자가 제22조 제1항 및 제2항에 따른 조사나 자료제출 요구를 거부·방해 또는 기피하는 경우에는 신청일부터 60일 이내에 통지할 수 있다. 이 경우 통지서에 그 사유를 구체적으로 밝혀야 한다.

7) 급여의 실시(제76조)

급여의 실시 및 급여 내용이 결정된 수급권자에 대해서는 제21조에 따른 급여의 신청일부터 급여를 시작한다. 다만, 제6조에 따라 보건복지부 장관 또는 소관 행정기관의 장이 매년 결정·공표하는 급여의 종류별 수급자 선정기준의 변경으로 인하여, 매년 1월로 새로 수급자로 결정되는 사람에 대한 급여는 해당 연도의 1월 1일을 그 급여개시일로 한다. 시장·군수·구청장은 급여 실시 여부의 결정을 하기 전이라도 수급권자에게 급여를 실시하여야 할 긴급한 필요가 있다고 인정할 때는 제7조 제1항 각호에 규정된 급여의 일부를 실시할 수 있다.

8) 급여의 지급 방법 등(제27조의2)

현금 급여는 수급자의 신청에 따라 수급자 명의의 지정된 계좌(이하 "급여수급계좌")로 입금한다. 다만 정보통신장애나 그 밖에 대통령령으로 정하는 불가피한 사유로 급여수급계좌로 이체할 수 없을 때에는 대통령령으로 정하는 바에 따라 급여를 지급할 수 있다. 급여수급계좌의 해당 금융기관은 이 법에 따른 급여와 제4조 제4항에 따라 지방자치단체가 실시하는 급여만이 급여수급계좌에 입금되도록 관리해야 한다.

9) 자활지원 계획의 수립(제28조)

시장 · 군수 · 구청장은 수급자의 자활을 체계적으로 지원하기 위하여 보건복지부 장관이 정하는 바에 따라 제22조, 제23조, 제23조의2 및 제24조에 따른 조사결과를 고려하여 수급자 가구별로 자활지원계획을 수립하고 그에 따라 이 법에 따른 급여를 실시해야 한다. 수급자의 자활을 위해 필요한 경우에는 「사회복지사업법」 등 다른 법률에 따라 보장기관이 제공할 수 있는 급여가 있거나 민간기관 등이 후원을 제공하는 경우 제1항의 자활지원계획에 따라 급여를 지급하거나 후원을 연계할 수 있다.

시장 · 군수 · 구청장은 수급자의 자활여건 변화와 급여 실시 결과를 정기적으로 평가하고 필요한 경우 자활지원계획을 변경할 수 있다.

10) 급여의 변경(제29조)

수급자의 소득 · 재산 · 근로 능력 등이 변동된 경우 보장기관은 직권으로 또는 수급자나 그 친족, 그 밖의 관계인의 신청에 의해 그에 대한 급여의 종류 · 방법 등을 변경할 수 있다. 이때 급여의 변경은 서면으로 그 이유를 구체적으로 밝혀 수급자에게 통지해야 한다.

11) 급여의 중지 등(제30조)

보장기관은 수급자에 대한 급여의 전부 또는 일부가 필요 없게 된 경우 또는 수급자가 급여의 전부 또는 일부를 거부한 경우 수급자에 대한 급여의 전부 또는 일부를 중지해야 한다. 또, 근로 능력이 있는 수급자가 제9조 제5항의 조건(자활에 필요한 사업에 참가한다는 조건)을 이행하지 않을 경우 그 조건을 이행할 때까지 제7조 제2항(급여를 함께 지급)에도 불구하고 근로 능력이 있는 수급자 본인의 생계급여의 전부 또는 일부를 지급하지 않을 수 있다. 이와 관련해서는 서면으로 수급자에게 통보해야 한다(제29조 제2항).

5. 이의신청과 그에 대한 처분

1) 시 · 도지사에 대한 이의신청

수급자나 급여 또는 급여의 변경을 신청한 사람은 시장 · 군수 · 구청장(제7조 제1항 제4호의 교육급여인 경우에는 시 · 도교육감)의 처분에 이의가 있으면 그 결정의 통지를 받은 날부터 90일 이내에 해당 보장기관을 거쳐 시 · 도지사(특별자치시장 · 특별자치도지사 및 시 · 도교육감의 처분에 이의가 있는 경우에는 해당 특별자치시장 · 특별자치도지사 및 시 · 도교육감)에게 서면 또는 구두로 이의를 신청할 수 있다. 이 경우 구두로 이의신청을 접수한 보장기관의 공무원은 이의신청서를 작성할 수 있도록 협조해야 한다. 시장 · 군수 · 구청장은 10일 이내에 의견서와 관계 서류를 첨부하여 시 · 도지사에게 보내야 한다(제38조).

시 · 도지사가 제38조 제2항에 따라 시장 · 군수 · 구청장으로부터 이의신청서를 받으면(특별자치시장 · 특별자치도지사 및 시 · 도교육감의 경우에는 직접 이의신청을 받았을 때를 말함) 30일 이내에 필요한 심사를 하고 이의신청을 각하 또는 기각하거나 해당 처분을 변경 또는 취소하거나 필요한 급여를 명해야 한다. 해당 처분이 이루어졌을 때 시 · 도지사는 곧바로 신청인과 해당 시장 · 군수 · 구청장에게 각각 서면으로 통지해야 한다(제39조).

2) 보건복지부 장관에 대한 이의신청

제39조에 따른 처분 등에 대하여 이의가 있는 사람은 그 처분 등의 통지를 받은 날부터 90일 이내에 시·도지사를 거쳐 보건복지부 장관(제7조 제1항 제2호 또는 제4호의 주거급여 또는 교육급여인 경우에는 소관 중앙행정기관의 장을 말하며, 보건복지부 장관에게 한 이의신청은 소관 중앙행정기관의 장에게 한 것으로 봄)에게 서면 또는 구두로 이의를 신청할 수 있다. 시·도지사는 제1항에 따른 이의신청을 받으면 10일 이내에 의견서와 관계 서류를 첨부하여 보건복지부 장관 또는 소관 중앙행정기관의 장(제7조 제1항 제2호 또는 제4호의 주거급여 또는 교육급여인 경우에 한정)에게 보내야 한다.

보건복지부 장관 또는 소관 중앙행정기관의 장은 제40조 제2항에 따라 이의신청서를 받으면 30일 이내에 필요한 심사를 하고 이의신청을 각하 또는 기각하거나 해당 처분의 변경 또는 취소의 결정을 하여야 한다. 보건복지부 장관 또는 소관 중앙행정기관의 장은 제1항에 따른 결정을 하면 즉각 시·도지사 및 신청인에게 각각 서면으로 결정 내용을 통지하여야 한다. 이 경우 소관 중앙행정기관의 장이 결정 내용을 통지하는 때에는 그 사실을 보건복지부 장관에게 알려야 한다(제41조).

6. 보장기관, 위원회, 시설

1) 보장기관(제19조)

이 법에 따른 급여를 실시하는 보장기관은 수급권자 또는 수급자의 거주지를 관할하는 시·도지사와 시장·군수·구청장(교육급여인 경우에는 특별시·광역시·특별자치시·도·특별자치도의 교육감) 등이다. 주거가 일정하지 않으면 수급권자 또는 수급자가 실제 거주하는 지역의 시장·군수·구청장이 급여를 제공한다. 단, 보건복지부 장관, 소관 중앙행정기관의 장과 시·도지사는 수급자를 각각 국가나 해당 지방자치단체가 경영하는 보장시설에 입소하게 하거나 다른 보장시설에 위탁하여 급여를 제공할 수 있다.

보장기관은 수급권자 · 수급자 · 차상위계층에 대한 조사와 수급자 결정과 급여 제공 등, 이 법에 따른 보장업무에 사회복지 전담공무원(「사회복지사업법」 제14조; 이하 "사회복지 전담공무원")을 배치해야 한다. 이때 제15조에 따른 자활급여 업무를 수행하는 사회복지 전담공무원은 따로 배치해야 한다.

2) 생활보장위원회(제20조)

생활보장사업의 기획 · 조사 · 실시 등에 관한 사항을 심의 · 의결하기 위하여 보건복지부와 시 · 도 및 시 · 군 · 구(자치구를 말함)에 각각 생활보장위원회를 둔다. 다만 시 · 도 및 시 · 군 · 구에서 그 기능을 담당하기에 적합한 다른 위원회가 있고, 그 위원회의 위원이 제4항에 규정된 자격을 갖추었다면 조례로 정하는 바에 따라 그 위원회가 생활보장위원회의 기능을 대신할 수 있다. 생활보장위원회는 기초생활보장 종합계획 수립, 소득인정액 산정방식과 기준 중위소득 결정, 급여의 종류별 수급자 산정기준과 최저보장수준 결정, 급여기준의 적성성 평가와 실태조사 관련 사항 등을 심의 · 의결한다.

중앙생활보장위원회는 위원장을 포함하여 16명 이내의 위원으로 구성한다(위원장은 보건복지부 장관). 시 · 도 및 시 · 군 · 구 생활보장위원회의 위원은 시 · 도지사 또는 시장 · 군수 · 구청장이 위촉 · 지명하며 위원장은 해당 시 · 도지사 또는 시장 · 군수 · 구청장으로 한다. 다른 위원회가 생활보장위원회의 기능을 대신하면 위원장은 조례로 정한다.

3) 보장시설

(1) 보장시설

보장시설이란 「사회복지사업법」에 따른 사회복지시설(장애인거주, 노인의료복지, 아동복지, 정신요양 및 정신재활, 노숙인재활 및 노숙인요양, 가정폭력피해자 보호, 성매매피해자 등을 위한 지원, 성폭력피해자보호, 한부모가족복지, 결핵 및 한센병요양 등의 시설)로서 제7조에 규정된 급여를 제공하며 보건복지부령으로 정한다(제32조).

(2) 보장시설 장의 의무

보장기관으로부터 수급자에 대한 급여를 위탁받은 보장시설의 장은 정당한 사유 없이 거부하면 안 되고 위탁받은 수급자에게 보건복지부 장관 및 소관행정기관의 장이 정하는 최저기준 이상의 급여를 제공해야 한다. 위탁받은 수급자에게 급여를 제공할 때 성별 · 신앙 또는 사회적 신분 등을 이유로 차별대우를 해선 안 되고 종교상의 행위를 강제해서도 안 되며 수급자의 자유로운 생활을 보장해야 한다(제33조).

7. 자활의 지원

1) 한국자활복지개발원(제15조의2~9)

수급자 및 차상위자의 자활촉진에 필요한 사업(사업 개발과 평가, 조사 및 연구와 홍보, 기술 · 경영의 지도와 평가, 기관 간 협력 체계와 정보네트워크의 구축과 운영 등)을 수행하기 위하여 법인으로 한국자활복지개발원(이하 "자활복지개발원")을 설립한다(제15조의2). 자활복지개발원은 그 주된 사무소의 소재지에서 설립등기를 함으로써 성립한다.

2) 광역자활센터(제15조의10)

보장기관은 수급자 및 차상위자의 자활 촉진에 필요한 사업(자활기업 창업지원, 알선, 종사자와 참여자 교육 훈련과 지원, 프로그램 개발 · 보급, 자활기업 기술 · 경영지도 등)을 수행하도록 사회복지법인, 사회적협동조합 등 비영리법인과 단체(이하 이 조에서 "법인 등")를 법인 등의 신청을 받아 특별시 · 광역시 · 특별자치시 · 도 · 특별자치도(이하 "시 · 도") 단위의 광역자활센터로 지정한다. 이 경우 보장기관은 법인 등의 지역사회복지사업 및 자활지원사업의 수행 능력 · 경험 등을 고려해야 한다.

보장기관은 광역자활센터의 설치 및 운영에 필요한 경비의 전부 또는 일부를 보조할 수 있는 한편 광역자활센터에 대해 정기적으로 사업실적과 운영 실태를 평가하고 수급자의 자활 촉진을 달성하지 못하는 광역자활센터에 대하여는 그 지정을 취소할 수 있다. 제1항부터 제3항까지 규정한 사항 외에 광역자활센터의 신청·지정 및 취소 절차와 평가, 그 밖에 운영에 필요한 사항은 보건복지부령으로 정한다.

3) 지역자활센터 등(제16조)

보장기관은 광역자활센터처럼 수급자 및 차상위자의 자활 촉진에 필요한 사업(자활 의욕 고취 교육, 정보 제공, 상담, 직업교육, 취업알선, 융자 알선, 창업 지원과 기술·경영 지도, 자활기업 설립과 운영 지원 등)의 수행을 위해 사회복지법인, 사회적협동조합 등 비영리법인과 단체를 법인 등의 신청을 받아 지역자활센터로 지정할 수 있다. 이 경우 보장기관은 법인 등의 지역사회복지사업 및 자활지원사업 수행능력·경험 등을 고려해야 한다.

이렇게 지정된 지역자활센터에 대해 보장기관은 센터 설립과 운영 및 사업수행 비용의 전부나 일부, 국유·공유 재산의 무상임대, 보장기관 실시 사업의 우선 위탁 같은 지원을 할 수 있다.

보장기관은 지역자활센터에 대해 정기적으로 사업실적 및 운영실태를 평가하고 수급자의 자활촉진을 달성하지 못하는 지역자활센터에 대해서는 그 지정을 취소할 수 있다. 지역자활센터는 수급자 및 차상위자에 대한 효과적인 자활지원과 지역자활센터의 발전을 공동으로 도모하기 위하여 지역자활센터협회를 설립할 수 있다.

4) 자활기관협의체(제17조)

시장·군수·구청장(자치구의 구청장)은 자활지원사업의 효율적인 추진을 위하여 제16조에 따른 지역자활센터, 「직업안정법」 제2조의2 제1호의 직업안정기관, 「사회복지사업법」 제2조 제4호의 사회복지시설의 장 등과 상시적인 협의체계("자활기관협의체")를 구축해야 한다.

5) 자활기업

수급자와 차상위자는 상호 협력하여 자활기업을 설립·운영할 수 있다. 자활기업은 조합 또는 부가가치세법상의 사업자로 한다(제18조).

보장기관은 자활기업에게 직접 또는 자활복지개발원, 광역자활센터 및 지역자활센터를 통하여 자활 사업자금 융자, 국유지·공유지 우선 임대, 국가나 지방자치단체 실시 사업의 우선 위탁, 국가나 지방자치단체의 조달구매에 자활기업 생산품의 우선 구매 등의 지원을 할 수 있다.

6) 수급자 고용촉진

보장기관은 수급자 및 차상위자의 고용 촉진을 위하여 상시근로자의 일정 비율 이상을 수급자 및 차상위자로 채용하는 기업에 대해서는 대통령령으로 정하는 바(시행령 제26조: 상시근로자 100분의 20 이상을 수급자로 채용하는 기업)에 따라 제18조 제3항 각호에 해당하는 지원을 할 수 있다. 시장·군수·구청장은 수급자와 차상위층에게 가구별 특성을 고려하여 관련기관의 고용지원서비스를 연계할 수 있다. 또 수급자 및 차상위자의 취업활동으로 지원이 필요하게 된 해당 가구의 아동·노인 등에게 사회복지서비스를 지원할 수 있다(제18조의2).

7) 자활기금의 적립

보장기관은 이 법에 따른 자활지원사업의 원활한 추진을 위하여 자활기금을 적립할 수 있다. 자활기금은 필요하다고 인정되면 관리·운영을 자활복지개발원 또는 자활지원사업을 수행하는 비영리법인에 위탁할 수 있다(제18조의3). 이때 비용은 보장기관이 부담한다.

8) 자산형성지원

보장기관은 수급자 및 차상위자가 자활에 필요한 자산을 형성할 수 있도록 재정적인 지원을 하고 또 그에 필요한 교육을 실시할 수 있다. 이를 통해 형성된 자산은 대통령령으로 정하는 바에 따라 수급자의 재산의 소득환산액 산정에 포함하지 않는다(제18조의4).

9) 자활지원사업 통합정보전산망의 구축 · 운영(제18조의6)

보건복지부 장관은 근로 능력 있는 수급자 등 자활지원사업 참여자의 수급이력과 근로활동 현황 등 자활지원사업의 수행 · 관리 · 효과분석에 필요한 각종 자료와 정보를 효율적으로 처리하고 기록 · 관리하는 자활지원사업 통합정보전산망을 구축 · 운영할 수 있다. 보건복지부 장관은 통합정보전산망의 구축 · 운영을 위하여 고용노동부, 국가보훈처, 국세청 등 국가기관과 지방자치단체의 장 및 관련기관 · 단체의 장에게 관련 자료 제공과 관계 전산망의 이용을 요청할 수 있으며, 자료의 제공 등을 요청받은 기관의 장은 정당한 사유가 없으면 그 요청에 따라야 한다.

3절 의료급여법

1. 법의 목적, 개념 정의, 연혁

1) 법의 목적

「의료급여법」은 공공부조에 해당하며 「국민기초생활보장법」 제7조에 따른 급여이기 때문에 소득이 정해진 수준 이하의 저소득층을 대상으로 한다. 생활이 어려운 사람에게 의료급여를 제공하여 국민 보건의 향상과 사회복지의 증진에 이바지하는 게 목적이다(제1조).

2) 개념 정의

「의료급여법」에서 사용하는 주요 용어의 뜻은 〈표 5-4〉와 같다.

표 5-4 의료급여법의 주요 용어 개념

용어	개념 정의(관련법규)
수급권자	의료급여를 받을 수 있는 자격을 가진 사람
의료급여기관	수급권자에 대한 진료·조제 또는 투약 등을 담당하는 의료기관과 약국 등
부양의무자	수급권자를 부양할 책임이 있는 사람으로서 수급권자의 1촌 직계혈족과 그 배우자

3) 법의 연혁

1961년 「생활보호법」에서 의료보호가 규정되어(제5조), 법제화되었지만, 구체적인 법률로 제정된 시기는 1977년 「의료보호법」으로, 공공부조 제도로서의 의료보호 사업 기반이 마련되었다. 1999년 「국민기초생활보장법」이 제정되고 나서, 2001년 전부 개정되며 「의료급여법」으로 명칭과 내용이 대체되어 오늘에 이르고 있다. 「의료급여법」의 주요한 연혁을 살펴보면 다음 〈표 5-5〉와 같다.

표 5-5 의료급여법의 연혁

제정/시행년도	주요 내용
1977 제정	• 법률 제3076호 「의료보호법」 제정. 현행 「생활보호법」에 근거한 의료보호제도가 거국적으로 추진되는 의료보호제도를 뒷받침하기 미흡해 의료보호 규정을 생활보호법에서 분리하여 생활 능력이 없거나 생활이 어려운 국민에 대한 의료보호의 내용과 방법 등을 명확히 규정
1991 전부 개정	• 의료보호대상자 확대와 전국민 의료보험 실시(1989) 등 의료보장 여건 변화로 의료보호 내용 확대와 의료보호사업의 내실화 도모 • 의료보호심의위원회를 두어 의료보호사업에 관한 사항 심의 • 무제한이던 보호 기간을 연간 180일 이내로 제한(위 위원회 심의로 연장 가능) • 부당 수급자와 수급기관에 대한 부당이득 징수 조항 - 부당한 행위를 한 진료기관은 의료보호진료기관 지정 취소하고 1년 이하 면허와 자격 정지 • 정당한 사유 없이 의료보호진료기관 지정을 거부하거나 조사와 보고 등을 거부, 방해, 기피하면 1년 이하의 징역 또는 100만원 이하 벌금
1995 일부 개정	• 보호기간 210일 이상으로 확대 • 64세 이상 노인, 등록 장애인, 국가 유공자 중 상이자 등의 경우 보호기간 제한 삭제 • 의료보호 제1차 진료기관 지정권을 시・도지사에서 시장・군수・구청장
2001 전부 개정 「의료급여법」	• 법률 제6474호 「의료급여법」으로 개정 - 근거 법률인 「국민기초생활보장법」에서 '의료보호'를 '의료급여'로 변경한 데 따른 법의 제명 개정 • 저소득층 국민의 건강증진 위해 수급 기간 제한 폐지, 예방과 재활 추가로 국민의 의료에 대한 권리 강화 - 시장・군수・구청장이 수급권자에게 건강검진 가능 • 중앙의료급여심의위원회-의료급여사업의 기본방향, 급여 기준 및 수가 등 심의 • 의료급여 제한 범위 축소(고의 또는 중대한 과실로 인한 범죄행위에만 비급여) • 업무정지 처분이 수급권자에게 심한 불편을 줄 경우 과징금(부담한 금액의 5배 이하)으로 갈음
2004 일부 개정	• 아동의 의료비 부담 완화로 국내 입양 촉진하기 위해 국내 입양아 중 18세 미만 아동 의료급여
2006/06, 07	• 「출입국관리법」상 난민으로 인정된 자로 「국민기초생활보장법」에 따른 수급권자에게 의료급여 • 진료받고 진료의 급여항목 포함 여부 직접 확인할 수 있고, 과다 납부된 본인부담금 환불 가능케 하여 의료급여 수급권자의 권익 향상 • 제3자에 의한 상해에도 의료급여
2013 일부 개정	• 이재민, 노숙인 등 수급권자 자격 기준을 보완하는 한편, 수급권자의 소득과 재산의 확인 등 인정 절차에 관한 규정 마련 • 급여비용 누수 방지 - 부당 이득금 납부
2015/06 일부 개정	• 수사 결과로 「약사법」이나 「의료법」 위반이 확인된 의료급여기관 – 지급보류
2016 일부 개정	• 과징금 납부 기한까지 납부하지 않으면 과징금 부과처분 취소와 업무정지
2017 일부 개정	• 의료급여 거부한 수급권자와 가구원에게 해당 연도에 의료급여 재지급 하지 않던 제도 폐지 – 이의신청 주체와 대상 확대 • 의료급여의 적정성 평가 결과 공개
2019 일부 개정	• 「약사법」 개정에 따라 '한국희귀의약품센터'가 '한국희귀・필수의약품센터' 변경 • 보장구는 보조기기

2. 수급권자, 수급권의 인정과 제한, 본인 부담 비용

1) 수급권자(제3조)

「의료급여법」에서 의미하는 수급권자란 이 법에 따라 의료급여를 받을 수 있는 자격을 가진 사람으로서 다음 10가지로 분류할 수 있다.

① 「국민기초생활보장법」에 따른 의료급여수급자
② 「재해구호법」에 따른 이재민으로 보건복지부 장관이 의료급여가 필요하다고 인정한 사람
③ 「의사상자 등 예우 및 지원에 관한 법률」에 따라 의료급여를 받는 사람
④ 「입양특례법」에 따라 국내에 입양된 18세 미만의 아동
⑤ 「독립유공자예우에 관한 법률」, 「국가유공자 등 예우 및 지원에 관한 법률」과 「보훈보상대상자 지원에 관한 법률」의 적용을 받는 사람과 그 가족으로서 국가보훈처장이 의료급여가 필요하다고 추천한 사람 중에서 보건복지부 장관이 인정한 사람
⑥ 「무형문화재 보전 및 진흥에 관한 법률」에 따라 지정된 국가무형문화재의 보유자(명예보유자를 포함)와 그 가족으로서 문화재청장이 의료급여가 필요하다고 추천한 사람 중에서 보건복지부 장관이 인정한 사람
⑦ 「북한이탈주민의 보호 및 정착지원에 관한 법률」의 적용을 받는 사람과 그 가족으로서 보건복지부 장관이 인정한 사람
⑧ 「5 · 18민주화운동 관련자 보상 등에 관한 법률」 제8조에 따라 보상금 등을 받은 사람과 그 가족으로서 보건복지부 장관이 의료급여가 필요하다고 인정한 사람
⑨ 「노숙인 등의 복지 및 자립지원에 관한 법률」에 따른 노숙인 등으로서 보건복지부 장관이 의료급여가 필요하다고 인정한 사람
⑩ 생활유지 능력이 없거나 생활이 어려운 사람으로서 대통령령으로 정하는 사람

「난민법」에 따른 난민인정자로서 「국민기초생활보장법」 제12조의3 제2항에 따른 의료급여 수급권자의 범위에 해당하는 사람(제3조의2)과 그 밖에 일정한 주소나 머무는 곳이 없는 사람으로서 경찰관서에서 무연고자로 확인된 사람이나 보건복지부령으로 정하는 사람도 수급권자로 본다(시행령 제2조).

2) 수급권자의 인정과 배제

(1) 신청, 자료 조사, 수급권 인정(제3조의3)

「국민기초생활보장법」에 따른 수급자 외에 수급권자가 되려는 사람은 보건복지부령으로 정하는 바에 따라 시장 · 군수 · 구청장에게 수급권자의 인정을 신청해야 한다. 신청을 받으면 수급권자로 인정하는 것이 타당한지 확인하는 데 필요할 때 그 신청인에게 금융, 신용, 보험 정보(「국민기초생활보장법」 제21조 제3항)의 제공에 서면 동의를 제출하게 할 수 있다. 이때의 조사, 확인조사, 금융정보 등의 제공 등에 관하여는 「국민기초생활보장법」 제22조, 제23조 및 제23조의2를 준용한다.

국가보훈처장과 문화재청장은 대통령령으로 정하는 바에 따라 제3조 제1항 제5호 및 제6호의 수급권자로 인정할 필요가 있는 사람을 추천하여 그 결과를 수급권자의 주소지 관할 시장 · 군수 · 구청장에게 알려야 한다. 이 경우 제3조 제1항 제5호 및 제6호의 수급권자가 되려는 사람이 제1항에 따른 수급권자 인정 신청을 한 것으로 본다.

시장 · 군수 · 구청장은 위의 인정을 신청한 사람(제3조 제1항 제3호 및 제4호에 해당하는 사람은 제외) 중에서 제3조 제2항에 따른 수급권자의 인정 기준에 따라 수급권자를 정해야 한다.

(2) 의료급여증(제8조)

시장 · 군수 · 구청장은 수급자에게 의료급여증을 발급하여야 한다. 다만 부득이한 사유가 있는 경우에는 의료급여증 대신 의료급여증명서를 발급하거나 보건복지부령으로 정하는 바에 따라 의료급여증을 발급하지 않을 수도 있다. 의료급여를 받을 때 수급권자는 의료급여증 또는 의료급여증명서를 의료급여기관에 제출해야 한다. 주민등록증, 운전면허증, 여권 및 기타 본인 여부를 확인할 수 있는 보건복지부령으로 정하는 신분증명서로 의료급여기관이 그 자격을 확인할 수 있으면 따로 제출하지 않아도 된다(제8조).

(3) 의료급여의 개시일(「의료급여법」 시행령 제6조)

수급권자에 대한 의료급여는 제3조 제1항 제1호나 제3조의3 제5항의 규정에 따라 수급권자로 인정된 날부터 개시한다. 다만 제2조 제1호의 규정에 해당하는 무연고자는 행정기관이 응급진료를 받게 한 날부터, 제3조 제1항 제3호의 규정에 해당하는 의상자 또는 의사자의 유족은 의상자 또는 의사자가 다른 사람의 생명·신체 또는 재산을 구하다가 신체에 부상을 입거나 사망한 날부터 개시한다.

(4) 급여의 내용(제7조)

이 법에 따른 수급권자의 질병·부상·출산 등에 대한 의료급여의 내용은 다음 7가지다. ① 진찰·검사 ② 약제(藥劑)·치료재료의 지급 ③ 처치·수술과 그 밖의 치료 ④ 예방·재활 ⑤ 입원 ⑥ 간호 ⑦ 이송과 그 밖의 의료목적 달성을 위한 조치 등. 의료급여 방법·절차·범위·한도 등 의료급여의 기준과 의료수가의 기준과 그 계산 방법 등에 관해서는 보건복지부 장관이 정한다.

(5) 적용 배제(타법 우선 적용)

공무로 생긴 질병, 부상, 재해로 다른 법령에 따른 급여나 보상(報償) 또는 보상(補償)을 받은 수급권자는 의료급여를 하지 않는다. 국가나 지방자치단체 등으로부터 의료급여에 상당한 급여나 비용을 받을 때도 마찬가지다(제4조). 그 밖에 업무나 일상생활에 지장이 없는 질환 등 보건복지부령으로 정하는 것은 의료급여 대상에서 제외할 수 있다(제7조 제3항).

3) 수급권자의 본인부담 비용

(1) 본인부담금과 대지급

비용 관련하여 대통령령으로 정한 대로 전부나 일부를 의료급여기금(제25조)에서 부담하는데, 일부일 때 나머지 비용은 본인이 부담한다(제10조). 나머지 급여비용(보건복지부 장관이 정함)도 수급권자 또는 그 부양의무자의 신청을 받아 의료급여기금에서 대신 지급할 수 있다(제20조). 대지급금을 받은 사람(부양의무자 포함)은 거주지 관할 시장 · 군수 · 구청장에게 무이자로 상환하고, 상환된 금액은 의료급여기금에 납부된다(제21조). 대지급금을 납부기한까지 상환하지 않으면 6개월 이내에 독촉장을 발급하고, 그래도 상환하지 않으면 지방세 체납처분에 따른다(제22조).

(2) 급여 대상 여부의 확인 등

수급권자는 본인부담금 외에 부담한 비용이 제7조 제3항에 따라 의료급여의 대상에서 제외되는 사항에 해당하는 비용(이하 "비급여비용")인지에 대해 급여비용심사기관에 확인을 요청할 수 있다. 확인을 요청받은 급여비용심사기관은 그 확인결과를 수급권자에게 알려야 하며, 확인을 요청한 비용이 급여비용에 해당하는 것으로 확인되었을 때에는 급여비용지급기관과 관련 의료급여기관에도 각각 알려야 한다. 통보받은 의료급여기관은 과다 징수한 금액을 수급권자에게 즉각 반환해야 한다. 의료급여기관이 과다 징수한 금액을 반환하지 않으면 의료급여기관에 지급할 급여비용에서 과다 징수한 금액을 공제하여 그 공제한 금액을 수급권자에게 지급할 수 있다(제11조의3).

4) 의료급여의 제한, 변경, 중지

(1) 의료급여의 제한

시장 · 군수 · 구청장이 의료급여를 하지 않는 경우로 다음 2가지가 있다(제15조).

① 수급권자가 자신의 고의 또는 중대한 과실에 따른 범죄행위에 그 원인이 있거나 고의로 사고를 일으켜 의료급여가 필요하게 된 경우
② 수급권자가 정당한 이유 없이 이 법의 규정이나 의료급여기관의 진료에 관한 지시에 따르지 않은 경우

보건복지부 장관이 그래도 의료급여가 필요하다고 인정하는 경우에는 예외로 한다. 이런 사실을 알게 된 의료급여기관은 대통령령으로 정하는 바에 따라 수급권자의 거주지 관할 시장 · 군수 · 구청장에게 알려야 한다.

(2) 의료급여의 변경(제16조)

수급권자의 소득, 재산상황, 근로 능력 등이 변동되면 시장 · 군수 · 구청장이 직권으로 또는 수급권자나 그 친족, 그 외 관계인의 신청을 받아 의료급여의 내용 등을 변경할 수 있다. 그 변경 내용은 서면으로 이유를 밝혀 수급권자에게 알려야 한다.

(3) 의료급여의 중지(제17조)

수급권자에 대한 의료급여가 필요 없게 된 경우나 수급권자가 의료급여를 거부한 경우 시장 · 군수 · 구청장은 의료급여를 중지해야 한다. 수급권자가 의료급여를 거부한 경우 그가 속한 가구원 전부에 대해 의료급여를 중지하며, 중지 결정을 하면 서면으로 그 이유를 밝혀 수급권자에게 알려야 한다.

5) 요양비, 특례, 건강검진, 수급권 보호

(1) 요양비(제12조)

수급권자가 보건복지부령으로 정하는 긴급하거나 그 밖의 부득이한 사유[6]로 의료급여기관과 같은 기능을 수행하는 기관으로서 보건복지부령으로 정하는 기관(제28조 제1항에 따라 업무정지 기간 중인 의료급여기관을 포함)에서 질병 · 부상 · 출산 등에 대하여 의료급여를 받거나 의료급여기관이 아닌 장소에서 출산하였을 때에는 그 의료급여에 상당하는 금액을 보건복지부령으로 정하는 바에 따라 시장 · 군수 · 구청장이 수급권자에게 요양비로 지급한다.

---

6) 시행규칙 제24조 제1항: 보건복지부령이 정하는 긴급하거나 그 밖에 부득이한 사유는 7가지다. ① 의료급여기관을 이용할 수 없거나 의료급여기관이 없을 때 ② 만성신부전증환자가 의사의 처방전에 의하여 복막관류액 또는 자동복막투석에 사용되는 소모성 재료를 의료급여기관 외의 의약품판매업소에서 구입 · 사용한 때 ③ 산소치료가 필요한 환자가 의사의 산소치료처방전에 의하여 보건복지부 장관이 정하여 고시하는 방법으로 가정에서 산소치료를 받을 때 ④ 당뇨병환자가 의사의 처방전에 따라 혈당검사 또는 인슐린주사에 사용되는 소모성 재료나 당뇨병 관리기를 의료급여기관 외의 의료기기판매업소에서 구입 · 사용한 때 ⑤ 신경인성 방광환자가 의사의 처방전에 따라 자가도뇨에 사용되는 소모성 재료를 의료급여기관 외의 의료기기판매업소에서 구입 · 사용한 때 ⑥ 보건복지부 장관이 정하여 고시하는 질환이 있는 사람으로서 인공호흡기 · 기침유발기가 필요한 환자가 의사의 처방전에 따라 이를 빌려 쓸 때 ⑦ 수면무호흡증 환자가 의사의 처방전에 따라 양압기(수면 중 좁아진 기도에 계속 공기를 불어 넣어 기도를 확보해 주는 기구)를 빌려 쓸 때.

(2) 장애인과 임산부에 대한 특례(제13조)

시장 · 군수 · 구청장은 「장애인복지법」에 따라 등록한 장애인인 수급권자에게 「장애인 · 노인 등을 위한 보조기기 지원 및 활용촉진에 관한 법률」 제3조 제2호에 따른 보조기기에 대한 급여를 제공할 수 있다. 아울러 임신한 수급권자가 임신기간 중 의료급여기관에서 받는 진료에 드는 비용(출산비용을 포함)에 대하여 추가 급여할 수 있다.

(3) 건강검진(제14조)

시장 · 군수 · 구청장은 이 법에 따른 수급권자에 대하여 질병의 조기발견과 그에 따른 의료급여를 하기 위해 건강검진을 할 수 있다. 건강검진의 대상 · 횟수 · 절차와 그 밖에 필요한 사항은 보건복지부 장관이 정한다.

(4) 수급권의 보호(제18조)

의료급여를 받을 권리는 양도하거나 압류할 수 없다.

3. 의료급여기관, 보장기관

1) 의료급여 기관(제9조)

의료급여를 하는 의료기관은 제1차~제3차 의료기관으로 나뉜다.[7] 의료급여를 받으려는 수급권자는 제1차 의료급여기관에 먼저 신청하여야 한다. 다만, 응급환자, 분만, 결핵과 희귀난치성질환이나 중증질환 등 시행령 제3조 제1항의 7가지 경우에는 제2차 또는 제3차 의료급여기관에 신청할 수 있다. 재활의학과에서 의료급여를

7) 의료급여 절차는 3차로 나눌 수 있는데 각 기관은 다음과 같다.
제1차 의료급여기관: 의원, 치과의원, 한의원, 조산원(「의료법」 제33조 제3항), 지역보건소 또는 지소와 보건의료원, 보건진료소 등. 제2차 의료급여기관: 종합병원, 병원, 치과병원, 한방병원 또는 요양병원(「의료법」 제33조 제4항). 제3차 의료급여기관: 제2차 의료급여기관에서 보건복지부 장관이 지정하는 기관.

받거나 한센병환자, 장애인, 지역 의료급여수급권자, 보훈대상에서 상이등급, 15세 이하 아동이 의료급여를 받을 때는 제2차 의료급여기관에 신청할 수 있다.

(1) 비용의 청구

의료급여기관은 제10조에 따라 의료급여기금에서 부담하는 급여비용의 지급을 시장 · 군수 · 구청장에게 청구할 수 있다. 청구할 때에는 급여비용심사기관에 급여비용의 심사를 청구해야 하며, 심사청구는 시장 · 군수 · 구청장에 대한 급여비용의 청구로 본다. 급여비용심사기관은 심사 후 그 내용을 즉시 시장 · 군수 · 구청장과 의료급여기관에 알려야 한다.

(2) 급여비용의 지급

급여비용심사기관에 의한 의료급여기관의 급여비용 심사 내용을 통보받은 시장 · 군수 · 구청장은 그 내용에 따라 급여비용을 가산 또는 감액 조정하여 의료급여기관에 즉각 지급해야 한다. 수급권자가 이미 납부한 본인부담금이 과다하면 의료급여기관에 지급할 금액에서 그 과다하게 납부된 금액을 공제하여 수급권자에게 반환해야 한다.

(3) 의료급여기관의 비용 청구에 관한 금지행위

의료급여기관은 의료급여를 하기 전에 수급권자에게 본인부담금을 청구하거나 수급권자가 이 법에 따라 부담해야 하는 비용과 비급여비용 외에 입원보증금 등 다른 명목의 비용을 청구해서는 안 된다(제11조의4). 의료급여기관은 의료급여가 끝난 날부터 5년간 보건복지부령으로 정하는 바에 따라 급여비용의 청구에 관한 서류를 보존해야 한다(제11조의2).

2) 보장기관과 위원회

(1) 보장기관과 사례관리

의료급여에 관한 업무는 수급권자의 거주지 관할 특별시장 · 광역시장 · 도지사와 시장 · 군수 · 구청장이 한다. 주거가 일정하지 않은 수급권자는 실제 거주 지역 관할 시장 · 군수 · 구청장이 한다. 아울러 특별시장 · 광역시장 · 도지사 및 시장 · 군수 · 구청장은 수급권자의 건강의 유지와 증진에 필요한 사업을 해야 한다(제5조).

수급권자의 건강관리 능력 향상 및 합리적 의료이용 유도 등을 위해 보건복지부 장관, 특별시장 · 광역시장 · 도지사와 시장 · 군수 · 구청장은 사례관리를 할 수 있다. 이를 위해 특별시 · 광역시 · 특별자치시 · 도 · 특별자치도 및 시(특별자치도의 행정시 제외) · 군 · 구(자치구를 말함)에 의료급여 관리사를 둔다. 보건복지부 장관은 이 사례관리 사업의 전문적인 지원을 위해 해당 업무를 공공 또는 민간 기관 · 단체 등에 위탁하여 실시할 수 있다(제5조의2).

(2) (중앙)의료급여심의위원회(제6조)

의료급여사업 실시에 관한 사항을 심의하기 위하여 보건복지부, 시 · 도 와 시 · 군 · 구에 각각 의료급여심의위원회를 둔다. 다만, 시 · 도 및 시 · 군 · 구에 두는 의료급여심의위원회의 경우에는 그 기능을 담당하기 적합한 다른 위원회가 있고, 그 위원회의 위원이 제4항에 규정된 자격을 갖추었다면 시 · 도 또는 시 · 군 · 구의 조례로 정하는 바에 따라 그 위원회에 의료급여심의위원회의 기능을 맡길 수 있다. 보건복지부에 두는 의료급여심의위원회는 "중앙의료급여심의위원회"라 하며, 그 역할은 다음 세 가지에 대한 심의다. ① 의료급여사업의 기본방향과 대책 수립 ② 의료급여의 기준과 수가 ③ 그 밖에 보건복지부 장관 또는 위원장이 부의하는 사항.

4. 구상권과 부당이득 징수

1) 구상권(제19조)

제3자의 행위로 말미암아 수급권자에게 의료급여를 한 경우에는 시장 · 군수 · 구청장은 그 급여비용의 범위에서 제3자에게 손해배상을 청구할 권리를 얻는다. 다만, 제3자로부터 손해배상을 이미 받은 경우에는 그 배상액의 한도에서 의료급여를 하지 않는다.

2) 부당이득의 징수(제23조)

시장 · 군수 · 구청장은 속임수나 그 밖의 부당한 방법으로 의료급여를 받은 사람 또는 급여비용을 받은 의료급여기관에 대해서는 그 급여 또는 급여비용에 상당하는 금액의 전부 또는 일부를 부당이득금으로 징수한다. 의료급여기관과 의료급여를 받으려는 사람이 공모한 경우 양자가 연대하여 부당이득금을 납부하게 할 수 있다.

의료급여기관이 속임수나 그 밖의 부정한 방법으로 수급권자로부터 급여비용을 받았으면 시장 · 군수 · 구청장이 그 의료급여기관으로부터 해당 급여비용을 징수하여 수급권자에게 즉시 지급해야 한다.

5. 이의신청, 심판청구와 소멸시효

1) 이의신청과 심판청구(제30조, 제30조의2)

수급권자의 자격, 의료급여, 급여비용에 대한 시장 · 군수 · 구청장의 처분에 이의가 있으면 시장 · 군수 · 구청장에게 이의신청을 할 수 있다. 급여비용의 심사 · 조정에 관한 급여비용심사기관의 처분에 이의가 있는 보장기관, 의료급여기관 또는 수급권자는 이의신청을 급여비용심사기관에 할 수 있다. 이의신청은 처분이 있음을 안 날부터 90일 이내에 문서(전자문서를 포함)로 해야 하며, 처분이 있은 날부터 180일이 지나면 제기하지 못한다. 다만, 그 기간에 이의신청을 할 수 없던 정당한 사유를 소명한 경우에는 그러지 않는다.

의료급여기관이 제11조의3에 따른 급여비용심사기관의 확인에 대하여 이의신청을 하려면 같은 조 제2항에 따라 통보받은 날부터 30일 이내에 해야 한다. 급여비용심사기관의 이의신청에 대한 결정에 불복이 있는 자는 「국민건강보험법」 제89조에 따른 건강보험분쟁조정위원회에 심판청구를 할 수 있다.

2) 소멸시효(제31조)

의료급여를 받을 권리, 급여비용을 받을 권리, 대지급금을 상환받을 권리는 3년간 행사하지 않으면 소멸시효가 완성된다.

6. 벌칙과 포상

1) 벌칙(제35조)

「국민기초생활보장법」 제23조의2 제6항(금융정보 등의 제공)을 위반하여 금융정보・신용정보 또는 보험정보를 사용・제공 또는 누설한 사람은 5년 이하의 징역 또는 5천만원 이하의 벌금에 처한다.

「국민기초생활보장법」 제22조 제6항(같은 법 제23조 제2항에 준용하는 경우 포함)을 위반하여 정보 또는 자료를 사용하거나 제공한 사람과 대행청구단체의 종사자로서 거짓이나 그 밖의 부정한 방법으로 급여비용을 청구한 자는 3년 이하의 징역 또는 3천만원 이하의 벌금에 처한다.

2) 포상

의료급여 재정을 효율적으로 운영하는 데에 이바지한 의료급여기관에 대하여 시장・군수・구청장은 상으로 장려금을 지급할 수 있다. 또 속임수나 그 밖의 부당한 방법으로 급여비용을 받은 의료급여기관을 신고한 사람에게 포상금을 지급할 수 있다. 이와 관련된 기준과 범위, 절차와 방법 등은 대통령령으로 정한다.

4절 긴급복지지원법

1. 법의 목적, 개념 정의, 연혁

1) 법의 목적과 기본원칙

(1) 긴급복지지원법의 목적(제1조)

생계곤란 등의 위기상황에 처하여 도움이 필요한 사람을 신속하게 지원함으로써, 이들이 위기상황에서 벗어나 건강하고 인간다운 생활을 할 수 있게 하는 것이 이 법의 목적이다.

(2) 기본원칙(제3조)

이 법의 기본원칙은 일시성과 신속성이다. 위기상황에 처한 사람에 대한 지원이 일시적이고 신속해야 한다. 그에 따라 타법 우선의 원칙이 함께 적용된다. 이 법에 따른 지원 내용과 동일한 내용의 구호·보호 또는 지원을 「재해구호법」, 「국민기초생활보장법」, 「의료급여법」, 「사회복지사업법」, 「가정폭력방지 및 피해자보호 등에 관한 법률」, 「성폭력방지 및 피해자보호 등에 관한 법률」 등 다른 법률에 따라 받으면 이 법을 적용하지 않는다.

2) 개념 정의(제2조)

「긴급복지지원법」에서 "위기상황"이란 본인 또는 본인과 생계와 주거를 함께 하는 가구구성원이 다음 9가지 사항 중 어느 하나 때문에 생계유지 등이 어렵게 된 것을 말한다.

① 주소득자(主所得者)가 사망, 가출, 행방불명, 구금시설에 수용되는 등의 사유로 소득을 상실한 경우

② 중한 질병 또는 부상을 당한 경우

③ 가구구성원으로부터 방임(放任) 또는 유기(遺棄)되거나 학대 등을 당한 경우

④ 가정폭력을 당하여 가구구성원과 함께 원만한 가정생활을 하기 곤란하거나 가구구성원으로부터 성폭력을 당한 경우

⑤ 화재 등으로 인하여 거주하는 주택 또는 건물에서 생활하기가 곤란해진 경우

⑥ 주소득자 또는 부소득자의 휴업, 폐업 또는 사업장의 화재 등으로 인하여 실질적인 영업이 곤란해진 경우

⑦ 주소득자 또는 부소득자의 실직으로 소득을 상실한 경우

⑧ 보건복지부령으로 정하는 기준에 따라 지방자치단체의 조례로 정한 사유가 발생한 경우

⑨ 그 밖에 보건복지부 장관이 정하여 고시하는 사유가 발생한 경우

3) 법의 연혁

2004년 12월 대구에서 아동이 영양실조로 사망한 채 발견된 사건이 계기가 되었다. 기존 사회안전망 전달체계를 개선하여 빈곤 소외계층이 곤경에 처했을 때 우선 보호조치를 취하고 나중에 법적 절차를 갖추어 나가야 한다는 선호보호제도의 필요성이 대두되었다(박차상 외, 2014). 기존의 국민기초생활보장제도와 다른 새로운 특별법으로서 긴급지원제도의 의미를 담아낸 「긴급복지지원법」은 2005년 12월 제정되어 2006년 3월 24일부로 시행되었다. 법의 도입 당시 긴급한 경우에만 지원해 주는 한시법으로 5년간(2006.3.~2011.3.) 제도를 운영하기로 하였지만, 2009년 4월 한시법에서 영속법으로 제2의 사회안전망으로 기능을 감당하고 있다. 주요 연혁에 따른 개정 내용은 〈표 5-6〉과 같다.

표 5-6 긴급복지지원법의 연혁

제정/시행년도	주요 내용
2005/06 재정	• 「긴급복지지원법」(법률 제7739호) 제정 – 생계곤란 등의 위기상황에 처하여 도움이 필요한 자를 신속하게 지원하여 이들이 위기상황에서 벗어나 건강하고 인간다운 생활을 영위하게 하기 위한 입법
2009 일부 개정	• 긴급지원의 기간을 현행 최장 4개월에서 최장 6개월로 연장하고, 시장・군수・구청장이 긴급지원 기간을 1개월씩 2회 연장 가능 • 위기상황에 처한 초・중・고등학생의 입학금과 수업료 등의 지원 • 국내에 체류하고 있는 외국인 중 대통령령으로 정하는 사람은 긴급지원대상자 가능 • 긴급지원대상자에서 제외된 신청자의 권리구제를 위해 신청자가 시장・군수・구청장의 긴급지원 결정에 대하여 시・도지사에게 이의신청 • 「긴급복지지원법」 유효기간 조항 삭제
2012/13 일부 개정	• 의료・주거・교육지원 등 다른 긴급지원보다 엄격한 생계지원의 소득 기준을 완화하여 긴급지원 대상자 진입 제한 해소와 예방적 효과 제고 • 주거지원 기간의 상한을 현행 6개월에서 12개월로 연장하여 안정적인 주거확보 기간을 보장하고 주거 지원의 실효성 확보
2014/15 일부 개정	• 긴급복지지원 사유인 위기상황에 대하여 지방자치단체가 상황별 사유를 조례로 정할 수 있도록 지방자치단체의 재량 확대 • 국가와 지방자치단체는 긴급복지지원의 대상과 기준 등을 적극적 안내 • 긴급지원 대상자 신고의무자의 범위에 장애인활동 지원기관의 종사자 등 포함 • 국가와 지방자치단체가 연 1회 이상 정기적으로 위기상황에 처한 사람에 대한 발굴 조사하고, 발굴체계의 운영실태를 정기적으로 점검하며 개선방안 수립 • 위기상황에 처한 사람에 대한 신속한 선지원을 위하여 긴급지원대상자에게 신속히 지원할 필요가 있다고 판단되는 경우 긴급지원담당공무원으로 하여금 우선 필요한 지원 • 긴급지원 대상자가 신청하면 긴급지원 대상자 명의의 지정된 계좌(긴급지원수급계좌)에 입금하고, 긴급지원수급계좌의 채권 압류 금지 • 긴급지원 중 교육지원의 횟수를 총 2회에서 4회로 완화
2015/16 일부 개정	• 긴급지원 담당 공무원이 신청자를 조사할 때 권한을 표시하는 증표뿐만 아니라 조사 기간, 조사범위 등이 기재된 서류를 제시하도록 하며, 행정조사의 내용・절차・방법 등에 관하여 이 법에서 정하는 사항을 제외하고는 「행정조사기본법」에서 정하는 바를 따르도록 함 • 「국민기초생활보장법」 개정에 따라 최저생계비를 기준 중위소득의 100분의 40으로 정비
2016 일부 개정	• 벌금액을 국민권익위원회의 권고안과 국회사무처 법제예규의 기준인 징역 1년당 1천만원으로 개정
2018/19 일부 개정	• 긴급지원 담당 공무원(8, 9급 공무원이 63%)을 긴급지원사업에 포함된 복지 관련 교육훈련을 받은 사람으로 정하여 업무 수행의 전문성 제고 • 자연재해, 휴업이나 폐업 또는 사업장의 화재 등으로 실질적인 영업이 곤란해지거나 실직으로 소득을 상실한 경우를 위기상황의 사유에 포함하고 위기에 처한 국민을 제대로 보호하도록 학원・교습소의 강사・교습자 등에게도 긴급지원대상자를 알면 신고하게 하고 신고의무자에게 필요한 교육・홍보

2. 국가 등의 의무와 기관

1) 국가 및 지방자치단체의 책무(제4조)

국가 및 지방자치단체는 위기상황에 처한 사람을 찾아내어 최대한 신속하게 필요한 지원을 하도록 노력하고 긴급지원의 지원대상과 소득 또는 재산 기준, 지원 종류·내용·절차와 그 밖에 필요한 사항 등 긴급지원사업에 관하여 적극적으로 안내할 책임이 있다. 아울러 이 법에 따른 지원 후에도 위기상황이 해소되지 않아서 지원이 계속 필요한 것으로 판단되는 사람에게는 다른 법률에 따른 구호·보호 또는 지원을 받을 수 있도록 노력해야 한다. 그런데 다른 법률에 따른 구호·보호 또는 지원이 어렵다고 판단하면, 민간기관·단체와의 연계를 통해 구호·보호 또는 지원을 받을 수 있도록 노력해야 한다.

2) 긴급지원기관(제6조)

지원은 긴급지원대상자의 거주지 관할 시장(「제주특별자치도 설치 및 국제자유도시 조성을 위한 특별법」 제11조 제2항에 따른 행정시장을 포함)·군수·구청장(자치구의 구청장)이 담당한다. 거주지가 분명하지 않으면 제7조에 따른 지원요청 또는 신고를 받은 시장·군수·구청장이 한다. 거주지가 분명하지 않은 사람에 대한 지원요청 또는 신고가 특정 지역에 집중되면 보건복지부령에 따라 긴급지원기관을 달리 정할 수 있다.

시장·군수·구청장은 이 법에 따른 긴급지원사업을 수행할 담당공무원(이하 "긴급지원담당공무원")을 지정해야 한다.

3. 지원의 신청, 절차, 내용

1) 긴급지원대상자(제5조)

위기상황에 처한 사람으로서 이 법에 따른 지원이 긴급하게 필요한 사람(이하 "긴급지원대상자")은 지원을 신청할 수 있다.

국내에 체류하고 있는 외국인의 경우 대통령령으로 정하는 사람이 제5조에 해당하는 경우에는 긴급지원대상자가 된다(제5조의2).[8)]

2) 지원요청과 신고(제7조)

긴급지원대상자와 친족, 그 밖의 관계인은 구술 또는 서면 등으로 관할 시장·군수·구청장에게 이 법에 따른 지원을 요청할 수 있다. 본인이 신청하지 못하더라도 긴급지원대상자를 발견한 사람은 누구든지 관할 시장·군수·구청장에게 신고해야 한다. 특히 다음 분야에 있는 사람들이 진료·상담 등 직무수행 과정에서 긴급지원대상자가 있음을 알게 된 경우 관할 시장·군수·구청장에게 이를 신고하고, 긴급지원대상자로서 신속하게 지원을 받을 수 있도록 노력해야 한다.

① 「의료법」에 따른 의료기관 종사자
② 「유아교육법」, 「초·중등교육법」, 「고등교육법」에 따른 교원, 직원, 산학겸임교사, 강사
③ 「사회복지사업법」에 따른 사회복지시설의 종사자
④ 「국가공무원법」, 「지방공무원법」에 따른 공무원
⑤ 「장애인활동 지원에 관한 법률」 제20조와 제26조에 따른 활동지원기관의 장 및 그 종사장 그리고 활동지원인력

---

8) 대통령이 정하는 외국인 범주에는 「국민기초생활보장법」의 대한민국 국민과 혼인 중인 외국인, 이혼하거나 그 배우자가 사망한 사람으로서 대한민국 국적을 가진 직계존비속(直系尊卑屬)을 돌보는 사람에 「난민법」에 난민(難民)으로 인정된 사람, 본인의 귀책사유 없이 화재, 범죄, 천재지변으로 피해를 입은 사람, 그 밖에 보건복지부 장관이 긴급한 지원이 필요하다고 인정하는 사람 등이 포함된다.

⑥ 「학원의 설립 · 운영 및 과외교습에 관한 법률」 제6조에 따른 학원의 운영자 · 강사 · 직원 및 같은 법 제14조에 따른 교습소의 교습자 · 직원
⑦ 「건강가정기본법」 제35조에 따른 건강가정지원센터의 장과 그 종사자
⑧ 「청소년 기본법」 제3조 제6호에 따른 청소년시설 및 같은 조 제8호에 따른 청소년단체의 장과 그 종사자
⑨ 「청소년 보호법」 제35조에 따른 청소년 보호 · 재활센터의 장과 그 종사자
⑩ 「평생교육법」 제2조에 따른 평생교육기관의 장과 그 종사자
⑪ 그 밖에 긴급지원대상자를 발견할 수 있는 자로서 보건복지부령으로 정하는 자

3) 현장 확인과 지원(제8조)

시장 · 군수 · 구청장은 위의(제7조) 지원요청 또는 신고를 받거나 위기상황에 처한 사람을 찾아내면 긴급지원담당공무원으로 하여금 즉각 긴급지원대상자의 거주지 등을 방문하여(권한을 표시하는 증표와 조사 기간, 범위, 관계법령 등 보건복지부령으로 정하는 사항이 기재된 서류 지참하고 제시) 위기상황을 확인해야 한다. 확인에 필요하면 관할 경찰관서, 소방관서 등 관계 행정기관의 장에게 협조를 요청할 수 있다. 이 경우 관계 행정기관의 장은 정당한 사유가 없으면 그 요청에 따라야 한다. 현장 확인 결과 위기상황의 발생이 확인된 사람은 곧바로 제9조에 따른 지원의 종류와 내용을 결정, 지원해야 한다.

4) 금융정보 등의 제공동의서 제출(제8조의2)

긴급복지지원을 요청하거나 긴급지원담당공무원이 위기상황을 확인할 때에 그 긴급지원대상자 및 가구구성원은 금융정보, 신용정보, 보험정보 등 세 가지 자료 또는 정보의 제공에 대한 서면동의서를 제출해야 한다. 다만, 긴급지원대상자의 의식불명 등 대통령으로 정하는 사유에 해당하여 서면 제출이 불가능할 경우 긴급지원담당공무원이 확인한 경우 제8조 제3항에 따른 지원을 받은 후에 제출할 수 있다.

5) 긴급지원의 종류와 내용 및 기간(제9조, 제10조)

법에 따른 지원의 종류 및 내용은 다음 〈표 5-7〉과 같다.

표 5-7 긴급복지지원법의 주요 내용

지원의 종류		지원 내용
금전 또는 현물(現物) 등의 직접 지원	생계지원	식료품비 · 의복비 등 생계유지에 필요한 비용 또는 현물 지원(최저생계비 한도, 1개월간+최고 2회 연장)
	의료지원	각종 검사 및 치료 등 의료서비스 지원(1회)
	주거지원	임시거소(臨時居所) 제공 또는 이에 해당하는 비용 지원(최저생계비 한도, 1개월간+최고 2회 연장)
	사회복지시설 이용 지원	「사회복지사업법」에 따른 사회복지시설 입소(入所) 또는 이용 서비스 제공이나 이에 필요한 비용 지원(사회복지시설의 장에게 지원을 요청, 1개월간+최고 2회 연장)
	교육지원	초 · 중 · 고등학생의 수업료, 입학금, 학교운영지원비, 학용품비 등 필요비용 지원(1회)
	그 밖의 지원	연료비, 그 밖에 위기상황의 극복에 필요한 비용이나 현물(1개월간+최고 2회 연장)
민간기관 · 단체 연계 등 지원	「대한적십자사 조직법」에 따른 대한적십자사, 「사회복지공동모금회법」에 따른 사회복지공동모금회 등의 사회복지기관 · 단체와의 연계 지원상담 · 정보제공, 지원상담 · 정보제공, 그 밖의 지원	

시장 · 군수 · 구청장은 〈표 5-7〉에 따른 지원(제9조 제1항 및 제2항)에도 불구하고 위기상황이 계속되는 경우 제12조에 따른 긴급지원심의위원회의 심의를 거쳐 지원을 연장할 수 있다.

4. 담당기구 및 그 역할

1) 담당기구 설치 등(제11조)

보건복지부 장관은 위기상황에 처한 사람에게 상담 · 정보제공 및 관련기관 · 단체 등과의 연계서비스를 제공하기 위하여 담당기구를 설치 · 운영할 수 있다. 아울러 「사회복지사업법」 제7조의2에 따른 지역사회복지협의체를 통해 사회복지 · 보건의료 관련기관 · 단체 간의 연계 · 협력을 강화해야 한다.

2) 긴급지원심의위원회(제12조, 제14조)

(1) 긴급지원심의위원회의 역할

심의 · 의결하기 위하여 시(「제주특별자치도 설치 및 국제자유도시 조성을 위한 특별법」 제10조 제2항에 따른 행정시를 포함) · 군 · 구(자치구)에 긴급지원심의위원회를 두어 다음 4가지 사항을 심의하도록 한다.

① 제10조 제3항에 따른 긴급지원연장 결정
② 제14조 제1항에 따른 긴급지원의 적정성 심사
③ 제15조 제1항에 따른 긴급지원의 중단 또는 지원비용의 환수 결정
④ 그 밖에 긴급지원심의위원회의 위원장이 회의에 부치는 사항

시 · 군 · 구에 「국민기초생활보장법」에 따른 생활보장위원회(제20조 제1항)가 있는 경우, 조례로 정하는 바에 따라 그 위원회가 긴급지원심의위원회의 기능을 대신할 수 있다.

긴급지원심의위원회는 제13조 제1항에 따라 시장 · 군수 · 구청장이 한 사후조사 결과를 참고하여 긴급지원의 적정성 심사도 담당한다. 다만 「국민기초생활보장법」이나 「의료급여법」에 따른 수급권자는 심사하지 않을 수 있다. 심사 결과 긴급지원대상자에 대한 지원이 적정하지 않다고 결정하더라도 긴급지원담당공무원의 고의 또는 중대한 과실이 없으면 이를 이유로 긴급지원담당공무원에 대하여 불리한 처분이나 대우를 해서는 안 된다(제14조).

(2) 위원회의 구성

위원회는 위원장 1명을 포함한 15명 이내의 위원으로 구성한다. 위원장은 시장 · 군수 · 구청장이 된다.

3) 사후조사(제13조)

시장 · 군수 · 구청장은 제8조 제3항에 따라 지원을 받았거나 받고 있는 긴급지원대상자에 대하여 소득 또는 재산 등 대통령령으로 정하는 기준에 따라 긴급지원이 적정한지 조사해야 한다. 이를 위해 금융 · 국세 · 지방세 · 건강보험 · 국민연금 · 고용보험 등 관련 전산망을 이용하려면 해당 법률에서 정하는 바에 따라 관계기관의 장에게 협조를 요청할 수 있다. 이때 관계기관의 장은 정당한 사유가 없으면 그 요청에 따라야 한다. 또 「금융실명거래 및 비밀보장에 관한 법률」 제4조 제1항과 「신용정보의 이용 및 보호에 관한 법률」 제32조 제1항에도 불구하고 긴급지원대상자 및 가구구성원이 제8조의2에 따라 제출한 동의 서면을 전자적 형태로 바꾼 문서에 따라 금융기관 등의 장에게 금융정보 · 신용정보 또는 보험정보(이하 "금융정보 등")의 제공을 요청할 수 있다. 이 요청을 받은 금융기관 등의 장은 명의인의 금융정보 등을 제공하고 그 사실을 명의인에게 통보해야 한다(명의인의 동의가 있으면 제외).

긴급지원담당공무원 또는 긴급지원담당공무원이었던 사람은 제2항 또는 제3항에 따라 얻은 정보와 자료를 법에서 정한 지원 목적 외에 다른 용도로 사용하거나 다른 사람 또는 기관에 제공해서는 안 된다. 위반하면 3년 이하의 징역 또는 3천만원 이하의 벌금에 처한다(제119조).

5. 수급권 보호, 비용과 예산 및 벌칙

1) 수급권 보호

수급권의 보호를 위한 직접적인 조항은 압류 금지와 이의신청이다. 아울러 부당지급금의 환수나 지급 금지는 정당하게 필요한 수급권자의 권리를(적어도 한정된 예산 차원을 감안할 때) 보호하는 간접적인 조치라 볼 수 있다.

(1) 압류 등의 금지(제18조)

법에 따라 긴급지원대상자에게 지급되는 금전 또는 현물은 압류할 수 없으며, 긴급지원수급계좌의 긴급지원금과 이에 관한 채권은 압류할 수 없다. 아울러 긴급지원대상자는 이 법에 따라 지급되는 금전 또는 현물을 생계유지 등의 목적 외의 다른 용도로 사용하기 위하여 양도하거나 담보로 제공할 수 없다.

(2) 이의신청(제16조)

제8조 제3항에 따른 결정이나 제15조 제1항 또는 제2항에 따른 반환명령에 이의가 있는 사람은 그 처분을 고지받은 날부터 30일 이내에 해당 시장·군수·구청장을 거쳐 특별시장·광역시장·도지사·특별자치도지사에게 서면으로 이의신청할 수 있다. 이의신청을 받은 시장·군수·구청장은 이의신청을 받은 날부터 10일 이내에 의견서와 관련 서류를 첨부하여 시·도지사에게 송부해야 한다. 시·도지사는 서류를 송부받은 날부터 15일 이내에 이를 검토하고 처분이 위법·부당하다고 인정되는 때는 시정, 그 밖에 필요한 조치를 해야 한다.

(3) 지원중단 또는 비용환수(제15조)

시장·군수·구청장은 심사(제14조 제1항) 결과 거짓이나 그 밖의 부정한 방법으로 지원(제8조 제3항)을 받았다고 결정이 나면 긴급지원심의위원회의 결정에 따라 지원을 즉각 중단하고 지원한 비용의 전부 또는 일부를 반환하도록 해야 한다. 또 심사 결과 긴급지원이 적정하지 않은 사람에게는 지원을 중단하고 지원한 비용의 전부 또는 일부를 반환하게 할 수 있다. 지원기준을 초과하면 초과 지원에 상당하는 부분을 반환하게 할 수 있다. 반환 명령에 따르지 않으면 지방세 체납처분의 예에 따라 징수한다.

2) 예산분담(제17조)

국가 및 지방자치단체는 긴급지원 업무 수행에 필요한 비용을 분담해야 한다.

5절 기초연금법

1. 법의 목적, 개념 정의, 연혁

1) 법의 목적

「기초연금법」은 「기초노령연금법」의 후신이다. 이 법은 "노인에게 기초연금을 지급하여 안정적인 소득기반을 제공함으로써 노인의 생활안정을 지원하고 복지를 증진함을 목적으로 한다"고 규정되어 있다(제1조).

(1) 법의 의의

일반적으로 노후 소득보장의 기본은 연금이다. 그러나 국민연금의 도입이 늦어서 현재 노인세대 중 많은 이가 연금을 받지 못하거나 받더라도 매우 적게 받는다. 그래서 소득이 부족한 사람들에게 「국민기초생활보장법」에 따른 급여가 제공된다. 그런데 노인 중에서 「국민기초생활보장법」의 급여를 받지 못하거나 받더라도 생활이 어려운 게 인정되면 받을 수 있는 공공부조가 바로 기초연금이다.

수급자격은 노인(65세 이상)이어야 하고, 소득이 기준 이하여야 한다. 그 전신인 기초노령연금은 목적에서 "후손의 양육과 국가 및 사회의 발전에 이바지하여 온 점을 고려"했다고 명시하였다. 그렇다면 보편적으로 노인들 누구나 급여를 받을 수 있어야 하지만 그렇지 못하고 하위 70%로 제한되어 있다.

(2) 법의 기본원칙과 문제점

연금급여의 보충성이 기본원칙이다. 기초연금의 지급에 따라 계층 간 소득역전 현상이 발생하지 않고 근로 의욕과 저축유인이 저하되지 않도록 최대한 노력할 의무를 국가와 지자체에 부여하였다(제4조).

그런데 보충성 원칙이 현실에서는 '줬다 뺏는' 문제를 초래한다. 매달 25일에 받는 기초연금이 다음 달 20일 「국민기초생활보장법」에 따른 생계급여 수급 때 그

대로 삭감된다. 기초연금이 인상되어도 상실감만 키운다. 그만큼 다시 삭감되기 때문이다. 그 원인이 바로 보충성의 원칙이고, 그 결과 형평성 원칙에도 어긋난다. 「기초생활보장법」의 생계급여 지급 원칙도 부족한 부분의 보충적 지원, 곧 보충성 원칙이다. 그에 따라 기초연금을 받은 만큼 생계급여에서 공제해야 한다는 게 논리적 귀결이다. 그런데 일반 노인(전체 노인의 70%)은 기초연금을 받으면 가처분 소득이 그만큼 느는데, 기초연금 수급 노인은 그만큼 감해지면서 가처분 소득이 그대로다. 그에 따라 노인의 소득 격차가 커져 형평성에 문제가 생긴다.[9)]

2) 개념 정의

「기초연금법에」서 사용하는 주요 용어들의 개념은 〈표 5-8〉과 같다.

표 5-8 기초연금법의 주요 용어

용어	개념 정의(관련법규)
기초연금 수급권	• 「기초연금법」에 따른 기초연금을 받을 권리
기초연금 수급권자	• 수급권이 있는 사람
기초연금 수급자	• 기초연금에 따른 연금을 받는 사람 • 수급권이 있더라도 수급을 받지 않는 경우가 있다는 의미
소득인정액	• 본인과 배우자의 소득평가액과 재산의 소득환산액 합산 금액 • 소득평가액과 재산의 소득환산액을 산정하는 소득과 재산 범위는 대통령령으로, 소득평가액과 재산의 소득환산액의 구체적인 산정방법은 보건복지부령으로 정함
기준연금액	• 기초연금 수급권자의 기초연금 금액 • 국민연금 급여액 등 고려하여 산정(2020년 일반 수급자〈소득 하위 70%〉는 월 최대 254,760원, 저소득수급자〈소득 하위 40%〉는 월 최대 300,000원)

9) 이 문제의 해결 방법은 「국민기초생활보장법」 시행령 '소득의 범위'에서 「기초연금법」이란 말만 삭제하면 법 개정도 필요 없이 대통령의 결단으로 가능하다(오건호, 2019). 아니면 「기초연금법」이 필요 없어도 되도록 「국민기초생활보장법」을 개편하는 길도 있다. 현실의 재정 부담을 생각하여 우선은 일부만(대략 절반) 소득으로 인정하자는 절충안도 있다. 또 하나의 문제는 '부양의무자'의 문제다. 전통적으로 노후 부양의 책임은 자식에게 있었고, 아직도 법적으로 가족 부양이 기본원칙이다. 여기에도 엄밀히 보충성 원칙이 적용된다. 국가는 가족이 할 수 없는 부분을 지원한다는 원칙이기 때문이다. 그래서 부양의무자(주로 자식-1촌 관계)가 있으면 실제 부양을 하든 못하든 공공부조를 받기 어렵다. 문재인 정부에서 부양의무자 기준 폐지를 약속했는데, 2023년까지 실천하겠다는 목표다.

표 5-9 기초연금법의 주요 연혁

제정/ 시행년도	주요 내용
2007/08 제정	• 법률 제8385호「기초노령연금법」제정
2014 제정	•「기초노령연금법」폐지(부칙 제2조) → 법률 제12617호「기초연금법」제정 • 목적: 국가재정의 지속가능성 확보와 노인세대의 안정적 공적연금제도 마련으로 노인 빈곤 문제 해소와 노인의 생활안정 및 복지증진에 기여 • 지급대상: 65세 이상에 소득인정액(전체 65세 인구 중 소득 70%) 이하 • 직역연금 등의 수급자는 수급권 제한. 다만 소득인정액이 기초연금 수급권자 선정에 해당하고 65세 이상이면 기초연금액의 50% 지급 • 재원: 국가는 지방자치단체의 노인 인구 비율과 재정여건을 고려하여 기초연금 지급 비용의 100분의 40 이상 100분의 90 이하 범위에서의 일정 비율 부담 • 국가 및 지방자치단체의 기초연금 재원 조성과 지급에 국민연금기금 사용 배제 명시화 • 기준연금액은 20만원이지만 이후 매년 전국소비자물가상승률 반영 • 국민연금가입자 기준연금에서 국민연금 급여 중 일부 금액 감액 조정(기준연금액의 1/2 부가연금 지급 명시) • 국민연금 미가입자, 국민연금 지급이 정지된 사람, 장애인연금 수습권자 등 기준연금액 기초연금으로 지급 • 5년마다 기초연금액의 적정성 평가 및 조정과 전망을 반영하여 기준연금 조정
2016 일부 개정	• 정보 부족 등으로 기초연금 수급 기회 상실 방지 위해 기초연금의 지급대상, 금액 및 신청방법 등 기초연금 관련 정보 제공(제10조의2 신설) • 관계공무원의 기초연금 수급 관련 조사에서 권한을 표시증표 외에 조사 기간과 범위 등이 기재된 서류제시(제11조 제3항 및 제6항) • 기초연금 수급자의 사망신고를 기초연금 수급권 상실 신고로 간주(제18조 제2항 신설)
2017/18 일부 개정	• 개인정보 누설 등에 대한 벌칙 수준 '개인정보 보호법' 수준인 5년 이하 징역 또는 5천만원 이하의 벌금으로 통일
2018 일부 개정	• 기준 연금액 20만원에서 25만원으로 인상
2019 일부 개정	• 65세 이상 소득인정액이 100분의 20 이하이면 기준연금액 30만원으로 인상. 그에 따른 기초연금 수급자 사이에 가처분 소득 역전 현상에 대한 기초연금액 감액 근거 규정 신설
2020 일부 개정	• 물가변동률 반영 시기를 매년 1월로 앞당김 • 2020년 12월 31일까지 한시적으로 기준연금액을 30만원으로 하는 저소득 기초연금 수급권자의 범위를 65세 이상인 사람 중 소득인정액이 100분의 20 이하에서 100분의 40 이하인 사람으로 확대하고, 2021년에는 모든 기초연금 수급자의 기준연금액을 30만원으로 인상

2. 기초연금 수급자와 지급액 산정

1) 기초연금 수급자

65세 이상이고 소득인정액이 보건복지부 장관이 정하여 고시하는 금액 이하인 사람이(제3조) 수급자가 될 수 있다. 이 고시 금액을 선정기준액이라 하며 노인가구의 소득·재산 수준과 생활실태, 물가상승률 등을 고려하여 전년도 12월 31일까지 결정·고시한다. 적용 기간은 1월 1일부터 12월 31일까지다.[10] 배우자가 있는 노인가구는 60%를 추가한다(각 20%씩 감액). 수급자 범주는 〈표 5-10〉과 같이 저소득수급자와 일반 수급자 등 두 가지로 나뉜다.

표 5-10 수급자 범주 2가지

저소득수급자	• 소득하위 40%에 해당하는 기초연금 수급자(국민연금 비수급자, 국민연금 월 급여 일정액 이하, 국민연금의 유족연금이나 장애연금 수급자, 국민기초생활보장수급권자 등)
일반수급자	• 그 외 소득하위 70%(국민연금 월 급여 일정액 이하)

2) 기초연금액의 산정(제5조)

기초연금 수급권자에 대한 기초연금의 금액('기초연금액')은 제2항 또는 제5조의2 제1항에 따른 기준연금액과 국민연금 급여액 등을 고려하여 산정한다(〈표 5-11〉 참조). 기준연금액은 보건복지부 장관이 그 전년도의 기준연금액에 대통령령으로 정하는 바에 따라 전국소비자물가변동률을 반영하여 매년 고시하도록 되어 있다.

---

10) 2020년 기준으로 살펴보면 배우자 없는 노인가구 월 소득인정액 148만원이고, 배우자 있는 가구는 236.8만원이었다. 2020년 소득하위 70% 이하의 일반수급자와, 소득하위 40% 이하 저소득수급자로 구분하여 금액을 산정하면 저소득수급자 부부가구는 월 48만원, 일반수급자 부부는 40만 7600원을 받았다. 단독가구는 각각 30만원, 25만4760원이었고, 부부의 경우 20%를 삭감하는 방식이다. 이는 다시 2021년부터 지원금액이 단독 30만원, 부부 48만원으로 통합되었다.

표 5-11 기초연금액 산정

기준연금액으로 산정하는 경우 국민연금, 장애인 연금 등 비수급자-무연금자	• 저소득수급자: 소득 하위 40%에 해당하는 기초연금 수급자 – 월 최대 300,000원 • 일반수급자: 저소득수급자 외 소득 하위 70% – 월 최대 254,760원 (2020년/2021년은 300,000원)
위에 해당하지 않는 노인들의 기초연금액 "소득재분배급여(A급여)에 따른 산식" 또는 "국민연금 급여액 등"을 고려하여 산정	• 'A급여액'에 따른 기초연금액 = (기준연금액 – 2/3×A급여액) + 부가연금액(*A급여액 = 소득분배급여 : 국민연금 급여액 중 기초연금의 성격인 부분으로 개인별 기초연금액 결정 기준. 가입기간 길수록, 일찍 가입할수록 증가. 기간이 동일해도 시기와 이력에 따라 금액 다름) • '국민연금 급여액 등'에 따른 기초연금액 = 기준연금액의 250% – 국민연금 급여액 등

3) 기초연금 비용의 부담

기초연금은 다음 각호의 구분에 따라 국가 또는 지방자치단체가 부담한다(제25조).

① 국가는 지방자치단체의 노인인구 비율 및 재정여건 등을 고려하여 100분의 40 이상 100분의 90 이하의 범위 안에서 대통령령으로 정하는 비율을 부담한다.

② 제1호에 따라 국가가 부담한 금액을 차감한 액수에 대하여는 특별시·광역시·도 또는 특별자치도 및 시·군·구가 상호 분담하되, 그 부담비율은 노인인구 비율 및 재정여건 등을 고려하여 시·도와 시·군·구의 조례로 정하고, 미리 보건복지부 장관과 협의해야 한다.

3. 기초연금의 신청 절차와 조사

1) 기초연금의 신청 방법과 절차

(1) 신청(제10조)

기초연금을 받으려면(기초연금 수급 희망자) 본인이나 보건복지부령으로 정하는 대리인이 특별자치시장·특별자치도지사·시장·군수·구청장에게 신청한다. 홀로 살며 거동이 불편한 사람은 그 동의를 받아 소속 공무원이 대신 신청할 수 있다.

(2) 제출 서류(시행령 제13조)

기초연금 지급 신청서에 첨부할 서류는 다음과 같다. ① 소득·재산신고서 ② 금융정보·신용정보 또는 보험정보의 제공 동의서면(배우자의 동의서면을 포함) ③ 기초연금 수급희망자의 신분 확인 가능한 서류(보건복지부령으로 지정) ④ 위임장 및 대리인의 인적사항을 확인할 수 있는 서류(대리인이 신청하는 경우)

2) 신청 후 절차

(1) 조사

특별자치시장·특별자치도지사·시장·군수·구청장은 기초연금의 지급 신청을 받으면 기초연금 신청 대상을 작성한다. 이어 "전자정부법"에 따른 행정정보의 공동이용을 통하여 기초연금 수급희망자의 가족관계증명서와 소득·재산 관계 서류 중 건물 등기사항증명서 및 토지 등기사항증명서 등을 확인한다. 다만, 확인에 동의하지 않는 기초연금 수급희망자는 그 서류를 첨부해야 한다.

보건복지부 장관 또는 특별자치시장·특별자치도지사·시장·군수·구청장은 기초연금 수급권의 발생·변경·상실 등을 확인하기 위하여 기초연금을 신청한 기초연금 수급희망자, 기초연금 수급권자, 기초연금 수급자와 그 배우자 혹은 고용주에게 필요한 서류나 그 밖에 소득·재산 등에 관한 자료의 제출을 요구할 수 있고, 소속 공무원으로 하여금 기초연금 수급권자 등의 집이나 그 밖의 필요한 장소에 방문하여 서류 등을 조사하게 하거나 관계인에게 필요한 질문을 하게 할 수 있다.

특히 확인·조사 또는 기초연금사업의 수행을 위하여 기초연금 수급권자 등의 소득, 재산 및 신상 관련한 각종 자료 또는 정보의 제공을 관계기관의 장에게 요청할 수 있다. 이 경우 자료 또는 정보의 제공을 요청받은 관계기관의 장은 특별한 사유가 없으면 이에 응해야 한다. 아울러 기초연금 수급희망자, 기초연금 수급권자 또는 기초연금 수급자가 서류 또는 자료를 제출하지 않거나 거짓의 서류 또는 자료를 제출한 경우 혹은 조사·질문을 거부·방해 또는 기피하거나 거짓 답변을 한 경우에는 기초연금 지급신청을 각하하거나 기초연금 지급 결정을 취소·정지할 수 있다(이상 제11조).

(2) 결정과 서면 통보

특별자치시장 · 특별자치도지사 · 시장 · 군수 · 구청장은 제11조에 따른 조사를 한 후 기초연금 수급권의 발생 · 변경 · 상실 등을 결정한다. 결정 내용은 그 구체적 이유와 함께 서면으로 신청자에게 바로(접수한 날부터 30일 이내) 통지한다(제13조). 기초연금 수급권의 발생 · 변경 · 상실 등의 결정 절차와 통지 등에 필요한 사항은 보건복지부령으로 정한다. 소득 · 재산 등의 조사에 시간이 걸리는 특별한 사유가 있으면 그 사유를 명시하여 접수한 날부터 60일 이내에 결정 · 통지할 수 있다(시행규칙 제8조).

4. 기초연금의 지급

1) 기초연금의 지급방법(시행규칙 제9조)

기초연금은 매월 25일(토요일이거나 공휴일이면 그 전날)에 금융기관 또는 우편관서의 수급자 계좌(부부가 모두 수급자인 경우로서 부부가 지정한 한 사람 계좌로)에 입금하는 방법으로 지급한다. 단, 다음의 경우에는 수급자의 배우자, 수급자의 직계혈족 또는 3촌 이내의 방계혈족(이하 "대리수령인") 명의의 계좌에 입금할 수 있다.

① 성년후견개시, 한정후견개시, 특정후견개시 심판이 확정된 경우(〈그림 5-1〉 참조)
② 채무불이행으로 금전채권이 압류된 경우
③ 치매 또는 보건복지부 장관이 정하는 거동불가의 사유로 본인 명의의 계좌를 개설하기 어려운 경우
④ 그 밖에 보건복지부 장관이 정하는 경우

2) 기초연금의 지급 기간과 지급 정지

(1) 지급 기간

기초연금은 수급권자로 결정된 경우 연금을 신청한 날이 속하는 달부터 수급권이 소멸한 날이 속하는 달까지 매월 정기적으로 지급한다(제13조 제1항). 연금 지급의 정지 사유가 발생하면 그 사유가 발생한 날이 속하는 달의 다음 달부터 그 사유가 소멸한 날이 속하는 달까지는 기초연금 지급을 중단한다(제14조).

(2) 지급 정지

수급자가 금고 이상의 형을 선고받고 교정시설 또는 치료감호시설에 수용 중일 때, 행방불명 또는 실종 등의 사유로 사망한 것으로 추정되는 경우, 국외 체류 기간이 60일 이상 지속되는 경우에 기초연금의 지급을 정지한다(제16조).

3) 미지급 기초연금(제15조)

수급자가 사망한 경우 수급자에게 지급해야 할 기초연금이 아직 지급되지 않은 부분이 있을 때는 수급자의 사망 당시 생계를 같이 한 부양의무자(배우자와 직계비속 및 그 배우자)는 미지급 기초연금을 청구할 수 있다. 이 경우 특별자치시장・특별자치도지사・시장・군수・구청장은 지체 없이 그 지급 여부를 결정하여 그 부양의무자에게 통지하여야 한다.

4) 기타

수급권 상실, 수급권 보호, 이의신청 절차 등은 다른 보험과 대동소이하다. 기초연금이 잘못 지급된 경우나 거짓이나 부정한 방법으로 지급된 경우의 환수 절차와 벌칙도 다른 연금과 유사하다.

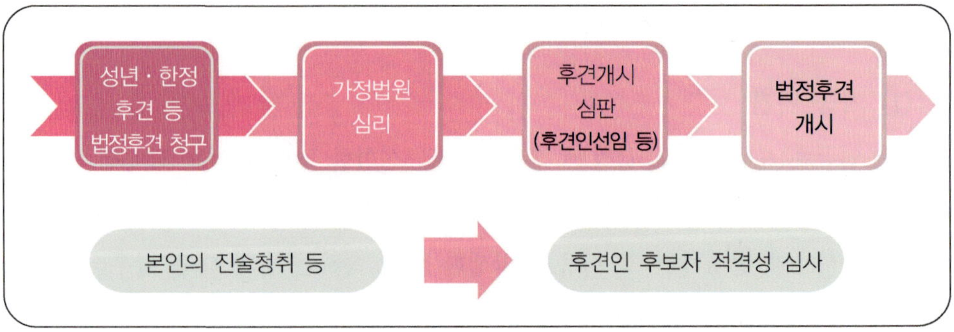

법정후견제도의 흐름

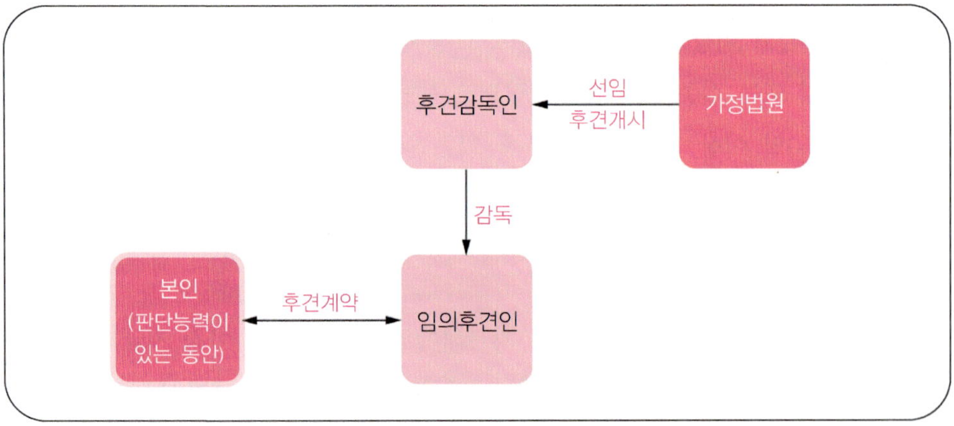

임의후견(후견계약)제도의 흐름

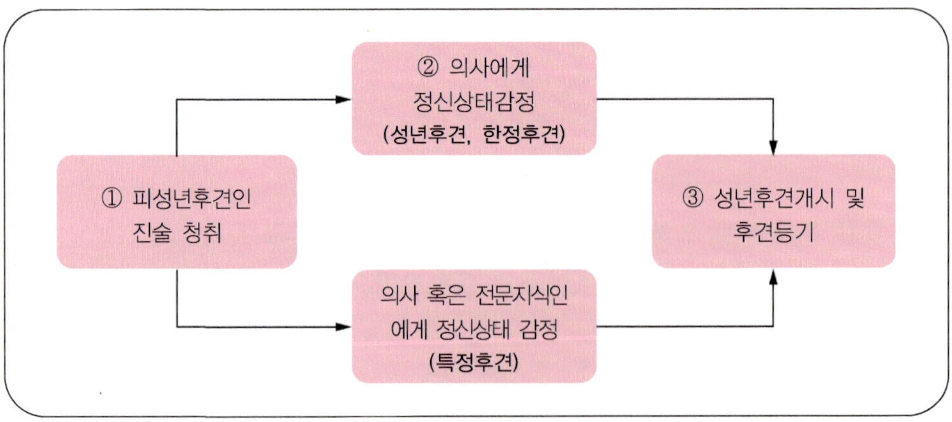

심판절차

그림 5-1 법정후견제도의 흐름과 심판절차

CHAPTER

06

사회복지서비스

CHAPTER

06 사회복지서비스

1절 사회복지사업법

1. 법의 목적, 개념 정의, 연혁

1) 사회복지사업법의 목적과 이념

사회복지를 공부하는 학생들이나 현장의 사회복지실천가들이 가장 가깝게 접하는 것이라면 바로 사회복지서비스 분야다. 그리고 사회서비스를 총괄하여 방향을 제시하고 기준을 잡는 법이 바로 「사회복지사업법」이다. 그래서 사회복지 관련법률을 개정하려면 이 법에 부합하게 해야 한다(제3조). 또 하나 사회보장을 위한 다른 두 개의 축인 사회보험과 공공부조에서는 급여가 현금이나 현물이 주가 되지만, 사회서비스에서는 서비스가 주요 급여 대상이다. 그래서 「사회복지사업법」에서는 사회서비스의 제공 주체와 그 대상 및 수급권 등의 규정이 중요하다.

이 법의 의의는 제1조의 목적과 기본이념(제1조의2)에 잘 표현되었다. 「사회복지사업법」의 궁극적 목적은 사회복지의 증진이고, 거기에 이르는 길을 4갈래로 구분한다. 첫째, 사회복지가 필요한 사람에게 인간 존엄성과 인간다운 생활을 할 권리 보장. 둘째, 사회복지의 전문성 제고. 셋째, 사회복지사업의 공정성·투명성·적정성 도모. 넷째, 지역사회복지의 체계 구축과 사회복지사업의 질 향상 등. 「사회복지사업법」은 결국 이 네 가지 과정을 위한 기본적인 사항을 규정함으로써 저 궁극의 목적인 사회복지의 증진을 추구하기 위한 법률이다. 아울러 그 기본이념은 다음 4가지다.

① 사회복지가 필요한 사람은 누구든지 자신의 의사에 따라 서비스를 신청하고 받을 수 있다.

② 사회복지법인과 사회복지시설은 공공성을 지니며 사회복지사업을 시행하는 데 공공성을 확보해야 한다.

③ 사회복지사업을 시행하는 데 사회복지를 제공하는 자는 사회복지가 필요한 사람의 인권을 보장해야 한다.

④ 사회복지서비스를 제공하는 자는 필요한 정보를 제공하는 등 사회복지서비스를 이용하는 사람의 선택권을 보장하여야 한다.

2) 주요 개념(제2조)

「사회복지사업법」에서 사용하는 주요 용어의 개념 정의나 관련법규는 〈표 6-1〉과 같다.

표 6-1 「사회복지사업법」 주요 용어 개념

용어	개념 정의(관련법규)
사회복지사업 (제2조 제1항)	「국민기초생활보장법」, 「아동복지법」, 「노인복지법」, 「장애인복지법」, 「한부모가족지원법」, 「영유아보육법」, 「성매매방지 및 피해자보호 등에 관한 법률」, 「정신보건증진 및 정신질환자 복지서비스 지원에 관한 법률」, 「성폭력방지 및 피해자 보호 등에 관한 법률」, 「입양특례법」, 「일제하 일본군위안부 피해자에 대한 생활안정 지원 및 기념사업 등에 관한 법률」, 「사회복지공동모금회법」, 「장애인·노인·임산부 등의 편의증진 보장에 관한 법률」, 「가정폭력방지 및 피해자보호 등에 관한 법률」, 「농어촌주민의 보건복지증진을 위한 특별법」, 「식품 등 기부 활성화에 관한 법률」, 「의료급여법」, 「기초연금법」, 「긴급복지지원법」, 「다문화가족지원법」, 「장애인연금법」, 「장애인 활동 지원에 관한 법률」, 「노숙인 등의 복지 및 자립지원에 관한 법률」, 「보호관찰 등에 관한 법률」, 「장애아동 복지지원법」, 「발달장애인 권리보장 및 지원에 관한 법률」, 「청소년복지지원법」과 대통령령으로 정하는 법률(시행령 제1조의2: 「건강가정기본법」, 「북한이탈주민의 보호 및 정착지원에 관한 법률」, 「자살예방 및 생명존중문화 조성을 위한 법률」, 「장애인·노인 등을 위한 보조기기 지원 및 활용촉진에 관한 법률」)
지역사회복지(제2항)	주민의 복지증진과 삶의 질 향상을 위하여 지역사회 차원에서 전개하는 사회복지
사회복지법인(제3항)	사회복지사업을 할 목적으로 설립된 법인
사회복지시설(제4항)	사회복지사업을 할 목적으로 설치된 시설
사회복지관(제5항)	지역사회를 기반으로 일정한 시설과 전문인력을 갖추고 지역주민의 참여와 협력을 통해 지역사회의 복지문제를 예방하고 해결하기 위하여 종합적인 복지서비스를 제공하는 시설

용어	개념 정의(관련법규)
사회복지서비스 (제6항)	지방자치단체 및 민간부문의 도움이 필요한 모든 국민에게 상담, 재활, 직업 소개 및 지도, 사회복지시설의 이용 등을 제공하여 정상적인 사회생활이 가능하도록 제도적으로 지원하는 것
보건의료서비스 (제7항)	국민의 건강을 보호·증진하기 위하여 보건의료인이 하는 모든 활동

3) 법의 연혁

「사회복지사업법」의 주요 연혁은 〈표 6-2〉와 같다.

표 6-2 사회복지사업법 주요 연혁

제정/ 시행년도	주요 내용
1970 제정	• 법률 제2191호 「사회복지사업법」 제정
1983 일부 개정	• 「노인복지법」·「심신장애자복지법」·「아동복지법」등 사회복지사업에 관한 각종 법률 제정에 맞추어 관련 사항을 정비하고, 새로운 복지수요에 대처하기 위하여 필요한 사항 보완 • 사회복지사업의 원활한 수행을 위해 시장·군수는 읍·면·동에 복지위원 위촉 • 사회복지시설을 이용한 자가 비용부담 능력이 있게 되면 그 수혜자 본인 또는 그 부양의무자로부터 당해 비용의 전부 또는 일부 수납 근거 규정 마련 • 한국사회복지협의회를 법정단체화하고, 이에 업무위탁을 할 수 있게 함
1992/93 전부 개정	• 일선 행정기관에 사회복지전담공무원을 두고, 시·군·구에는 복지사무전담기구 설치 및 사회복지사업의 범위 조정으로 사회복지행정의 전문성과 효율성 향상 • 「모자복지법」과 「영유아보육법」 제정으로 사업과 재가복지 및 정신질환자의 사회복귀에 관한 사업을 추가하고 사회복지사업의 범위 확대·조정
1997/98 전부 개정	• 현행 사회복지시설 설치·운영에 대한 허가제를 신고제로 변경 • 사회복지법인과 시설 운영의 투명성 보장을 위해 제도 장치를 강화. 자원봉사활동 지원할 법적 근거 마련. 사회복지 자원봉사활동과 「정신보건법」 등 사회복지 관련법률에 의한 사업을 사회복지사업의 범위에 포함. 보건복지부에 두는 사회복지위원회 폐지 • 사회복지사 자격은 1·2·3등급으로 법에 규정, 사회복지사의 전문성 제고 위하여 사회복지사 1급은 국가시험에 합격한 자로 하고 국가시험의 관리에 필요한 사항 신설 • 사회복지시설 평가제도 도입, 평가 결과를 시설의 감독, 지원에 반영
1999/99 일부 개정	• 사회복지사업에 관한 각종 규제 폐지나 완화로 사회복지사업의 활성화 도모 • 사회복지법인 설립을 시·도지사의 허가에서 보건복지부 장관의 허가제 • 사회복지법인의 수익사업으로부터 생긴 수익은 그 법인이나 사회복지시설의 운영 외의 목적에 사용 불가
2000 일부 개정	• 사회복지의 날과 사회복지주간 제정으로 국민의 사회복지에 대한 이해 증진과 사회복지사업 종사자의 활동 장려 • 사회복지시설 화재보험 가입 - 국가, 지방자치단체 예산의 범위에서 소요비용 보조

제정/ 시행년도	주요 내용
2003/04 일부 개정	• 지역사회 중심의 사회복지사업 효율적 추진 기반 조성 • 사회복지서비스 제공 절차 규정 구체화와 재가복지서비스 활성화 • 시·군·구의 사회복지위원회 폐지 후 지역사회복지협의체 설치–관할 지역 사회복지사업에 관한 중요사항과 지역사회복지계획 심의 • 시장·군수·구청장은 사회복지서비스가 필요한 자에 대하여 개인별 보호계획 수립하여 사회복지서비스 제공 • 사회복지서비스 제공에서 재가복지서비스 우선 제공 – 국가 또는 지방자치단체 재가복지서비스 담당 가정봉사원 양성 위해 노력
2005 일부 개정	• 사회복지사의 결격사유 법률에 직접 규정 – 직업 자유 보장 • 사회복지에 관한 전문지식과 기술 보유자에게 보건복지부 장관이 사회복지사 자격증 교부
2007 일부 개정	• 사회복지업무의 전자화 추진 • 사회복지사의 자질 향상을 위하여 사회복지법인 또는 사회복지시설에 종사하는 사회복지사의 정기적 보수교육, 보건복지부 장관은 그 외의 사회복지사에 대한 교육 명령
2009 일부 개정	• 국가, 지방자치단체 등 공공부문과 민간부문 간 정보 공유 통합전산망 마련 사회복지서비스의 중복 제공과 부정 수급 방지–공정하고 효율적인 사회복지행정 구현
2009 일부 개정	• 통합전산망의 구축 및 운영과정에서 발생할 수 있는 정보 유출, 오용 및 남용을 금지하고 이에 대한 벌칙을 마련함으로써 개인정보 보호
2011/11, 12 일부 개정	• 출소자의 갱생보호사업 사회복지사업에 포함 – 사회·재정적 지원가능 • 사회복지법인의 설치·운영 등에 관한 보건복지부 장관의 사무 시·도지사에 이양 • 농어촌 지역 등의 지역 특성과 시설분포 등 고려 – 사회복지시설 통합 설치 근거
2012/12, 13 일부 개정	• 시설이용자 인권 보호와 사회복지법인·시설 운영의 투명성 제고 위해 사회복지법인의 이사 외부 추천·선임 등 임원의 자격요건 강화 • 성폭력 범죄자, 퇴직한 지 2년 경과하지 않은 사회복지공무원 등은 사회복지법인의 임원 또는 시설의 장 불가 • 사회복지법인 또는 시설에 대한 행정처분 관련 정보 공표 및 법인 이사회의 회의록 공개 • 사회복지시설 서비스의 최저기준 마련 – 사회복지서비스의 질적 수준 제고와 사회복지서비스 이용자들의 인권과 복지증진
2013/14 일부 개정	• 시설 운영자 의무 가입 보험에 안전사고 보호대상자에 대한 손해배상책임 추가 – 사고에 대한 시설 운영자의 손해배상책임 강화 • 「기초노령연금법」을 「기초연금법」으로 변경
2016 일부 개정	• 사회복지사업의 정의에 「청소년복지 지원법」 추가 • 사회복지사 자격의 정지와 취소요건에 대한 법적 근거 마련 • 보조금 부정 수급에 대한 환수 명령 의무화 명시
2016 일부 개정	• 일부 벌금형 벌금액을 국민권익위원회의 권고안과 국회사무처 법제예규의 기준인 징역 1년당 1천만원으로 개정 – 벌금형 현실화와 형벌 기능 회복
2017 일부 개정	• 사회복지분야 6급 이상 공무원 퇴직 후 3년(현행 2년) 이내 기초지자체 관할 법인의 임원이나 시설의 장 불가(제한 지역도 퇴직 전 5년(현행 3년) 동안 소속했던 곳)

제정/ 시행년도	주요 내용
2017/18 일부 개정	• 사회복지업무 종사자가 사회복지가 필요한 사람에 대한 인권 침해 – 사실 공표 • 사회복지서비스의 현물 제공 원칙 규명 • 사회복지사 자격 취소자 2년 이내 재교부 금지 • 사회복지법인과 사회복지시설 장의 결격 사유 추가 – 공공성 강화 • 제7조 지역사회복지계획이 '지역사회보장에 관한 계획 수립'으로 「사회보장급여법」으로 이전
2018/19 일부 개정	• 사회복지법인과 시설 운영의 투명성 제고와 사회적 책임성 강화 위해 시 · 도지사 또는 시장 · 군수 · 구청장이 지방의회의 추천으로 공인회계사나 감사인 선임하여 회계 감사 • 전문사회복지사(정신건강, 의료, 학교 등) 제도 도입 – 사회복지 욕구의 다양화 · 전문화에 능동적 대응 • 시설과 법인 종사자 채용 절차 규정 – 불합리한 채용관행 개선
2019 일부 개정	• 임원 불법 행위 – 해임 결의 이사회 개최기한 설정 • 해임 명령 – 직무 집행 정지 • 집단 학대 범죄 발생 – 법인 설립 취소 • 사회복지사 결격 사유 해당하면 자격증 발급 금지 규정 – 판단 기준일 명확히

2. 기본원칙과 국가 등의 책임

1) 복지와 인권증진의 책임(제4조)

「사회복지사업법」은 법규로 강제해서라도 인권침해를 예방하려는 강화방안을 마련하였다. 현재 세계의 바탕인 자본주의를 어쩔 수 없는 상황에서 보완이라도 하자는 게 복지국가이고 사회보장 정책이다. 이 개정 법안의 제4조 제1항은 인권침해 방지와 인권 옹호를 국가의 책임으로 규정하고 있다. 국가와 지방자치단체는 사회복지서비스를 증진하면서 서비스를 이용하는 사람의 인권침해를 예방하고 차별을 금지하며 인권을 옹호할 책임이 있다. 그러기 위해 사회복지와 관련된 인권교육 강화의 책임과 함께 인권존중을 바탕으로 사회복지서비스를 제공하도록 규정하고 있다(제6항). 이어서 인권침해에 대한 신속 대응 체계를 규정하고 있다. 사회복지서비스를 이용하는 사람이 긴급한 인권침해 상황에 놓이면 신속히 대응할 체계를 갖추어야 할 책임이 국가와 지자체에게 있다(제7항). 보건복지부 장관은 사회복지사업에 종사하는 사람들의 자질 향상을 위한 교육에 인권 교육이 포함되도록 해야 한다(제10조 제1항).

사회복지가 필요한 사람의 인권 보장은 기본적으로 사회복지를 제공하는 사람의 의무다. 그래서 기본이념에 못 박아 놓았다(제1조의2 제3항). 이를 풀어서 복지 업무에 종사하는 사람이 업무 수행하면서 사회복지가 필요한 사람의 인권을 존중하고 차별 없이 최대로 봉사해야 한다고 구체화하였다(제5조 제1항). 또 사회복지법인이나 사회복지시설에 종사하는 사회복지사는 인권과 관련한 보수교육을 정기적으로 받도록 하였다(제13조 제2항). 그런데도 인권침해 행위가 발생하면 제2조 제1호와 시행령 제1의2에 규정된 31개의 법률 중에서 해당하는 법의 규정에 따라 처분하고 사실을 공표할 책임을 국가와 지자체가 지게 하였다(제5조 제2항).

2) 제도와 시설의 운영원칙

(1) 연계 서비스와 지역사회복지의 강화

제도 운영상의 원칙으로 연계 서비스의 강화를 들 수 있다. 구체적인 내용으로 복지서비스 사이의 연계다. 사회복지서비스와 보건의료서비스가 동시에 필요한 사람에게 서비스가 상호 연계되도록 노력할 책임을 국가와 지방자치단체에게 부여하였다(제4조 제2항). 다음으로 국가, 지자체, 민간 사이의 업무 연계 차원도 있다. 국가와 지방자치단체 그리고 민간부문의 사회복지 활동이 원활하게 연계될 수 있도록 노력할 책임이다(제5항). 이는 지역사회복지 체계의 강화를 위해서다. 총칙에서 이미 지역사회복지의 체계 구축과 사회복지서비스 질을 높이는 걸 법의 목적에 담았다(제1조). 구체적으로 국가와 지방자치단체에게 시설 거주자의 희망을 반영하여 지역사회보호체계에서 서비스가 제공될 수 있게 노력할 책임을 부여하였다(제4조 제8항).

상담, 작업치료, 직업훈련 등을 실시하고 필요하면 주민의 복지 욕구를 조사할 수도 있게 하였다(제3항). 이러한 상황 역시 필요한 복지서비스를 제대로 공급하려는 조처다. 아울러 사회복지서비스가 필요한 사람들에게 공급하는 사회복지서비스에 대한 정보를 제공해야 한다(제9항). 더 구체적으로 사회복지관에 지역사회의 특성과 지역주민의 복지 욕구를 고려하여 서비스를 제공하고 지역복지증진을 위한 사업을 할 수 있게 하였다(제34조의5). 운영위원회의 심의 사항에도 시설과 지역사회의 협력에 관한 사항이 포함된다(제36조 제1항 제6호).[1)]

(2) 시설 설치의 방해 금지와 청문

사회복지시설이 아직 부족한 탓인지 기준 강화보다는 설치의 편의를 강화하였다. 정당한 이유 없이 사회복지시설의 설치를 방해하지 못하게 하고, 시장·군수·구청장으로 하여금 정당한 이유 없이 설치의 지연이나 제한 조치를 하지 못하게 하고 있다(제6조).

그와 동시에 사회복지 법인과 시설 운영의 투명성을 높이려는 제도적 노력이 이어졌다. 먼저 외부에서 이사를 추천하여 선임하게 하고(2012년 개정) 그러고도 투명성이 문제가 되자 시장·군수·구청장이 지방의회의 추천으로 공인회계사나 「주식회사 등의 외부감사에 관한 법률」 제2조 제7호에 따른 감사인을 선임하여 회계감사를 하도록 개정하였다(2018-제51조 제2항). 사회복지시설 서비스의 최저기준을 마련하고 이용자의 인권과 복지증진 방법을 강구하였던 부분을 언급할 수 있다(2012-제43조). 특히 운영자의 보험 가입을 의무화하고, 처벌을 강화하며(2016-제34조의3), 학대와 성폭력 관련 범죄 발생 때 법인 설립을 취소하게 하고(2019 개정-제26조) 회의록의 작성과 공개를 의무화(제25조)하는 등의 감독도 강화하였다.

보건복지부 장관, 시·도지사 또는 시장·군수·구청장이 사회복지사의 자격이나 법인의 설립허가를 취소하거나 시설을 폐쇄할 때에는 청문을 해야 한다.

(3) 사회복지업무의 전자화

사회복지업무의 전자화는 정보화시대의 현실을 반영한 입법이다. 사회복지업무를 전자 방식으로, 즉 데이터베이스와 디지털화 및 온라인 등의 방식으로 처리할 수 있게 하는 시책 마련을 국가와 지방자치단체의 책임으로 규정하였다. 아울러 이와 관련한 각종 자료 또는 정보의 효율적 처리와 기록·관리 업무의 전자화를 위한 정보시스템의 구축 및 운영을 보건복지부 장관에게 위임하였다. 보건복지부

1) 「사회보장기본법」에서부터 사회복지와 사회보장 개념의 혼선을 언급한 바 있다. 대체로 사회복지라는 용어로 통일되는 듯하더니, 다시 사회보장의 용어가 새 법의 명칭과 법 규정에 등장하기 시작했다. 바로 「사회보장급여의 이용·제공 및 수급권자 발굴에 관한 법률」(「사회보장급여법」)의 등장 때문이다. 법 제정과 함께 「사회복지사업법」에서도 '지역사회복지계획'이 '지역사회보장계획'으로 바뀌었다(부칙 제5조). 배우는 학생들의 입장에서는 일단 같은 개념으로 생각하고 넘어가는 게 편하겠다.

장관은 여기에 필요한 자료 제공을 관련기관과 단체에게 요청하여 제공된 자료를 수집·관리·보유할 수 있다. 이 정보시스템을 효율적으로 운영하기 위해 보건복지부 장관은 「사회보장기본법」 제37조 제7항에 따른 전담기구에 그 운영에 관한 업무를 위탁할 수 있다(제6조의2).

(4) 재가복지서비스 우선의 원칙

시장·군수·구청장은 사회보장급여의 이용·제공 및 수급권자 발굴에 관한 법률 제15조에 따른 보호대상자별 서비스 제공계획에 따라 사회복지서비스를 제공할 때에는 시설입소에 앞서 재가복지서비스를 우선 제공해야 한다(제41조의2). 재가복지서비스에는 다음 두 가지가 있다(제41조의1). ① 가정봉사서비스(가사 및 개인활동을 지원하거나 정서 활동을 지원하는 서비스) ② 주간·단기 보호서비스(주간·단기 보호시설에서 급식이나 치료 등 일상생활의 편의를 낮 동안 또는 단기간 제공하거나 가족에 대한 교육 및 상담을 지원하는 서비스).

국가나 지방자치단체는 재가복지서비스가 필요한 가정 또는 시설에서 보호대상자가 일상생활을 하는데 필요한 각종 편의를 제공하는 가정봉사원을 양성하도록 노력해야 한다(제41조의4).

(5) 운영비의 보조

사회복지사업을 하는 자 가운데 대통령령으로 정하는 자에게는 국가나 지방자치단체가 운영비를 비롯하여 필요한 비용의 전부나 일부를 보조할 수 있다. 그 보조금은 그 목적 외의 용도에 써서는 안 된다. 만일 사업 목적 외의 용도에 쓰거나 거짓이나 부정한 방법으로 받거나 이 법이나 시행령을 위반했을 때에는 지급된 보조금 전부 또는 일부의 반환을 명할 수 있다(제42조). 그 밖에 사회복지사업과 관련한 시설을 설치하거나 사업을 육성할 때 필요하면 「국유재산법」과 「공유재산 및 물품 관리법」에도 불구하고 사회복지법인 또는 시설에 국유·공유 재산을 우선 매각하거나 임대할 수 있다(제42조의2).

3. 사회복지서비스 전달체계

국가 등에서 제도를 마련하고 재원을 마련하면, 그 제도에 맞춰 사회복지시설과 법인에서 사회복지사를 고용하고 자원봉사자와 협조하여 사회복지서비스가 필요한 사람들에게 서비스를 제공한다. 그 비용은 국가에서 마련한 재원으로 대부분 충당한다. 서비스 전달은 곧 국가에서 공무원을 거쳐 시설/법인으로 가서 사회복지사/자원봉사자의 손에 의해 서비스가 필요한 사람으로 넘어간다. 사회복지서비스는 시설과 재가로 구분된다.[2)]

1) 사회복지사와 자원봉사

사회복지에 관한 전문지식과 기술을 가지면 보건복지부 장관으로부터 사회복지사 자격증을 발급받을 수 있다. 사회복지사는 1급과 2급 등급으로 나뉜다. 등급별 자격 기준과 자격증 발급 절차는 대통령령으로 정하는데, 1급 자격증의 경우 국가시험을 통과해야만 한다(제11조). 한편 2020년 12월 12일부터 시행되는 정신건강·의료·학교 전문사회복지사 자격제도는 전문화되는 사회복지 욕구에 능동적으로 대응하려는 목적으로 도입된 세분화된 제도라 할 수 있다.[3)]

(1) 국가시험

사회복지사 1급 국가시험은 보건복지부 장관이 시행하고, 시험의 관리는 대통령령으로 정하는 바에 따라 시험관리 능력이 있다고 인정되는 관계 전문기관에 위탁할 수 있다(제12조). 사회복지사 1급 국가고시는 필기시험으로 해마다 1회 이상 실시해야 한다. 이 시험에 응시할 자격은 「사회복지사업법」 시행령 사회복지사 2급 자격 중 가부터 다까지, 다음 라목부터 사목까지 중 어느 하나에 해당하여 사회복

2) 재가서비스는 앞장 '재가서비스 우선 원칙' 내용을 참조하면 자세하게 알 수 있다.

3) 정신건강사회복지사·의료사회복지사·학교사회복지사의 자격은 1급 사회복지사의 자격이 있는 사람 중에서 보건복지부령으로 정하는 수련기관에서 소정의 수련을 받은 사람에게 부여하도록 하고 있다.

지사 2급 자격증을 취득하고 시험일까지 1년 이상 사회복지사업의 실무경험이 있는 자, 그리고 외국의 대학 또는 대학원에서 사회복지학 또는 사회사업학을 전공하고 학사학위 이상을 취득한 자로서 제1호 및 제2호 자격과 동등하다고 보건복지부 장관이 인정하는 자 등이다(시행령 제4조).

(2) 사회복지사 결격사유

다음 5개 사항 중 어느 하나에 해당하면 사회복지사가 될 수 없다(제11조의2).

① 피성년후견인 또는 피한정후견인
② 금고 이상의 형을 선고받고 그 집행이 끝나지 않았거나 그 집행을 받지 않기로 확정받지 않은 사람
③ 법원의 판결에 따라 자격이 상실되거나 정지된 사람
④ 마약 · 대마 또는 향정신성 의약품의 중독자
⑤ 「정신건강증진 및 정신질환자 복지서비스 지원에 관한 법률」 제3조 제1호에 따른 정신질환자(다만, 전문의가 사회복지사로서 적합하다고 인정하는 사람은 제외)

(3) 사회복지사의 채용과 교육

사회복지법인과 사회복지시설을 설치 · 운영하는 자는 대통령령으로 정하는 바에 따라 사회복지사를 그 종사자로 채용하고 그 임면 관련 사항을 보고하여야 한다(제13조 제1항). 보건복지부 장관은 사회복지사의 자질 향상에 필요하다고 인정하면 사회복지사에게 교육을 받도록 명할 수 있다. 사회복지법인이나 사회복지시설에 종사하는 사회복지사는 정기적으로 인권에 관한 내용이 포함된 보수교육을 받아야 한다(제13조 제2항).[4] 사회복지법인 또는 사회복지시설을 운영하는 자는 그 법인 또는 시설에 종사하는 사회복지사에 대하여 교육을 이유로 불리한 처분을 하여서는 아니 된다. 해당 교육은 보건복지부령으로 정하는 기관이나 단체에 위탁 가능하다(제13조 제4항).

---

4) 사회복지사는 연간 8시간 이상의 보수교육을 받아야 하는데, 여기에는 사회복지윤리 및 인권보호, 사회복지정책 및 사회복지실천기술 등이 포함되어야 한다(이용재, 2020: 105)

(4) 사회복지 자원봉사활동의 지원 · 육성(제9조)

국가와 지방자치단체는 사회복지 자원봉사활동을 지원 · 육성하기 위해 다음 4가지 사항을 실시한다. 이 사항들을 효율적으로 수행하기 위해 사회복지법인이나 비영리법인 · 단체에 위탁할 수 있다(제9조 제1항, 제2항).

① 자원봉사활동의 홍보와 교육
② 자원봉사활동 프로그램의 개발 · 보급
③ 자원봉사활동 중의 재해에 대비한 시책의 개발
④ 그 밖에 자원봉사활동의 지원에 필요한 사항

(5) 사회복지의 날

국가는 국민의 사회복지에 대한 이해를 증진하고 사회복지사업 종사자의 활동을 장려하기 위해 매년 9월 7일을 사회복지의 날로 지정하였다. 이에 사회복지의 날부터 1주간을 사회복지주간으로 하고, 그 취지에 적합한 행사 등 사업을 하도록 노력해야 한다(제15조의2).

2) 사회복지시설

사회복지시설(이하 "시설")은 국가나 지방자치단체 및 그 외의 자도 설치 · 운영할 수 있다. 국가나 지방자치단체가 설치한 시설은 필요한 경우 사회복지법인이나 비영리법인에 위탁하여 운영토록 할 수 있다. 국가 또는 지방자치단체 외의 자가 시설을 설치 · 운영하려는 경우 보건복지부령으로 정하는 바에 따라 시장 · 군수 · 구청장에게 신고해야 한다.[5] 다만 제40조에 따라 폐쇄명령을 받고 3년이 지나지 않은 자와 제19조 제1항 제1호 및 제1호의2부터 제1호의8까지의 어느 하나에 해

5) 시설을 설치 운영하려면 시행령 제8조 제1항에 따라 다음의 필요한 서류들을 갖춰야 한다. 법인의 정관(법인에 한함) 1부, 시설 운영에 필요한 재산목록(소유를 증명할 수 있는 서류) 1부, 사업계획서와 예산서 각 1부, 시설의 평면도(시설의 층별 · 구조별 면적 표시)와 건물의 배치도 각 1부 등이 필요하다. 한편 법인의 정관은 목적, 명칭, 주된 사무소의 소재지, 사업의 종류, 자산 및 회계에 관한 사항, 임원의 임면 등에 관한 사항, 회의에 관한 사항, 수익을 목적으로 하는 사업이 있는 경우 그에 관한 사항, 정관의 변경에 관한 사항, 존립시기와 해산 사유를 정한 경우에는 그 시기와 사유 및 남은 재산의 처리방법, 공고 및 공고방법에 관한 사항 등이 포함되어야 한다.

당하는 개인 또는 그 개인이 임원인 법인은 시설의 설치·운영 신고를 할 수 없다. 시설을 설치·운영하는 자는 보건복지부령으로 정하는 재무·회계에 관한 기준에 따라 시설을 투명하게 운영해야 한다(제34조).

시설의 수용인원은 300명을 초과할 수 없다. 다만 대통령령으로 정하는 경우는 예외로 한다(제41조). 시행령 제19조에 따른 300명 초과수용이 가능한 시설은 노인주거복지시설 중 양로시설과 노인복지주택(「노인복지법」 제32조)과 노인의료복지시설 중 노인요양시설(「노인복지법」 제34조)이다.

(1) 시설의 안전점검과 보험

시설의 장은 시설에 대해 정기와 수시로 안전점검을 하고 그 결과를 시장·군수·구청장에게 제출해야 한다. 결과를 제출받은 시장·군수·구청장은 필요한 경우 시설의 운영자에게 시설의 보완 또는 개·보수를 요구할 수 있으며, 이 경우 시설의 운영자는 요구에 따라야 한다. 안전점검, 시설의 보완과 개·보수에 드는 비용은 국가나 지방자치단체가 예산의 범위에서 전부 또는 일부를 보조할 수 있다(제34조의4).

시설의 운영자는 첫째 화재로 인한 손해배상책임, 둘째 화재 외의 안전사고로 생명·신체의 피해를 본 보호 대상자에 대한 손해배상책임 등을 이행하기 위해 손해보험회사의 책임보험이나 「사회복지사 등의 처우 및 지위 향상을 위한 법률」 제4조에 따른 한국사회복지공제회의 책임공제에 가입해야 한다. 이때 책임보험 또는 책임공제의 가입에 드는 비용의 전부 또는 일부를 국가나 지방자치단체가 예산의 범위에서 보조할 수 있다(제34조의3).

(2) 사회복지관(제34조의5)

위 시설 중에서 사회복지관은 지역사회의 특성과 지역주민의 복지 욕구를 고려하여 서비스 제공 등 지역복지증진을 위한 사업을 할 수 있다. 사회복지관은 모든 지역주민을 대상으로 사회복지서비스를 제공하지만, 다음의 지역주민에게 우선 제공해야 한다.

① 「국민기초생활보장법」에 따른 수급자와 차상위계층
② 장애인, 노인, 한부모가족, 다문화가족
③ 직업 및 취업 알선이 필요한 사람
④ 보호와 교육이 필요한 유아 · 아동과 청소년
⑤ 그 밖에 사회복지관의 사회복지서비스를 우선 제공할 필요가 있다고 인정되는 사람

(3) 시설 종사자

사회복지법인과 사회복지시설에서는 거기에 근무하는 종사자를 채용할 수 있는데, 다음에 해당하는 사람은 사회복지법인 또는 사회복지시설의 종사자가 될 수 없다(제35조의2). 이때 성범죄와 관련된 것이 가장 크게 작용된다.

① 사회복지사업 또는 그 직무와 관련하여 「아동복지법」 제71조, 「보조금 관리에 관한 법률」 제40조부터 제42조까지 또는 형법 제28장 · 제40장(제360조는 제외)의 죄를 범하거나 이 법을 위반하여 다음 어느 하나에 해당하는 사람(제19조1의7-임원의 결격사유): 가. 100만원 이상의 벌금형을 선고받고 그 형이 확정된 후 5년이 지나지 않은 사람. 나. 형의 집행유예를 선고받고 그 형이 확정된 후 7년이 지나지 않은 사람. 다. 징역형을 선고받고 그 집행이 끝나거나(집행이 끝난 것으로 보는 경우를 포함) 집행이 면제된 날부터 7년이 지나지 않은 사람
② 「성폭력범죄의 처벌 등에 관한 특례법」 제2조의 성폭력 범죄(같은 법의 제2조 제1항 제1호는 제외) 또는 「아동 · 청소년의 성보호에 관한 법률」 제2조 제2호의 아동 · 청소년 대상 성범죄를 저지르고 형 또는 치료감호를 선고받아 확정된 후 그 형 또는 치료감호의 전부 또는 일부의 집행이 끝나거나(집행이 끝난 것으로 보는 경우를 포함) 집행이 유예 · 면제된 날부터 10년이 지나지 않은 사람(제19조1의8)
③ 제1호에도 불구하고 종사자로 재직하는 동안 시설이용자를 대상으로 「성폭력범죄의 처벌 등에 관한 특례법」 제2조에 따른 「성폭력범죄 및 아동 · 청소년의 성보호에 관한 법률」 제2조 제2호에 따른 아동 · 청소년대상 성범죄를

저질러 금고 이상의 형 또는 치료감호를 선고받고 그 형이 확정된 사람(제35조의2 제2항 제2호)

(4) 운영위원회

시설의 장은 시설의 운영에 관한 다음 7가지 사항을 심의하기 위해 시설에 운영위원회를 두어야 한다. 다만 보건복지부령으로 정하는 경우는 복수의 시설에 공동으로 운영위원회를 둘 수 있다(제36조).

① 시설 운영 계획의 수립 · 평가에 관한 사항
② 사회복지 프로그램의 개발 · 평가에 관한 사항
③ 시설 종사자의 근무환경 개선에 관한 사항
④ 시설 거주자의 생활환경 개선 및 고충 처리 등에 관한 사항
⑤ 시설 종사자와 거주자의 인권보호와 권익증진에 관한 사항
⑥ 시설과 지역사회의 협력에 관한 사항
⑦ 그 밖에 시설의 장이 운영위원회의 회의에 부치는 사항

운영위원회의 위원은 시설의 장, 시설 거주자 대표, 시설 거주자의 보호자 대표, 시설 종사자의 대표, 해당 시 · 군 · 구 소속의 사회복지업무를 담당하는 공무원, 후원자 대표 또는 지역주민, 공익단체에서 추천한 사람, 그 밖에 시설의 운영 또는 사회복지에 관하여 전문적인 지식과 경험이 풍부한 사람 중에서 관할 시장 · 군수 · 구청장이 임명하거나 위촉하도록 한다.

시설의 장이 운영위원회에 보고해야 할 사항은 세 가지다. 첫째, 시설의 회계와 예산 · 결산에 관한 사항. 둘째, 후원금 조성과 집행에 관한 사항. 셋째, 그 밖에 시설운영과 관련된 사건 · 사고에 관한 사항(제36조).

(5) 시설의 장

시설의 장은 상근(常勤)해야 하는데, 다음 세 가지 사항 중 어느 하나에 해당하는 사람은 시설의 장이 될 수 없다(제35조).

① 제19조(임원 결격사유)의 제1항 제1호, 제1호의2~8, 제2호의2~4 중 어느 하나에 해당하는 사람
② 제22조의 해임 명령에 따라 해임된 날부터 5년이 지나지 않은 사람
③ 사회복지 분야 6급 이상 공무원으로 재직하다 퇴직한 지 3년이 지나지 않은 사람 중에서 퇴직 전 5년 동안 소속하였던 기초자치단체가 관할하는 시설의 장이 되고자 하는 사람

3) 비밀누설 금지 및 청문

사회복지사업 또는 사회복지업무에 종사하였거나 종사하고 있는 사람은 그 업무수행 과정에서 알게 된 다른 사람의 비밀을 누설하여서는 아니 된다(제47조). 보건복지부장관, 시 · 도지사 또는 시장 · 군수 · 구청장은 다음 각호의 어느 하나에 해당하는 처분을 하려면 청문을 실시하여야 한다(제49조).

① 제11조의3에 따른 사회복지사의 자격취소
② 제11조의3에 따른 설립허가 취소
③ 제11조의3에 따른 시설의 폐쇄

2절 사회서비스 이용 및 이용권 권리에 관한 법률 (사회서비스이용권법)

1. 법의 목적, 개념 정의, 연혁

1) 법의 목적

사회서비스의 이용을 활성화하고 이용자의 선택권을 보장하여 국민의 복지증진에 이바지한다는 것이 목적이다. 그러기 위해 사회서비스의 이용과 이용권(利用卷) 관리에 필요한 사항을 정하는 것이 주요 핵심 내용이다(제1조).

2) 개념 정의

「사회서비스 이용 및 이용권 권리에 관한 법률」에서 사용하는 주요 용어의 뜻은〈표 6-3〉과 같다

표 6-3 사회서비스 개념

용어	개념 정의(관련법규)
사회서비스	사회복지서비스(「사회복지사업법」 제2조 제4호)와 보건의료서비스(「보건의료기본법」 제3조 제2호) 및 대통령령으로 정하는 서비스
사회서비스이용권	명칭 또는 형태와 상관없이 사회서비스 이용자가 사회서비스 제공자에게 제시하여 일정한 사회서비스를 받을 수 있도록 그 사회서비스의 수량 또는 그에 상응하는 금액이 기재(전자적 또는 자기적 방법에 의한 기록 포함)된 증표
사회서비스 이용자	사회서비스이용권을 사용하여 제공자로부터 사회서비스를 제공받는 자
사회서비스 제공자	제16조에 따라 등록을 하고 이용자가 제시하는 이용권에 따라 사회서비스를 제공하는 자 또는 기관

3) 연혁

「사회서비스이용권법」의 주요 연혁은 〈표 6-4〉와 같다.

표 6-4 사회서비스의 주요 내용

제정/시행년도	주요 내용
2011/12	• 사회서비스 이용의 활성화, 이용자 권익 보호, 사회서비스 제공자의 권리와 사회서비스 기반 조성 등을 체계적으로 정립하여 사회복지 전달체계의 효율성을 높이고, 이용자의 선택권을 보장하여 국민복지 향상에 이바지 • 사회서비스 제공 비용 일부 이용자 부담 – 생계 곤란자는 감면
2016/16	• 신청자 조사에 조사자 또는 공무원 증표뿐만 아니라 조사의 기간과 범위를 포함한 서류 제시토록 명시 • 벌금형의 현실화 – 징역 1년당 1천만원
2017/17	• 사회복지 전달체계에 대한 관리와 감독 강화: 사회서비스 제공자가 폐업하면 영업 중의 불법행위나 부당행위 적발이 곤란하여 사회서비스 제공 관련 자료의 일정 기간 보존 의무화와 폐업이나 휴업 때 관련 자료 지자체에 이관, 위반 때 과태료 • 「민법」의 금치산, 한정치산을 성년후견제도 개정 반영 • 복지 사각지대 해소 위해 사회서비스이용권 발급 담당 공무원이 대상자의 동의를 받아 직권으로 발급 신청할 수 있도록 함 • 폐업 사회서비스 제공자 등록 직권 말소 원활토록 함
2018/18	• 피성년 후견인 등을 2년 추가 결격 기간에서 제외 • 영업정지처분에 갈음하는 과징금의 실효성 제고(상한액을 1천만원 이하에서 3천만원 이하로) • 신고 포상금의 지급 근거 명시
2020/20	• 과징금 부과처분을 받은 사람이 과징금을 기한까지 납부하지 않으면 국세 체납처분의 예 또는 「지방행정제재 · 부과금의 징수 등에 관한 법률」에 따라 징수

2. 사회서비스이용권의 신청부터 사용

1) 발급 신청

사회서비스이용권을 신청할 수 있는 사람은 발급대상자 본인이거나 그 친족 또는 법정 대리인이다(제9조). 사회서비스이용권 발급 담당 공무원은 이 법에 따른 사회서비스 이용이 필요한 사람이 빠지는 일이 없게 관할 지역에 거주하는 발급대상자에 대한 사회서비스이용권의 발급을 직권으로 신청할 수 있다. 이때 발급대상자의 동의를 받아야 하며, 동의를 받으면 발급대상자가 신청한 것으로 본다(제9조 제2항).

2) 신청에 따른 조사와 정보의 보호

시장 · 군수 · 구청장은 발급 신청을 받으면 사회서비스 제공계획에서 정한 발급 기준에 부합하는지를 조사하게 하거나, 신청인에게 그 조사에 필요한 자료를 제출하게 할 수 있다(제10조). 시장 · 군수 · 구청장은 이 조사를 위해 제공된 자료나 정보에 관하여 발급대상자에게 3가지 사항을 고지해야 한다. ① 법적 근거, 이용 목적과 범위 ② 이용 방법 ③ 보유 기간과 파기 방법(제10조 제4항). 이 정보 중 발급대상자가 아닌 사람의 정보는 5년을 초과하여 보유할 수 없어서 기한이 되면 바로 파기하여야 한다. 이 조사의 결과는 대장으로 작성하여 갖추어 두어야 하고, 관련 정보와 자료는 법에서 정한 목적 외의 다른 용도로 쓰거나 타인에 제공하면 안 된다(제10조 제5항~제7항).

3) 사회서비스이용권의 발급

시장 · 군수 · 구청장은 제10조에 따른 조사를 마치면 사회서비스이용권의 발급 여부를 결정하여 서면 또는 전자문서로 그 내용을 신청인에게 알려야 한다(제11조). 발급을 통보하면 해당 발급대상자에게 곧바로 사회서비스이용권을 발급하여야 한다(전자 또는 자기적 방법의 '사회서비스전자이용권'이 이미 발급되었으면 기재사항을 다시 기재해서 사용). 사회서비스이용권에는 다음 6가지 사항을 기재해야 한다. ① 이용자의 이름 ② 사회서비스이용권의 일련번호 ③ 제공할 사회서비스의 종류 ④ 제공할 사회서비스의 수량 또는 그에 상응하는 금액 ⑤ 사회서비스이용권의 사용 기간 ⑥ 그 밖에 보건복지부령으로 정하는 사항(제13조).

4) 이의신청

발급 결정에 이의가 있으면 결과를 통지받은 날부터 60일 이내에 시장 · 군수 · 구청장에게 이의를 제기할 수 있다. 이의신청을 받으면 15일 이내에 이를 검토하고 처분이 위법 · 부당하다고 인정되는 때에는 시정, 그 밖에 필요한 조치를 하여야 한다(제12조).

5) 사회서비스이용권의 사용과 준수사항

이용자는 제공자에게 사회서비스이용권을 제시하고, 사회서비스를 받을 수 있다(제14조). 사회서비스이용권은 정당한 권한이 없는 자에게 판매·대여하거나 그 권리를 이전하면 안 된다. 사회서비스이용권을 사용할 때 사회서비스이용권에 기재된 사회서비스를 대신하여 대가성이 있는 금전 등 어떠한 금품도 제공자로부터 받으면 안 된다(제15조).

3. 국가 등의 의무

1) 여건 조성

국가와 지방자치단체는 사회서비스 이용의 활성화와 이용자의 선택권 보장을 위해 사회서비스이용권 사용 여건을 조성하고 그에 필요한 재원을 마련해야 한다. 지자체는 지역의 여건에 맞는 사회서비스 개발과 시행의 의무가 있고, 국가는 그러는 데 필요한 사항을 지원해야 한다. 서비스 제공자는 이용자의 원활한 사회서비스 이용과 관련 종사자의 보호를 위해 노력해야 한다(제4조).

2) 사회서비스 제공 계획과 비용부담

보건복지부 장관은 해마다 이용권 발급기준과 비용부담 등을 포함한 사회서비스 제공계획을 수립·시행하고 주요 내용을 공표해야 한다(제5조). 사회서비스 제공계획에서는 이용자의 비용부담 몫을 정해서 이용자에게 부담하게 할 수 있다(제6조 – 이용자와 부양의무자 소득과 재산이 정해진 기준 이하거나 천재지변으로 생계 곤란일 땐 비용 감면).

3) 차등 지원과 이용자 권익 보호

이용자의 욕구와 상태 및 선택한 사회서비스 종류에 따라 이용자에 대한 지원 수준을 달리할 수 있다(제7조).

이용자의 권익 보호를 위해 국가와 지방자치단체는 다음 4가지 시책을 마련해야 한다. ① 정보의 관리와 홍보, 교육과 연구 ② 이용자의 생명, 신체, 재산상의 위해 방지 ③ 이용자의 불만과 피해에 관한 신속하고 공정한 구제 조치 ④ 기타 이용자 보호와 관련된 사항(제8조).

4) 이용권과 전자이용권의 관리

보건복지부 장관은 사회서비스이용권의 효율적이고 통일적인 사용과 관리를 위해 사회서비스이용권의 표준화 방안을 마련하여야 한다(제27조). 사회서비스전자이용권의 관리체계를 구축하여 운영할 수 있는데, 위탁도 가능하다(제28조).

5) 서비스 제공자 정보 공개

보건복지부 장관은 이용자의 사회서비스 선택권 보장과 사회서비스의 품질 제고를 위해 다음 3가지 사항을 공개한다. ① 제공자의 현황 ② 제공자의 사회서비스 제공 실적과 품질 ③ 그 밖에 보건복지부령으로 정하는 사항(제29조).

6) 사회서비스의 품질관리

보건복지부 장관은 이용자의 보호와 사회서비스의 품질 제고를 위해 사회서비스의 품질 기준을 정하고, 그 기준에 따라 제공자가 제공하는 사회서비스의 질을 평가하는 등 사회서비스 품질관리 업무를 수행하여야 하며, 위탁할 수도 있다. 이 경우 교육과 훈련에 필요한 예산을 지원할 수 있다(제30조).

7) 교육과 훈련

보건복지부 장관이나 시 · 도지사는 제공자와 관련 종사자에게 사회서비스 제공과 관련된 교육과 훈련을 시행할 수 있으며 위탁도 가능하다. 이 경우 교육과 훈련에 필요한 예산을 지원할 수 있다(제31조).

PART 03

타자에 대한 사회복지법 이해

CHAPTER

07

타자 및 소수자와 함께하는 사회복지법

CHAPTER 07

타자 및 소수자와 함께하는 사회복지법

1절 아동복지법

1. 아동복지법의 목적, 개념 정의, 연혁

1) 아동복지법의 목적과 이념(제1조~제2조)

아동이 건강하게 출생하여 행복하고 안전하게 자랄 수 있도록 아동의 복지를 보장하는 것이 이 법의 목적이다. 이에 바탕이 되는 이념으로는 다음 네 가지다.

① 평등한 대우 : 아동은 자신 또는 부모의 성별, 나이, 종교, 사회적 신분, 재산, 장애 유무, 출생지역, 인종 등에 따른 어떠한 종류의 차별도 받지 않고 자라야 한다(제4조 제4항도 참조).

② 안정된 가정환경 보장 : 아동은 완전하고 조화로운 인격발달을 위하여 안정된 가정환경에서 행복하게 자라나야 한다(제3조 제2항 참조).

③ 아동의 이익 최우선 고려 : 아동에 관한 모든 활동에서 아동의 이익이 최우선으로 고려되어야 한다.

④ 보호와 지원을 받을 아동의 권리 : 아동은 아동의 권리보장과 복지증진을 위하여 이 법에 따른 보호와 지원을 받을 권리가 있다.

2) 주요 개념의 정의(제3조)

「아동복지법」에서 사용하는 주요 용어의 뜻은 〈표 7-1〉과 같다.

표 7-1 아동·청소년 관련 주요 용어 개념

용어	개념 정의(관련법규)
아동	• 18세 미만인 사람
아동복지	• 아동이 행복한 삶을 누릴 수 있는 기본적인 여건을 조성하고 조화롭게 성장·발달할 수 있도록 하기 위한 경제적·사회적·정서적 지원
보호자	• 친권자, 후견인, 아동을 보호·양육·교육하거나 그러한 의무가 있는 자 또는 업무·고용 등의 관계로 사실상 아동을 보호·감독하는 자
보호대상 아동	• 보호자가 없거나 보호자로부터 이탈된 아동 또는 보호자가 아동을 학대하는 경우 등 그 보호자가 아동을 양육하기에 적당하지 않거나 양육할 능력이 없는 경우의 아동
지원대상 아동	• 아동이 조화롭고 건강하게 성장하는 데에 필요한 기초적인 조건이 갖추어지지 않아서 사회적·경제적·정서적 지원이 필요한 아동
가정위탁	• 보호대상 아동의 보호를 위해 성범죄, 가정폭력, 아동학대, 정신질환 등의 전력이 없는, 보건복지부령으로 정하는 기준에 적합한 가정에 보호대상 아동을 일정 기간 위탁하는 것
아동학대	• 보호자를 포함한 성인이 아동의 건강 또는 복지를 해치거나 정상적 발달을 저해할 수 있는 신체적·정신적·성적 폭력이나 가혹행위를 하는 것과 아동의 보호자가 아동을 유기하거나 방임하는 것
아동학대 관련 범죄	• 가. 「아동학대범죄의 처벌 등에 관한 특례법」 제2조 제4호에 따른 아동학대 범죄: (특수)상해, (특수)폭행, 폭행치사상, (영아)유기, 학대, 아동혹사, 유기 등 치사상, (특수)체포와 (특수)감금, (특수)협박, 미성년자 약취와 유인과 인신매매, (준)강간, 유사강간, (준)강제추행, 미수범, 미성년자 등에 대한 간음이나 추행, 업무상 위력 등에 의한 간음, 주거와 신체 수색, 강요, (특수)공갈, 재물손괴, 「아동·청소년의 성보호에 관한 법률」 위반, 아동학대 치사, 아동학대 중상해 • 나. 아동에 대한 「형법」 제2편 제24장 살인 죄 중 제250조부터 제255조까지: 살인과 존속살해, 영아살해, 촉탁이나 승낙에 의한 살인, 위계 등에 의한 촉탁살인, 미수범, 예비·음모
피해아동	• 아동학대로 인하여 피해를 입은 아동
아동복지시설	• 제50조에 따라 설치된 시설: 국가나 지방자치단체가 아동복지를 위해 설치하는 시설과 민간에서 국가나 지방자치단체(관할시장·군수·구청장)에게 신고하고 설치한 시설
아동복지시설 종사자	• 아동복지시설에서 아동의 상담·지도·치료·양육, 그 밖에 아동의 복지에 관한 업무를 담당하는 사람

3) 아동복지법의 연혁

우리나라에서 아동의 복지와 관련하여 처음 제정된 법은 1961년 「아동복리법」(법률 제912호, 시행: 1962)이다. 아동이 보호자로부터 유실, 유기 또는 이탈되었을 때, 그 보호자가 아동을 육성하기에 부적당하거나 양육할 수 없는 때, 아동의 건전한 출생을 기대할 수 없거나 기타의 경우에 아동이 건전하고 행복하게 육성되도록 그 복리를 보장하려는 목적이었다. 오늘날 우리가 아는 아동복지와는 거리가 한참 먼 것은 그만큼 현실이 다르기 때문이다. 아동복지의 면모를 그나마 비교적 제대로 갖추기 시작한 것은 다른 여러 복지법과 마찬가지로 1981년부터의 일이다. 1981년에 전부 개정되면서 「아동복지법」으로 이름도 바뀌었다. 특히 1989년 "아동의 권리에 관한 국제협약"이 UN에서 채택되면서 아동과 청소년의 생존권, 발달권, 참여권 및 보호권 보장을 천명한 일과, 이에 따라 1991년 비준된 아동권리 협약으로 비로소 국내의 아동복지의 패러다임이 바뀌었다. 이제 아동과 청소년은 보호의 대상이 아니라 권리의 주체가 된 것이다(김근홍 외, 2013; 고수현, 2011).

표 7-2 아동 · 청소년 관련법적 정의

용어	법률	법적 연령
아동	「아동복지법」	18세 미만
아동	「한부모가족지원법」	18세 미만(취학 중은 22세 미만)
청소년	「청소년기본법」	9~24세 이하
청소년	「청소년보호법」	19세 미만
소년	「소년법」	19세 미만
성년	「민법」	19세로 성년에 이름
연소자	「근로기준법」	18세 미만
	「근로기준법」 시행령 취직인허증의 발급	13~15세 미만

출처: 국가법령정보센터, 관련법률(http://www.law.go.kr/)

한편 〈표 7-2〉처럼 아동복지의 대상은 법의 목적에 따라 아동의 연령 구분을 다르게 적용하고 있는데 「아동복지법」에서 말하는 아동은 18세 미만인 사람을 말한다(제3조 제1호).

「아동복지법」의 주요 연혁은 다음 〈표 7-3〉과 같다.

표 7-3 아동복지법의 연혁

제정/시행년도	주요 내용
1961/62 제정	• 부모가 잃었거나 버린 아이들, 보호자가 아동을 키우기 부적당하거나 키울 능력이 없을 때 복리를 보장하여 건전하고 행복하게 자라도록 한다는 목적-보육이나 조산시설 등에 입소
1981 전부 개정	• 구호적 성격의 복지에 치우친 이전 「아동복리법」 대신 보호가 필요한 아동뿐만 아니라 일반 아동까지 포함한 전체 아동의 복지 보장과 유아기 기본적 인격 특성과 능력개발 조장을 위한 여건 조성 • 5월 5일 어린이날 지정 • 아동복지지도원 임시직에서 별정직으로 변경 • 어린이집 시설 운영 신고제 전환-시설에 대한 국공유재산 무상 대여
2000 전부 개정	• 심각한 사회문제가 된 학대 아동에 대한 보호와 아동안전에 대한 제도적 지원의 공고화 • 아동복지지도원 별정직에서 사회복지전담공무원으로 변경 • 아동학대에 대한 정의와 금지유형 명확히 규정 • 아동학대 신고의 의무화
2004 일부 개정	• 아동의 권리증진 • 건강한 출생과 성장을 위한 종합적인 아동정책 수립 • 국무총리 소속 아동정책조정위원회를 두어 관계부처의 의견 조정과 정책 이행의 감독, 평가 • 상습적인 아동 학대자의 형 강화
2005/06 일부 개정	• 보호가 필요한 아동의 가정위탁보호 활성화 위해 가정위탁지원센터 등 설치 • 아동학대 근절 위해 아동학대 신고의무자인 교원, 의료인, 아동복지시설 종사자 등의 자격 취득 교육과정에 관계 중앙행정기관의 장이 아동학대 예방과 신고 관련 교육내용 포함
2006/07 일부 개정	• 인종차별 금지에 필요한 시책 강구 국가나 지방자치단체의 의무 • 아동 성폭력 피해 감소를 위한 성폭력예방교육 아동복지시설, 영유아보육시설, 유치원, 초·중·고등학교의 장에게 의무화 • 지방자치단체의 장으로 하여금 성폭력피해로 치료나 요양 등의 보호가 필요한 아동에 대한 전문치료기관 또는 요양소에 입원 또는 입소시킬 수 있게 함 • 아동학대 신고의무자의 범위에 유치원·학원·교습소의 운영자·교직원·종사자 등과 구급대대원 추가
2008 일부 개정	• 어린이 유괴·살해 사건의 빈발과 줄지 않는 아동학대 범죄로 아동의 안전에 대한 국민의 불안감 확산에 따른 국가나 지방자치단체의 실종·유괴 예방 교육 • 아동보호 구역에 폐쇄회로 텔레비전 설치 또는 그 밖의 필요한 조치 가능
2011/12 전부 개정	• 아동종합실태조사 결과를 바탕으로 아동정책기본계획 수립·시행-수요자 중심의 정책 수립 위해 보건복지부 장관은 5년마다 아동의 양육, 생활환경, 언어, 인지발달, 정서, 신체적 건강, 아동안전, 아동학대 등 아동의 종합실태 조사 • 아동학대의 예방과 방지, 아동학대행위자의 계도를 위한 교육 등에 관한 홍보영상 방송 • 아동복지서비스의 안정적 추진을 위한 근거와 아동정책 효과적 수행을 위한 정책적 기반 마련 • 친권상실의 선고를 청구할 수 있는 대상과 후견인의 선임을 청구할 수 있는 대상의 범위 확대 • 아동학대 현장 출동 때 수사기관과 아동보호전문기관의 상담원이 동행 출동하고, 아동학대 현장에 아동보호전문기관의 직원이 출동한 경우 학대 행위자가 폭행·협박 및 조사거부 등의 방해행위 하지 못하게 명시하여 아동보호 강화와 위험요소 제거
2012/13 일부 개정	• 모든 아동보호 구역에 영상정보처리기기 설치의 의무화 • 아동학대 신고의무자의 신고의무 위반에 대한 과태료 상한을 100만원에서 300만원으로 상향
2014 일부 개정	• 아동학대에 대한 강력한 대처와 예방을 위한 「아동학대범죄의 처벌 등에 관한 특례법」에 따라 관련 조문 정비

제정/ 시행년도	주요 내용
	• 아동학대 관련 범죄 전력자의 아동 관련기관 취업을 10년 동안 제한 • 아동학대 신고 위한 긴급전화의 설치 주체를 지방자치단체로 명시 • 아동학대가 의심되면 아동보호전문기관에 대한 통보를 경찰관의 의무로 명시하여 아동학대 조기 발견을 위한 체계구축 • 아동학대의 보호와 치료 의뢰에 정당한 사유 없는 거부 금지 • 피해아동의 취학이 원활하게 이루어질 수 있도록 취학을 위한 조치 등의 근거 마련
2015 일부 개정	• 보호자가 아동에게 신체적·정신적 고통 가하는 것 금지의 명시 • 아동보호전문기관 장의 신분 조회 등 조치 범위에 「가족관계의 등록 등에 관한 법률」에 따른 증명서의 발급을 포함하여 명확히 규정 • 아동학대 신고의무자에게 신고의무자임을 알리고 신고의무 교육을 받도록 하며, 아동학대 신고의무자가 소속된 어린이집, 유치원 등의 기관의 장에게 신고의무 교육실시의 의무화
2015/16 일부 개정	• 아동복지시설의 장, 어린이집 원장, 유치원 원장, 초중고등 학교 장에 대한 성폭력 및 아동학대 예방교육, 실종·유괴 예방과 방지에 대한 교육, 약물 오남용 예방 교육, 재난대비 안전 교육, 교통안전 교육에 더하여 새로 감염병 예방과 관리 교육과 보건위생관리에 관한 교육 추가
2016 일부 개정	• 국가와 지방자치단체의 책무로 아동이 원가정에서 성장하는 데 필요한 지원을 하고, 원가정에서 성장할 수 없는 아동에 대하여는 원가정과 유사한 환경을 제공하며, 아동이 신속하게 원가정으로 복귀하는 데 필요한 지원 • 아동복지시설 폐·휴업과 사업 정지나 시설 폐쇄 때 이용자를 다른 시설로 옮겨 이용자의 권익 보호 • 지자자체 장에게 보호대상 아동의 귀가 조치 권한 부여 • 아동의 심리 안정과 2차 피해 방지를 위한 아동보호전문기관 내 진술녹화실 설치, 운영 • 학대피해아동 쉼터의 법적 근거 • 아동보호전문기관을 아동복지시설에 포함-운영·회계에 대한 관리·감독 강화 • 아동종합실태조사를 위해 관계기관·법인·단체·시설의 장에게 자료 제출과 의견 진술 요청 • 가정위탁, 아동복지시설 등 입소 조치 이전에 아동 상담, 건강검진, 심리검사, 가정환경 조사 • 전담공무원 등 관계 공무원 보호조치 종료로 가정 복귀 아동의 가정 방문
2017 일부 개정	• 아동복지심의위원회(정책 수립과 보호대상 아동의 보호조치 심의) 활성화 • 아동학대 관련 범죄 전력자의 취업 제한 대상에 학습부진아 교육 실시기관, 소년원 및 소년분류심사원 포함
2017/18 일부 개정	• 아동학대 신고의무자에 대한 교육(시설의 장 책임-결과 제출) • 사회의 인식 제고 위해 국가기관, 공공기관 등에서 해마다 아동학대 예방교육 • 학생 학대 조기 발견과 신속한 보호조치 위해 기관 간 연계 체계 구축과 정보 공유 • 아동학대 전담의료기관 지정 • 보건복지부 장관-매년 정기국회 전까지 아동학대 예방과 피해아동 보호 정책의 추진현황과 평가 결과에 대한 연차보고서 국회 소관 상임위원회에 제출 • 아동학대 행위에 대한 처벌 규정의 벌금액을 징역 1년당 1천만원 수준으로 상향
2018/19 일부 개정	• 헌법재판소 위헌 결정으로 아동학대관련범죄전력자의 10년간 아동관련기관 운영과 취업금지 대신 법원이 아동학대관련범죄 형 선고에서 적시하도록 명시 • 이들의 취업 제한 대상 아동관련기관에 아동인권, 아동복지 등 아동을 위한 사업 수행 비영리법인 추가
2019 일부 개정	• 아동권리보장원 설립-별개 기관에서 산발적으로 이루어지던 아동학대 예방과 방지, 보호대상 아동과 취약계층 아동에 대한 지원 등의 업무를 종합, 체계적으로 통합 • 시·도지사와 시장·군수·구청장이 '다함께 돌봄센터' 설치, 운영 근거-초등학생 방과 후 돌봄 공백 문제 해결

2. 아동복지의 의무와 기념일

1) 국가와 지방자치단체의 책무(제4조)

국가와 지방자치단체가 아동의 안전 · 건강과 복지증진을 위해 시행해야 할 책무는 다음 7가지다. ① 지원 정책 수립과 시행의 의무 ② 권익 증진 정책 수립과 시행의 의무 ③ 가정 지원과 가정과 유사한 환경으로의 조치 의무 ④ 장애아동의 권익을 보호할 수 있는 시책 강구의 의무 ⑤ 차별 철폐 시책 강구의 의무 ⑥ 권리와 복지증진 시책 수립과 시행 및 교육과 홍보의 의무 ⑦ 아동 보호자의 교육 지원 의무.

2) 보호자와 국민의 책무(제5조)

아동의 보호자는 아동을 가정에서 그의 성장 시기에 맞추어 건강하고 안전하게 양육해야 하며, 아동에게 신체적 고통이나 폭언 등의 정신적 고통을 가하면 안 된다. 특히 모든 국민은 아동의 권익과 안전을 존중해야 하며, 아동을 건강하게 양육해야 한다.

3) 어린이날 및 어린이주간(제6조)

어린이에 대한 사랑과 보호의 정신을 높여서 어린이가 옳고 아름답고 슬기로우며 씩씩하게 자라나도록 매년 5월 5일을 어린이날로 하며, 5월 1일부터 5월 7일까지를 어린이주간으로 한다.

3. 아동복지정책

1) 아동정책 기본계획과 연도별 시행계획

아동의 안전 · 건강 · 복지의 증진을 위해 아동과 그 보호자와 가정을 지원하기 위한 정책의 수립 · 시행을 위해 보건복지부 장관은 5년마다 관계 중앙행정기관의 장과 협의하여 아동정책기본계획(이하 "기본계획")을 수립해야 한다. 이 기본계획은 아동정책조정위원회의(제10조) 심의를 거쳐 확정하고, 관계 중앙행정기관의 장과 특별시장・광역시장・도지사・특별자치도지사(이하 "시・도지사")에게 알려야 한다(제7조).

보건복지부 장관, 관계 중앙행정기관의 장과 시・도지사는 기본계획의 구체적 실행을 위한 시행계획(아동정책시행계획)을 해마다 수립하고 실행해야 한다. 시행계획에 따른 결과, 곧 추진실적은 관계 중앙행정기관의 장과 시・도지사가 보건복지부 장관에게 보고하고, 장관은 이를 평가해야 한다(제8조).

2) 아동종합실태조사와 아동정책 영향평가

보건복지부 장관은 보건복지부령에 따라 5년마다 아동의 양육 및 생활환경, 언어, 인지발달, 정서적・신체적 건강, 아동안전, 아동학대 등 아동의 종합실태를 조사하여 그 결과를 공표하고, 기본계획과 시행계획에 반영하여야 한다(분야별 실태조사도 가능). 실태조사를 위하여 관계기관・법인・단체・시설의 장에게 필요한 자료의 제출 또는 의견의 진술을 요청할 수 있고, 요청을 받은 자는 정당한 사유가 없으면 협조해야 한다(제11조).

또한 국가와 지방자치단체는 대통령령으로 정하는 바에 따라 아동 관련 정책이 아동복지에 미치는 영향을 분석・평가(아동정책 영향평가)하고, 그 결과를 아동 관련 정책의 수립・시행에 반영해야 한다(제11조의2).

3) 아동복지전담공무원

시・도와 시・군・구(자치구)에서는 아동복지에 관한 업무를 담당하는 아동복지전담공무원(이하 "전담공무원")을 둘 수 있다. 전담공무원은 사회복지사의 자격(「사회복지사업법」 제11조)이 있어야 하며, 임용 절차는 해당 시・도와 시・군・구의 조례로 정한다.

전담공무원은 아동에 대한 상담 및 보호조치, 가정환경에 대한 조사, 아동복지시설에 대한 지도・감독, 아동범죄 예방을 위한 현장 확인, 지도・감독 등 지역 단위에서 아동의 복지증진을 위한 업무를 수행한다. 관계 행정기관, 아동복지시설,

아동복지단체를 설치 · 운영하는 사람은 전담공무원의 협조 요청에 정당한 사유가 없는 한 따라야 한다(제13조).

4) 관련기관, 위원회와 위원

아동복지 정책의 수립이나 시행과 관련된 기관으로는 아동권리보장원, 중앙정부 차원의 아동정책조정위원회, 지방자치단체 차원의 아동복지심의위원회, 기초자치단체인 시 · 군 · 구 차원의 아동위원 등이 있다.

(1) 아동권리보장원

보건복지부 장관은 아동정책에 대한 종합적 수행과 아동복지 관련 사업의 효과적인 추진을 위해 필요한 정책의 수립을 지원하고 사업 평가 등의 업무를 수행하도록 법인으로 아동권리보장원(이하 "보장원")을 설립한다. 설립과 운영비용은 보건복지부 장관이 지원할 수 있고, 기부금품을 모집할 수 있다(제10조의2).

(2) 아동정책조정위원회

국무총리 소속으로 아동의 권리증진과 건강한 출생 및 성장을 위한 종합적인 아동정책을 수립하고 관계부처의 의견을 조정하며 그 정책의 이행을 감독하고 평가하는 역할을 한다. 위원회는 위원장 포함 25명 이내의 위원으로 구성한다. 위원장은 국무총리가 되고 위원으로는 관련 행정부(기획재정부 · 교육부 · 법무부 · 행정안전부 · 문화체육관광부 · 산업통상자원부 · 보건복지부 · 고용노동부 · 여성가족부)의 장관과 그 밖에 아동 관련 단체의 장이나 아동에 대한 학식과 경험이 풍부한 사람 중 위원장이 15명 이내에서 위촉하는 위원들로 구성한다(제10조).

(3) 아동복지 심의위원회와 아동위원

시 · 군 · 구에는 조례에 따라 아동복지 심의위원회(시 · 도지사 포함)와 명예직의 아동위원이 있다. 심의위원회는 연도별 시행계획, 보호 대상 아동의 보호조치, 퇴소조치, 친권 제한이나 상실 청구, 후견인 선임 · 변경 지원 등에 관해 심의한다. 아동위원은 그 관할 구역의 아동의 생활상태와 가정환경을 항상 상세히 파악하고 아동복지에 필요한 원조와 지도를 하며 전담공무원, 관계 행정기관과 협력해야 한다. 그 업무의 원활한 수행을 위해 적절한 교육을 받을 수 있고, 명예직이지만 수당을 지급받을 수 있다(제14조).

4. 아동보호서비스

아동을 보호하기 위한 서비스에는 보호조치(제15조)와 그 만료를 규정하는 보호대상 아동의 퇴소조치(제16조), 아동 보호를 위해 금지되어야 할 행위들(제17조), 제대로 보호하지 못하는 친권자의 친권 상실 선고의 청구조치(제18조), 친권자를 대신하여 아동의 후견을 세우기 위한 후견인 선임 청구(제19조)와 후견인 선임(제20조) 및 아동의 권리를 보호하기 위한 보조인 선임(제21조) 등이 있다.

1) 보호조치(제15조)

제대로 보호받지 못하는 보호대상 아동을 대통령령에 따라 보호하는 조치로 시·도지사 또는 시장·군수·구청장은 관할 구역에서 보호대상 아동이 발견되거나 보호자의 의뢰를 받으면 아동의 최상의 이익을 위해 다음 6가지 중 필요한 보호조치를 해야 한다.

① 전담공무원 또는 아동위원에게 보호대상 아동 또는 그 보호자에 대한 상담·지도 조치
② 보호자 또는 대리양육을 원하는 연고자에게 그 가정에서 아동을 보호·양육할 수 있도록 필요한 조치
③ 아동의 보호를 희망하는 사람에게 가정 위탁하는 조치(범죄경력 조회)
④ 보호대상 아동을 보호조치에 적합한 아동복지시설에 입소시키는 조치
⑤ 약물 및 알코올 중독, 정서·행동·발달 장애, 성폭력·아동학대 피해 등으로 특수한 치료나 요양 등의 보호가 필요한 아동을 전문치료기관 또는 요양소에 입원 또는 입소시키기는 조치
⑥ 「입양특례법」에 따른 입양과 관련하여 필요한 조치

이때 ①과 ②를 우선으로 하되, 이 조치가 적합하지 않으면 ③~⑥의 조치를 할 수 있다. 그럴 때 아동일시보호시설(제52조 제1항 제2호)에 보호대상 아동을 입소시켜 보호하거나, 적당하다고 인정하는 자에게 일시 위탁하여 보호하게 할 수 있다. 만약 그럴 수 없는 상황이거나 일시 위탁이 지난 보호아동은 가정위탁지원센터나 아동복지시설의 장이 개별 보호 · 관리 계획을 세워, 그 계획에 따라 보호해야 한다. 계획 수립에서는 해당 보호대상 아동의 의사를 존중해야 하고, 보호자가 있으면 그 의견을 듣고, 보호대상 아동의 보호자를 참여시킬 수 있다. 그 보호자가 아동학대행위자(「아동학대범죄의 처벌 등에 관한 특례법」 제2조 제5호)면 제외한다.

그 밖에 관할 구역에서 약물 · 알코올 중독, 정서 · 행동 · 발달장애 등의 문제를 일으킬 가능성이 있는 아동의 가정에 대해서는 시 · 도지사 또는 시장 · 군수 · 구청장이 예방차원의 적절한 조치를 강구해야 한다.

2) 보호대상 아동의 퇴소와 복귀조치(제16조)

위의 ③~⑤의 보호조치(제15조 제1항) 중인 보호대상 아동의 나이가 18세가 되거나 보호 목적이 달성되었다고 인정되면 해당 시 · 도지사, 시장 · 군수 · 구청장은 대통령령으로 정하는 절차와 방법에 따라 그 보호 중인 아동의 보호조치를 종료하거나 해당 시설에서 퇴소시켜야 한다.

제15조 제1항 제2호~제4호까지의 보호조치 중인 보호대상 아동의 친권자, 후견인 등 보건복지부령으로 정하는 자는 관할 시 · 도지사 또는 시장 · 군수 · 구청장에게 해당 보호대상 아동의 가정 복귀를 신청할 수 있다. 가정 복귀 신청을 받으면 아동복지시설의 장의 의견을 들은 후 보호조치의 종료 또는 퇴소조치가 보호대상 아동의 복리에 반하지 않는다고 인정될 때 해당 보호대상 아동을 가정으로 복귀시킬 수 있다. 퇴소조치 후 시 · 도지사 또는 시장 · 군수 · 구청장은 보호대상 아동의 사후관리를 위해, 전담공무원 등 관계 공무원에게 가정 복귀 보호대상 아동의 가정방문으로 아동의 복지증진에 필요한 지도 · 관리를 제공하여야 한다(제16조의2).

보호조치 중인 아동이 대학 이하의 학교에 재학 중이거나 아동양육시설 또는 직업능력개발훈련시설(공공직업훈련시설, 지정직업훈련시설)에서 직업 관련 교육 · 훈련을 받거나 아동복지시설에서 해당 아동을 계속하여 보호 · 양육할 필요가 있다고 대통령령으로 정하는 경우에는 해당 아동의 보호 기간을 연장할 수 있다.

3) 금지행위(제17조)와 그에 따른 벌칙

아동에게 해서는 안 되는 행위로 〈표 7-4〉처럼 대표적으로 10가지가 있다(제71조 제1항). 이는 아동복지 관련 벌칙들과 함께 적용된다(제71조 제2항).

표 7-4 아동보호 금지행위와 벌칙

금지행위	벌칙
• 아동을 매매하는 행위(「아동 · 청소년의 성보호에 관한 법률」 제12조의 매매 제외)	10년 이하의 징역
• 아동에게 음란한 행위를 시키거나 이를 매개하는 행위 또는 아동에게 성적 수치심을 주는 성희롱 등의 성적 학대행위	10년 이하의 징역 또는 1억원 이하의 벌금
• 아동의 신체에 손상을 주거나 신체의 건강 및 발달을 해치는 신체적 학대행위 • 아동의 정신건강 및 발달에 해를 끼치는 정서적 학대행위 • 자신의 보호 · 감독을 받는 아동을 유기하거나 의식주를 포함한 기본적 보호 · 양육 · 치료 · 교육을 소홀히 하는 방임행위 • 장애가 있는 아동을 공중에 관람시키는 행위 • 아동에게 구걸을 시키거나 아동을 이용하여 구걸하는 행위	5년 이하의 징역 또는 5천만원 이하의 벌금
• 아동을 위해 증여 또는 급여된 금품을 그 목적 외의 용도로 사용하는 행위 • 정당한 권한을 가진 알선기관 외의 자가 아동의 양육을 알선하고 금품을 취득하거나 금품을 요구 또는 약속하는 행위	3년 이하의 징역 또는 3천만원 이하의 벌금
• 공중의 오락 또는 흥행을 목적으로 아동의 건강 또는 안전에 해로운 곡예를 시키는 행위 또는 이를 위하여 아동을 제3자에게 인도하는 행위	1년 이하의 징역 또는 1천만원 이하의 벌금
• 정당한 사유 없이 휴업 · 폐업 때 다른 아동복지시설로 옮기는 권익보호조치를 하지 아니한 사람(제51조 제2항) • 피해아동 관련 정보 요청자(제28조의2 제5항)가 그 정보를 요청 목적 외로 사용하거나 다른 사람에게 제공 또는 누설한 사람 • 사례전문위원회 참석자(제22조의2 제5항)가 비밀을 누설하거나 부당한 이익을 취한 사람 • 아동복지시설 설립하려는 자(제50조 제2항)가 신고를 하지 않고 아동복지시설을 설치한 자 • 거짓으로 서류를 작성하여 아동복지시설 전문인력(제54조 제1항)의 자격을 인정받은 자 • 사업의 정지, 위탁의 취소 또는 시설의 폐쇄명령을 받고도 그 시설을 운영하거나 사업을 한 자(제56조) • 제아동복지사업과 아동복지업부에 종사했거나 종사하는 자가 직무상 알게 된 비밀을 누설한 자(제65조) • 제66조 제1항에 따른 조사를 거부 · 방해 또는 기피하거나 질문에 대하여 답변을 거부 · 기피 또는 거짓 답변을 하거나, 아동에게 답변을 거부 · 기피 또는 거짓 답변을 하게 하거나 그 답변을 방해한 자	1년 이하의 징역 또는 1천만원 이하의 벌금 (제71조 벌칙 조항)

출처: 김수정 (2019: 368, 보완하여 재정리)

4) 친권상실, 후견인 변경 선고의 청구 등

시 · 도지사, 시장 · 군수 · 구청장 또는 검사는 아동의 친권자가 그 친권을 남용하거나 현저한 비행이나 아동학대, 그 밖에 친권을 행사할 수 없는 중대한 사유가 있는 것을 알면 법원에 친권행사의 제한이나 친권상실의 선고를 청구해야 한다(제18조). 마찬가지로 후견인에게 해당 아동의 학대와 같은 현저한 비행이 있으면 후견인 변경을 신청해야 한다. 이때 신청 주체에는 아동복지시설의 장, 학교의 장이 추가된다(제19조). 두 경우 모두 해당 아동의 의견을 존중해야 한다.

아동복지전담기관의 장, 아동복지시설의 장과 「초 · 중등교육법」에 따른 학교의 장은 시 · 도지사, 시장 · 군수 · 구청장 또는 검사에게 법원에 친권행사의 제한 또는 친권상실의 선고를 청구하도록 요청할 수 있다. 청구를 요청받으면 30일 내에 청구 여부를 결정하여 해당 요청기관에 청구나 미청구의 요지와 이유를 서면으로 알려야 한다. 그 처리 결과에 대해 이의가 있으면 아동복지전담기관의 장, 아동복지시설의 장과 학교의 장은 통보받은 날부터 30일 내에 직접 법원에 친권상실의 제한 또는 친권상실의 선고를 청구할 수 있다.

후견인 선임 청구에 있어서 법원이 후견인을 선임 또는 변경할 때 「민법」 제932조와 제935조에도 불구하고 해당 아동의 후견에 적합한 사람을 후견인으로 선임할 수 있다. 법원은 후견인이 없는 아동에 대하여 제1항에 따라 후견인을 선임하기 전까지 시 · 도지사, 시장 · 군수 · 구청장, 아동보호전담기관장, 가정위탁지원센터, 보장원의 장에게 임시로 그 아동의 후견인 역할을 하게 할 수 있다(〈그림 5-1〉 참조). 물론 이 경우에는 해당 아동의 의견을 존중해야 한다(제20조).

5) 보조인의 선임 등(제21조)

법원의 심리과정에서 변호사, 법정대리인, 직계 친족, 형제자매, 보장원 또는 아동보호전문기관의 상담원은 학대아동사건의 심리에서 보조인이 될 수 있다. 다만 변호사가 아니라면 법원의 허가를 받아야 한다. 법원은 피해아동을 증인으로 신문할 때 검사, 피해아동과 그 보호자, 보장원 또는 아동보호전문기관의 신청이 있는 경우에는 피해아동과 신뢰관계에 있는 사람의 동석을 허가할 수 있다. 수사기관이 피해아동을 조사할 때도 보조인이나 신뢰관계인의 동석 조항은 똑같이 적용된다.

5. 아동학대의 예방 및 방지

아동학대를 예방 · 방지하기 위한 제반 활동, 신고의무자에 대한 교육, 사후관리, 피해아동과 가족에 대한 지원 및 아동학대자에 대한 상담과 교육 및 아동 관련기관에 아동학대자의 취업제한 등을 규정한다. 의무사항과 신고의 의무와 절차, 아동학대 현장 출동과 격리조치의 경우 2014년 개정에서 삭제되고 「아동학대범죄의 처벌 등에 관한 특례법」에 따로 규정되어 있다.

1) 아동학대의 예방과 방지 의무(제22조)

(1) 아동학대의 예방과 방지를 위한 조치

아동학대 예방 · 방지를 위한 국가와 지방자치단체 의무조치는 5가지다.

① 아동학대의 예방과 방지를 위한 각종 정책의 수립 · 시행
② 아동학대의 예방과 방지 위한 연구 · 교육 · 홍보와 아동학대 실태조사
③ 아동학대에 관한 신고체제의 구축 · 운영
④ 피해아동의 보호와 치료, 피해아동의 가정에 대한 지원
⑤ 대통령령으로 정하는 아동학대의 예방과 방지를 위한 사항

지방자치단체는 긴급전화 설치로 신고를 수시로 받고 아동학대 예방에 노력해야 한다. 보장원은 아동학대 예방사업의 활성화 등을 위해 다음 7가지 업무를 수행하며, 그 장은 업무 수행에 필요하면 국가아동학대정보시스템(제28조의2)의 아동학대 관련 정보나 자료를 활용할 수 있다.[1)]

① 아동보호전문기관에 대한 지원
② 아동학대 예방사업과 관련된 연구와 자료 발간
③ 효율적인 아동학대 예방사업을 위한 연계체계 구축
④ 아동학대 예방사업을 위한 프로그램 개발과 평가

1) 보장원의 아동학대 예방사업의 활성화 업무는 2019.01.15.일자로 신설된 항목이다.

⑤ 아동보호전문기관과 학대피해아동쉼터 직원 직무교육, 아동학대 예방 관련 교육과 홍보
⑥ 아동보호전문기관 전산시스템 구축 및 운영
⑦ 그 밖에 대통령령으로 정하는 아동학대 예방사업 관련 업무

한편 시 · 도지사 또는 시장 · 군수 · 구청장, 보장원의 장 또는 아동보호전문기관의 장은 필요한 경우 제28조의2에 따른 '국가아동학대정보시스템'의 아동학대 관련정보 또는 자료를 활용할 수 있다.

(2) 피해아동 등에 대한 신분조회 등의 조치(제22조의3)

보장원의 장과 아동보호전문기관의 장은 피해아동을 보호하고 치료할 때 관계 중앙행정기관의 장, 시 · 도지사 또는 시장 · 군수 · 구청장에게 피해아동, 그 보호자나 아동학대행위자에 대한 다음의 조치를 협조 요청할 수 있고, 요청을 받은 관계 중앙행정기관의 장, 시 · 도지사 또는 시장 · 군수 · 구청장은 정당한 사유가 없으면 따라야 한다.

① 「출입국관리법」에 따른 외국인등록 사실 증명의 열람과 발급
② 「가족관계의 등록 등에 관한 법률」 제15조 제1항 제1호부터 제4호까지에 따른 증명서의 발급
③ 「주민등록법」에 따른 주민등록표 등본 · 초본의 열람 및 발급
④ 「국민기초생활보장법」에 따른 수급자 여부의 확인
⑤ 「장애인복지법」에 따른 장애인등록증의 열람 및 발급

2) 아동학대 신고의무자 교육(제26조)

관계 중앙행정기관의 장은 「아동학대범죄의 처벌 등에 관한 특례법」 제10조 제2항 각호[2]의 어느 하나에 해당하는 사람(= 아동학대 신고의무자)의 자격 취득 과정

2) 다음 25가지 시설이나 기관의 장과 종사자 모두가 이에 해당한다. ① 아동권리보장원과 가정위탁지원센터(「아동복지법」 제10조의2) ② 아동복지시설(아동보호전문기관은 제외), ③ 아동복지전담공

이나 보수교육 과정에 아동학대 예방과 신고의무 관련 교육내용을 포함하도록 해야 한다.

관계 중앙행정기관의 장과 시·도지사는 아동학대 신고의무자에게 본인이 아동학대 신고의무자라는 사실을 고지할 수 있고, 아동학대 예방과 신고의무와 관련한 교육(신고의무 교육)을 실시할 수 있다. 특히 아동학대 신고의무자가 소속된 어린이집과 유치원, 초·중등학교와 그 외에 대통령령으로 정하는 기관의 장은 소속 아동학대 신고의무자에게 신고의무 교육을 하고, 그 결과를 관계 중앙행정기관의 장에게 제출해야 한다. 이에 따른 교육내용·시간·방법 등 필요한 사항은 대통령령으로 정한다.

3) 아동학대에 대한 통보와 응급조치 거부금지 및 정보시스템

(1) 아동학대 등의 통보(제27조의2)

사법경찰관리는 아동의 사망과 상해 사건, 가정폭력 사건 등에 관한 직무 수행 중에 아동학대를 의심할 만한 사유가 있을 때는 보장원 또는 아동보호전문기관에

무원(제13조), ④ 가정폭력 관련 상담소(「가정폭력방지 및 피해자보호 등에 관한 법률」 제5조) 및 가정폭력피해자 보호시설(같은 법 제7조의2) ⑤ 건강가정지원센터(「건강가정기본법」 제35조) ⑥ 다문화가족지원센터(「다문화가족지원법」 제12조) ⑦ 사회복지 전담공무원(「사회복지사업법」 제14조) 및 사회복지시설(같은 법 제34조) ⑧ 성매매피해상담소의 장과 그 종사자(성매매방지 및 피해자보호 등에 관한 법률 제9조) 및 성매매피해상담소(같은 법 제17조) ⑨ 성폭력피해상담소(「성폭력방지 및 피해자보호 등에 관한 법률」 제10조) 및 성폭력피해자보호시설(같은 법 제12조) ⑩ 구급대(「소방기본법」 제34조)의 대원 ⑪ 응급구조사(「응급의료에 관한 법률」 제2조 제7호), ⑫ 어린이집(「영유아보육법」 제7조 제10호) 육아종합지원센터의 장과 원장 등 보육교직원, ⑬ 교직원(「유아교육법」 제20조) 및 강사(같은 법 제23조) 등 ⑭ 아동보호전문기관의 장과 그 종사자 ⑮ 「의료법」 제3조 제1항에 따른 의료기관의 장과 그 의료기관에 종사하는 의료인 및 의료기사 ⑯ 장애인복지시설(「장애인복지법」 제58조)에서 장애아동에 대한 상담·치료·훈련 또는 요양 업무를 수행하는 사람, ⑰ 정신건강센터 「정신건강증진 및 정신질환자 복지서비스 지원에 관한 법률」, 같은 조 제5호에 따른 정신의료기관, 같은 조 제6호에 따른 정신요양시설 및 같은 조 제7호에 따른 정신재활시설 ⑱ 청소년기본법에 따른 청소년시설(제3조 제6호) 청소년단체(제8호)의 장과 그 종사자 ⑲ 청소년 보호·재활센터(「청소년 보호법」 제35조)의 장과 그 종사자 ⑳ 「초·중등교육법」 제2조에 따른 학교의 장과 그 종사자 ㉑ 한부모가족복지시설(「한부모가족지원법」 제19조)의 장과 그 종사자 ㉒ 학원의 설립·운영 및 과외교습에 관한 법률에 따른 학원의 운영자·강사·직원(제6조) 및 교습소의 교습자·직원(제14조) ㉓ 아이돌보미(「아이돌봄 지원법」 제2조 제4호) ㉔ 취약계층 아동에 대한 통합서비스지원 수행인력(「아동복지법」 제37조) ㉕ 입양기관의 장과 그 종사자(「입양특례법」 제20조)

그 사실을 통보해야 한다. 「아동학대범죄의 처벌 등에 관한 특례법」 제14조 제1항[3)]에 따라 임시조치의 청구를 신청하였으면, 사법경찰관 또는 보호관찰관은 시·도지사, 시장·군수·구청장 또는 보장원의 장에게 그 사실을 통보해야 한다. 통보를 받은 시·도지사, 시장·군수·구청장 또는 보장원 또는 아동보호전문기관은 피해아동 보호조치 등 필요한 조치를 해야 한다.

(2) 피해아동 응급조치에 대한 거부금지(제27조의3)

「아동학대범죄의 처벌 등에 관한 특례법」 제12조 제1항 제3호 또는 제4호에 따라 사법경찰관리, 보장원 또는 아동보호전문기관의 직원이 피해아동을 인도하면 아동학대 관련 보호시설이나 의료기관은 정당한 사유 없이 거부할 수 없다.

(3) 국가아동학대정보시스템(제28조의2)

보건복지부 장관은 아동학대 관련 정보를 공유하여 아동학대를 예방하기 위하여 대통령령으로 정하는 바에 따라 국가아동학대정보시스템을 구축·운영해야 한다(사회보장정보원에 위탁). 이를 위해 피해아동, 그 가족과 학대행위자에 관한 정보와 아동학대 예방사업에 관한 정보를 국가아동학대정보시스템에 입력·관리해야 한다. 이때 보건복지부 장관은 관계 중앙행정기관의 장, 시·도지사, 시장·군수·구청장, 보장원, 아동보호전문기관 등에 필요한 자료를 요청할 수 있다.

(4) 사후관리(제28조)

보장원의 장 또는 아동보호전문기관의 장은 아동학대 종료 이후에도 가정방문, 전화상담 등을 통해 아동학대의 재발 여부를 확인해야 하며, 아동학대 종료 이후

3) 검사는 아동학대범죄 재발 우려가 인정되면 직권 또는 사법경찰관이나 보호관찰관의 신청에 따라 법원에 제19조 제1항 각호의 임시조치를 청구할 수 있다. 제19조 제1항: 판사는 아동학대범죄의 원활한 조사·심리 또는 피해아동 보호를 위해 필요가 인정되면 결정을 통해 아동학대행위자에게 다음 7가지 중 어느 하나에 해당하는 조치를 할 수 있다. 여기에는 ① 피해아동 또는 가정구성원의 주거로부터 퇴거 등 격리 ② 피해아동 또는 가정구성원의 주거, 학교 또는 보호시설 등에서 100m 이내의 접근 금지 ③ 피해아동 또는 가정구성원에 대한 전기통신을 이용한 접근 금지 ④ 친권 또는 후견인 권한 행사의 제한 또는 정지 ⑤ 아동보호전문기관 등에의 상담과 교육 위탁 ⑥ 의료기관이나 그 밖의 요양시설 위탁 ⑦ 경찰관서의 유치장 또는 구치소 유치

에도 아동학대의 재발 방지 등에 필요하다고 인정되면 피해아동과 보호자를 포함한 피해아동의 가족에게 필요한 지원을 제공할 수 있다. 보호자는 정당한 사유 없이 아동보호전문기관의 업무 수행을 거부하거나 방해하면 안 된다.

4) 아동학대 피해아동과 그 가족에 대한 지원(제29조)

보장원의 장 또는 아동보호전문기관의 장은 아동의 안전 확보와 학대 재발 방지, 건전한 가정기능의 유지 등을 위하여 피해아동과 그 보호자를 포함한 피해아동의 가족에게 상담, 교육, 의료적 · 심리적 치료 등의 필요한 지원을 제공해야 하며, 이를 위해 관계기관에 협조를 요청할 수 있다. 보호자를 포함한 피해아동의 가족은 이에 성실하게 참여해야 한다.

지원 여부의 결정과 지원 과정에서 최우선으로 고려해야 하는 것은 피해아동의 이익이다. 국가와 지방자치단체는 「초 · 중등교육법」 제2조 각호의 학교에 재학 중인 피해아동과 피해아동의 가족이 주소지 외의 지역에서 취학(입학 · 재입학 · 전학 · 편입학 포함)할 필요가 있으면 대통령령이 정하는 바에 따라 그 취학이 원활하게 이루어지도록 지원해야 한다.

5) 아동학대행위자에 대한 권고와 취업제한

보장원이나 아동보호전문기관의 장은 아동학대행위자에 대해 상담 · 교육과 심리 치료 등 필요한 지원을 받을 것을 권고할 수 있다. 아동학대행위자는 정당한 사유가 없으면 상담 · 교육과 심리치료 등에 성실히 참여해야 한다(제29조의2).

아동학대 관련 범죄로 형 또는 치료감호를 선고받아 확정된 사람(이하 "아동학대관련범죄전력자")은 그 확정된 때부터 형 또는 치료감호의 전부 또는 일부의 집행이 종료(종료된 것으로 보는 경우 포함)되거나 집행을 받지 아니하기로 확정된 후 일정 기간 다음 시설 또는 기관[4](이하 "아동관련기관")을 운영할 수 없고 또 아동관련기

4) 관련된 시설과 기관은 다음 23가지다. ① 보장원, 제37조에 따른 취약계층 아동 통합서비스 수행기관, 아동보호전문기관, 가정위탁지원센터, 아동복지시설 ② 긴급전화센터, 가정폭력 관련 상담소, 가정폭력피해자 보호시설 ③ 건강가정지원센터 ④ 다문화가족지원센터 ⑤ 성매매피해자 등을 위한

관에 취업하거나 사실상의 노무를 제공할 수 없다(제29조의3).

주석에 언급된 각호(제⑫호 제외)의 아동 관련기관의 설치 또는 설립 인가·허가·신고를 관할하는 중앙행정기관의 장, 지방자치단체의 장, 교육감 또는 교육장은 아동 관련기관을 운영하려는 사람 본인의 동의를 받아 관계기관의 장에게 아동학대 관련범죄 전력 조회를 요청해야 한다. 아울러 아동 관련기관의 장은 대통령령이 정하는 바에 따라 그 기관에 취업 중이거나 노무를 제공 중인 사람 또는 취업하려 하거나 사실상 노무를 제공하려는 사람에 대해 본인의 동의를 받아 관계기관의 장에게 아동학대 관련범죄 전력을 조회 요청하여 확인해야 한다. 전력 조회를 요청받은 관계기관의 장은 전력 조회 회신서를 발급해야 한다.

보건복지부 장관 또는 관계 중앙행정기관의 장은 아동학대 관련범죄 전력자가 제29조의3제1항을 위반하여 관련된 아동 관련기관에 취업 또는 사실상 노무를 제공하고 있는지를 직접 또는 관계기관 조회 등의 방법으로 연 1회 이상 점검·확인해야 한다(제29조의4).[5]

지원시설, 성매매피해상담소 ⑥ 성폭력피해상담소, 성폭력피해자보호시설, 성폭력피해자통합지원센터 ⑦ 어린이집 ⑧ 유치원 ⑨ 의료기관 ⑩ 장애인복지시설 ⑪ 정신건강복지센터, 정신건강증진시설, 정신요양시설 및 정신재활시설 ⑫ 공동주택의 관리사무소(경비업무 종사자에 한정) ⑬ 청소년시설과 청소년단체 ⑭ 청소년활동시설 ⑮ 청소년상담복지센터, 이주배경청소년지원센터, 청소년쉼터, 청소년자립지원관, 청소년치료재활센터 ⑯ 청소년 보호·재활센터 ⑰ 체육시설 중 아동의 이용이 제한되지 않는 체육시설로서 문화체육관광부장관이 지정하는 체육시설 ⑱ 학교, 학습부진아 교육기관 ⑲ 학원과 교습소 중 아동의 이용이 제한되지 않는 학원과 교습소로서 교육부 장관이 지정하는 곳 ⑳ 한부모가족복지시설 ㉑ 아동보호전문기관 또는 학대피해아동쉼터를 운영하는 법인 ㉒ 소년원 및 소년분류심사원 ㉓ 아동인권, 아동복지 등 아동을 위한 사업을 수행하는 비영리법인(대표자 및 아동을 직접 대면하는 업무에 종사하는 사람) 등.

5) 관련기관은 다음과 같다. ① 교육부 장관: 유치원, 초중등교육기관, 학원, 교습소 ② 문화체육관광부장관: 아동 관련 체육시설 ③ 보건복지부 장관: 아동통합서비스, 아동보호전문기관, 가정위탁지원센터, 아동복지시설, 어린이집, 의료기관, 장애인복지시설, 정신보건시설, 정신질환자사회복귀시설, 정신요양시설, 정신보건센터 ④ 여성가족부 장관: 긴급전화센터, 가정폭력 관련 상담소, 가정폭력피해자 보호시설, 건강가정지원센터, 다문화가족지원센터, 성매매피해자등을 위한 지원시설, 성매매피해 상담소, 성폭력피해상담소, 성폭력피해자보호시설, 성폭력피해자통합지원센터, 청소년시설, 청소년단체, 청소년활동시설, 청소년상담복지센터, 이주배경청소년지원센터, 청소년쉼터, 청소년자립지원관, 청소년치료재활센터, 청소년 보호·재활센터, 한부모가족복지시설 ⑤ 국토교통부 장관: 공동주택의 관리사무소 아동 관련기관.

보건복지부 장관 또는 관계 중앙행정기관의 장은 위의 점검·확인을 위하여 필요한 경우에 아동 관련기관의 장 또는 그 감독기관에 관련 자료의 제출을 요구할 수 있다. 점검·확인 결과는 대통령령으로 정하는 바에 따라 인터넷 홈페이지 등을 이용하여 공개해야 한다.

이를 위반하여 취업하거나 사실상 노무를 제공하는 사람에 대해 관련 중앙행정기관의 장은 아동 관련기관의 장에게 그의 해임을 요구해야 한다. 아동 관련기관이 이를 위반하고 운영하면 그 기관의 장에게 폐쇄를 요구해야 한다. 폐쇄 요구에도 정당한 사유 없이 거부하거나 1개월 이내에 요구사항을 이행하지 않으면 대통령령으로 정하는 바에 따라 해당 아동 관련기관을 폐쇄하거나 그 등록·허가 등을 직접 취소하거나 관계 행정기관의 장에게 이를 요구할 수 있다(제29조의5).

6) 아동학대 예방을 위한 그 밖에 조치

매년 11월 19일을 아동학대 예방의 날로 지정하고, 아동학대 예방의 날부터 1주일을 아동학대 예방주간으로 한다. 국가와 지방자치단체는 아동학대 예방의 날의 취지에 맞는 행사와 홍보를 실시하도록 노력해야 한다(제23조).

보건복지부 장관은 아동학대의 예방과 방지, 위반행위자의 계도를 위한 교육 등에 관한 홍보영상을 제작하여 방송편성책임자(「방송법」 제2조 제23호)에게 배포해야 한다. 방송사업자의 경우 제73조 제4항에 따라 대통령령으로 정하는 비상업적 공익광고 편성비율의 범위에서 홍보영상 송출을 요청할 수 있다. 이때 방송사업자는 요청받은 홍보영상 외에 독자적인 홍보영상을 제작하여 송출할 수 있다. 이를 위해 필요한 협조와 지원을 보건복지부 장관에게 요청할 수 있다(제24조).

6. 아동에 대한 지원서비스

1) 아동의 안전과 건강지원

국가는 대통령령으로 정하는 바에 따라 아동복지시설과 아동용품에 대한 안전기준을 정하고 아동용품을 제작·설치·관리하는 자에게 이를 준수하도록 해야 한다(제30조).

(1) 아동 안전 교육

아동복지시설의 장, 어린이집의 원장, 유치원의 원장, 학교의 장은 교육대상 아동의 나이를 고려하여 대통령령으로 정하는 바에 따라 매년 다음 5가지에 관한 교육계획을 수립하여 교육을 실시해야 한다(제31조). ① 성폭력 및 아동학대 예방 ② 실종·유괴의 예방과 방지 ③ 감염병과 약물의 오남용 예방 등 보건위생관리 ④ 재난대비 안전 ⑤ 교통안전. 아동복지시설의 장과 어린이집의 원장은 위에 따른 교육계획과 교육 결과를 관할 시장·군수·구청장에게, 유치원 원장과 학교의 장은 관할 교육감에게 매년 1회 보고해야 한다.

(2) 아동 안전설비와 예방 활동

국가와 지방자치단체는 유괴 등 범죄의 위험으로부터 아동을 보호하는 데 필요하다고 인정하면 대통령령이 정하는 바에 따라 도시공원, 어린이집, 초등학교와 특수학교 같은 곳을 아동보호구역으로 지정하여 범죄의 예방을 위한 순찰과 아동지도 업무 등 필요한 조치와 영상정보처리기기(「개인정보 보호법」 제2조 제7호에 따라)를 설치해야 한다.

실종 및 유괴 등 아동에 대한 범죄의 예방을 위한 순찰활동과 아동지도 업무 등을 수행하는 아동안전 보호인력을 배치·활용할 수 있다(제33조). 경찰청장은 대통령령에서 정하는 바에 따라 유괴 등의 위험에 처한 아동을 보호하기 위해 아동긴급보호소를 지정·운영할 수 있다. 시설의 지정을 원하는 자에 대해서는 본인의 동의를 받아 범죄경력을 확인해야 한다(제34조).

(3) 심신의 건강

아동의 보호자는 아동의 건강 유지와 향상을 위해 최선의 주의와 노력을 해야 한다. 국가와 지방자치단체는 아동의 신체적 · 정신적 문제를 미리 발견하여 아동이 제때 상담과 치료를 받을 수 있는 기반을 마련해야 한다. 아울러 아동의 건강 증진과 체력 향상을 위해 다음 4가지를 지원해야 한다(제35조).

① 신체적 건강증진에 관한 사항(시행령 제35조: 예방접종, 건강검진, 건강교육 서비스)
② 자살과 각종 중독의 예방 등 정신적 건강증진에 관한 사항
③ 급식지원 등을 통한 결식예방과 영양개선에 관한 사항
④ 비만 방지 등 체력과 여가증진에 관한 사항(시행령 제35조: 비만 방지, 기초체력 측정, 신체활동 증진 및 체험활동 지원 서비스)

보건소는 이 법에 따라 다음 3가지 업무를 하여야 한다. ① 아동의 전염병 예방조치 ② 아동의 건강상담, 신체검사와 보건위생에 관한 지도 ③ 아동의 영양개선(제36조).

2) 취약계층 아동 통합서비스지원

국가와 지방자치단체는 아동의 건강한 성장과 발달을 위해 대통령령으로 정하는 바에 따라 아동의 성장과 복지 여건이 취약한 가정을 선정하여 그 가정의 지원대상 아동과 가족을 대상으로 보건, 복지, 보호, 교육, 치료 등을 종합적으로 지원하는 통합서비스를 실시한다. 보건복지부 장관은 통합서비스지원사업의 운영지원에 관한 업무를 법인, 단체 등에 위탁할 수 있다(제37조).

3) 보호대상 아동의 자립지원

국가와 지방자치단체는 보호대상 아동의 위탁보호 종료나 아동복지시설 퇴소 이후 자립지원을 위해 다음 5가지 조치를 해야 한다(제38조).

① 자립에 필요한 주거 · 생활 · 교육 · 취업 등의 지원
② 자립에 필요한 자산의 형성과 관리 지원
③ 자립에 관한 실태조사와 연구
④ 사후관리체계 구축과 운영
⑤ 그 밖에 자립지원에 필요하다고 대통령령으로 정하는 사항(시행령 제38조: 자립생활 역량 강화 프로그램 개발 및 운영, 자립지원 관련 교육, 자립 정착금 지원, 자립수당의 정기적인 지급)

보장원, 가정위탁지원센터 및 아동복지시설 등의 장은 보호하고 있는 15세 이상의 아동을 대상으로 매년 개별 아동에 대한 자립지원계획을 세우고, 그 계획을 실행하는 종사자에게 자립지원에 관한 교육을 실시해야 한다. 자립지원계획은 해당 아동의 의견을 존중하고 관련 전문가의 의견을 들어야 하며(제39조), 다음 3가지 사항을 포함해야 한다(시행규칙 제18조). ① 아동의 적성과 욕구 파악, 사회성 발달 정도와 자립 능력 · 수준 등 아동의 상태 평가 ② 정기적 진로 상담, 체험과 교육 프로그램 실시 ③ 자립에 필요한 주거, 취업, 자산형성, 정서적 지원 등 공적 서비스, 지역 내 후원 자원 연계 등.

국가와 지방자치단체는 자립지원 관련 데이터베이스의 구축과 운영, 자립지원 프로그램의 개발과 보급, 사례관리 등의 업무를 법인에 위탁할 수 있다. 보건복지부 장관은 지원 대상 아동의 자립지원정책을 효율적으로 수행하기 위하여 관계 행정기관의 공무원으로 구성되는 아동자립지원추진협의회를 둘 수 있다. 여기서 협의 · 조정할 사항은 아동의 자립에 필요한 주거 · 생활 · 취업 · 교육 지원에 관한 사항이다(제40조, 제41조).

국가와 지방자치단체는 아동이 건전한 사회인으로 성장 · 발전할 수 있도록 자산형성지원 사업을 할 수 있다. 보건복지부 장관은 자산형성지원사업의 효율적 추진을 위해 이 사업의 운영업무와 금융자산관리업무를 해야 한다. 운영업무는 법인에, 금융자산관리업무는 은행, 체신관서, 농협중앙회, 중소기업은행 등에 위탁할 수 있다(제42조, 제43조, 제44조).

7. 아동복지 전담기관과 아동복지시설

1) 아동복지 전담기관(제45조~제49조)

(1) 아동보호전문기관(제45조)

지방자치단체는 학대받은 아동의 발견, 보호, 치료에 대한 신속 처리와 아동학대 예방을 담당하는 지역아동보호전문기관을 시·도와 시·군·구에 1개소 이상 두어야 한다. 다만 관할구역의 아동 수와 지리적 요건을 고려하여 조례로 정하는 바에 따라 둘 이상의 시·군·구를 통합해 하나의 지역아동보호전문기관을 설치·운영할 수 있다. 비용은 아동의 수 등을 고려하여 시장·군수·구청장에게 공동으로 부담한다. 아동학대 예방사업을 목적으로 하는 비영리법인을 지정하여 아동보호전문기관의 운영을 위탁할 수도 있다.

아동보호전문기관은 학대 예방(교육과 홍보), 피해아동과 가족 그리고 아동학대 행위자의 상담·치료·교육에 이어 사후관리 등의 업무를 한다(제46조). 보건복지부 장관은 아동보호전문기관의 업무 실적에 대해 3년마다 평가해야 하며, 결과가 우수한 기관에 대해서는 포상할 수 있다.

(2) 가정위탁지원센터

지방자치단체는 보호 대상 아동에 대한 가정위탁사업 활성화를 위해 시·도, 시·군·구에 지역가정위탁지원센터를 둔다. 둘 이상의 시·군·구를 통합해 하나의 지역가정위탁지원센터와(조례로) 비영리법인에 위탁도 가능하다. 이 지원센터를 위해 보장원에서는 센터의 지원, 연계체계 구축, 관련 연구와 자료 발간, 프로그램 개발과 평가, 교육과 홍보, 정보 기반 구축과 정보 제공 등 7가지 업무를 감당한다(제48조).

가정위탁지원센터에서 수행하는 업무는 위탁사업의 홍보와 위탁 가정 발굴, 위탁하려는 가정의 조사와 상담, 그 부모 교육, 사례관리, 친부모 가정으로 복귀 지원, 자립계획, 위탁 관련 정보 제공 그리고 대통령령으로 정하는 가정위탁 등 8가지다(제49조).

2) 아동복지시설

(1) 아동복지시설의 종류(제52조)

「아동복지법」에 규정되어 있는 아동복지시설의 종류는 〈표 7-5〉와 같다.

표 7-5 아동복지시설의 종류

시설 종류	시설의 역할
아동양육시설	보호대상 아동을 입소시켜 보호, 양육, 취업 훈련, 자립지원서비스 등 제공
아동일시보호시설	보호대상 아동을 일시보호하고 아동에 대한 향후의 양육대책 수립과 보호조치
아동보호치료시설	가. 불량행위를 하거나 그럴 우려가 있는 아동으로 보호자가 없거나 친권자나 후견인이 입소를 신청한 아동 또는 가정법원, 지방법원소년부지원에서 보호 위탁된 19세 미만인 사람을 입소시켜 치료와 선도로 건전한 사회인으로 육성 나. 정서적·행동적 장애로 어려움을 겪는 아동 또는 학대로 부모로부터 일시 격리되어 치료받을 필요가 있는 아동의 보호·치료
공동생활가정	보호대상 아동에게 가정과 같은 주거 여건과 보호, 양육, 자립지원서비스 제공
자립지원시설	아동복지시설 퇴소 후 취업 준비기간이나 취업 후 일정기간 보호하여 자립지원
아동상담소	아동과 그 가족의 문제에 관한 상담, 치료, 예방, 연구
아동전용시설	어린이공원, 어린이놀이터, 아동회관, 체육·연극·영화·과학실험전시 시설, 아동휴게숙박시설, 야영장 등 아동에게 건전한 놀이·오락, 그 밖의 각종 편의를 제공하여 심신의 건강 유지와 복지증진에 필요한 서비스 제공
지역아동센터	지역사회 아동의 보호·교육, 건전한 놀이와 오락의 제공, 보호자와 지역사회의 연계 등 아동의 건전육성을 위하여 종합적인 아동복지서비스 제공
기 타	아동보호전문기관, 가정위탁지원센터, 보장원

(2) 아동복지시설의 설치

아동복지시설은 국가나 지방자치단체가 설치할 수 있고, 그 외에는 관할 시장·군수·구청장에게 신고하고 설치한다(제50조). 아동복지시설을 폐업이나 휴업할 때 그리고 운영을 다시 시작할 때도 시장·군수·구청장에게 신고해야 한다(제51조). 특히 폐업이나 휴업은 대통령령으로 정하는 바에 따라 해당 아동복지시설을 이용하는 아동이 다른 아동복지시설로 옮길 수 있도록 하는 등 보호대상 아동의 권익을 보호하기 위한 조치를 취해야 한다. 아동복지시설의 폐업 또는 휴업의 신고를 받은 시장·군수·구청장은 아동복지시설의 장이 보호대상 아동의 권익 보호조치를 했는지 확인해야 한다(제52조 제2항~제3항).

시설별 설치기준 및 운영기준을 충족한 다음에 추가로 할 수 있는 사업으로 〈표 7-6〉처럼 6가지가 있다.

표 7-6 아동복지시설의 추가 사업

사업 종류	사업의 내용
아동가정지원사업	지역사회 아동의 건전한 발달을 위해 아동·가정·지역주민에게 상담, 조언. 정보 제공
아동주간보호사업	부득이한 사유로 가정에서 낮 동안 보호받을 수 없는 아동을 개별 보호와 교육으로 건전하게 성장하게 함
아동전문상담사업	학교부적응아동 등을 대상으로 올바른 인격형성을 위한 상담, 치료, 학교폭력 예방
학대아동보호사업	학대아동의 발견, 보호, 치료 및 아동학대의 예방 등을 전문적으로 실시
공동생활가정사업	보호대상 아동에게 가정과 같은 주거 여건과 보호 제공
방과 후 아동지도사업	저소득층 아동을 대상으로 방과 후 개별적인 보호와 교육을 통하여 건전한 인격 형성

(3) 아동복지시설의 종사자와 그 교육·훈련(제54조~제55조)

아동복지시설에는 전문인력을 배치해야 하며, 종사자의 직종과 수, 자격 및 배치기준은 대통령령으로 정한다. 시·도지사 또는 시장·군수·구청장은 아동복지시설 종사자의 양성과 자질 향상을 위한 교육·훈련을 해야 한다. 교육·훈련은 대학(전문대학을 포함) 또는 아동복지단체나 그 밖의 교육훈련시설에 위탁할 수 있다.

(4) 시설의 개선, 사업의 정지, 시설의 폐쇄(제56조)

보건복지부 장관, 시·도지사 또는 시장·군수·구청장은 아동복지시설과 교육훈련시설(대학 및 전문대학은 제외)이 시설 미비나 허가 취소, 아동 학대 확인, 부정한 경비 지원 등 7가지 사유가 있을 때에는 소관에 따라 그 시설의 개선, 6개월 이내의 사업의 정지, 위탁의 취소 또는 해당 시설 장의 교체나 시설 폐쇄를 명할 수 있다.[6)]

보건복지부 장관, 시·도지사 또는 시장·군수·구청장은 아동복지시설과 교육훈련시설(대학 및 전문대학 제외)이 사업 정지, 위탁 취소 또는 시설 폐쇄되는 경우

6) 위탁의 취소나 시설 폐쇄 때는 청문의 절차를 거쳐야 한다(제67조).

에는 해당 시설을 이용하는 아동을 다른 시설로 옮기도록 하는 등 보호대상 아동의 권익 보호에 필요한 조치를 해야 한다.

(5) 아동전용시설의 설치(제53조)

아동이 항상 이용할 수 있는 문화 · 오락시설, 교통시설, 그 밖의 서비스시설 등을 설치 · 운영하는 자는 대통령령으로 정하는 바에 따라 아동의 이용 편의를 고려한 편익설비를 갖추고 아동에 대한 입장료와 이용료 등을 감면할 수 있다. 시장 · 군수 · 구청장은 공동생활가정 중에서 피해아동에 대한 보호, 치료, 양육 서비스 등을 제공하는 학대피해아동쉼터를 지정할 수 있다.

8. 비용의 보조, 지원과 징수

1) 비용의 보조와 지원

국가 또는 지방자치단체는 위의 각종 사업과 시설 등에 필요한 비용을 대통령령으로 정하는 바에 따라 전부 또는 일부 보조할 수 있다(제59조).

아동복지시설의 설치 · 운영에 필요하다고 인정하면 계약을 통해 국유 · 공유 재산의 무상 대부 또는 사용 · 수익을 허용할 수 있다(제62조). 그 밖에 지원 방법으로 조세와 기타 공과금 면제가 있다(제63조).

2) 비용의 징수

시 · 도지사, 시장 · 군수 · 구청장 또는 아동복지시설의 장은 가정위탁, 아동복지시설 입소, 전문치료기관 또는 요양소에 입원 또는 입소(제15조 제1항 제3호부터 제5호, 같은 조 제5항, 제6항) 등의 보호조치에 필요한 비용의 전부 또는 일부를 대통령령으로 정하는 바에 따라 각각 그 아동의 부양의무자로부터 징수할 수 있다(제60조). 다만 생계비 지원을 받는 경우라면 금액을 줄이거나 징수하지 않을 수 있다(시행령 제55조).

3) 보조금의 반환 명령(제61조)

보조금 교부조건의 위반, 거짓이나 부정한 방법으로 보조금 수령, 영리 행위나 이 법의 명령 위반 혹은 보조금의 잔액이 있을 때 국가 또는 지방자치단체는 아동복지시설의 장 등 보호수탁자, 보장원의 장, 가정위탁지원센터의 장, 대리양육자 및 아동복지단체의 장에게 이미 교부한 보조금의 전부 또는 일부의 반환을 명할 수 있다.

9. 보호와 의무

1) 보호조치

법에 따라 지급된 금품과 이를 받을 권리는 압류하지 못한다(제64조). 법에 따른 아동복지시설이 아니면 아동복지시설이라는 명칭을 사용하지 못한다(제69조).

2) 비밀 유지의 의무(제65조)

아동복지사업을 포함하여 아동복지업무에 종사하였거나 종사하는 자는 그 직무상 알게 된 비밀을 누설하면 안 된다(제65조). 위반하면 1년 이하 징역 또는 1천만원 벌금에 처한다(제71조 제2항 제6호).

2절 노인복지법

1. 노인복지법의 목적, 개념 정의, 연혁

1) 노인복지법의 목적과 이념(제1조, 제2조)

「노인복지법」은 노인복지정책이나 사업의 내용과 형태를 규정하는 노인복지의 모법으로서, 현재 노인세대뿐만 아니라 국민 모두가 행복한 노후생활을 영위할 수 있도록 유도하고 지원하기 위한 법률이다. 따라서 노인의 질환을 사전 예방하거나 조기발견하고 질환 상태에 따른 적절한 치료·요양으로 심신의 건강을 유지하고, 노후의 생활안정을 위해 필요한 조치를 강구하여 노인의 보건복지증진에 이바지하는 것이 이 법의 목적이다(제1조). 궁극 목적은 노인의 복지증진에 대한 기여로 사회 전체의 복지를 증진하는 것이다. 그 목표에 다가가는 방법은 심신의 건강 유지와 노후 생활의 안정이다. 심신 건강을 위해서는 사전 예방이 최고이고, 다음이 조기발견과 적절한 치료, 요양이다. 사회활동 참여와 보람 찾기가 빠질 수 없지만, 일단은 건강과 생활안정을 기본으로 하고, 참여와 보람은 의의에 실었다. 그런 의미에서 기본이념은 다음과 같이 세 가지로 나눠볼 수 있다.

① 후손 양육과 국가·사회 발전에 대한 기여의 대가로 존경과 함께 건전하고 안정된 생활 보장

② 능력에 따른 일과 사회활동에 참여할 기회 보장

③ 노령에 따른 변화의 자각을 통한 심신 건강 유지와 지식과 경험을 살려 사회 발전에 기여하도록 노력

지식과 경험을 살려 사회발전에 이바지하는 것은 노인 몫이고, 이를 위한 참여 기회와 여건의 조성 노력은 사회와 국가의 의무다.

2) 주요 개념의 정의(제1조의2)

「노인복지법」에서 사용하는 주요 용어의 개념은 〈표 7-7〉과 같다.

표 7-7 노인복지법 주요 용어 개념

용어	개념 정의(관련법규)
부양의무자	배우자(사실상의 혼인관계에 있는 자 포함)와 직계비속(본인의 아들, 딸, 손자녀)과 그 배우자(사실상의 혼인관계에 있는 자 포함)
보호자	부양의무자 또는 업무・고용 등의 관계로 사실상 노인을 보호하는 사람
치매	퇴행성 뇌질환 또는 뇌혈관계 질환 등으로 인하여 기억력, 언어능력, 지남(指南)력(시・공간감각과 상황인식), 판단력, 수행능력 등의 기능 저하로 일상생활에서 지장을 초래하는 후천적인 다발성 장애(「치매관리법」 제2조 제1호)
노인학대	노인에 대한 신체적・정신적・정서적・성적 폭력, 경제적 착취, 가혹행위나 유기와 방임
노인학대 범죄	보호자가 65세 이상 노인에 대한 학대: 「형법」의 (중)상해와 (중)존속상해, (존속)유기, (존속)학대, (중)(존속)체포・감금체포, 특수체포・감금, (존속)협박, 강간과 추행(유사, 강제, 준강간 포함), 강간 등 상해・치상/치사, 명예훼손, 출판물 등에 의한 명예훼손, 모욕죄, 주거・신체 수색, 강요, 공갈, 재물손괴 등, 상해, 폭행(노인기관 직원 대상), 실종노인 보호 등
복지실시기관	보건복지부 장관, 시・도지사 또는 시장・군수・구청장

3) 노인복지법의 연혁

법률을 제정하는 방법은 정부가 법안을 작성하여 국회에 그 제정을 요청하거나, 국회 자체가 법률을 입법하는 방법, 그리고 민간단체에 의한 청원입법 등의 방법이 있다. 「노인복지법」(안)은 1976년 한국노인문제연구소에서 제정운동을 계기로 청원하는 방법으로 시작되어 1981년 6월 5일 「노인복지법」이 제정되었다. 법이 제정된 이후 인구학적・사회경제적・정치적 요인과 노인복지관련 정책 변화 등으로 인하여 타법 개정에 따른 용어변경까지 합치면 2019년까지 총 60차례의 개정이 있었다. 타법 개정을 제외한 법의 개정 과정과 중요한 변화 내용을 정리하면 다음 〈표 7-8〉과 같다.

표 7-8 노인복지법의 연혁

제정/시행년도	주요 내용
1981 제정	• 「노인복지법」 제정 – 평균수명 연장으로 노인인구 절대 수의 증가와 산업화, 도시화, 핵가족화로 사회문제화 추세의 노인문제에 대처하여 노인 건강보호와 시설 제공 등 노인복지 시책의 효과적 추진으로 사회복지증진에 기여
1984 1차 일부 개정	• 「행정심판법」의 제정에 따라 노인과 부양의무자의 복지실시기관에 대한 심사청구절차에 관한 조항의 자구 수정
1989 2차 전부 개정	• 심각한 사회문제로 부각한 노인문제로 제도 보완과 개선 • 노인복지대책 관련 국무총리의 자문을 위해 노인복지대책위원회 설치 • 국가 또는 지방자치단체가 65세 이상의 노인에게 노령수당 지급 • 노인복지시설의 범위에 실비양로시설, 유료노인요양시설, 노인복지주택 추가
1993/94 3차 일부 개정	• 경제행정규제완화시책의 일환으로 민간기업체나 개인도 유료노인복지시설을 설치·운영할 수 있게 하고, 현행 규정의 미비점 개선으로 노인복지사업의 효율성 제고 • 재가노인복지사업의 종류를 가정봉사원파견사업, 주간보호사업, 단기보호사업으로 명시하고, 사업실시의 법적 근거 마련 • 행정처분의 대상에게 의견진술의 기회로 청문절차 규정
1997 4차 일부 개정	• 사회복지공동모금회의 설치와 함께 관 주도의 성금모금 및 관리·운영을 지양하고 민간단체가 이웃돕기성금을 직접 모금·배분 및 관리하도록 함에 따라 관련 조항 일부 개정
1997/98 5차 전부 개정	• 치매 등 만성 퇴행성 노인질환 대처의 효율화와 노인생활안정을 위하여 연금적용 대상에서 제외되는 65세 이상 노인 중 일정한 자에게 경로연금 지급 • 노인에 대한 사회적 관심과 공경의식 함양 위해 노인의 날(10월 2일), 경로의 달(10월) 지정 • 노인의 사회참여와 취업 활성화 위해 노인지역봉사기관, 노인취업알선기관의 지원근거 • 국가나 지방자치단체가 치매노인에 대한 연구와 노인재활요양사업 실시 • 치매·중풍 등 중증질환 노인과 만성퇴행성 노인환자 효율적 관리 위해 노인전문요양시설·유료노인전문요양시설, 노인전문병원 설치 • 부양 의무 없는 제삼자가 노인을 보호할 경우 그 부양 의무자에게 보호비용의 전부 또는 일부 청구 가능 • 경로연금과 노인보호복지시설에서 노인을 위해 사용하는 건물·토지 등에 조세와 공과금 감면 • 재가노인복지시설을 단독주택 또는 공동주택에도 설치할 수 있게 함
1999 일부 개정	• 노인복지시설 규제완화로 시설운영의 자율성 제고와 경로연금제도의 운영상 나타난 일부 미비점을 개선·보완 • 노인복지대책위원회 폐지 • 경로연금 지급대상자 선정 기준 – 소득기준과 재산기준을 동시에 충족 • 생활보호대상자 – 국민연금 등 공적연금 수급해도 경로연금 수급 • 노인전문병원의 관리와 운영 등에서 「의료법」상 요양병원으로 취급 • 양로시설·실비양로시설·노인요양시설·실비노인요양시설·노인전문요양시설에서 입소자에게 보건복지부령이 정하는 비용의 수납 한도액을 초과하여 수납하려면 시장·군수·구청장에게 신고 • 유료양로시설·유료노인복지주택·유료노인요양시설·유료노인전문요양시설의 비용수납 신고제 폐지
2004 10차 일부 개정	• 노인학대 방지와 학대받는 노인 보호 위해 긴급전화나 노인보호전문기관 설치와 신고의무와 조치사항을 규정 • 국가와 지방자치단체 – 노인학대 예방과 노인학대 신고용 긴급전화 설치 의무화

제정/시행년도	주요 내용
	• 국가와 지방자치단체 – 노인학대의 예방・보호 등을 전담하는 노인보호전문기관 설치 의무 • 직무상 노인학대를 알게 된 의료인, 노인복지시설의 장 또는 종사자 등은 노인보호전문기관 또는 수사기관에 신고의무화 • 관계공무원이나 노인복지상담원 – 노인복지시설과 노인의 주소・거소, 노인의 고용장소 등에 출입해 노인에 대한 폭행・상해행위 등 조사 가능
2005 일부 개정	• 노인의료복지시설의 설치・폐지 등의 신고 등에 관한 관련된 업무 시・도지사에서 시・군・구청장에 이양 • 노인들 능력과 적성에 맞는 일자리의 개발・보급과 교육훈련 등을 전담할 기관을 설치・운영하거나 그 운영을 법인・단체 등에 위탁 근거
2007 일부 개정	• 치매극복의 날(9월 21일) 지정 • 시・군・구의 관할 보건소에 치매상담센터 설치로 상담과 조기 검진 • 노인학대 정의 규정에 정서적 폭력 추가
2007/08 일부 개정	• 노인장기요양보험 대비 노인복지시설의 무료・실비와 유료 구분 없애고 양로시설・노인복지주택・노인요양시설과 노인전문병원 등으로 구분 • 노인공동생활가정과 노인요양공동생활가정을 노인복지시설의 종류에 추가 • 60세 미만의 자에 대한 노인복지주택의 분양・임대 등 금지 • 요양보호사 자격제 도입과 노인복지시설의 요양보호사 고용의 의무화 • 홀로 사는 노인 지원을 위해 방문요양서비스 등의 서비스와 안전 확인 등의 보호조치를 국가나 지방자치단체의 의무 • 실종노인의 보호를 위하여 실종노인을 보호할 때 신고의 의무화
2010 일부 개정	• 요양보호사 교육기관의 교육과정 이수에 따른 자격증 부여로 요양보호사 과다배출 및 질적 저하에 따라 요양보호사 자격시험제도 도입 • 자격시험 도입에 따른 결격사유와 자격취소 사유 규정 마련 • 요양보호사 교육기관 운영제도 – 신고제에서 시・도지사의 지정제로 변경하여 전문성 도모
2011 일부 개정	• 노인복지주택의 분양・양도・임대의 대상 자격 강화(60세 이상)와 처벌 규정 마련 • 노인일자리사업 활성화 위해 노인일자리전담기관을 노인인력개발기관, 노인일자리지원기관 및 노인취업알선기관으로 구별하고 업무 규정 • 노인전문병원 「의료법」상의 요양병원으로 일원화 • 노인휴양소 폐지 • 실종노인에 대한 빠른 발견과 안전한 복귀 등을 위한 근거 규정 보강 • 노인학대 신고의무자 범위 확대와 신고의무자의 신분보호 강화 – 금지의무 위반자 형벌 부과, 업무 방해자에 과태료 부과 • 중앙노인보호전문기관(지역 간의 연계체계 구축, 노인학대 예방, 노인 인권보호 관련 정책 제안, 노인학대 예방의 홍보, 교육자료 제작과 보급)과 지역노인보호전문기관(노인학대 신고전화 운영과 사례 접수) 설치 • 노인학대 신고의무자 범위 확대(「노인장기요양보험법」의 장기요양기관, 재가장기요양기관, 건강가정지원센터의 장과 종사자, 소방서의 구급대원 포함) • 노인학대행위자와 관련자 – 현장조사나 업무 방해에 과태료 부과 • 경찰청장 – 실종노인의 조속한 발견과 복귀 위해 신고 체계의 구축・운영, 수색과 수사, 유전자 검사 실시 등에 관한 사항 규정 • 국가나 지방자치단체 – 경로당 활성화 위해 지역별・기능별 특성을 갖춘 표준 모델과 프로그램을 개발・보급 의무
2012/13 일부 개정	• 노인학대 신고의무자 교육과정에 노인학대 예방과 신고의무 관련 내용 포함 • 신고의무 위반에 대한 처벌 규정(300만원 이하의 과태료)

제정/시행년도	주요 내용
2013 일부 개정	• 노인주거복지시설, 노인의료복지시설, 노인여가복지시설, 재가노인복지시설에 대한 업무 정지 기간의 상한 명시(1개월) • 노인일자리지원 기관 – 노인복지시설에 포함
2015 일부 개정	• 미성년 자녀·손자녀도 노인복지주택에 함께 입소, 생활할 수 있게 함 • 노인복지주택 중 분양형 폐지 • 노인학대현장 출동 – 노인보호전문기관과 수사기관 상호 간에 동행협조 요청, 현장출동자에 현장출입과 관계인 조사·질문권 부여 • 노인대상 건강진단과 보건교육에 성별 다빈도질환 반영 • 지역봉사지도원의 업무에 노인 대상 교통안전과 교통사고예방 교육 포함
2015/16 일부 개정	• 노인학대 예방의 날(6월 15일) • 지상파방송과 전광판방송 통한 노인학대 관련 홍보영상 제작·배포·송출 • 중앙노인보호전문기관에 중앙사례판정위원회, 지역노인보호전문기관에 지역사례판정위원회 두고 자체사례회의 운영 • 노인학대신고의무자의 범위 확대(의료기관의 장, 홀로 사는 노인에 대한 방문요양서비스나 안전확인 등의 서비스 종사자, 다문화가족지원센터와 성폭력피해상담소와 성폭력피해자보호시설의 장과 그 종사자, 응급구조사 및 의료기사까지) • 노인학대 관련 범죄 전력자 – 10년간 노인관련기관 운영, 취업, 사실상의 노무 제공 금지 • 노인학대행위로 처벌 등을 받은 시설과 노인복지시설의 장과 종사자의 명단 공표 • 노인주거복지시설·노인의료복지시설·노인여가복지시설 또는 재가노인복지시설 폐지·휴지 때 시설 이용자가 다른 시설을 이용할 수 있는 조치 계획 수립과 이행 등의 의무(시설의 장), 이 의무 시행 여부에 대한 시·도지사 또는 시장·군수·구청장의 감독과 이용자 권익보호 조치 • 노인보호전문기관의 직원에 대해 폭행·협박 또는 위계·위력으로 업무 방해자 – 과태료 5년 이하의 징역 또는 1천 500만원 이하의 벌금으로 강화 • 상습적 노인학대나 노인복지시설 종사자의 노인학대 가중처벌
2016/17 일부 개정	• 노인학대신고의무 규정에 노인학대 객체의 노인 연령 기준 65세 이상으로 명시 • 노인에 대한 금지행위 조항에 정서적 학대행위 추가 • 벌칙조항의 벌금액 징역형 1년당 벌금형 1천만원
2017 일부 개정	• 노인학대 행위자의 심리치료, 학대 피해 노인에게는 전용쉼터 설치와 운영에 필요한 비용 지원 근거 마련
2017/18 일부 개정	• 노인복지시설의 설치·운영자, 종사자, 이용자에 대한 인권교육 근거 • 독거노인 지원 사업 – 노인 관련기관이나 단체에 위탁과 그 경비 지원 근거 • 독거노인종합지원센터 보건복지부 장관이 설치·운영 – 독거노인 지원 사업의 홍보와 수행기관 교육과 지원 • 국가나 지방자치단체 노인성 질환 예방교육과 조기발견, 조기치료 지원 • 노인복지주택 입소자격자 사망 때 배우자와 자녀, 손자녀 퇴소 조치 – 시장, 군수, 구청장 조사 근거, 심사청구 이의신청 기한은 90일
2018 일부 개정	• 국가, 지방자치단체, 공공단체 소관 청소, 주차관리, 매표 등의 사업 위탁에 65세 이상 노인을 20% 이상 채용한 사업체에 우선 반영 • 노인학대 신고의무자 확대(국민건강보험공단 요양직 직원까지)하고 노인학대 예방과 신고 관련 교육 실적 보건복지부 장관에게 제출 • 노인학대 종료 후에도 노인보호전문기관에서 방문, 전화상담으로 피해 노인과 가족 상담, 교육, 의료적·심리적 치료 • 학대노인 전용쉼터 「건축법」에 특례 마련

제정/시행년도	주요 내용
2018/19 일부 개정	• 국가와 지방자치단체 – 노인 안전사고 예방시책 수립·시행 • 경로당에 정부 관리 양곡 외에 일반 양곡도 지원 가능 • 피성년후견인으로 요양보호사 자격 취소의 경우 1년 지나지 않으면 요양보호사 될 수 없도록 했던 것을 결격사유 해소된 때로 변경 • 노인학대범죄자 형 종료나 중단 후 10년 범위 노인 관련기관·시설 운영, 취업, 노무 제공 금지 조항 – 위헌 – 판결에서 선고 • 관할행정기관의 장 – 노인학대관련 범죄 확인·점검 주기 1회 이상 – 그 결과 중앙행정기관 장에게 제출
2019 일부 개정	• 노인일자리지원기관에서 생산한 물품을 국가와 지방자치단체에서 우선 구매 • 요양보호사교육기관 설치·운영자 교육 이수 관련 서류 거짓 작성의 경우와 노인주거복지시설 등과 노인여가복지시설 등의 설치·운영자나 그 종사자가 입소자나 이용자 학대의 경우 행정처분 근거 규정 • 시도지사 요양보호사 자격증 발급 신청일 기준 결격사유 해당자 자격증 교부를 금하고 노인시설 이용자 신용, 직불, 선불카드 결제 가능
2020/20 일부 개정	• 보건복지부장관이 홍보영상을 송출하도록 요청할 수 있는 대상을 방송사업자가 독자적인 홍보영상을 제작하여 송출할 수 있도록 함 • 요양보호사 자격증을 대여·알선하는 등의 행위 금지

2. 국가와 지방자치단체 등의 기본 의무

1) 국가와 지방자치단체의 기본 책무(제3조~제5조)

노인복지와 관련하여 국가와 지방자치단체 및 국민의 의무는 가족제도의 유지와 발전에 있다(제3조: 국가와 국민의 의무 – 경로효친과 미풍양속에 따른 건전한 가족제도의 유지와 발전을 위한 노력). 이에 국가와 지방자치단체의 책임은 세 가지다. 첫째, 보건복지증진(제4조: 국가와 지방자치단체). 둘째, 노인의 안전보장과 낙상사고 등 치명적인 사고 예방에 필요한 시책의 수립·시행(제4조의2). 셋째, 노인의 실태조사(제5조: 보건복지부 장관 – 3년마다 실시하고 결과 공표).

한편 노인복지 관련시설 경영자에게는 사업 경영상 노인복지증진에 노력할 책임(제4조 제3항)을 규정하여 민간의 노인복지증진 책임도 강조하고 있다.

2) 노인의 날, 경로의 달과 어버이날(제6조)

노인에 대한 사회적 관심과 공경의식을 높이기 위해 노인의 날(10월 2일), 경로의 달(10월)을 지정하였다. 부모에 대한 효(孝) 사상을 드높여 북돋우기 위해 어버이날(5월 8일)과 범국민적 노인학대에 대한 인식을 높이고 관심을 유도하기 위하여 노인학대 예방의 날(6월 15일)도 지정하였다. 국가와 지방자치단체는 각 기념일과 달의 취지에 맞는 행사와 홍보에 노력해야 한다.

3) 홍보와 교육: 노인학대, 인권

보건복지부 장관은 노인학대의 예방과 방지, 노인학대의 위해성, 신고 방법 등에 관한 홍보영상을 제작하여 방송편성 책임자에게 배포해야 한다(제6조의2). 노인복지시설(시행령 제11조의2: 노인복지시설 중 경로당과 노인교실 제외)의 설치 · 운영자는 인권에 관한 교육("인권교육")을 받아야 하고, 해당 시설의 이용 노인들에게 인권교육을 할 수 있다. 보건복지부 장관은 이러한 교육의 효율화를 위해 교육기관을 지정하여 필요한 비용을 지원할 수 있다. 또한 기관은 장관의 승인을 받아 교육대상자에게 교육에 필요한 비용을 징수할 수 있다(제6조의3).

4) 노인복지상담원(제7조)

특별자치도와 시 · 군 · 구(자치구)에 노인복지를 담당할 노인복지상담원을 둔다. 노인복지상담원은 「사회복지사업법」 제11조 규정에 따른 사회복지사 자격증 소지자 중 특별자치도지사 · 시장 · 군수 · 구청장이 공무원 자격으로 임용하고 임기는 3년에 연임할 수 있다. 부득이한 경우 공무원 외의 자로 위촉할 수 있다. 필요한 경우 「아동복지법」의 아동복지전담공무원(제13조)이나 「장애인복지법」의 장애인복지상담원(제33조) 또는 사회복지에 관한 업무를 담당하는 공무원이 상담원을 겸직할 수 있다(시행령 제12조).

5) 노인전용주거시설(제8조)

노인의 주거에 적합한 기능과 설비를 갖춘 주거용 시설 공급을 조장하고, 그 공급자에게 적절히 지원할 수 있다.

3. 국가나 지방자치단체의 보건 · 복지조치

1) 노인사회참여와 노인 일자리 지원

국가 또는 지방자치단체는 노인의 사회참여 확대를 위해 노인에게 적합한 직종의 개발과 그 보급 시책의 강구, 노인의 지역봉사 활동 기회 확장, 근로 능력 있는 노인에게 일할 기회 우선적 제공 노력 등의 의무가 있다. 이를 위해 국가 또는 지방자치단체는 노인지역봉사기관과 노인취업알선기관에 대해 필요한 지원을 할 수 있다(제23조).

노인의 능력과 적성에 맞는 일자리 지원사업의 전문적 · 체계적 수행을 위한 전담기관(이하 "노인일자리전담기관")으로는 '노인 인력 개발기관'(노인 일자리 개발 · 보급사업, 조사사업, 교육 · 홍보 및 협력사업, 프로그램인증 · 평가사업 등 지원), '노인 일자리 지원기관'(지역사회에서 노인 일자리의 개발 · 지원, 창업 · 육성, 노인에 의한 재화의 생산 · 판매 등 직접 담당), '노인취업 알선기관'(노인에게 취업을 위한 상담과 정보를 제공하거나 노인일자리를 알선) 등이 있다. 이들의 설치와 운영은 노인 일자리 사업을 실시한 경험이 있고 노인 일자리 관련 전담인력 등을 갖춘(시행령 제17조의4) 법인과 단체 등에 위탁할 수 있다(제23조의2). 또한 국가, 지방자치단체 및 공공단체는 노인 일자리 지원기관에서 생산한 물품의 우선 구매에 필요한 조치를 마련해야 한다(제23조의3).

2) 지역봉사지도원 위촉 및 업무(제24조)

사회적 신망과 경험이 있는 노인으로 지역봉사를 희망하는 경우 지역봉사지도원으로 위촉할 수 있다. 지역봉사지도원의 업무는 다음과 같다.

① 국가나 지방자치단체가 하는 업무 중 민원인에 대한 상담과 조언
② 도로의 교통정리, 주 · 정차단속의 보조, 자연보호 및 환경침해 행위단속의 보조와 청소년 선도
③ 충효사상, 전통의례 등 전통문화의 전수 교육
④ 문화재의 보호와 안내

⑤ 노인에 대한 교통안전과 교통사고 예방 교육

⑥ 기타 대통령령이 정하는 업무(노인복지정책의 홍보 및 안내, 노인복지시설 입소 노인에 대한 생활지도, 자원봉사 활동과 지자체의 장이 필요하다고 인정한 업무)

3) 생업 지원(제25조)

공공기관, 지방공사, 지방공단, 「특별법」에 따른 법인 등 공공단체는 소관 공공시설에 식료품, 사무용품, 신문 등 일상생활 용품 매점이나 자동판매기 설치의 허가나 위탁 때 65세 이상 노인 신청자를 우선적으로 반영해야 한다. 공공시설의 청소, 주차관리, 매표 등의 사업(병충해 예방과 해충 제거, 경비, 점검, 유지, 수리, 조경관리, 매표 등-시행령 제18조의2)을 위탁할 때 65세 이상 노인을 100분의 20 이상 채용한 사업체를 우선 고려할 수 있다.

4) 경로우대(제26조)

65세 이상의 노인에게 국가 또는 지방자치단체의 수송시설, 고궁·능원·박물관·공원 등의 공공시설 이용료 면제 또는 할인하여 이용하게 할 수 있다. 노인의 일상생활에 관련된 사업을 경영하는 자에게 그 이용요금의 할인을 권유할 수 있고, 권유를 따르면 적절히 지원할 수 있다.

5) 건강진단 등(제27조)

65세 이상 노인에게 건강진단과 보건교육을 할 수 있다. 이때 보건복지부령으로 정하는 바에 따라 성별 다빈도질환 등을 반영해야 한다. 건강진단 결과 필요하다면 적절한 지도를 해야 한다(제27조). 홀로 사는 노인은 방문요양과 돌봄서비스와 안전확인 등의 보호조치를 하고, 이 사업을 노인관련기관이나 단체에 위탁하고 예산의 범위에서 필요한 비용을 지원할 수 있다(제27조의2). 독거노인 돌봄과 관련된 사업의 수행을 위해 독거노인종합지원센터(현황조사와 관리, 노인돌봄사업 종사자 교육, 홍보와 교육교재의 개발과 보급, 돌봄사업 수행기관 지원과 평가 등의 업무)를 설치·

운영할 수 있는데, 전문인력과 시설을 갖춘 법인이나 단체(공공기관, 비영리법인, 비영리민간단체 - 시행규칙 제9조의2)에 위탁할 수 있다(제27조의3). 노인성 질환(안질환, 무릎관절증, 전립선 질환 - 시행령 제20조의2)이 있는 노인의 경제적 부담능력 등을 고려하여(기초생활보장수급자나 차상위계층 등) 예방교육, 조기발견, 치료 등에 필요한 비용의 전부나 일부를 지원할 수 있다(제27조의4).

6) 상담 · 입소 등의 조치(제28조)

보건복지부 장관, 특별시장 · 광역시장 · 도지사 · 특별자치도지사, 시장 · 군수 · (자치구)구청장은 노인 복지에 필요하다고 인정하면 다음 3가지 조치를 취해야 한다. 첫째, 65세 이상 노인과 또는 그를 보호하고 있는 자를 관계공무원이나 노인복지상담원에게 상담과 지도하게 하는 것. 둘째, 65세 이상 노인이 신체와 정신과 경제의 이유나 환경상의 이유로 거택 보호가 힘들면 노인주거복지시설이나 재가노인복지시설에 입소하게 하거나 입소 위탁하는 것. 셋째, 65세 이상 노인으로 신체나 정신상의 현저한 결함으로 항상 보호가 필요하고 경제적 이유로 거택보호가 어려우면 노인의료복지시설에 입소하게 하거나 입소 위탁하는 것. 다만, 65세 미만 노인이라도 그 노쇠현상이 현저하여 특별한 보호가 필요하다고 인정되면 위 세 가지 조치를 할 수 있다. 이렇게 입소 조치된 사람이 사망했는데 그 장례를 치러줄 사람이 없으면 장례를 치르거나 해당 시설의 장에게 그 일을 맡길 수 있다.

7) 노인재활요양사업(제30조)

신체적 · 정신적으로 재활 · 요양이 필요한 노인을 위한 재활요양사업을 할 수 있다. 이를 위해 복지실시기관은 보건소나 노인복지시설에 노인건강증진과 노인성 질환 예방 등 노인재활요양에 필요한 전문인력과 장비를 지원할 수 있고, 필요한 프로그램을 개발 · 보급해야 한다(시행규칙 제13조).

4. 노인복지시설

노인복지시설에는 ① 노인주거복지시설 ② 노인의료복지시설 ③ 노인여가복지시설 ④ 재가노인복지시설 ⑤ 노인보호전문기관 ⑥ 노인일자리지원기관(제23조의2 제1항 제2호 참조) ⑦ 학대피해노인 전용쉼터 등 7가지가 있다(제31조). 이들 시설의 설치에 대해서는 「사회복지사업법」(제34조 제2항)에 따라 시장 · 군수 · 구청장에게 신고해야 한다(제31조의2).

1) 노인주거복지시설(제32조)

(1) 노인주거복지시설의 종류

노인주거복지시설에는 양로시설(노인을 입소시켜 급식과 그 밖에 일상생활에 필요한 편의 제공), 노인공동생활가정(노인들에게 가정과 같은 주거 여건과 급식, 그 밖에 일상생활에 필요한 편의 제공), 노인복지주택(노인에게 주거시설을 임대하여 주거의 편의 · 생활지도 · 상담 및 안전관리 등 일상생활에 필요한 편의 제공) 등 세 가지가 있다.

국가나 지방자치단체가 설치하는 노인주거복지시설이 아니면 특별자치도지사 · 시장 · 군수 · 구청장에게 신고해야 한다. 신고사항 중 보건복지부령의 지정 사항 변경이나 그 시설의 폐지나 휴지 때도 마찬가지다(제40조). 이 시설의 설치와 운영을 위해서는 일정 기준을 충족시켜야 하는데, 시설 · 인력 및 운영에 관한 기준과 설치신고, 설치 · 운영자가 준수해야 할 사항, 그 밖에 필요한 사항은 보건복지부령으로 정한다(제33조).

(2) 입소 자격과 비용의 부담

노인주거복지시설 입소 자격은 60세 이상 노인이어야 가능하지만(임대도 마찬가지. 위반하면 2년 이하 징역이나 위법하게 임대한 세대 수×1천만원 이하의 벌금 - 제56조), 입소자격자의 배우자나 그에게 부양책임이 있는 19세 미만 자녀와 손자녀는 같이 입소할 수 있다(제33조의2 제1항 제1호~제2호). 다만 입소자격자가 사망하거나 거주하지 않으면 이들 역시 퇴소해야 하고, 그와 관련한 사실 확인을 위해 시장·군수·구청장이 조사할 수 있다(제33조의2 제7항, 제8항). 구체적인 노인주거복지시설 입소 자격과 비용은 〈표 7-9〉와 같다(시행규칙 제14조, 제15조).

표 7-9 노인주거복지시설의 입소 자격과 비용 부담

<table>
<tr><th>시설 종류</th><th>입소 자격</th><th>비용 부담</th></tr>
<tr><td>양로시설</td><td rowspan="2">• 생계급여수급자나 의료급여수급자로 65세 이상
• 부양의무자로부터 제대로 부양받지 못하는 65세 이상
• 본인과 생계를 같이하는 부양의무자의 월 소득 합산 금액이 도시근로자가구 월평균 소득을 전년도 평균 가구원 수로 나눈 1인당 월평균 소득 이하이며 65세 이상('실비보호대상자')
• 입소 비용 전부 자체 부담의 경우 60세 이상</td><td rowspan="2">1.과 2.는 국가와 지방자치단체가 전액 부담
3. 국가와 지자체가 일부
4. 입소자가 전부 부담</td></tr>
<tr><td>노인공동생활가정</td></tr>
<tr><td>노인복지주택</td><td>단독 취사 등 독립된 주거생활에 지장이 없는 60세 이상의 자</td><td>입소자 본인이 전부 부담</td></tr>
</table>

2) 노인의료복지시설(제34조~제35조)

노인의료복지시설에는 노인요양시설과 노인요양공동생활가정이 있고, 국가 또는 지방자치단체가 설치할 수 있다. 그 외에 노인의료복지시설을 설치하려면 시장·군수·구청장에게 신고해야 한다. 신고사항 중 보건복지부령이 지정하는 사항을 변경하거나 그 시설을 폐지 또는 휴지할 때도 마찬가지다(제40조). 시설 입소 자격과 비용 부담은 〈표 7-10〉과 같다(시행규칙 제18조).

표 7-10 노인의료복지시설의 사업 목적(제34조), 입소 자격과 비용 부담(시행규칙 제18조)

<table>
<tr><th>시설 종류</th><th>사업 목적</th><th>입소 자격</th><th>비용 부담</th></tr>
<tr><td>노인요양시설</td><td>치매·중풍 등 노인성질환으로 심신에 상당한 장애 발생하여 도움이 필요한 노인을 입소시켜 급식·요양과 그 밖에 일상생활에 필요한 편의를 제공</td><td rowspan="2">1. 장기요양급여수급자
2. 65세 이상으로 생계급여수급자 또는 의료급여수급자
3. 65세 이상으로 부양의무자에게 제대로 부양을 받지 못하는 사람
4. 입소자로부터 입소비용의 전부를 수납하여 운영하는 노인요양시설 또는 노인요양공동생활가정의 경우는 60세 이상의 사람</td><td rowspan="2">1. 「노인장기요양보험법」에서 정함
2와 3. 국가와 지자체가 전부 부담
4. 입소자 본인이 전액부담(시행규칙 19조의2)</td></tr>
<tr><td>노인요양 공동생활가정</td><td>치매·중풍 등 노인성질환으로 심신에 상당한 장애 발생하여 도움이 필요한 노인에게 가정 같은 주거 여건과 급식·요양, 그 밖에 일상생활에 필요한 편의를 제공</td></tr>
</table>

3) 노인여가복지시설(제36조, 제37조)

노인여가복지시설에는 노인복지관, 경로당, 노인교실이 있으며, 국가나 지방자치단체가 설치할 수 있다. 그 외에 노인여가복지시설을 설치하려면 시장·군수·구청장에게 신고해야 한다(제37조). 신고사항 중 보건복지부령이 지정하는 사항을 변경하거나 그 시설을 폐지 또는 휴지할 때도 마찬가지다(제40조). 이 시설의 목적, 이용자격과 사업내용은 〈표 7-11〉과 같다(시행규칙 별표 8). 국가 또는 지방자치단체는 경로당의 활성화를 위해 지역별·기능별 특성을 갖춘 표준 모델 및 프로그램을 개발·보급해야 한다(제37조 제4항).

표 7-11 노인여가복지시설의 종류와 사업 목적 및 내용

시설 종류	사업 목적, 이용자격	사업 내용
노인 복지관	노인의 교양·취미생활·사회참여활동 등에 대한 정보와 서비스 제공·건강증진·질병 예방·소득보장·재가복지와 그 밖에 노인의 복지증진에 필요한 서비스 제공 자격: 60세 이상	• 노인의 복지증진을 종합적 노인복지센터 기능의 기본사업과 이용 노인들의 실정과 지역 여건 등을 감안 가감하고 별도 사업 개발·추진. 기본사업은 4가지. ① 상담·지도: 노인의 생활·주택·신상 등에 관한 생활상담과 노인의 질병예방, 치료에 관한 건강 상담 및 지도 ② 취업 상담과 알선: 노인에 대한 취업 알선과 취업자의 사후관리 ③ 기능회복 훈련: 노인의 기능회복 또는 기능의 감퇴를 방지하기 위한 훈련-물리치료 장비는 관할 보건소에 종사하는 의사의 지도에 따라 사용 ④ 교양강좌 등: 노인의 교양 향상을 위한 프로그램의 제공, 레크리에이션 활동 등 지도 • 거동불편 노인의 생활편의를 위한 서비스 제공을 위해 재가노인복지시설 병설·운영하도록 노력 • 지역 특성에 따라 야간 이용이 가능한 체제 갖추도록 노력
경로당	지역노인들이 자율적으로 친목도모·취미활동·공동작업장 운영 및 각종 정보교환과 기타 여가활동을 위한 장소 제공 자격: 65세 이상	• 이용 노인들이 건전한 사회봉사 활동이나 취미활동 등을 할 수 있도록 해야 함
노인교실	노인들에게 사회활동 참여 욕구 충족시키기 위하여 건전한 취미생활·노인건강유지·소득보장 기타 일상생활과 관련한 학습프로그램을 제공 자격: 60세 이상	• 주 1회 이상 교육 실시해야 함

한편 국가 또는 지방자치단체가 경로당에 전부 또는 일부를 보조할 수 있는 것은 양곡(정부 관리양곡 포함) 구입비와 냉난방비(제37조의2)다. 또 전기요금(전기판매사업자), 전기통신요금(전기통신사업자), 도시가스요금(도시가스사업자)과 수도요금(해당 지방자치단체의 장=수도사업자) 등을 감면할 수 있다(제37조의3).

4) 재가노인복지시설(제38조)

(1) 시설의 설치, 역할, 이용 절차

재가노인복지시설에는 방문요양서비스, 주·야간보호서비스, 단기보호서비스, 방문 목욕서비스 및 재가노인지원서비스 등이 있으며, 국가 또는 지방자치단체가 설치할 수 있다. 그 외에 재가노인복지시설을 설치하려면 시장·군수·구청장에게 신고해야 한다(제39조). 신고사항 중 보건복지부령이 지정하는 사항을 변경하거나 그 시설을 폐지 또는 휴지할 때도 마찬가지다(제40조). 이용 대상자는 기본적으로 65세 이상 장기요양급여수급자이며, 이용자가 이용비용을 부담하는 경우 60세 이상이며, 그 대상자와 이 시설의 목적과 사업 내용은 다음 〈표 7-12〉와 같다(시행규칙 제27조, 시행규칙 별표10).

표 7-12 재가노인복지시설의 종류와 사업 목적, 내용, 대상자

시설 종류	사업 목적	사업 내용과 대상자
방문요양 서비스	재가노인(가정에서 일상생활을 영위하는 노인)으로서 신체적·정신적 장애로 어려움을 겪고 있는 노인에게 필요한 각종 편의를 제공하여 지역사회 안에서 건전하고 안정된 노후를 영위하도록 하는 서비스	• 신체활동지원 서비스: 세면 도움, 구강 관리, 머리 감기기, 몸 청결, 몸 단장, 옷 갈아입히기, 목욕 도움, 식사 도움, 체위 변경, 이동 도움, 신체기능의 유지·증진, 배설 도움, 화장실 이용 • 가사활동지원서비스: 취사, 청소 및 주변 정돈, 세탁 등 • 개인활동지원서비스: 외출 동행, 일상업무 대행 • 정서지원서비스: 말벗, 격려, 위로, 생활상담, 의사소통 도움 • 대상자: 1일 중 일정 시간 가정에서 보호 필요한 사람
주·야간 보호 서비스	부득이한 사유로 가족의 보호를 받을 수 없어 일시적으로 보호가 필요한, 심신 허약한 노인과 장애노인을 보호시설에 단기간 입소시켜 필요한 각종 편의를 제공하여 생활안정과 심신기능의 유지·향상을 도모하고, 그 가족의 신체적·정신적 부담을 덜어주기 위한 서비스	• 생활지도, 일상동작 훈련 등 심신 기능의 회복을 위한 서비스 • 급식과 목욕 서비스 등 • 노인가족에 대한 교육 및 상담 • 대상자: 주간이나 야간 동안 보호가 필요한 사람

시설 종류	사업 목적	사업 내용과 대상자
단기보호 서비스	부득이한 사유로 가족의 보호를 받을 수 없어 일시적으로 보호가 필요한, 심신 허약한 노인과 장애노인을 보호시설에 단기간 입소시켜 보호하여 노인과 노인 가정의 복지증진 도모하는 서비스	• 신체활동 지원, 기능회복 훈련과 그 밖에 일상생활에 필요한 편의 제공 서비스 • 노인요양시설 또는 노인요양공동생활가정의 사업에 준하는 서비스 • 대상자: 월 1일 이상 15일 이하 단기 보호 필요한 사람
방문 목욕 서비스	목욕장비를 갖추고 재가노인을 방문하여 목욕을 제공하는 서비스	• 목욕준비, 목욕 위한 이동 보조, 몸 씻기, 머리 말리기, 옷 갈아입히기, 목욕 후 주변 정리 등 • 대상자: 가정에서 목욕이 필요한 사람
재가 노인지원 서비스	재가노인에게 노인생활과 신상에 관한 상담을 제공하고, 재가노인과 그 가족 등의 보호자를 교육하고 각종 편의를 제공하여 지역사회 안에서 건전하고 안정된 노후생활을 영위하도록 하는 서비스 (시행규칙 제26조의2)	• 일상생활 지원, 노인생활과 신상에 관한 상담, 재가노인과 그 보호자의 교육, 무의탁노인 후원을 위한 결연과 연계 지원, 여가활동 지원, 주거환경개선 지원, 긴급지원, 시군구의 위탁을 받은 사업, 그 밖에 지역의 재가노인복지사업 • 위의 서비스 외에 상담, 교육 등 지원 서비스가 필요한 사람

(2) 요양보호사(제39조의2)

노인복지시설의 설치 · 운영자는 노인 등의 신체활동 또는 가사활동 지원 등의 업무를 전문적으로 수행하는 요양보호사를 두어야 한다. 요양보호사가 되려면 해당 교육기관(요양보호사교육기관)에서 교육과정을 마치고 시 · 도지사가 실시하는 요양보호사 자격시험에 합격해야 한다. 합격자에게 시 · 도지사는 자격증을 내줘야 하나, 결격사유[7]가 있으면 자격증을 내주어서는 안 된다. 또 자격증은 취소될 수도 있다.[8] 요양보호사 교육과정과 자격시험 등은 보건복지부령으로 정한다.

7) 요양보호사가 될 수 없는 경우 6가지(제39조의13): ① 정신질환자(「정신건강복지법」 제3조 제1호). 다만 전문의가 요양보호사로서 적합하다고 인정하는 사람은 제외 ② 마약 · 대마 또는 향정신성의약품 중독자 ③ 피성년후견인 ④ 금고 이상의 형을 선고받고 그 형의 집행이 종료되지 않았거나 그 집행을 받지 않기로 확정되지 아니한 사람 ⑤ 법원의 판결에 따라 자격이 정지 또는 상실된 사람 ⑥ 요양보호사의 자격이 취소된 날부터 1년이 지나지 않은 사람.

8) 요양보호사가 시 · 도지사에게 자격 취소를 당할 수 있는 요건은 5가지로, 제1호부터 제3호는 반드시 자격을 취소해야 하며, 요양보호사 자격의 취소 역시 청문 절차를 거쳐야 한다. ① 앞의 요양보호사 결격사유(제39조의13)에 해당할 때 ② 금지행위(제39조의9)를 위반해 제55조의2(7년 이하 징역 또는 7천만원 이하 벌금)부터 제55조의4(3년 이하의 징역, 3천만원 이하의 벌금)의 처벌을 받은 때 ③ 거짓이나 그 밖의 부정한 방법으로 자격증 취득 ④ 영리 목적으로 노인 등에게 불필요한 요양서비스 알선 · 유인 또는 조장한 때 ⑤ 자격증을 대여 · 양도 또는 위조 · 변조한 때.

간호사, 사회복지사, 간호조무사, 물리치료사, 작업치료사 등의 자격이 있으면 약간의 추가 교육을 받아 요양보호사 자격을 얻을 수 있다(김광선, 2020).

(3) 요양보호사 교육기관

시 · 도지사는 요양보호사의 양성을 위하여 보건복지부령으로 정하는 지정기준에 적합한 시설을 요양보호사교육기관으로 지정 · 운영해야 한다. 요양보호사교육기관의 지정을 취소될 수 있는 요건은 다음 4가지다.[9] 단, 지정 취소를 위해서는 청문 절차를 거쳐야 한다.

① 거짓이나 부정한 방법으로 요양보호사교육기관으로 지정받았을 때
② 제1항에 따른 지정기준에 적합하지 않게 된 때
③ 교육과정을 1년 이상 운영하지 않는 경우
④ 정당한 사유 없이 제42조에 따른 보고나 자료 제출을 하지 않거나 거짓으로 한 경우 또는 조사 · 검사를 거부 · 방해 · 기피한 경우

5. 노인보호

1) 노인보호전문기관

노인보호를 위한 전문기관은 중앙 차원과 지역 차원이 있으며, 둘 다 국가와 지방자치단체장의 의무사항이다. 다만 비영리법인에게 그 운영을 위탁할 수 있다.

(1) 중앙노인보호전문기관(제39조의5)

지역 간의 연계체계를 구축하고 노인학대를 예방하기 위한 중앙노인보호전문기관의 역할은 다음과 같다.

① 노인인권보호 관련 정책 제안

9) 다만 거짓이나 그 밖의 부정한 방법으로 요양보호사교육기관으로 지정을 받은 경우에는 반드시 지정을 취소하도록 되어 있다.

② 노인인권보호를 위한 연구와 프로그램의 개발
③ 노인학대 예방의 홍보, 교육자료의 제작과 보급
④ 노인보호전문사업 관련 실적 취합, 관리, 대외 자료 제공
⑤ 지역노인보호전문기관의 관리와 업무지원
⑥ 지역노인보호전문기관 상담원의 심화교육
⑦ 관련기관 협력체계의 구축과 교류
⑧ 노인학대 분쟁사례 조정을 위한 중앙노인학대사례판정위원회 운영
⑨ 그 밖에 노인의 보호를 위하여 대통령령으로 정하는 사항

(2) 지역노인보호전문기관

특별시 · 광역시 · 도 · 특별자치도는 학대받는 노인의 발견 · 보호 · 치료 등을 신속히 처리하고 노인학대를 예방하기 위하여 지역노인보호전문기관을 둔다. 기관의 역할은 다음과 같다.

① 노인학대 신고전화의 운영과 사례접수
② 노인학대 의심사례에 대한 현장 조사
③ 피해노인과 노인학대자에 대한 상담
④ 피해노인가족 관련자와 관련기관에 대한 상담
⑤ 상담과 서비스 제공에 따른 기록과 보관
⑥ 일반인을 대상으로 한 노인학대 예방교육
⑦ 노인학대행위자를 대상으로 한 재발 방지 교육
⑧ 노인학대사례 판정을 위한 지역노인학대사례판정위원회 운영 및 자체사례회의 운영
⑨ 그 밖에 노인의 보호를 위해 보건복지부령으로 정하는 사항

2) 노인학대

(1) 노인학대 신고의무(제39조의6)

누구든지 노인학대를 알게 된 때에는 노인보호전문기관 또는 수사기관에 신고할 수 있다. 그러나 직무상 65세 이상의 사람에 대한 노인학대를 알게 된 때에는

즉시 노인보호전문기관 또는 수사기관에 신고해야만 한다. 신고인의 신분은 보장되어야 하고, 의사에 반하여 노출되어서는 안 된다.[10] 관계 중앙행정기관의 장은 신고의무자의 자격 취득 교육과정이나 보수교육 과정에 노인학대 예방과 신고의 의무와 관련한 교육 내용을 포함하도록 해야 하며, 그 결과를 보건복지부 장관에게 제출해야 한다.[11] 노인학대 신고의무자가 소속된 기관 중 노인복지시설과 요양병원 · 종합병원, 장기요양기관의 장은 소속원들에게 노인학대 예방과 신고의무에 관한 교육을 실시하고 그 결과를 보건복지부 장관에게 제출해야 한다. 신고가 의무가 되는 경우는 다음 12가지이다.

① 의료기관(「의료법」 제3조 제1항)에서 의료업을 행하는 의료인 및 의료기관의 장
② 방문요양, 돌봄, 안전확인 등의 서비스종사자(제27조의2), 노인복지시설(제31조)의 장과 그 종사자, 노인복지상담원(제7조)
③ 장애인복지시설(「장애인복지법」 제58조)에서 장애노인에 대한 상담 · 치료 · 훈련 또는 요양업무를 수행하는 사람
④ 가정폭력 관련 상담소와 가정폭력피해자 보호시설(「가정폭력방지 및 피해자보호 등에 관한 법률」 제5조 및 제7조)의 장과 그 종사자
⑤ 사회복지전담공무원(「사회복지사업법」 제14조)과 사회복지관(같은 법 제34조), 부랑인 및 노숙인보호를 위한 시설의 장과 그 종사자
⑥ 장기요양기관(「노인장기요양보험법」 제31조)의 장과 그 종사자
⑦ 119구급대의 구급대원(「119구조 · 구급에 관한 법률」 제10조)
⑧ 건강가정지원센터(「건강가정기본법」 제35조)의 장과 그 종사자
⑨ 다문화가족지원센터(「다문화가족지원법」 제12조)의 장과 그 종사자
⑩ 성폭력피해상담소(「성폭력방지 및 피해자보호 등에 관한 법률」 제10조)에 따른 성폭력피해자보호시설(같은 법 제12조)의 장과 그 종사자
⑪ 응급구조사(「응급의료에 관한 법률」 제36조)
⑫ 의료기사(「의료기사 등에 관한 법률」 제1조의2 제1호)

10) 위반하면 1년 이하의 징역 또는 1천만원 이하의 벌금(제57조)에 처한다.

11) 중앙노인보호전문기관 홈페이지(www.noinboho.or.kr)에서는 사이버 노인인권교육을 제공하고 있다.

⑬ 국민건강보험공단 소속 요양직 직원(「국민건강보험법」)
⑭ 지역보건의료기관의 장과 종사자(「지역보건법」 제2조)
⑮ 노인복지시설 설치와 관리 업무 담당 공무원(제31조)

(2) 긴급전화(제39조의4)

국가와 지방자치단체는 노인학대를 예방하고 수시로 신고를 받을 수 있도록 긴급전화를 설치해야 한다. 긴급전화는 전국 통일된 번호(1577-1389)로 24시간 운영되어야 한다(시행령 제20조의4).

(3) 응급조치의무 등(제39조의7)

위의 노인학대신고를 접수한 노인보호전문기관의 직원이나 사법경찰관리는 노인학대의 현장에 즉각 출동해야 한다. 이때 노인보호전문기관의 장이나 수사기관의 장은 서로 동행을 요청할 수 있고, 그 요청을 받으면 정당한 사유가 없으면 소속 직원이나 사법경찰관리를 현장에 동행하도록 해야 한다.

현장에 출동하여 학대받은 노인을 노인학대행위자로부터 분리하거나 치료가 필요하다고 인정할 때에는 노인보호전문기관 또는 의료기관에 인도해야 한다. 누구든지 정당한 사유 없이 노인학대 현장에 출동한 자의 현장조사를 거부하거나 그 업무를 방해해선 안 된다(위반 때는 징역 5년 이하나 5천만원 이하 벌금형). 국가와 지방자치단체는 노인보호전문기관의 장이 학대받은 노인의 보호, 치료 등의 업무 수행에 피해노인과 그 보호자 또는 노인학대행위자에 대한 신분조회 등 필요한 조치의 협조를 요청할 경우 정당한 사유가 없으면 적극 협조해야 한다.

(4) 보조인의 선임 등(제39조의8)

학대받은 노인의 법정대리인, 직계 친족, 형제자매, 노인보호전문기관의 상담원 또는 변호사는 노인학대사건의 심리에서 보조인이 될 수 있다. 다만 변호사가 아닌 경우에는 법원의 허가를 받아야 한다. 신문 또는 수사기관의 조사 때 본인·검사 또는 노인보호전문기관의 신청이 있으면 본인과 신뢰 관계에 있는 자의 동석을 허가할 수 있다.

(5) 금지행위(제39조의9)

누구든지 노인(65세 이상의 사람)에게 해서는 안 되는 행위로 〈표 7-13〉과 같이 6가지가 있다.

표 7-13 노인에게 해선 안 되는 금지행위와 처벌

<table>
<tr><th>금지행위</th><th>벌칙</th></tr>
<tr><td>노인의 신체에 폭행을 가하거나 상해를 입히는 행위</td><td>상해 : 7년-7천만원
폭행 : 5년-5천만원</td></tr>
<tr><td>노인에게 성적 수치심을 주는 성폭행·성희롱 등의 행위</td><td rowspan="4">5년 이하의 징역 또는 5천만원 이하의 벌금</td></tr>
<tr><td>자신의 보호·감독을 받는 노인을 유기하거나 의식주를 포함한 기본적 보호 및 치료를 소홀히 하는 방임행위</td></tr>
<tr><td>노인에게 구걸하게 하거나 노인을 이용한 구걸행위</td></tr>
<tr><td>폭언, 협박, 위협 등으로 노인의 전신건강에 해를 끼치는 정서적 학대행위</td></tr>
<tr><td>노인을 위하여 증여 또는 급여된 금품을 그 목적 외의 용도에 사용하는 행위</td><td>3년-3천만원</td></tr>
</table>

노인보호전문기관의 장은 노인학대행위자에 대한 상담·교육·심리적 치료 등 필요한 지원을 받을 것을 권고할 수 있다. 노인학대행위자는 이에 협조하여 성실히 임해야 한다(제39조의16).

법원은 노인학대 관련 범죄로 형 또는 치료감호를 선고하는 경우 판결로 그 형 또는 치료감호의 전부 또는 일부의 집행을 종료하거나 집행이 유예·면제된 날부터 일정 기간 노인 관련시설이나 기관의 운영이나 취업 또는 노무 제공을 할 수 없도록 판결과 동시에 선고해야 한다. 재범 위험성이 현저히 낮다거나 취업 제한을 하면 안 될 특별 사정이 있다고 판단하면 그러지 않는다(제39조의17). 보건복지부 장관, 시·도지사 또는 시장·군수·구청장은 노인에게 해선 안 되는 금지행위로 처벌을 받은 법인 등이 운영하는 시설에 대하여 위반행위의 동기와 정도 등을 고려하여 그 위반행위, 처벌내용, 해당 법인 또는 시설의 명칭, 대표자 성명, 시설장 이름 및 그 밖에 다른 시설과 구별에 필요한 사항으로 대통령령으로 정하는 사항을 공표할 수 있다(제39조의18).

(6) 실종노인에 관한 신고의 의무(제39조의10)

누구든지 정당한 사유 없이 사고 등으로 보호자에게서 이탈된 노인("실종노인")을 경찰관서 또는 지방자치단체의 장에게 신고하지 않고 보호해서는 안 된다.[12)] 아울러 노인복지시설(제31조)과 그에 준하는 시설의 장 또는 그 종사자는 그 직무를 수행하면서 실종노인임을 알게 된 때에는 보건복지부령으로 정하는 신상카드를 즉각 작성하여 지방자치단체의 장과 실종노인의 데이터베이스를 구축·운영하는 기관(제39조의10 제3항 제2호)의 장에게 제출해야 한다.

보건복지부 장관은 실종노인 발생 예방, 조속한 발견과 복귀를 위해 첫째, 실종노인과 관련된 조사 및 연구, 둘째, 실종노인의 데이터베이스 구축·운영, 셋째, 그 밖에 실종노인의 보호 및 지원에 필요한 사항 등의 업무를 수행해야 한다. 다만 노인복지 관련법인이나 단체에 그 업무의 전부 또는 일부를 위탁할 수 있다.

경찰청장은 실종노인의 조속한 발견과 복귀를 위해 실종노인에 대한 신고체계의 구축 및 운영을 해야 하고 그 밖에 실종노인의 발견과 복귀를 위하여 필요한 사항 등의 업무를 수행해야 한다.

(7) 조사 등(제39조의11)

보건복지부 장관, 시·도지사 또는 시장·군수·구청장은 필요하다고 인정되면 관계공무원이나 노인복지상담원으로 하여금 노인복지시설과 노인의 주소·거소, 노인의 고용 장소 또는 제39조의9의 금지행위를 위반할 우려가 있는 장소에 출입하여 노인 또는 관계인에 대하여 필요한 조사를 하거나 질문을 하게 할 수 있다.

경찰청장, 시·도지사 또는 시장·군수·구청장은 실종노인의 발견을 위해 필요하면 보호시설의 장 또는 그 종사자에게 필요한 보고나 자료 제출을 명하거나 소속 공무원으로 하여금 보호시설에 출입하여 관계인 또는 노인에 대하여 필요한 조사 또는 질문을 하게 할 수 있다.[13)] 사법경찰관리는 노인의 사망이나 상해, 가정

12) 이 행위는 '노인 학대'에 해당하며 위반하면 3년 이하 징역이나 3천만원 이하 벌금형에 해당한다.

13) 이런 업무에 대한 방해에는 3년 이하의 징역 또는 3천만원 이하의 벌금 처벌이 가능하다.

폭력 사건 등에 관한 직무를 할 때 노인학대가 의심스러운 사유가 있을 때에는 노인보호전문기관에 통보해야 하고, 통보를 받는 기관은 피해노인 보호조치 등 필요한 조치를 해야 한다(제39조의15).

(8) 학대피해노인 전용쉼터(제39조의19)

국가와 지방자치단체는 노인학대 피해를 입은 노인("학대피해노인")을 일정 기간 보호하고 심신 치유 프로그램을 제공하기 위해 학대피해노인 전용쉼터("쉼터")를 설치 운영할 수 있다. 그 업무는 보호와 숙식 제공 등의 쉼터생활 지원, 전문 심리상담 등 치유프로그램 제공, 신체적 · 정신적 치료를 위한 기본 의료비 지원, 학대재발 방지와 원가정 회복 위한 노인학대 행위자에 대한 전문상담 제공 서비스 등이다. 운영업무는 노인보호전문기관에 위탁할 수 있고, 그럴 때엔 소요비용을 지원할 수 있다.

(9) 노인학대 사후관리(제39조의20)

노인보호전문기관의 장은 노인학대 종료 후에도 가정방문, 시설방문, 전화상담 등을 통해 노인학대의 재발 여부를 확인해야 한다. 재발방지에 필요하다고 인정되면 피해노인과 보호자를 포함한 가족에게 상담, 교육, 의료적 · 심리적 치료 등의 지원을 해야 한다. 이를 위해 관계기관 · 법인 · 단체 · 시설에 협조를 요청할 수 있다.

3) 감독(제42조)

복지실시기관은 제31조의 규정에 의한 노인복지시설 또는 제39조의3 제1항에 따른 요양보호사교육기관을 설치 · 운영하는 자로 하여금 당해 시설 또는 사업에 관해 필요한 보고를 하게 하거나 관계공무원으로 하여금 당해 시설 또는 사업의 운영상황을 조사하게 하거나 장부 기타 관계서류를 검사하게 할 수 있다. 노인복지시설을 설치 · 운영하는 자는 보건복지부령이 정하는 바에 따라 매년도 입소자 또는 이용자 현황 등에 관한 자료를 복지실시기관에 제출해야 한다.

6. 이의신청과 명예지도원

1) 이의신청과 조정(제50조)

노인 또는 그 부양의무자는 이 법에 의한 복지조치에 이의가 있으면 해당 복지실시기관에 심사를 청구할 수 있다. 심사청구를 받으면 복지실시기관은 30일 이내에 심사 · 결정하여 청구인에게 통보해야 한다. 이 결정에도 이의가 있으면 통보를 받은 날부터 90일 이내에 행정심판을 제기할 수 있다.

부양 의무가 없는 자가 부양의무자에게 보호의 대가를 청구(제46조 제3항)했을 때 양자 사이에 보호비용에 대한 합의가 이루어지지 않아서 조정을 요청할 경우 시장 · 군수 · 구청장은 이를 조정할 수 있다. 조정을 위해 필요할 경우 부양의무자에게 소득 · 재산 등에 관한 자료의 제출을 요구할 수 있다.

2) 노인복지명예지도원(제51조)

복지실시기관은 양로시설, 노인공동생활가정, 노인복지주택, 노인요양시설 및 노인요양공동생활가정의 입소노인 보호를 위하여 노인복지명예지도원을 둘 수 있다. 노인복지명예지도원의 역할은 다음 두 가지다. ① 양로시설 · 노인공동생활가정 · 노인복지주택 · 노인요양시설, 노인요양공동생활가정 입소 노인의 의견수렴과 수렴된 의견의 복지실시기관에의 건의 ② 제1호에 따른 시설 운영에 관련된 위법 사항의 복지실시기관에의 신고(시행령 제25조).

3절 장애인복지법

1. 장애인복지법의 목적, 개념 정의, 연혁

1) 장애인복지법의 목적과 이념(제1조)

「장애인복지법」은 장애인의 인간다운 삶과 권리보장을 위한 국가와 지방자치단체 등의 책임을 명확하게 하고, 장애 발생의 예방과 장애인의 의료·교육·직업재활·생활환경 개선 등에 관한 사업을 정하여 장애인복지 대책을 종합적으로 추진하며, 장애인의 자립생활·보호·수당지급 등에 필요한 사항을 정하여 장애인의 생활안정에 이바지하는 등 장애인의 복지와 사회활동 참여증진을 통하여 사회통합에 이바지하는 것이 목적이다(제1조). 궁극의 목적은 장애인의 복지와 사회통합에 이바지하는 것인데, 사회통합은 장애인의 사회활동 참여증진을 통해 가능하다. 그래서 장애인의 완전한 사회 참여와 평등을 통한 사회통합의 실현이라는 기본이념(제3조)에서도 이 점이 강조된다. 장애인복지를 증진하는 방법은 3가지다.

① 장애인의 인간다운 삶과 권리보장을 위한 국가와 지자체의 책임 명시
② 장애인복지 대책의 종합적 추진(장애 발생예방, 의료, 교육, 직업 재활, 생활환경 개선 사업)
③ 장애인의 생활안정에 기여(자립 생활, 보호, 수당 지급)

2) 주요 개념의 정의(제3조)

「장애인복지법」에서 사용하는 주요 용어의 개념 정의는 〈표 7-14〉와 같다.

표 7-14 장애인복지 주요 개념 정의

용어	개념 정의(관련법규)
장애인	신체적·정신적 장애로 오랫동안 일상생활이나 사회생활에서 상당한 제약을 받는 사람
신체적 장애	주요 외부 신체기능의 장애, 내부기관의 장애 등
정신적 장애	발달장애 또는 정신질환으로 발생하는 장애
「장애인복지법」(시행령 제2조 별표1)에 따른 장애인 분류[14]	① 지체장애인 ② 뇌병변장애인 ③ 시각장애인 ④ 청각장애인 ⑤ 언어장애인 ⑥ 지적장애인 ⑦ 자폐성장애인(발달장애인) ⑧ 정신장애인 ⑨ 신장장애인 ⑩ 심장장애인 ⑪ 호흡기장애인 ⑫ 간장애인 ⑬ 안면장애인 ⑭ 장루·요루장애인 ⑮ 뇌전증장애인(간질장애)
장애인 학대	장애인에 대한 신체적·정신적·정서적·언어적·성적 폭력이나 가혹행위, 경제적 착취, 유기 또는 방임 등

3) 장애인복지법의 연혁

1981년 「심신장애자복지법」으로 출발해 1989년에 「장애인복지법」으로 바뀌어 오늘에 이르기까지 「장애인복지법」에서의 가장 큰 변화라면 장애 범주의 확대다. 이를테면 2000년 1월 개정으로 뇌병변장애, 발달장애, 정신장애, 신장장애, 심장장애 등이 포함되었고, 다시 2003년 7월 개정으로 호흡기장애, 간장애, 안면장애, 장루·요루장애, 간질장애 등이 포함되었다. 그러나 아직도 인구대비 장애인의 비율은 2010년 기준으로 6%에 불과해서 근로 연령대 인구(20~64세) 14.3%가 장애인인 OECD 평균의 절반에도 이르지 않는다.[15] 한편 「장애인복지법」의 연혁과 주요 개정안은 다음 〈표 7-15〉와 같다.

14) 「정신건강증진 및 정신질환자 복지서비스 지원에 관한 법」과 「국가유공자 등 예우 및 지원에 관한 법률」 등 대통령령으로 정하는 다른 법률이 적용되는 장애인에 대해서는 대통령령으로 정하는 바에 따라 이 법의 적용을 제한할 수 있다(제15조).

15) 다른 국가의 경우 인구주택총조사 등의 서베이를 통한 결과인데, 우리나라는 등록장애 인구를 통해 파악한 결과 때문이라고 하지만, 그것만으로 저 큰 격차를 다 설명하진 못한다. 어쩌면 저런 서베이조차 하지 못해 제대로 비교할 자료마저 없다는 사실이 더 문제일지 모른다. 통계청 자료에 따르면 2018년 기준 장애인은 남성 1,496,298명, 여성 1,089,578명, 총 2,585,876명이다. (통계청, www.kostat.go.kr/2019.12.27.)

표 7-15 장애인복지법의 주요 연혁

제정/시행년도	주요 내용
1981/81 제정	• 「심신장애자복지법」 제정 – 산업화 · 도시화에 따른 환경변화로 심신장애자 수가 증가하고, 복지욕구 증가에 대처하여 심신장애 발생 예방과 심신장애자의 의료 · 직업재활 · 생활보호 등 복지시책의 효율적 추진으로 장애자의 재활 · 자립과 가족의 정상적 경제 · 사회활동을 돕고, 사회복지 증진을 위해 제정
1989 전부 개정	• 신장애자들이 자립 · 자활할 수 있게 필요한 법적 지원 개선 • 「심신장애자복지법」이라는 용어를 「장애인복지법」으로 개정 • 보건사회부에 '장애인복지위원회' 설치 • 장애인등록제 신설 • 장애인의 의료비와 자녀교육비를 국가 또는 지방자치단체가 지급 • 국가 또는 지방자치단체가 방송국에 청각장애자를 위한 수어 또는 자막 방영 • '한국장애인복지체육회' 설립
2003/05 일부 개정	• 「국민기초생활보장법」에 의한 생계급여의 수급자 확대 – 해당하는 장애인 모두를 장애수당의 의무지급대상자
2004 일부 개정	• 장애인복지조정위원회의 장애인복지종합정책 총괄 업무 효율화를 위해 장애인복지정책 관련 부처별 업무추진상황 점검해 성과를 평가하고 그 결과를 정책에 반영하는 업무를 수행하는 실무위원회 설치 • 지방자치단체 차원에서도 장애인복지 관련정책의 수립 · 조정 · 평가 등을 담당하는 지방장애인복지위원회 설치
2007 전부 개정	• 장애인의 권익신장, 중증장애인과 여성장애인을 포함한 장애인의 자립생활 실현을 위한 각종 제도 도입 • 장애인 관련 정책 결정 과정에 장애인의 우선적 참여권 규정, 장애 인정 책임관제 도입 • 여성장애인 임산부와 신생아의 건강관리를 위한 가정방문 산전 · 산후조리 도우미와 활동보조인 파견 등 활동보조서비스 지원 • 장애인의 정보 접근성 제고 – 방송 프로그램에 청각장애인을 위한 수어 또는 폐쇄 자막 외에 시각장애인을 위한 화면해설 또는 자막 해설 등의 방영을 방송국의 장 등 민간사업자에 요청, 국가 행사 등에 수어통역 외에 점자 자료 제공과 장애인의 특성 고려한 정보통신망과 정보통신기기의 접근 · 이용에 필요한 지원, 도구의 개발 · 보급 등 필요한 시책 강구 • 장애인에 대한 사회적 인식개선
2007/08 일부 개정	• 증세가 가벼운 정신질환자의 「헌법」상 직업선택의 자유 확장 – 의지 · 보조기(義肢 · 補助器) 기사 시험 응시 가능
2010 일부 개정	• 장애 정도 심사 기관 '국민연금공단'으로 명시
2011/12 일부 개정	• 장애인 생활 시설 포함 장애인복지시설의 개념과 기능 재정립 • 장애인 생활 시설에 대한 이용 절차와 서비스의 최저기준 규정 – 장애인 생활 시설의 거주 기능 분리, 장애인 거주 시설의 정원 30명 이하로 제한 • 장애인복지시설 선택에서 장애인의 선택권 최대 보장 • 장애인복지시설 이용자의 권익 보호조치 명시 • 장애인 거주 시설 이용자의 인권 보호와 침해에 즉각적 회복조치와 시설 이용자의 사생활과 자기 결정권 보장 • 장애인복지시설 이용비용의 전부 또는 일부를 국가나 지자체에서 부담, 시설 이용자의 자산과 소득 고려한 본인부담금 부과 • 민간 자격 제도로 운영되는 재활치료 서비스 전문인력에 대한 자격제도와 서비스 제공기관

제정/시행년도	주요 내용
	의 체계적 관리 위한 제도 보완 - 인력에 대한 자격제도(언어치료사 → 언어재활사)를 국가 자격제도로 변경
2012 일부 개정	• 재외동포와 외국인의 장애인 등록 허용 • 자녀교육비와 장애 수당 등의 지급 대상자 선정 때 신청인과 그 가구원의 금융재산 조사로 대상자 선정의 정확성과 형평성 도모, 잘못 지급된 금액 환수 규정 정비 • 아동·청소년 대상 성범죄에 제한적으로 인정되는 장애인복지시설 종사자 등의 신고의무를 장애인 대상 성범죄에 대한 일반적 신고의무로 확대, 종사자에 대한 성범죄 예방과 신고 교육의 의무화 • 보건복지부 장관 - 장애인의 권익과 복지증진을 위해 중앙행정기관의 장과 협의해 5년마다 장애인정책종합계획 수립 - 시행 • 장애인복지시설의 운영자와 종사자에게 직무상 알게 된 장애인 학대 사실의 신고의무화(위반시 과태료) • 피학대 장애인 보호와 구제의 효율화 – 피학대 장애인에 대한 응급조치 의무화 • 장애인 학대 사건 심리에 보조인 선임 절차 규정
2013 일부 개정	• 장애인생산품 인증제의 내실화 - 거짓 인증표시 금지 규정 및 벌칙 규정과 인증 취소 관련 규정 명시 • 장애인복지단체에 대한 국유·공유 재산 무상 대부 또는 사용·수익할 수 있는 법적 근거 명시
2015 일부 개정	• 장애인정책종합계획과 해당 연도의 사업계획, 전년도 사업계획 추진의 실적과 성과 평가 결과 국회 소관 상임위원회에 보고 • 국가와 지방자치단체는 등록 장애인에게 필요한 서비스가 적시에 제공되게 복지서비스에 관한 장애인 지원사업 • 장애인 학대 신고대상 기관에 장애인 권익 옹호 기관 추가, 장애인 학대 신고의무 대상자 범위 사회복지 전담공무원, 활동지원기관의 장과 의료인 등 직무상 연관성이 높은 종사자들까지 확대 • 장애인에 대한 금지행위 유형 추가, 금지행위 위반자에 대한 벌칙 규정 마련 • 국가와 지방자치단체 – 장애인 학대 예방과 방지 위해 각종 정책의 수립, 연구·교육·홍보, 신고체계의 구축·운영 • 국가는 지역 간의 연계체계 구축, 장애인 학대 예방 위한 중앙장애인권이익옹호기관 설치·운영 • 학대받은 장애인의 발견·보호·치료 등의 신속 처리 위해 특별시·광역시·특별자치시·도·특별자치도에 지역 장애인 권익 옹호 기관을 둠
2015/16 일부 개정	• 장애인 인식개선 교육의 대상에 대학과 평생교육 포함 • 장애 정도 정밀심사 의뢰 공공기관 - 장애인 본인의 동의하에 해당 의료기관에 필요한 진료기록 등의 열람과 사본 교부 요청하고 그에 응하도록 함 • 지자체의 장에게 장애인 등록 과정에서 등급 변동이나 상실 등에 따른 지원 변화 정보와 재활과 자립에 필요한 정보 제공 • 국가와 지자체에게 장애인복지단체와 장애인자립생활지원센터 운영비 지원 근거 마련 • 장애인 대상 성범죄 신고의무자 확대 • 장애인재활상담사 자격제도 마련
2016 일부 개정	• 장애인에게 지급되는 금전이 입금되는 수급자 명의의 지정된 계좌로 금전을 입금하도록 하고, 해당 수급계좌의 예금에 관한 채권 압류할 수 없도록 규정하여 압류 방지의 실효성을 확보하고 장애인의 생계 보호 강화

제정/시행년도	주요 내용
2017 일부 개정	• 국가와 지자체가 장애인 가족의 삶의 질 향상과 안정적인 가정생활 영위 위해 장애인 가족 지원사업 효율적 추진을 위해 관련 사업 수행 기관과 단체 등을 지정 • 장애인 등록 취소(사망, 또는 등록 기준에 맞지 않게 됐을 때) • 국가와 지자체 장애 수당의 정도를 심사할 수 있게 하고 거부나 방해 혹은 기피하면 지급하지 않을 수 있는 근거마련 • 금지행위에 장애인에 대한 폭행, 협박, 감금, 정신상 또는 신체상의 자유 구속 수단으로 의사에 어긋나는 노동 강요 행위 추가와 위반에 대한 처벌 규정(7년-7천만원 이하) • 징역 1년당 벌금 1천만원으로 조정 • 지자체장에게 피해 장애인 임시보호와 사회복귀 지원 위한 장애인쉼터의 설치와 운영 규정 • 장애인 이동 제약과 편의시설 부족, 경제 사정 등으로 관광 활동에 제약 - 국가와 지자체는 장애인 관광활동 관련시설, 설비, 환경 등의 정비
2017(19) 일부 개정	• 장애등급제 개편 반영 – '장애 등급'을 '장애 정도'로 변경하고 맞춤형 서비스 제공 위해 서비스 지원 종합조사 실시 근거 마련 • 국가와 지자체 국가 행사 자료에 점자와 인쇄물 접근성 바코드 모두 삽입 • 장애인 등록 가능한 외국인에 난민 인정자 추가 • 자립생활 지원하는 국가와 지자체 책무 대상을 중증장애인에서 장애인으로 확대 • 복지사각지대 해소 위해 방문상담과 사례관리 근거 • 장애인생산품 인증제도 폐지 • 장애인 학대와 장애인 대상 성범죄 신고인 보호조치와 불이익조치 금지 규정 • 장애인 권익옹호기관의 원활한 업무수행 위해 조사, 질문권, 협조 요청, 보조인 선임 대상 확대 규정과 업무수행에 대한 거부와 방해 금지 규정 • 「정신보건법」의 「정신건강증진 및 정신질환자 복지서비스 지원에 관한 법률」로 제명 개정 – 조문 정비 • 비밀 누설 금지 의무를 장애인복지상담원뿐만 아니라 지방공무원, 보건복지부 소속 공무원, 서비스 지원 종합조사, 장애인 권익옹호기관 운영 등 업무 수탁기관 종사자 등으로 확대
2018 일부 개정	• 한국장애인개발원(2007년 기타 공공기관 지정) 장애인복지 관련 사업 수행 중이지만 법적 근거 미약하던 것을 설립근거와 사업 범위 규정
2019 일부 개정	• 「장애인활동 지원에 관한 법률」 개정 – '활동보조인'을 '활동지원사' • 성범죄자 10년 기간 장애인복지시설 운영, 취업, 노무 제공 금지 위헌에 따라 – 판결에서 취업 제한 명령 • 취업 제한 명령 위반 – 시설 폐쇄 요구와 해임 요구 및 거부하면 3개월 이내 직접 폐쇄 근거 • 성범죄자 확인 · 점검 대상에 장애인복지시설 운영자 포함, 점검 주기 연 1회 이상 규정 – 보건복지부 장관 결과 제출 요구 근거
2019/20 일부 개정	• 장애인에 대한 인식개선 교육 사후관리 강화와 체계화와 질적 수준 향상 위해 인식개선 교육기관 지정, 위탁제도 도입 • 국가와 지자체는 점자정보, 무지점자단말기 등 의사소통 보조기구 개발 보급하고 시청각장애인 의사소통 지원 전문인력 양성 · 파견 • 장애인 학대 의심 때 피해장애인에 대한 보호조치 강화 • 장애인재활상담사 3급 폐지 – 1급과 2급의 응시자격 개편 • 한국장애인재활상담사협회 설립 근거 마련

2. 장애인의 권리, 국가와 국민의 책임

1) 장애인의 권리와 국가 · 사회의 의무

「장애인복지법」에는 장애인의 권리(제4조)와 장애인과 보호자의 의견 수렴(제5조)이 명시되어 있다. 장애인은 인간으로서 존엄과 가치를 존중받고, 그에 걸맞은 대우를 받는다. 국가 · 사회의 구성원으로서 정치 · 경제 · 사회 · 문화와 그 밖의 모든 분야의 활동에 참여할 권리가 있다. 장애인 관련 정책 결정 과정에 우선 참여할 권리가 있다(제4조). 이는 장애인이 아동이나 노인보다도 인간 존엄성이나 참여에서 차별을 받는 현실을 반영한 규정이라 할 수 있다. 특히 국가와 지방자치단체는 장애인 정책을 결정하고 실행하면서 장애인과 그 부모, 배우자 등 장애인 보호자의 의견을 수렴해야 한다. 당사자의 의견 수렴을 위한 참여를 보장해야 한다(제5조)고 보다 구체적인 사항까지 담아내고 있다.

누구든지 장애 때문에 정치 · 경제 · 사회 · 문화생활의 모든 영역에서 차별을 받지 않는다고 선언하면서, 금지의 의무를 국민 개개인에게 부여하고 있다. 또 누구든지 장애인을 비하 · 모욕하거나 장애인을 이용하여 부당한 영리 행위를 하여서는 안 된다는 금지의 의무와 함께 장애인의 장애를 이해하기 위해 노력할 의무를 부여한다(제8조). 더 나아가 장애 발생의 예방과 장애의 조기 발견을 위해 노력할 의무와 장애인의 인격을 존중하고 사회통합의 이념에 기초하여 장애인의 복지 향상에 협력할 의무를 국가와 지방자치단체 및 국민 모두의 의무로 규정하고 있다(제10조). 그러기 위해 장애인 복지정책을 장애인과 그 보호자에게 적극적으로 홍보하는 한편, 장애인에 대한 국민 모두의 이해와 관심을 키우기 위한 정책도 국가와 지방자치단체의 의무로 두고 있다(제9조). 매년 4월 20일을 장애인의 날로 하며, 장애인의 날부터 1주간을 장애인 주간으로 하고, 장애인의 날 취지에 맞는 행사 등 사업을 하도록 노력하는 것 역시 국가와 지방자치단체의 의무에 속한다(제14조).

이처럼 포괄적인 장애인 인권에 가려질까 우려해서인지 중증장애인과 여성장애인을 특정하면서 보호와 권리를 먼저 규정하고 있다. 장애 정도가 심하여 자립하기가 매우 곤란한 장애인("중증장애인")이 필요한 보호 등을 평생 받을 수 있도록 알맞은 정책을 강구하는 게 국가와 지방자치단체의 책무다(제6조). 아울러 여성장애인의 권익을 보호하고 사회참여를 확대하기 위하여 기초학습과 직업교육 등 필요한 시책을 찾는 것도 마찬가지로 국가와 지방자치단체의 의무다(제7조).

2) 장애인정책종합계획

장애인의 복지를 담당하는 중앙기관으로 보건복지부를 중심으로 장애인정책조정위원회의, 장애인정책조정실무위원회와 정책 실무를 조정하고 담당하는 장애인정책책임관이 있다. 지방에는 지방장애인복지위원회가 있다.[16)]

보건복지부 장관은 장애인의 권익과 복지증진을 위해 관계 중앙행정기관의 장과 협의하여 5년마다 장애인정책종합계획(이하 "종합계획")을 수립 · 시행해야 한다. 여기에는 장애인의 복지, 교육문화, 경제활동, 사회참여 등의 사항들을 포함해야 한다(제10조의2).

관계 중앙행정기관의 장은 장애인의 권익과 복지증진을 위하여 관련 업무에 대한 사업계획을 매년 수립 · 시행하고, 그 사업계획과 전년도의 사업계획 추진실적을 보건복지부 장관에게 제출해야 한다. 보건복지부 장관은 이를 평가하고 종합해 종합계획을 수립하거나 변경하는데, 장애인정책조정위원회의(제11조)의 심의를 미리 거쳐야 한다. 보건복지부 장관은 또 종합계획을 수립하거나 해당 연도의 사업계획, 전년도 사업계획의 추진실적, 추진성과의 평가를 확정하면 곧바로 국회 소관 상임위원회에 보고해야 한다(제10조의3).

---

16) 세 가지 위원회의 위원 구성에서 주목할 점은 위촉위원의 절반 이상을 장애인으로 한다는 점이다(시행령 제3조).

3. 기본정책

1) 장애발생 예방과 발생 후의 치료와 안전대책

(1) 장애발생 예방과 재활치료

국가와 지방자치단체는 장애의 발생 원인과 예방에 관한 조사 연구를 촉진해야 한다. 임신 중, 그리고 유아 시절 장애 발생을 막기 위해 모자보건사업의 강화와 장애 원인이 되는 질병의 조기 발견과 조기 치료, 그 밖에 필요한 정책을 모색해야 한다. 환경 요인으로 교통사고 · 산업재해 · 약물중독, 환경오염 등에 의한 장애의 발생 예방을 위해 필요한 조치도 찾아내야 한다(제17조).

장애가 발생하면 장애인이 생활기능을 익히거나 되찾을 수 있도록 필요한 기능치료와 심리치료 등 재활의료를 제공하고 장애인의 장애를 보완할 수 있는 장애인 보조기구를 제공하는 등 필요한 정책을 세워 실행해야 한다(제18조).

(2) 안전대책 강구(제24조)

국가와 지방자치단체는 추락사고 등 장애 때문에 일어날 수 있는 안전사고와 비상재해 등에 대비하여 시각 · 청각장애인과 이동이 불편한 장애인을 위하여 피난용 통로를 확보하고, 점자 · 음성 · 문자 안내판을 설치하며, 긴급 통보체계를 마련하는 등 장애인의 특성을 배려한 안전대책 등 필요한 조치를 강구해야 한다.

2) 장애인의 사회적응과 참여 등을 위한 조치

(1) 사회적응 훈련과 교육

국가와 지방자치단체는 장애인이 재활치료를 마치고 원활한 일상생활과 사회생활을 위해 사회적응 훈련과 교육을 해야 한다(제19조).

일반 교육에서도 사회통합의 이념에 따라 장애인이 연령 · 능력 · 장애의 종류와 정도에 따라 충분히 교육받을 수 있도록 교육 내용과 방법을 개선하는 등 필요한 정책을 마련해야 한다. 이를 위해 장애인의 교육에 관한 조사 · 연구를 촉진하는 한편, 전문 진로 교육 제도를 마련해야 한다. 각급 학교의 장은 교육이 필요한 장애인이 입학하려고 할 때 장애를 이유로 입학 지원을 거부하거나 입학시험 합격자의 입학을 거부하는 등의 불리한 조치를 해서는 안 된다. 나아가 모든 교육기관은 교육 대상인 장애인의 입학과 공부, 수업에 편리하도록 장애의 종류와 정도에 맞추어 시설을 정비하거나 그 밖의 필요한 조치를 취해야 한다(제20조).

(2) 직업과 사회인식 개선

국가와 지방자치단체는 장애인이 적성과 능력에 맞는 직업에 종사할 수 있도록 직업 지도, 직업능력 평가, 직업 적응훈련, 직업훈련, 취업 알선, 고용과 취업 후 지도 등 필요한 정책을 마련해야 한다. 이를 위해 장애인에게 적합한 직종과 재활사업에 관한 조사·연구를 지원해야 한다(제21조).

학생, 공무원, 근로자와 그 밖의 일반 국민을 대상으로 장애인에 대한 인식개선 교육과 공익광고 등 홍보사업을 해야 한다. 국가기관과 지방자치단체의 장, 「영유아보육법」에 따른 어린이집, 「유아교육법」·「초·중등교육법」·「고등교육법」에 따른 각급 학교의 장, 그 밖에 대통령령으로 정하는 교육기관과 공공단체의 장은 매년 소속 직원·학생을 대상으로 장애인에 대한 인식개선을 위해 교육하고, 그 결과를 보건복지부 장관에게 제출해야 한다(제25조). 보건복지부 장관은 인식개선과 교육실시 결과에 대한 점검을 대통령령으로 정하는 바에 따라 매년 실시하여야 한다.

(3) 정보 접근성 강화와 선거권 행사를 위한 편의 제공

국가와 지방자치단체는 시각장애인이 정보에 대한 접근성을 강화하도록 점자도서와 음성도서 등의 보급을 위해 노력하고, 장애인의 특성을 고려하여 정보통신망과 정보통신기기의 접근·이용에 필요한 지원과 도구의 개발·보급 등 필요한 시책을 마련해야 한다. 또 장애인이 정보에 원활하게 접근하고 자신의 의사를 표시할 수 있도록 전기통신·방송시설 등의 개선에 노력해야 한다. 이를 위해 방송국의 장 등 민간 사업자에게 뉴스와 국가적 주요 사항의 중계 등 대통령령으로 정하는 방송 프로그램에 청각장애인을 위한 한국 수어 또는 폐쇄자막과 시각장애인을 위한 화면해설 또는 자막해설 등을 방영하도록 요청해야 한다. 특히 국가 행사와 교육·집회 등 대통령령으로 정하는 행사에서 청각장애인을 위한 수어통역과 시각장애인을 위한 점자 또는 점자 · 음성변환용 코드가 삽입된 자료 등을 제공해야 한다. 민간이 주최하는 행사에서도 수어통역과 점자 또는 점자 · 음성변환용 코드가 삽입된 자료 등을 제공하도록 요청할 수 있고, 요청을 받은 방송국의 장 등 민간 사업자와 민간 행사 주최자는 정당한 사유가 없으면 그 요청에 따라야 한다(제22조).

청각장애인을 위한 한국수어 환경제공에 대한 부분은 2016년 제정된 '한국수화언어법'에 대한 변화이다.

장애인이 선거권을 행사하는 데에 불편함이 없도록 편의시설 · 설비를 설치하고, 선거권 행사에 관하여 홍보하며, 선거용 보조기구를 개발 · 보급하는 등 필요한 조치를 다 해야 한다(제26조).

3) 장애인의 생활 편의와 경제 부담 완화 등을 위한 복지조치

(1) 편의시설과 주택보급

국가와 지방자치단체는 장애인이 공공시설과 교통수단 등을 안전하고 편리하게 이용할 수 있도록 편의시설의 설치와 운영에 필요한 정책을 마련해야 한다. 아울러 공공시설 등 이용 편의를 위하여 한국 수어통역 · 안내 보조 등 인적 서비스 제공을 위한 시책을 펼쳐야 한다(제23조).

공공주택을 비롯해 주택 건설에 장애인에게 장애 정도를 고려하여 우선 분양 또는 임대할 수 있도록 노력해야 한다. 아울러 주택의 구입 · 임차자금이나 개 · 보수 비용의 지원 등 장애인의 일상생활에 적합한 주택의 보급 · 개선에 필요한 시책을 마련해야 한다(제27조).

(2) 문화환경 정비와 복지연구의 진흥

국가와 지방자치단체는 장애인의 문화생활과 체육활동 및 관광활동을 늘리기 위하여 관련시설과 설비, 그 밖의 환경을 정비하고 문화생활과 체육활동 및 관광활동 등을 지원하도록 노력해야 한다(제28조).

국가와 지방자치단체는 장애인복지의 종합적이고 체계적인 조사 · 연구 · 평가와 장애인 체육활동 등 장애인 정책개발 등을 위하여 필요한 정책을 세우고 실행에 옮겨야 한다. 이와 관련하여 장애인 관련 조사·연구 수행과 정책개발·복지진흥 등을 위해 재단법인 한국장애인개발원을 설립하고, 그 운영에 필요한 비용을 보조할 수 있다. 아울러 조세감면과 개발원 기부 재산에 대한 소득계산의 특례를 적용한다(제29조2, 제30조).

(3) 경제적 부담의 경감(제30조)

국가와 지방자치단체는 「공공기관의 운영에 관한 법률」 제4조에 따른 공공기관, 「지방공기업법」에 따른 지방공사 또는 지방공단은 장애인과 장애인을 부양하는 자의 경제적 부담을 줄이고 장애인의 자립을 촉진하기 위하여 세제상의 조치, 공공시설 이용료 감면, 그 밖에 필요한 정책을 펴야 한다. 아울러 위의 기관들이 운영하는 운송사업자는 장애인과 장애인을 부양하는 자의 경제적 부담을 줄이고 장애인의 자립을 돕기 위해 장애인과 장애인을 보호하기 위해 동행하는 사람의 운임 등을 감면하도록 해야 한다.

장애인 가족의 삶의 질 향상과 안정적인 가정생활을 위해 인식개선사업, 장애인 가족의 돌봄·휴식·사례관리·역량강화·상담 등을 지원해야 한다. 그 사업의 효율적 추진을 위해 기관이나 단체("수행기관")를 지정할 수 있다(제30조의2).

4. 복지 조치

1) 실태조사와 장애인 등록

(1) 실태조사(제31조)

보건복지부 장관은 장애인복지정책의 수립에 필요한 기초 자료로 활용하기 위하여 3년마다 장애 실태를 조사해야 한다.

(2) 장애인 등록(제32조)

장애인, 그 법정대리인 또는 대통령령이 정하는 보호자는 장애 상태와 그 밖에 보건복지부령이 정하는 사항을 지자체 장에게 등록해야 한다. 등록을 신청한 장애인이 기준(제2조)에 맞으면 장애인등록증을 내주어야 한다. 등록증은 양도하거나 대여하지 못하며, 등록증과 비슷한 명칭이나 표시를 사용해선 안 된다.

장애진단명령 등 필요한 조치를 거부하거나 장애인 기준에 맞지 않게 되었을 때나 사망했을 때, 보건복지부령으로 정한 기간에 장애진단명령(제32조 제3항) 등 필요한 조치를 따르지 않으면 등록을 취소하고 등록증을 반환하게 할 수 있다(제32조의3). 이러한 변화에 대한 정보와 자립에 필요한 각종 정보를 제공해야 한다(제32조의8).

(3) 재외동포와 외국인의 장애인 등록(제32조의2)

재외동포와 외국인 중 장애인 등록(제32조)을 할 수 있는 경우는 다음 4가지다.

① 국내거소신고를 한 사람(「재외동포의 출입국과 법적 지위에 관한 법률」 제6조 - 이 경우 예산 등을 고려하여 지원 제한)
② 「주민등록법」 제6조에 따라 재외국민으로 주민등록을 한 사람
③ 「출입국관리법」 제31조에 따라 외국인등록을 한 사람으로서 같은 법 제10조 제1항에 따른 체류자격 중 대한민국에 영주 체류자격이 있는 사람
④ 「재한외국인 처우 기본법」 제2조 제3호에 따른 결혼이민자
⑤ 「난민법」 제2조 제2호에 따른 난민인정자

(4) 서비스 지원 종합조사와 장애인 지원사업

장애등급이 장애 정도로 변경되면서 맞춤형 서비스 제공을 위하여 서비스 지원 종합조사를 실시할 수 있는 법적 근거로 다음과 같은 사항들이 있다.

① 「장애인 활동지원에 관한 법률」 제6조에 따른 활동지원급여 신청
② 「장애인 · 노인 등을 위한 보조기기 지원 및 활용촉진에 관한 법률」 제8조에 따른 장애인 보조기기 교부 신청
③ 제60조의2에 따른 장애인거주시설 이용 신청
④ 그 밖에 대통령령으로 정하는 서비스의 신청

지자체의 장은 위의 서비스 신청에 대하여 서비스의 수급 자격, 양과 내용 등의 결정에 필요한 서비스 지원 종합조사를 할 수 있다. 이를 위해 조사할 사항은 다음 6가지이며(제5호의 사항은 수급자격 결정 및 본인부담금 산정 등을 위하여 필요한 경우에만 조사), 조사결과서를 작성하여야 한다.

① 신청인의 서비스 이용현황과 욕구
② 신청인의 일상생활 수행 능력과 인지·행동 등 장애특성
③ 신청인의 가구특성, 거주환경, 사회활동 등 사회적 환경
④ 신청인에게 필요한 서비스의 종류 및 내용
⑤ 신청인과 그 부양의무자의 소득과 재산 등 생활수준에 관한 사항
⑥ 그 밖에 신청인에게 서비스를 지원하기 위해 필요한 사항으로 보건복지부령으로 정하는 사항

이 조사에 필요한 자료 확보가 어려우면 신청인, 그 부양의무자 또는 그 밖의 관계인에게 소득·재산, 건강 상태, 장애 정도 등의 확인에 필요한 자료의 제출을 요구할 수 있다. 자료 제출 요구를 두 번 이상 거부·방해 또는 기피하면 신청을 각하할 수 있다. 또 국세·지방세, 토지·주택·건축물·자동차·선박·항공기, 국민건강보험·국민연금·고용보험·산업재해보상보험·보훈급여·군인연금·사립학교교직원연금·공무원연금·별정우체국연금·기초연금·장애인연금, 출국 또는 입국, 교정시설·치료감호시설의 입소 또는 출소, 병무, 매장·화장·장례, 주민등록·가족관계등록 등에 관한 자료의 제공을 관계기관의 장에게 요청할 수 있다. 이 경우 자료 제공을 요청받은 관계기관의 장은 정당한 사유가 없으면 요청에 따라야 한다(제32조의4). 이 업무는 공공기관에 위탁하고 비용 전부나 일부를 지원할 수 있다(제32조의5).

국가와 지방자치단체는 등록한 장애인에게 필요한 복지서비스가 적시에 제공될 수 있도록 다음 7가지 장애인 지원사업을 실시한다.

① 복지서비스에 관한 상담과 정보의 제공
② 장애인 학대 등 안전문제 또는 생계곤란 등 위기상황에 있을 가능성 높은 장애인에 대한 방문 상담

③ 복지서비스 신청의 대행
④ 장애인별 필요한 욕구의 조사와 복지서비스 제공 계획의 수립 지원
⑤ 장애인과 복지서비스 제공 기관·법인·단체·시설과의 연계
⑥ 복지서비스 등 복지자원의 발굴과 데이터베이스 구축
⑦ 그 밖에 복지서비스의 제공에 필요한 사업

이러한 지원사업을 위해 관계기관의 협력을 요청할 수 있고, 국가와 지자체에서는 예산의 범위에서 그 비용을 지원할 수 있다. 지원사업을 공공기관에 위탁하고 필요한 비용의 전부 또는 일부를 지원할 수 있다(제32조의6).

복지서비스가 필요한 장애인의 발굴과 공공과 민간의 복지서비스를 연계·제공하기 위하여 민관협력을 통한 사례관리를 할 수 있다. 이를 위해 민관협의체를 둘 수 있다(제32조의7).

(5) 장애인복지상담과 재활상담(제33조, 제34조)

장애인복지의 향상을 위한 상담과 지원 업무를 맡기기 위하여 시·군·구(자치구)에 장애인복지상담원을 두어야 한다. 상담원은 다음 4가지 중 하나의 자격을 갖춘 사람으로 지방공무원 자격으로 임용된다(시행령 제21조). 다만 부득이한 경우 소속 공무원 중 「사회복지사업법」 시행령 제7조에 따라 임용한 사회복지전담공무원에게 상담원의 직무를 수행하게 할 수 있다. 장애인복지상담원은 그 업무를 할 때 개인의 인격을 존중해야 한다.

① 사회복지사자격증(「사회복지사업법」 제11조)이 있는 사람
② 특수학교의 교사자격증(「초·중등교육법」 제21조)이 있는 사람
③ 장애인 복지 관련 직무 분야에서 근무한 경력이 3년 이상인 자로 해당 지방자치단체의 규칙으로 경력기준에 상응하는 사람
④ 임용예정 직급과 같은 직급에서 공무원으로 2년 이상 근무한 사람

장애인복지실시기관은 장애인에 대한 검진과 재활상담을 하고, 필요하다고 인정되면 다음 각 4가지 조치를 하여야 한다. 재활상담이 필요하면 장애인복지상담원을 해당 장애인의 가정 또는 장애인이 주거편의·상담·치료·훈련 등의 서비스를

받는 시설이나 의료기관을 방문하여 상담하게 하거나 필요한 지도를 하게 할 수 있다(제34조).

① 국 · 공립병원, 보건소, 보건지소, 그 밖의 의료기관에 의뢰해 의료와 보건지도를 받게 하기
② 국가 또는 지방자치단체가 설치한 장애인복지시설에서 주거 편의 · 상담 · 치료 · 훈련 등의 필요한 서비스를 받게 하기
③ 제59조에 따라 설치된 장애인복지시설에 위탁하여 그 시설에서 주거 편의 · 상담 · 치료 · 훈련 등의 필요한 서비스를 받게 하기
④ 공공직업능력개발훈련시설이나 사업장 내 직업훈련시설에서 하는 직업훈련 또는 취업 알선이 필요한 사람을 관련시설이나 직업안정업무기관에 소개하기

2) 장애인의 재활, 자립, 생활지원

(1) 재활과 자립지원 서비스

국가와 지방자치단체는 장애인의 일상생활을 편리하게 하고 사회활동 참여를 높이기 위하여 장애 유형 · 장애 정도별로 재활과 자립을 지원하는 서비스를 제공하는 등 필요한 정책을 써야 하고, 예산의 범위 안에서 지원할 수 있다. 시청각장애인 대상 직업재활 · 의사소통 · 보행 · 이동 훈련, 심리상담, 문화 · 여가 활동 참여와 가족 · 자조모임 등의 지원을 위해 전담기관을 설치 · 운영 등의 정책을 마련해야 한다(제35조).

(2) 산후조리도우미 지원 등(제37조)

국가 및 지방자치단체는 임산부인 여성장애인과 신생아의 건강관리를 위하여 경제적 부담능력 등을 고려해 여성장애인의 가정을 방문하여 산전 · 산후조리를 돕는 도우미("산후조리도우미")를 지원할 수 있다. 지원 대상은 여성장애인 임산부의 장애 정도와 배우자 유무, 자녀 수 등 가구 구성 그리고 소득 · 재산 상태 등을 고려하여 선정한다(시행령 제23조). 지원사업에 대하여 보건복지부령이 정하는 바에 따라 정기적으로 모니터링(산후조리도우미 지원사업의 실효성 등을 확보하기 위한 정기적인 점검 활동)을 실시해야 한다.

(3) 자녀교육비와 활동지원급여 지급

장애인복지실시기관은 경제적 부담능력 등을 고려하여 장애인이 부양하는 자녀나 장애인인 자녀의 교육비를 지급할 수 있다(제38조). 그 대상은 역시 소득과 재산을 고려하고 매년 예산의 범위 안에서 보건복지부 장관이 정하되, 다른 법령에 따라 교육비를 받으면 그만큼 감액하여 지급한다(시행규칙 제23조). 자녀교육비 신청을 위해서는 금융정보, 신용정보, 보험정보 등의 제공동의서를 서면으로 제출해야 한다(제50조의2).

국가와 지방자치단체는 중증장애인이 일상생활이나 사회생활을 원활히 할 수 있게 활동지원급여를 지원할 수 있다. 아울러 임신 등으로 이동이 불편한 여성장애인에게 임신과 출산관련 진료 등을 위해 경제적 부담 능력 등을 고려해 활동지원사의 파견 등 활동보조서비스를 지원할 수 있다(제55조).

(4) 장애인이 사용하는 자동차 등에 대한 지원 등(제39조)

국가와 지방자치단체, 그 밖의 공공단체는 장애인이 이동 수단인 자동차 등을 편리하게 사용할 수 있도록 하고 경제적 부담을 줄여 주기 위해 조세감면 등 필요한 지원정책을 써야 한다. 지자체의 장은 장애인이 이용하는 자동차 등의 지원 편의를 위해 장애인이 사용하는 자동차 등임을 알아볼 수 있는 표지("장애인사용자동차등표지")를 발급해야 한다. 이 표지를 대여하거나 보건복지부령이 정하는 자 외의 자에 대한 양도나 비슷한 표지 · 명칭 등의 사용은 금지한다.

(5) 장애인 보조견의 훈련 · 보급 지원(제40조)

국가와 지방자치단체는 장애인의 복지향상을 위해 장애인을 보조할 장애인 보조견(補助犬)의 훈련 · 보급을 지원하는 방안을 마련해야 한다. 보건복지부 장관은 장애인 보조견에 대해 장애인 보조견 표지("보조견 표지")를 발급할 수 있다. 보조견 표지가 붙은 장애인 보조견을 동반한 장애인이 대중교통수단을 이용하거나 공공장소, 숙박시설, 식품접객업소 등에 출입하는 것을 정당한 사유 없이 거부하면 안 된다(장애인 보조견 훈련자나 훈련 관련 자원봉사자도 또한 같다).

(6) 장애수당, 장애아동수당과 보호수당(제49조, 제50조)

국가와 지방자치단체는 장애인의 장애 정도와 경제적 수준을 고려하여(시행령 30조: 기초생활보장수급자나 차상위계층이면서 장애로 추가 비용이 필요한 사람 – 장애아동수당을 받으면 제외) 장애로 인한 추가적 비용을 보전(補塡)할 수 있도록 장애수당을 지급할 수 있다(제49조). 다만, 「국민기초생활보장법」에 따른 생계급여 또는 의료급여를 받는 장애인에게는 장애수당을 반드시 지급해여야 한다. 또 장애아동 보호자의 경제적 생활 수준과 장애아동의 장애 정도를 고려하여 장애로 인한 추가적 비용 보전을 위해 장애아동수당을 지급할 수 있다. 장애인의 보호자에게는 마찬가지 과정을 거쳐 보호수당을 지급할 수 있다(제50조).

위의 장애 · 장애아동 · 보호수당을 받으려면 지자체장에게 신청해야 하는데, 이때 금융정보, 신용정보, 보험정보 제공에 동의한다는 서면을 제출해야 한다(제50조의2).

자녀교육비 및 장애수당 등이 잘못 지급되거나 거짓이나 부정한 방법으로 수급한 경우 그리고 수급 사유가 소급하여 소멸한 경우에는 그 전부 또는 일부를 환수해야 한다. 반환요청에도 기간 내에 반환이 이루어지지 않으면 국세나 지방세 체납처분의 예로 징수할 수 있다(제51조).

(7) 장애동료 간 상담(제56조)

국가와 지방자치단체는 장애인이 장애를 극복하는 데 도움이 되도록 장애동료 간 상호대화나 상담의 기회를 제공하도록 노력해야 한다. 이러한 장애동료 상담전문가의 양성을 위해 일정 요건을 갖춘 기관을 지정하여 운영할 수 있다(시행규칙 제40조의2).

(8) 단체의 보호 · 육성(제63조)

국가와 지방자치단체는 장애인의 복지를 향상하고 자립을 돕기 위하여 장애인복지단체를 보호 · 육성하도록 노력해야 한다. 이를 위하여 단체의 사업 활동 또는 운영이나 그 시설에 필요한 경비의 전부 또는 일부를 보조할 수 있다. 특히 장애인복지단체의 활동을 지원하고 장애인복지를 향상하기 위하여 장애인복지단체협의회를 설립할 수 있다. 협의회는 「사회복지사업법」에 따른 사회복지법인으로 한다. 단, 제23조 제1항은 적용하지 아니한다. 협의회의 조직과 운영 등에 관하여 필요한 사항은 정관으로 정한다(제64조).

3) 생업과 자립지원

(1) 자금 대여와 생업지원

국가와 지방자치단체는 장애인이 사업을 시작하거나 필요한 지식과 기능을 익히는 것 등을 지원하기 위해 자금을 대여할 수 있다(제41조). 자금 대여의 대상 용도는 다음 6가지다. ① 생업자금 ② 출퇴근을 위한 자동차 구입비 ③ 취업에 필요한 지도와 기술훈련비 ④ 기능회복 훈련에 필요한 장애인보조기구 구입비 ⑤ 사무보조기기 구입비 ⑥ 그 밖에 보건복지부 장관이 장애인 재활에 필요하다고 인정하는 비용(시행령 제24조).

국가와 지방자치단체, 그 밖의 공공단체는 소관 공공시설 안에 식료품·사무용품·신문 등 일상생활용품을 판매하는 매점이나 자동판매기의 설치를 허가하거나 위탁할 때 장애인이 신청하면 우선 반영하도록 노력해야 한다. 특히 설치 허가권자는 매점·자동판매기 설치를 허가하기 위해 설치 장소와 판매할 물건의 종류 등을 조사하고 그 결과를 장애인에게 알리는 조치를 취해야 한다. 장애인이 담배소매인 지정을 신청하거나 국내 우표류 판매업 계약 신청을 하면 시장·군수 또는 구청장(담배)이나 우편관서(우표)는 장애인을 우선 지정하도록 노력해야 한다(제42조).

(2) 자립훈련비 지급과 고용촉진

장애인복지실시기관은 장애인복지시설(제34조 제1항 제2호 또는 제3호)에서 주거편의·상담·치료·훈련 등을 받도록 하거나 위탁한 장애인에 대하여 그 시설에서 효과적인 훈련에 필요하다고 인정되면 자립훈련비를 지급할 수 있으며, 특별한 사정이 있으면 훈련비 대신 물건을 지급할 수 있다(제43조).

국가와 지방자치단체는 직접 경영하는 사업에 능력과 적성이 맞는 장애인을 고용하도록 노력해야 하며, 장애인에게 적합한 사업을 경영하는 자에게 장애인의 능력과 적성에 따라 장애인을 고용하도록 권유할 수 있다(제46조). 해당 기관·단체가 실시하는 자격시험과 채용시험 등에서 장애인 응시자가 비장애인 응시자와 동등한 조건에서 시험을 치를 수 있도록 편의를 제공해야 한다(제46조의2).

(3) 공공시설의 우선 이용과 국 · 공유재산 우선 매각 또는 대여

국가와 지방자치단체, 그 밖의 공공단체는 장애인의 자립을 지원하는 데에 필요하다고 인정되면 공공시설의 일부를 장애인이 우선 이용하게 할 수 있다(제47조). 아울러 장애인복지시설이나 장애인복지단체의 장애인복지사업 관련시설 설치에 필요하면 국유재산이나 공유재산을 우선 매각할 수 있고, 또 유상이나 무상으로 대부, 사용 · 수익하게 할 수 있다. 단 매수 · 임차 또는 대부받은 자가 2년 이내 시설을 설치하지 않으면 토지와 시설을 환수하거나 임차계약을 취소할 수 있다(제48조).

(4) 생산품 구매(제44조)

국가, 지방자치단체, 공공단체는 장애인복지시설과 장애인복지단체에서 생산한 물품의 우선 구매에 필요한 조치를 마련해야 한다.

(5) 장애인의 재활 · 자립생활의 연구

국가와 지방자치단체는 장애인 재활과 자립생활에 관하여 종합적이고 체계적으로 조사 · 연구 · 평가하기 위해 전문 연구기관에 장애예방 · 의료 · 교육 · 직업재활과 자립생활 등에 관한 연구 과제를 선정하여 의뢰할 수 있다. 그 비용은 예산의 범위 안에서 보조할 수 있다(제52조).

(6) 자립생활지원(제53조)과 장애인자립생활지원센터(제54조)

국가와 지방자치단체는 장애인의 자기 결정에 의한 자립생활을 위하여 활동지원사의 파견 등 활동보조서비스 또는 장애인보조기구의 제공, 그 밖의 각종 편의 및 정보제공 등 필요한 시책을 마련해야 한다.

장애인의 자립생활 실현을 위해 장애인자립생활지원센터를 통해 필요한 각종 지원서비스를 제공한다. 자립생활센터는 의사결정기구의 과반수를 장애인으로 구성해야 하고, 장애동료 상담전문가 1인 이상의 인력을 갖추어야 하며, 전체 직원 중 1인 이상이 장애인이어야 한다(시행규칙 제39조의2).

5. 장애인복지시설

1) 장애인복지시설의 종류

「장애인복지법」에 명시되어 있는 장애인복지시설 종류는 〈표 7-16〉과 같이 장애인거주시설, 장애인지역사회재활시설, 장애인직업재활시설, 장애인의료재활시설 그리고 대통령으로 정하는 시설(장애인생산품 판매시설)이 있다.

표 7-16 장애인복지시설의 종류와 역할(제58조, 시행규칙 제41조 별표4)

시설의 종류	시설의 역할
장애인 거주시설	• 거주공간을 활용하여 일반가정에서 생활하기 어려운 장애인에게 일정 기간 거주·요양·지원 등의 서비스를 제공하는 동시에 지역사회생활을 지원하는 시설 • 장애유형별 거주시설, 장애인거주시설, 장애영유아 거주시설, 장애인 단기주거시설, 장애인 공동생활가정 등
장애인 지역사회재활 시설	• 장애인을 전문적으로 상담·치료·훈련하거나 장애인의 일상생활, 여가 활동과 사회참여 활동 등을 지원하는 시설 • 장애인복지관, 장애인 주간보호시설, 장애인 체육시설, 장애인 심부름센터, 수어통화센터, 점자도서관, 점자 도서 및 녹음서 출판시설, 장애인 재활치료시설 등
장애인 직업재활시설	• 일반 작업환경에서 일하기 어려운 장애인이 특별히 준비된 작업환경에서 직업훈련을 받거나 직업 생활을 할 수 있도록 하는 시설 • 장애인 보호작업장, 장애인 근로사업장 등
장애인 의료재활시설	• 장애인을 입원 또는 통원하게 하여 상담, 진단·판정, 치료 등 의료재활서비스를 제공하는 시설
장애인생산품 판매시설	• 장애인 생산품의 판매 활동 및 유통을 대행하고, 장애인 생산품이나 서비스·용역에 관한 상담, 홍보, 판로개척 및 정보제공 등 마케팅을 지원하는 시설

2) 국가 등의 장애인복지시설 설립 의무와 설치기준

국가와 지방자치단체는 장애인이 장애인복지시설의 이용으로 기능 회복과 사회적 향상을 도모할 수 있게 필요한 정책을 마련해야 한다. 장애인복지시설 이용 장애인의 인권 보호를 위해 필요한 정책을 마련하고 관련 프로그램을 실행할 수 있는 기반을 조성해야 한다. 장애인복지실시기관은 장애인복지시설에 대한 장애인의 선택권을 최대한 보장하고, 그러기 위해 장애인에게 시설 선택에 필요한 정보를 충분히 제공해야 한다. 이때 장애인의 성별·연령·장애의 유형과 정도를 고려해야 한다(제57조).

장애인복지시설은 국가와 지방자치단체가 설치할 수 있고, 그 외의 자가 설치 · 운영하려면 해당 시설 소재지 관할 시장 · 군수 · 구청장에게 신고해야 한다. 신고한 사항 중 보건복지부령으로 정하는 중요한 사항을 변경할 때에도 마찬가지다. 장애인거주시설(제58조 제1항 제1호)의 정원은 30명을 초과할 수 없다. 다만 특수한 서비스를 위하여 일정 규모 이상이 필요한 시설 등 대통령령으로 정하는 경우는 예외로 한다(제59조).

3) 장애인복지시설 운영의 개시(제60조)

장애인복지시설의 설치를 신고한 자(제59조 제2항)는 시설 운영을 즉각 시작해야 한다. 시설 운영자가 시설 운영을 중단 또는 재개하거나 시설을 폐지하려는 때에는 보건복지부령이 정하는 바에 따라 시장 · 군수 · 구청장에게 신고해야 한다. 이 때 시설 이용자의 권익 보호를 위해 다음 4가지 조치를 취해야 한다.

① 시장 · 군수 · 구청장의 협조를 받아 시설 이용자가 다른 시설을 선택할 수 있도록 하고 그 이행을 확인하는 조치
② 시설 이용자가 이용료 · 사용료 등의 비용을 부담하는 경우 납부한 비용 중 사용하지 않은 금액을 반환하게 하고 그 이행을 확인하는 조치
③ 보조금 · 후원금 등의 사용 실태 확인과 이를 재원으로 조성한 재산 중 남은 재산의 회수조치
④ 그 밖에 시설 이용자의 권익 보호를 위하여 필요하다고 인정되는 조치

4) 장애인거주시설

(1) 이용절차(제60조의2)

장애인거주시설을 이용하려는 사람과 그 친족, 그 밖의 관계인은 보건복지부령으로 정하는 서류를 갖추어 시장 · 군수 · 구청장에게 신청해야 한다. 신청을 받은 시장 · 군수 · 구청장은 이용 신청자의 시설 이용 적격성 여부를 심사하여, 그 결과에 따라 시설 이용 여부와 본인부담금(제79조 제2항)을 결정하고 이용 신청자와 시설 운영자에게 통보한다.

시설 운영자는 이용 신청자와 서비스 이용조건, 본인부담금 등의 사항을 포함하여 계약을 체결하고, 그 결과를 시장·군수·구청장에게 보고해야 한다. 계약은 시설을 이용할 장애인 본인이 체결하는 것을 원칙으로 하되, 지적 능력 등의 이유로 장애인 본인이 계약을 체결하기 어려운 경우에 한하여, 대통령령으로 정하는 자가 계약절차의 전부 또는 일부를 대행할 수 있다.

시설 이용자가 시설 이용을 중단할 때에는 보건복지부령으로 정하는 기간 전에 시설 이용의 중단 의사를 시설 운영자에게 밝혀야 한다. 이 경우 시설 운영자는 이용 중단과 관련하여 필요한 조치를 해야 하고, 이용 중단 희망자에 대하여 이용 중단에 따른 어떠한 불이익한 처분이나 차별도 해서는 안 된다.

(2) **장애인거주시설 서비스 최저기준**(제60조의3)

보건복지부 장관은 장애인거주시설에서 제공해야 하는 서비스의 최저기준을 마련해야 하며, 장애인복지실시기관은 그 기준이 충족될 수 있도록 필요한 조치를 해야 한다. 시설 운영자는 이에 따른 서비스의 최저기준 이상으로 서비스 수준을 유지해야 한다.

(3) **장애인거주시설 운영자의 의무**(제60조의4)

시설 운영자는 시설 이용자의 인권을 보호하고, 인권이 침해된 경우에는 즉각적인 회복조치를 취해야 한다. 시설 이용자의 거주, 요양, 생활지원, 지역사회생활지원 등을 위해 필요한 서비스를 제공하고 시설 이용자의 사생활 및 자기결정권의 보장을 위하여 노력해야 한다. 또한 시설 이용자의 인권을 보호하기 위하여 장애인 인권지킴이단을 두어야 한다.

5) **감독**(제61조)과 **시설에 대한 명령**(제62조)

장애인복지실시기관은 장애인복지시설을 설치·운영하는 자의 소관업무와 시설 이용자의 인권실태 등을 지도·감독하며, 필요한 경우 시설에 관한 보고 또는 관련 서류 제출을 명하거나 소속 공무원에게 그 시설의 운영상황·장부, 그 밖의 서류를 조사·검사하거나 질문하게 할 수 있다. 이때 관계 공무원은 권한을 표시하는 증표를 지참, 제시하고 아울러 조사의 기간과 범위, 조사담당자, 관계법령 등 보건복지부령으로 정하는 사항이 기재된 서류를 관계인에게 내보여야 한다(제61조).

한편 장애인복지실시기관이 장애인복지시설에 대해 시설의 개선, 사업의 정지, 시설장의 교체를 명하거나 해당 시설의 폐쇄를 명할 수 있는 경우는 다음 6가지다.

① 제59조 제6항에 따른 시절기준에 미치지 못한 때
② 정당한 사유 없이 제61조에 따른 보고를 하지 아니하거나 거짓으로 보고한 때 또는 조사·검사 및 질문을 거부·방해하거나 기피한 때
③ 사회복지법인이나 비영리법인의 설립허가가 취소된 때
④ 시설의 회계 부정이나 시설이용자에 대한 인권침해 등 불법행위, 그 밖의 부당행위 등이 발견된 때
⑤ 설치 목적을 이루었거나 그 밖의 사유로 계속하여 운영할 필요가 없다고 인정되는 때
⑥ 이 법 또는 법에 따른 명령이나 처분을 위반한 경우(제62조)

6. 장애인 대상 범죄의 처벌과 신고의무

1) 장애인 대상 성범죄자 취업 제한(제59조의3)

장애인 대상 성범죄(「성폭력범죄의 처벌 등에 관한 특례법」 제2조 제1항 또는 「아동·청소년의 성보호에 관한 법률」 제2조 제2호)는 아동·청소년 대상 성범죄를 말한다. 성범죄로 형 또는 치료감호를 선고받아 확정된 사람은 특별한 사정이 없으면 그 형 또는 치료감호의 전부 또는 일부의 집행을 종료하거나 집행이 유예·면제된 날부터 일정 기간("취업제한기간"-10년을 넘지 않음) 장애인복지시설을 운영하거나 장애인복지시설에 취업 또는 사실상 노무를 제공할 수 없도록 하는 명령("취업제한명령")을 성범죄 사건의 판결과 동시에 선고해야 한다.

시장·군수·구청장은 장애인복지시설을 운영하려는 자에 대하여 본인의 동의를 받아 관계기관의 장에게 성범죄의 경력 조회를 요청해야 한다. 성범죄로 유죄판결이 확정된 사람이 장애인복지시설을 운영하거나 취업 또는 노무 제공의 여부

를 직접 또는 관계기관 조회 등의 방법으로 연 1회 이상 확인 · 점검해야 한다. 이에 필요한 자료의 제출을 요구할 수 있다. 확인 결과 위반 사실이 적발되면 시설 폐쇄나 해당인의 해임을 요구해야 한다. 3개월 이내에 이 요구를 이행하지 않으면 직접 폐쇄하거나 관계 행정기관의 장에게 요구할 수 있다.

2) 장애인 학대와 장애인 대상 성범죄 신고의무(제59조의4)

장애인 학대나 장애인 대상 성범죄를 알게 되면 제59조의11에 따른 중앙장애인권익옹호기관 또는 지역장애인권익옹호기관("장애인권익옹호기관")이나 수사기관에 신고할 수 있다. 〈표 7-17〉의 장애인 관련 일을 하는 사람은 직무상 장애인 학대나 장애인 대상 성범죄를 알게 되면 장애인권익옹호기관이나 수사기관에 즉시 신고해야 한다.

신고인의 신분은 보호되어야 하며, 그 의사에 반하여 신원이 노출되어서는 안 된다.[17] 보건복지부 장관은 〈표 7-17〉의 신고의무자에게 장애인 학대와 장애인 대상 성범죄의 신고 절차와 방법 등을 안내해야 한다. 국가와 지방자치단체는 장애인 학대와 장애인 대상 성범죄를 예방하고 수시로 신고를 받을 수 있도록 필요한 조치를 해야 한다. 〈표 7-17〉의 소관 중앙행정기관의 장은 〈표 7-17〉의 어느 하나에 해당하는 사람의 자격 취득 과정이나 보수교육 과정에 장애인 학대와 장애인 대상 성범죄의 예방과 신고의무에 관한 교육 내용을 포함하도록 해야 한다.

17) 제59조의5: 장애인 학대나 장애인 대상 성범죄 신고인에게 그 신고 등을 이유로 불이익 조치를 하면 안 된다. 여기에는 파면, 해임, 해고, 징계, 승진 제한, 전보, 전근, 성과평가, 자기계발 기회의 박탈 등을 상세히 규정되어 있다. 아울러 신고인에 대해 「특정범죄신고자 등 보호법」 제7조부터 제13조 규정(인적사항 기재 생략 등)의 준용도 하고 있다(제59조의6).

표 7-17 장애인 학대 및 장애인 대상 성범죄 신고의무자와 관련법률

해당자	관련법률조항
① 사회복지 전담공무원과 사회복지시설의 장과 그 종사자	「사회복지사업법」 제14조, 제34조
② 활동지원인력과 활동지원기관의 장과 그 종사자	「장애인활동 지원에 관한 법률」 제16조, 제20조
③ 의료인과 의료기관의 장	「의료법」 제2조 제1항, 제3조 제1항
④ 의료기사	「의료기사 등에 관한 법률」 제1조의2
⑤ 응급구조사	「응급의료에 관한 법률」 제36조
⑥ 구급대의 대원	「소방기본법」 제34조
⑦ 정신건강복지센터의 장과 그 종사자	「정신건강증진 및 정신질환자 복지서비스 지원에 관한 법률」 제3조 제3호
⑧ 어린이집의 원장 등 보육교직원	「영유아보육법」 제10조
⑨ 교직원과 강사 등	「유아교육법」 제20조, 제23조
⑩ 교직원, 동법에 따른 전문상담교사와 산학겸임교사 등	「초・중등교육법」 제19조, 제19조의2, 제22조
⑪ 학원의 운영자・강사・직원 및 교습소의 교습자・직원	「학원의 설립・운영 및 과외교습에 관한 법률」 제6조, 14조
⑫ 성폭력피해상담소의 장과 그 종사자, 성폭력피해자 보호시설의 장과 그 종사자	「성폭력방지 및 피해자보호 등에 관한 법률」 제10조와 12조
⑬ 지원시설의 장과 그 종사자 및 성매매피해상담소의 장과 그 종사자	「성매매방지 및 피해자보호 등에 관한 법률」 제9조와 17조
⑭ 가정폭력 관련 상담소의 장과 그 종사자 및 같은 법 제7조의2에 따른 가정폭력피해자 보호시설의 장과 그 종사자	「가정폭력방지 및 피해자보호 등에 관한 법률」 제5조
⑮ 건강가정지원센터의 장과 그 종사자	「건강가정기본법」 제35조
⑯ 다문화가족지원센터의 장과 그 종사자	「다문화가족지원법」 제12조
⑰ 가정위탁지원센터의 장과 그 종사자	「아동복지법」 제48조
⑱ 한부모가족복지시설의 장과 그 종사자	「한부모가족지원법」 제19조
⑲ 청소년시설의 장과 그 종사자 및 청소년단체의 장과 그 종사자	「청소년기본법」 제3조 제6호, 제8호
⑳ 청소년 보호・재활센터의 장과 그 종사자	「청소년기본법」 제35조
㉑ 장기요양요원	「노인장기요양보험법」 제2조 제5호

3) 장애인 학대 예방과 방지의 의무(제59조의10)

국가와 지방자치단체는 장애인 학대의 예방과 방지를 위하여 다음 6가지 조치를 해야 한다.

① 장애인 학대의 예방과 방지를 위한 각종 정책의 수립 · 시행

② 장애인 학대의 예방과 방지를 위한 연구 · 교육 · 홍보와 장애인 학대 현황 조사

③ 장애인 학대에 관한 신고체계의 구축 · 운영

④ 장애인 학대로 피해 입은 장애인(이하 "피해장애인"이라 한다)의 보호, 치료와 피해장애인의 가정에 대한 지원

⑤ 장애인 학대 예방 관계기관 · 법인 · 단체 · 시설 등에 대한 지원

⑥ 그 밖에 대통령령으로 정하는 장애인 학대의 예방과 방지를 위한 사항

4) 응급조치의 의무(제59조의7)

장애인 학대 신고를 접수한 장애인권익옹호기관의 직원이나 사법경찰관리는 장애인 학대 현장에 즉각 출동해야 한다(권한 표시 증표 지참과 제시). 장애인 학대 현장에 출동한 자는 학대받은 장애인을 학대 행위자로부터 분리하거나 치료가 필요하다고 인정할 때에는 장애인권익옹호기관 또는 의료기관에 인도해야 한다. 이때 학대받은 장애인, 신고자, 목격자 등의 자유로운 진술 환경을 위해 학대행위자로부터 분리된 곳에 조사하는 것이 중요하다. 장애인 학대행위자 등 장애인 학대와 관련 있는 자는 장애인 학대 현장에 출동한 자에 대하여 현장 조사를 거부하거나 업무를 방해해선 안 된다(제90조 제3항3의5: 위반에 과태료 300만원).

학대받은 장애인의 법정대리인, 직계친족, 형제자매 또는 변호사는 장애인 학대 사건의 심리에 있어서 보조인이 될 수 있다. 다만 변호사가 아닌 경우에는 법원의 허가를 받아야 한다. 법원은 학대받은 장애인을 증인으로 신문하는 경우 본인 또는 검사의 신청이 있는 때에 본인과 신뢰관계에 있는 사람의 동석을 허가할 수 있다. 이는 수사기관의 조사에서도 마찬가지다(제59조의8).

5) 금지행위(제59조의9)

〈표 7-18〉은 장애인 관련하여 누구도 해서는 안 되는 범죄행위 8가지를 의미한다.

표 7-18 범죄행위의 금지사항

금지행위	벌칙
① 장애인에게 성적 수치심을 주는 성희롱·성폭력 등의 행위	10년/1억원 이하
② 장애인의 신체에 폭행을 가하거나 상해를 입히는 행위	상해: 7년-7천만원 이하 폭행: 5년-5천만원 이하
②의2 장애인을 폭행, 협박, 감금, 그 밖에 정신상 또는 신체상의 자유를 부당하게 구속하는 수단으로 장애인의 자유의사에 어긋나는 노동을 강요하는 행위	7년-7천만원 이하
③ 자신의 보호·감독을 받는 장애인을 유기하거나 의식주를 포함한 기본적 보호 및 치료를 소홀히 하는 방임행위	5년 이하의 징역 또는 5천만원 이하의 벌금
④ 장애인에게 구걸을 시키거나 장애인을 이용하여 구걸하는 행위	
⑤ 장애인을 체포 또는 감금하는 행위	
⑥ 장애인의 정신건강 및 발달에 해를 끼치는 정서적 학대행위	
⑦ 장애인을 위하여 증여 또는 급여된 금품을 그 목적 외의 용도에 사용하는 행위	3년-3천만원 이하
⑧ 공중의 오락 또는 흥행을 목적으로 장애인의 건강 또는 안전에 유해한 곡예를 시키는 행위	1년-1천만원 이하

7. 장애인보조기구

"장애인보조기구"란 장애인이 장애의 예방·보완과 기능 향상을 위해 사용하는 의지(義肢)·보조기와 그 밖에 보건복지부 장관이 정하는 보장구와 일상생활의 편의 증진을 위하여 사용하는 생활용품을 말한다(제65조). 보건복지부 장관은 장애인의 일상생활의 편의증진 등을 위하여 다른 법률이 정하는 바에 따라 제1항에 따른 장애인보조기구의 지원 및 활용촉진 등에 관한 사업을 할 수 있다.

1) 의지 · 보조기제조업의 개설 사실의 통보 등(제69조)

의지 · 보조기를 제조 · 개조 · 수리하거나 신체에 장착하는 사업("의지 · 보조기제조업")을 하는 사람은 그 제조업소를 개설한 후 7일 이내에 보건복지부령이 정하는 바에 따라 시장 · 군수 · 구청장에게 제조업소의 개설 사실을 알려야 한다. 제조업소의 소재지 변경 등 보건복지부령이 정하는 중요 사항을 변경한 때에도 마찬가지다.

의지 · 보조기 제조업자는 의사의 처방에 따라 의지 · 보조기를 제조하거나 개조해야 한다. 이를 위해 의지 · 보조기기사(補助器 技士－제72조)를 1명 이상 두어야 한다. 다만 의지 · 보조기제조업자 자신이 의지 · 보조기기사인 경우에는 따로 기사를 두지 않아도 된다.

2) 의지 · 보조기제조업의 폐쇄 등(제70조)

시장 · 군수 · 구청장의 의지 · 보조기 제조업자에 대해 다음의 경우 폐쇄를 명할 수 있다.

① 제69조 제2항을 위반하여 의지 · 보조기기사를 두지 않고 의지 · 보조기 제조업을 한 경우

② 영업정지처분 기간에 영업을 하거나 3회 이상 영업정지처분을 받은 경우

8. 장애인복지 전문인력

1) 장애인복지 전문인력 양성(제71조)

국가와 지방자치단체 그 밖의 공공단체는 의지 · 보조기기사, 언어재활사, 장애인재활상담사, 한국수어통역사, 점역(點譯) · 교정사 등 장애인복지 전문인력, 그 밖에 장애인복지에 관한 업무에 종사하는 자를 양성 · 훈련하는 데에 노력해야 한다. 장애인복지 전문인력의 양성업무를 관계 전문기관 등에 위탁할 수 있고, 그에 따른 장애인복지 전문인력의 양성에 소요되는 비용은 예산의 범위 안에서 보조할 수 있다.

2) 의지 · 보조기기사와 언어재활사 자격

(1) 의지 · 보조기기사

의지 · 보조기기사 국가시험(제73조)에 응시하려면 다음 두 가지 중 하나는 충족해야 한다.

① 「고등교육법」에 따른 전문대학이나 교육부 장관이 이와 같은 수준 이상의 학력이 있다고 인정하는 학교에서 보건복지부령으로 정하는 의지 · 보조기 관련 교과목을 이수하고 졸업한 자

② 보건복지부 장관이 인정하는 외국에서 위의 1호에 해당하는 학교와 같은 수준 이상의 교육과정을 마치고 외국의 해당 의지 · 보조기기사자격증을 받은 자

보건복지부 장관은 위의 자격자로서 국가시험(제73조)에 합격한 자에게 의지 · 보조기기사자격증을 내주어야 한다. 기사자격증은 다른 사람에게 대여하지 못한다(제72조). 아래의 다른 자격증도 마찬가지다.

(2) 언어재활사

언어재활사 자격증은 1급과 2급으로 나뉘며, 국가시험에 응시하려면 소정의 조건[18]을 충족시켜야 한다.

외국의 대학원 · 대학 · 전문대학에서 언어재활 분야의 학위를 취득한 사람으로서 등급별 자격기준과 동등한 학력이 있다고 보건복지부 장관이 인정하는 경우에는 해당 등급의 응시 자격을 갖춘 것으로 본다.

18) 언어재활사 국가고시 시험에 응시할 수 있는 조건은 다음과 같이 2가지다. 첫째, 1급 언어재활사란 2급 언어재활사 자격증을 가진 사람으로서, 「고등교육법」에 따른 대학원에서 언어재활 분야의 박사학위 또는 석사학위를 취득한 사람으로서 언어재활기관에 1년 이상 재직한 사람 또는 같은 법에 따른 대학에서 언어재활 관련 학과의 학사학위를 취득한 뒤 언어재활기관에서 3년 이상 재직한 사람, 둘째 2급 언어재활사란 「고등교육법」에 따른 대학원 · 대학 · 전문대학의 언어재활 관련 교과목을 이수하고 관련 학과의 석사학위 · 학사학위 · 전문학사학위를 취득한 사람.

(3) 장애인재활상담사 자격증 교부 등

보건복지부 장관은 장애인의 직업재활 등을 지원하기 위하여 제2항에 따른 자격요건을 갖춘 사람으로서 제73조에 따른 국가시험에 합격한 사람(장애인재활상담사)에게 장애인재활상담사 자격증을 내주어야 한다.

장애인재활상담사의 종류 및 국가시험 응시자격 요건은 소정의 조건을 갖추면 가능하다.[19] 이 경우 외국의 대학원·대학·전문대학에서 장애인재활 분야의 학위를 취득한 사람으로서 등급별 자격기준과 동등한 학력이 있다고 보건복지부 장관이 인정하는 경우에는 해당 등급의 응시자격을 갖춘 것으로 본다.

3) 국가시험의 실시와 응시자격 제한(제73조~제74조)

의지·보조기기사 및 언어재활사 및 장애인재활상담사(의지보조기사 등)의 국가시험은 보건복지부 장관이 매년 1회 이상 실시하되, 실시시기·실시방법·시험과목, 그 밖에 시험 실시에 관하여 필요한 사항은 대통령령으로 정한다. 국가시험의 실시에 관한 업무는 대통령령으로 정하는 바에 따라 「한국보건의료인국가시험원법」에 따른 한국보건의료인국가시험에 위탁할 수 있다. 다만 위의 국가시험에 응시할 수 없는 경우는 다음 4가지다.

① 「정신건강복지법」 제3조 제1호에 따른 정신질환자(다만 전문의가 의지·보조기기사 등으로서 적합하다고 인정하는 사람은 그러지 않음)

② 마약·대마 또는 향정신성의약품 중독자

---

19) 장애인재활상담사 국가고시 시험에 응시할 수 있는 사람은 다음과 같이 3가지로 나뉜다. 첫째, 1급 장애인재활상담사는 「고등교육법」에 따른 대학원에서 장애인재활 분야의 박사학위를 취득한 사람과 2급 장애인재활상담사 자격증을 가진 사람으로서 대학원에서 장애인재활 분야의 석사학위를 취득한 사람이다. 또한 장애인재활관련기관에서 3년 이상 재직한 사람으로 2급 장애인재활상담사 자격증을 가진 사람과 장애인재활 관련기관에서 5년 이상 재직한 사람으로 사회복지사 2급 자격증을 가진 사람이다. 둘째, 2급 장애인재활상담사는 대학에서 보건복지부령으로 정하는 장애인재활 관련 교과목을 이수한 사람과 3급 장애인재활상담사 자격증을 가진 사람으로서 장애인재활 관련기관에서 2년 이상 재직한 사람이다. 사회복지사 2급 자격증을 가진 사람으로서 장애인재활 관련기관에서 3년 이상 재직한 사람도 포함한다. 셋째, 3급 장애인재활상담사는 전문대학에서 보건복지부령으로 정하는 장애인재활 관련 교과목을 이수한 사람이다.

③ 피성년후견인

④ 이 법이나 「형법」 제234조(위조 · 사문서) · 제317조 제1항(업무상 기밀 누설), 「의료법」, 「국민건강보험법」, 「의료급여법」, 「보건범죄단속에 관한 특별조치법」, 「마약류 관리에 관한 법률」, 또는 「후천성면역결핍증 예방법」 등을 위반하여 금고 이상의 형을 선고받고 그 형의 집행이 끝나지 않았거나 집행을 받지 않기로 확정되지 않은 자

국가시험에 부정한 방법으로 응시한 자나 국가시험에 관하여 부정행위를 한 자는 수험을 정지시키거나 합격을 무효로 하고, 그 후 2회에 한해 국가시험에 응시할 수 없다(제74조).

4) 보수교육(제75조)

보건복지부 장관은 의지 · 보조기기사 등의 자질 향상에 필요한 보수(補修) 교육을 받도록 명할 수 있다.

5) 자격의 취소(제76조)

보건복지부 장관은 의지 · 보조기기사 등의 자격 취소 및 자격정지 요건들을 다음과 같이 3가지로 명시하고 있다.

① 타인에게 의지 · 보조기기사 자격증(제72조 제3항 위반) 또는 언어재활사 자격증(제72조의2 제4항 위반)을 대여한 때와 타인에게 장애인재활상담사 자격증(제72조의3 제4항 위반)을 대여한 때

② 응시자격 제한(제74조 제1항)의 어느 하나에 해당할 때

③ 자격정지처분 기간에 그 업무를 하거나 자격정지 처분을 3회 받은 때

4절 다문화가족지원법

1. 다문화가족지원법의 목적, 개념 정의, 연혁

1) 다문화가족지원법의 목적(제1조)

다문화가족 구성원이 안정적인 가족생활을 영위하고 사회 구성원으로 해야 할 역할과 책임을 다할 수 있도록 하여 이들의 삶의 질 향상과 사회통합에 이바지하는 게 이 법의 목적이다. 궁극의 목적은 다문화가족의 삶의 질 향상과 사회통합이며 그 방법은 안정적인 가족생활의 영위다.

2) 주요 개념의 정의(제2조)

「다문화가족지원법」에서 사용하는 주요 용어의 뜻은 〈표 7-19〉와 같다.

표 7-19 주요 용어의 개념

용어	개념 정의(관련법규)
다문화가족	결혼이민자와 대한민국 국적 취득자가 포함된 가족
결혼이민자	대한민국 국민과 혼인한 적이 있거나 혼인관계에 있는 재한외국인(「재한외국인 처우 기본법」 제2조 제3호)
국적 취득자	부(父)나 모(母)가 대한민국 국민이거나 부와 모 모두 분명치 않은 경우 대한민국에서 태어난 자, 대한민국에서 버려진 기아(버려진 아이), 귀화 허가를 받은 자 등(「국적법」 제2조~제4조)
결혼이민자 등	결혼이민자와 귀화자(「국적법」 제4조)
아동 · 청소년	24세 이하인 사람

3) 다문화가족지원법의 연혁

2008년 3월 제정되어 9월부터 시행된 「다문화가족지원법」은 2020년 13번째로 개정되어 오늘에 이르고 있다(〈표 7-20〉 참조).

표 7-20 다문화가족지원법의 주요 연혁

제정/시행년도	주요 내용
2008 제정	• 「다문화가족지원법」(법률 제8937호, 2008.03.21.) 결혼이민자와 그 자녀 등으로 구성되는 다문화가족이 언어와 문화적 차이 때문에 사회 부적응과 가족 구성원 사이의 갈등과 자녀 교육에 어려움이 많음. 다문화가족의 구성원이 우리 사회의 구성원으로 순조롭게 통합되어 안정적인 가족생활을 영위할 수 있게 가족 상담·부부교육 부모교육·가족생활 교육 등을 추진하고 문화의 차이 등을 고려한 언어통역, 법률상담 등 전문적인 서비스를 제공하여 다문화가족에 대한 지원정책의 제도적인 틀을 마련하기 위함.
2011 일부 개정	• 다문화가족의 범위 확대(다문화가족의 범위에 출생에 따른 국적 취득자뿐만 아니라 인지와 귀화에 따른 국적 취득자도 포함)와 부처 간 다문화가족에 대한 지원정책의 연계체계 강화 • 다문화가족 지원을 위한 기본계획과 연도별 시행계획 수립(여성가족부 장관 5년마다 기본방향과 계획 수립 - 다문화가족정책위원회의 설치) • 결혼이민자 등에 대한 한국어 교육 지원 • 다문화가족 내 가정폭력 예방과 가정폭력 피해자의 보호와 지원 • 의료와 건강관리를 위한 지원 • 다문화가족에 대한 이해증진을 위한 교육 실시
2012 일부 개정	• 다문화가족 지원 담당 기구와 공무원을 두고 다문화가족지원센터 설치·운영을 위한 법 규정 마련 • 다문화가족지원센터에 두는 전문인력의 자질과 능력 향상을 위한 보수교육의 의무화와 전문인력 양성기관 지정과 지원 • 다문화가족 지원에 필요한 결혼이민자의 외국인등록 정보와 귀화 허가 신청정보를 법무부 장관에게 요청할 수 있는 근거 마련
2013/14 일부 개정	• 결혼이민자 등인 부 또는 모의 모국어 교육 지원을 위한 법적 근거 명시 • 다문화가족에 대한 사회적 차별과 편견의 예방과 사회 구성원의 문화적 다양성에 대한 인정과 존중을 위한 다문화 이해 교육 실시 • 결혼이민자나 다문화가족의 생활 적응과 초기 정착의 지원을 위해 다국어 상담과 통역이 가능한 다문화가족 종합정보 전화센터 설치 • 다문화가족지원센터와 유사한 명칭 사용 금지 • 이혼 등의 사유로 해체된 다문화가족 자녀의 인권 보호와 다문화가족 지원정책의 실효성 제고를 위해 이들 자녀도 이 법에 따른 지원을 받을 수 있게 함
2015/16 일부 개정	• 아동·청소년에 대한 정의 조항 신설 • 국가와 지방자치단체가 다문화가족 구성원인 아동·청소년에 대하여 실태조사와 보육·교육을 지원할 수 있도록 규정 • 다문화가족에 대한 이해를 증진하는 사회통합 홍보영상을 제작, 방송의 공익광고에 송출 요청의 근거 마련 • 방문 교육의 비용을 차등 지원할 수 있도록 하는 규정을 신설하고, 비용 지원의 신청 등 절차 규정 • 결혼이민자 등이 사회 적응 교육을 받을 수 있게 다문화가족 구성원 등의 노력 규정 • 교육기관의 장이 아동·청소년 보육· 교육을 할 때 다문화가족 구성원인 아동·청소년의 차별 없게 할 조치 • 다문화가족 구성원이 정치·경제·사회·문화의 모든 영역에서 사회 구성원으로서 역할과 책임을 다할 수 있도록 다문화가족 정책 패러다임 전환으로 다문화가족 구성원의 역량을 강화하고 다문화사회로의 진전이 사회 발전의 동력이 되게 함

제정/시행년도	주요 내용
2016 일부 개정	• 다문화가족에 대한 아동·청소년에 대한 학습과 생활 지도와 정보를 제공하도록 명시적 규정 • 국가나 지방자치단체가 다문화가족 지원센터 운영비 지원의 근거
2017 일부 개정	• 다문화가족 아동·청소년의 교육 현황과 아동·청소년의 다문화가족에 대한 인식에 관한 실태조사를 교육부 장관과 협의하여 실시하고, 교육부 장관은 그 결과를 관련 교육시책 수립·시행에 반영하여 다문화가족 자녀가 안정적인 학교생활로 건강한 사회 구성원으로 성장토록 근거마련
2017/18 일부 개정	• 교육부 장관과 특별시·광역시·특별자치시·도·특별자치도 교육감이 「유아교육법」 제2조와 「초·중등교육법」 제2조에 따른 학교 교원에게 다문화 이해 교육 관련 교육과 연수 실시 • 국가와 지방자치단체는 결혼이민자 등의 배우자와 가족 구성원이 결혼이민자 등의 출신 국가와 문화 등을 이해하는 데 필요한 정보의 제공과 관련 교육 지원
2020/20 일부 개정	• 기본계획 수립 시 원활한 보고 체계 수립과 공익광고 편성비율의 범위에서 홍보영상 송출 확대방안 등 다문화가족지원센터의 기능 명확화

2. 국가와 지방자치단체의 책무

국가와 지방자치단체는 다문화가족 구성원이 안정적인 가족생활을 영위하고 경제·사회·문화 등 각 분야에서 사회 구성원으로서 해야 할 역할과 책임을 다할 수 있도록 제도와 여건을 마련하면서 이를 위한 시책을 수립하고 시행해야 한다. 지방자치단체는 다문화가족 지원 담당을 위한 기구와 공무원을 두어야 한다. 그 밖에 이 법에 따른 시책 중 외국인 정책 관련 사항은 「재한외국인 처우 기본법」 제5조부터 제9조까지의 규정을 따르도록 하고 있다(제3조).[20]

---

20) 「다문화가족지원법」의 주무부서가 여성가족부라면 「재한외국인 처우 기본법」은 법무부다. 여성가족부 장관 또는 지방자치단체의 장은 이 법의 시행을 위하여 필요한 경우 법무부 장관에게 결혼이민자 등의 현황 파악을 위해 해당 관할 구역의 결혼이민자 등에 국한하여 결혼이민자(「재한외국인 처우 기본법」 제2조 제3호)의 외국인 등록 정보와 귀화허가(「국적법」 제6조 제2항)를 받은 사람의 귀화허가 신청 정보 제공을 요청할 수 있다.

1) 다문화가족 지원을 위한 기본계획의 수립(제3조의2)

여성가족부 장관은 다문화가족의 지원을 위하여 5년마다 다문화가족정책에 관한 기본계획(이하 "기본계획")을 수립해야 한다. 여기에는 다음 5가지 사항이 포함된다.

① 다문화가족 지원 정책의 기본방향
② 다문화가족 지원을 위한 분야별 발전시책과 평가에 관한 사항
③ 다문화가족 지원을 위한 제도 개선에 관한 사항
③의2 다문화가족 구성원의 경제·사회·문화 등 각 분야 활동 증진에 관한 사항
④ 다문화가족 지원을 위한 재원 확보와 배분에 관한 사항
⑤ 그 밖에 다문화가족 지원을 위하여 필요한 사항

기본계획은 관계 중앙행정기관의 장과 협의를 거쳐 수립해야 하고, 아울러 다문화가족정책위원회의(제3조의4)의 심의를 거쳐 확정해야 한다. 확정된 기본계획은 여성가족부 장관이 관계 중앙행정기관의 장과 시·도지사에게 알려야 한다.

2) 연도별 시행계획의 수립·시행(제3조의3)과 실태조사(제4조)

여성가족부 장관, 관계 중앙행정기관의 장과 시·도지사는 매년 기본계획에 따라 다문화가족정책에 관한 시행계획(이하 "시행계획")을 수립·시행해야 한다. 관계 중앙행정기관의 장과 시·도지사는 전년도 시행계획에 따른 추진실적과 다음 연도의 시행계획을 매년 여성가족부 장관에게 제출해야 한다.

여성가족부 장관은 다문화가족의 현황과 실태를 파악하고 다문화가족 지원을 위한 정책 수립에 활용하기 위하여 3년마다 다문화가족에 관한 실태조사를 하고 그 결과를 공표해야 한다. 실태조사는 법무부 장관(외국인정책 관련 사항) 교육부 장관(다문화가족 구성원인 아동·청소년의 교육)과 협의를 거치고 나서 실시해야 한다.

3) 다문화가족정책위원회의 설치(제3조의4)

다문화가족의 삶의 질 향상과 사회통합에 관한 중요 사항의 심의 · 조정을 위하여 국무총리 소속으로 다문화가족정책위원회(이하 "정책위원회")를 둔다. 정책위원회에서 심의 · 조정하는 사항은 다음 6가지다.

① 다문화가족정책에 관한 기본계획의 수립과 추진(제3조의2)에 관한 사항
② 다문화가족정책의 시행계획의 수립, 추진실적 점검, 평가(제3조의3)에 관한 사항
③ 다문화가족과 관련된 각종 조사, 연구, 정책의 분석 · 평가에 관한 사항
④ 각종 다문화가족 지원 관련 사업의 조정과 협력에 관한 사항
⑤ 다문화가족정책과 관련된 국가 간 협력에 관한 사항
⑥ 그 밖에 다문화가족의 사회통합에 관한 중요 사항으로 위원장이 필요하다고 인정하는 사항

정책위원회는 위원장 1명을 포함한 20명 이내의 위원으로 구성되며, 심의 · 조정할 사항을 미리 검토하고 대통령령에 따라 위임된 사항을 다루기 위해 실무위원회를 둔다.

4) 다문화가족에 대한 이해증진(제5조)

국가와 지방자치단체는 다문화가족에 대한 사회적 차별과 편견을 예방하고 사회 구성원이 문화적 다양성을 인정하고 존중할 수 있도록 다문화에 대한 이해를 위한 교육을 하고 홍보 등 필요한 조치를 해야 한다. 여성가족부 장관은 위의 내용에 따른 조치에 홍보영상을 제작하여 방송사업자에게 배포(「방송법」 제2조 제3호) 해야 하며, 방송사업자에게 대통령령으로 정하는 비상업적 공익광고 편성 비율의 범위에서 홍보영상을 채널별로 송출하도록 요청할 수 있다. 방송사업자는 홍보영상 외에 독자적으로 홍보영상을 제작하여 송출할 수 있다. 이 경우 여성가족부 장관에게 필요한 협조와 지원을 요청할 수 있다.

교육부 장관과 특별시 · 광역시 · 도 · 특별자치도의 교육감은 각 학교(「유아교육법」 제2조, 「초 · 중등교육법」 제2조 또는 「고등교육법」 제2조에 따른)에서 다문화가족에 대한 이해를 돕는 교육을 위한 시책을 수립 · 시행해야 한다.

5) 담당 공무원의 교육과 전문인력 양성(제13조)

국가와 지방자치단체는 다문화가족 지원 관련 업무에 종사하는 공무원의 다문화가족에 대한 이해증진과 전문성 향상을 위하여 교육할 수 있다(제13조). 아울러 다문화가족지원과 다문화 이해 교육 등의 사업 추진에 필요한 전문인력을 양성하는 데 노력해야 한다. 전문인력 양성을 위해 대통령령으로 정하는 바에 따라 대학이나 연구소 등 적절한 인력과 시설 등을 갖춘 기관이나 단체를 전문인력 양성기관으로 지정하여 관리할 수 있다. 지정된 양성기관에 대해서는 예산의 범위에서 필요한 경비의 전부 또는 일부를 지원할 수 있다(제13조의2).

3. 국가사회의 지원과 보호 규정

여성가족부 장관은 「다문화가족지원법」에 따른 권한의 일부를 대통령령으로 정하는 바에 따라 시 · 도지사 또는 시장 · 군수 · 구청장에게 위임할 수 있다. 국가와 지방자치단체는 이 법에 따른 업무 일부를 비영리법인이나 단체에 위탁할 수 있다(제15조).

1) 생활정보의 제공과 교육 지원(제6조)

국가와 지방자치단체는 결혼이민자 등이 대한민국에서 생활하는 데 필요한 기본 정보를 제공하고, 사회 적응 교육과 직업교육 · 훈련 및 언어 소통 능력 향상을 위한 한국어 교육 등을 받을 수 있도록 지원할 수 있다. 이러한 교육을 하면서 거주지나 가정환경 등의 이유로 서비스에서 소외되는 결혼이민자 등이 없도록 방문교육이나 원격교육 등 지원 방법을 다양하게 하는 한편, 교재와 강사 등의 전문성을 강화하기 위한 시책을 수립 · 시행해야 한다.

방문 교육의 비용은 결혼이민자 등의 가구 소득수준, 교육의 종류 등 여성가족부 장관이 정하여 고시하는 기준에 따라 차등 지원할 수 있다. 비용 지원에서 비용 지원의 신청, 금융정보 등의 제공, 조사 · 질문 등은 「아이돌봄 지원법」 제22조부터 제25조까지의 규정을 준용한다. 결혼이민자 등의 배우자 등 다문화가족 구성원은 결혼이민자 등이 한국어 교육 등 사회 적응에 필요한 다양한 교육을 받을 수 있도록 노력해야 한다.

2) 평등한 가족관계의 유지를 위한 조치(제7조)

국가와 지방자치단체는 다문화가족이 민주적이고 양성 평등한 가족관계를 누릴 수 있도록 가족상담, 부부교육, 부모교육, 가족생활 교육 등을 추진해야 한다. 이 경우 문화의 차이 등을 고려한 전문적인 서비스가 제공될 수 있도록 노력해야 한다.

3) 가정폭력 피해자에 대한 보호 · 지원(제8조)

국가와 지방자치단체는 「가정폭력방지 및 피해자보호 등에 관한 법률」에 따라 다문화가족 내 가정폭력을 예방하기 위하여 노력해야 한다. 이를 위해 가정폭력으로 피해를 본 결혼이민자 등을 보호 · 지원할 수 있다. 또한 외국어 통역 서비스를 갖춘 가정폭력 상담소와 보호시설의 설치를 확대하도록 노력해야 한다.

결혼이민자 등이 가정폭력으로 혼인 관계를 종료하면 의사소통의 어려움과 법률 체계 등에 관한 정보의 부족 등으로 불리한 처지에 놓이지 않도록 의견진술과 사실 확인 등을 위해 언어통역, 법률상담 및 행정지원 등 필요한 서비스를 국가와 지방자치단체에서 제공할 수 있다.

4) 의료 및 건강관리를 위한 지원(제9조)

국가와 지방자치단체는 결혼이민자 등이 건강하게 생활할 수 있도록 영양 · 건강에 대한 교육, 산전 · 산후 도우미 파견, 건강검진 등의 의료서비스를 지원할 수 있다. 이러한 의료서비스를 제공할 때 외국어 통역 서비스를 함께 제공할 수 있다.

5) 아동 · 청소년 보육 · 교육(제10조)

국가와 지방자치단체는 아동 · 청소년 보육 · 교육을 하면서 다문화가족 구성원인 아동 · 청소년을 차별해서는 안 된다. 아울러 그러한 아동 · 청소년이 학교생활에 신속히 적응할 수 있도록 교육지원 대책을 마련해야 한다. 특별시 · 광역시 · 도 · 특별자치도의 교육감은 이들을 위한 학과 외 또는 방과 후 교육 프로그램 등을 지원할 수 있다.

국가와 지방자치단체는 다문화가족 구성원인 18세 미만인 사람의 초등학교 취학 전 보육과 교육 지원을 위하여 노력하고, 그 구성원의 언어발달을 위하여 한국어와 결혼이민자 등인 부 또는 모의 모국어 교육을 위한 교재와 학습지원 등 언어능력 제고에 필요한 지원을 할 수 있다.[21)]

어린이집의 원장, 유치원의 장, 각급 학교의 장과 그 밖에 대통령령으로 정하는 기관의 장은 아동 · 청소년 보육 · 교육을 할 때 다문화가족 구성원인 아동 · 청소년이 차별을 받지 않도록 필요한 조치를 취해야 한다.

6) 다국어서비스와 다문화가족 종합정보 전화센터(제11조)

다국어서비스를 통한 다문화가정 지원 서비스(제5조~제10조)와 관련하여 결혼이민자 등의 의사소통 어려움의 해소와 서비스 접근성 제고를 위해 국가와 지방자치단체가 노력해야 한다. 그리고 이러한 다국어서비스가 현실로 나타난 것이 바로 다문화가족 종합정보 전화센터(이하 "전화센터")다.

여성가족부 장관은 다국어에 의한 상담 · 통역 서비스 등을 결혼이민자 등에게 제공하기 위해 종합정보 전화센터를 설치 · 운영할 수 있다. 이 경우 「가정폭력방지 및 피해자보호 등에 관한 법률」 제4조의6 제1항 후단에 따른 외국어 서비스를 제공하는 긴급전화센터와 통합하여 운영할 수 있다.

---

21) 제5조부터 제10조까지의 규정은 대한민국 국민과 사실혼 관계에서 출생한 자녀를 양육하고 있는 다문화가족 구성원에 대해서도 준용한다(제14조). 아울러 다문화가족이 이혼 등의 사유로 해체된 경우에도 그 구성원이었던 자녀에 대해 이 법을 적용한다(제14조의2).

전화센터의 설치 · 운영은 대통령령으로 정하는 기관 또는 단체에 위탁하고 그에 필요한 비용 전부나 일부를 예산의 범위에서 지원할 수 있다(제11조의2).

4. 다문화가족지원센터

1) 설치와 운영의 원칙

국가와 지방자치단체는 다문화가족지원센터(이하 "지원센터")를 설치 · 운영할 수 있고, 또 대통령령으로 정하는 법인이나 단체에 위탁하여 설치 · 운영할 수 있다(제12조). 국가나 지방자치단체 아닌 자가 지원센터를 설치 · 운영하려면 미리 시 · 도지사 또는 시장 · 군수 · 구청장의 지정을 받아야 한다. 지원센터를 설치 · 운영하고자 하여 지정을 받은 때 지원센터(제3항)에 대하여 예산의 범위에서 다음의 업무를 수행하는 데에 필요한 비용 및 지원센터의 운영에 드는 비용의 전부 또는 일부를 보조할 수 있다(제12조 제6항). 이 법에 따른 지원센터가 아니면 다문화가족지원센터 또는 이와 유사한 명칭을 사용하지 못한다(제12조의3). 만약 금지 규정을 위반할 경우 300만원 이하의 과태료가 부과된다(제17조).

2) 지원센터가 할 일

다문화가족 지원센터에서 하는 일은 다음 7가지다.

① 다문화가족을 위한 교육 · 상담 등 지원사업의 실시
② 결혼이민자 등에 대한 한국어 교육
③ 다문화가족지원 서비스 정보제공과 홍보
④ 다문화가족지원 관련기관 · 단체와의 서비스 연계
⑤ 일자리에 관한 정보제공과 일자리의 알선
⑥ 다문화가족을 위한 통역 · 번역 지원사업
⑦ 그 밖에 다문화가족지원을 위하여 필요한 사업

3) 지원센터 운영의 기준

지원센터에는 다문화가족에 대한 교육 · 상담 등의 업무 수행을 위해 관련 분야에 대한 학식과 경험을 가진 전문인력을 두어야 한다. 지원센터의 설치 · 운영 기준, 위탁 · 지정 기간과 절차 등에 필요한 사항은 대통령령으로 정하고, 전문인력의 기준 등에 필요한 사항은 여성가족부령에 따른다. 이에 의하면 지원센터에는 건강가정사(「건강가정기본법」 제35조)나 사회복지사(「사회복지사업법」 제11조) 또는 여성가족부 장관이 인정하는 관련 분야의 전문인력을 1명 이상 두어야 한다(시행규칙 제3조).

4) 보수교육의 실시(제12조의2)

여성가족부 장관 또는 시 · 도지사는 지원센터에 두는 전문인력의 자질과 능력을 향상하기 위해 보수교육을 실시해야 한다. 보수교육은 집합교육과 온라인 교육 등 다양한 방법으로 할 수 있다. 보수교육에는 다문화사회의 이해, 다문화가족정책, 비영리기관의 운영관리 등이 포함되도록 해야 한다(시행규칙 제9조). 이처럼 국가 또는 지방자치단체는 다문화가족 지원 및 다문화 이해교육 등의 사업 추진에 필요한 전문인력을 양성하는 데 노력하여야 한다(제13조의2).

참고문헌

가라타니 고진 (2008). **일본정신의 기원**. 송태욱 역. 서울: 이매진.

권향임, 김상아, 신민정, 윤정혜, 이기량 (2019). **사회복지실천론**(2판). 서울: 창지사.

김광선 (2020). 독일 사례를 통해 본 한국 장기요양보호인력 선진화 방안. **사회적질연구**, 4(1). pp. 55-84.

김근홍 (2017). **알기 쉬운 사회복지 법제론**(2판). 서울: 신정.

김근홍, 박자숙 (1999). 독일수발 보험의 정치적 배경. **99년 추계학술대회 자료집**. 한국사회복지학회.

김근홍, 윤종철 (2017). **치매의 이해**. 서울: 피데스.

김근홍, 이정규, 박영란 (2013). **사회문제론**. 서울: 신정.

김미옥, 최혜지, 정익중, 민소영 (2017). 사회복지실천의 미래. **한국사회복지학**, 69(4). pp. 41-65.

김상진 (2019). **대중문화로 배우는 사회복지 두 번째 이야기**. 서울: 푸른복지.

김성천, 이은정 (2012). 한국 사회복지실천 방법의 불균형에 관한 연구: 사회복지실천 관련 교과목을 중심으로. **한국사회복지교육**, 20, pp. 176~202.

김세진, 주솔로몬, 추창완, 이상훈, 임병광 외 (2019). **사회복지사가 말하는 사회복지사**. 서울: 부키.

김수정 (2019). **사회복지법제와 실천**. 서울: 학지사.

김승훈 (2010). **사회복지 발달사**. 서울: 나눔의 집.

김연명, 신광영, 양재진, 윤홍식, 이정우 (2011). **대한민국 복지**. 7가지 거짓과 진실. 서울: 두리미디어.

김종삼 (1982). **누군가 나에게 물었다**. 서울: 민음사.

김종엽, 이영식, 이은경, 박준섭 (2012). **사회복지법제론**. 파주: 정민사.

남기민, 홍성로 (2014). **사회복지법제론**(4판). 고양: 공동체.

노경목 (2020). 돈 벋는 자식 있어도 생계급여 받는다. 한국경제.(2020.08.10). https://www.hankyung.com/economy/article/2020081033901 (2020.08.12. 인출)

류연규 (2018). **거꾸로 수업을 위한 사회복지정책론**. 서울: 신정.

박병현 (2011). **사회복지정책론**. 파주: 학현사.

보건복지부 (2003). 공적노인요양보장제도 추진기본방향 및 기획단 설치 · 운영계획. 보건복지부.

서동명 (2020). **사회복지 법제와 실천**. 서울: 신정.

양승일 (2013). 미국의 사회보장법 용어해설. 온라인 행정학전자사전.

엄명용, 김성천, 오혜경, 윤혜미 (2012). **사회복지실천의 이해**(3판). 파주: 학지사.

오건호 (2019). 줬다 뺏는 기초연금, 이젠 해결하자! 프레시안 (2019.09.26).
https://www.pressian.com/pages/articles/258562#0DKU (2020.03.13. 인출)

오세영 (2020). **사회보장론**(3판). 서울: 신정.

우기택 (2016). 기본법과 체계정당성에 관한 연구. 인권기본법 제정의 필요성을 중심으로. 법제=Legislation(제647호. 2016.09). pp. 38-66. 서울: 법제처.

윤성민 (2019). 핀란드처럼 갑부가 과속하면 1억원 넘게 벌금? 중앙일보 (2019.09.19).
https://news.joins.com/article/23580696/ (2020.03.26. 인출)

윤찬영 (2017). **사회복지법제론**(7판). 파주: 나남출판사.

윤찬영 (2019). 왜 '사회보장' 기본법인가? 복지타임즈 (2018.05.17).
http://www.bokjitimes.com/news/articleView.html?idxno=19643 (2020.03.26. 인출).

이기환 (2016). [여적] 함무라비 법전과 우르남무 법전. 경향신문 (2016.12.01).
https://leekihwan.khan.kr/entry/ (2020.06.10. 인출)

이용재 (2020). **사회복지법제와 실천**. 파주: 양서원.

임종명 (2018). 2030 미취업 · 전업주부도 국가건강검진. 중앙일보 (2018.11.23).
https://news.joins.com/article/23150450 (2020.03.25. 인출)

전광석 (2003). **한국사회보장법론** (5판). 서울: 법문사.

정부 · 민간 합동작업단 (2006). 함께 가는 희망한국 VISION 2030.(정부보고서).

조상원 (1997). **도해 법률용어사전**(8쇄). 서울: 현암사.

최균 (2019). 지역복지공동체 구축과 민간의 역할. In. 남인순 의원실. pp. 12~19.

최재천 (2016). 정치 BAR, 입법과 소시지의 닮은 점? 한겨레신문 (2016.09.20).
http://www.hani.co.kr/arti/politics/polibar/761847.html (2020.07.18. 인출)

통계청 (2018). **장애인인구통계**. 통계청. www.kostat.go.kr (2029.12.27. 인출)

함명화 (2018). **초짜 사회복지사의 인생수업**. 서울: 푸른복지.

황미경 (2020). **사회복지법제와 실천**. 파주: 양서원.

황인옥, 양정아, 박미정, 임혁 (2011). **사회복지법제론**. 파주: 정민사.

Baecker, G., Bispink, R., Hofemann, K., & Naegele, G. (2000). ***Sozialpolitik und soziale Lage in Deutschland*** (3. Auflage). Wiesbaden.

Christoph Ried (2017). ***Sozialpädagogik und Menschenbild.*** Bestimmung und Bestimmbarkeit der Sozialpädagogik als Denk- und Handlungsform. Springer VS. Wiebaden.

Deutsche Anwaltauskunft (2020). Das Rechtsportal des Deutschen Anwaltvereins.(https://anwaltauskunft.de/magazin/gesellschaft/staat-behoerden/ist-das-deutsche-grundgesetz-eine-echte-verfassung)/ (2020.05.24. 인출)

Esping-Anderson (1999). ***Social Foundations of Post-Industrial Economies.*** 박시종 역 (2007). 복지체제의 위기와 대응. 포스트 산업경제의 사회적 토대. 서울: 성균관대학교출판부.

Holmlund (1997), 이상동 (1997). 고용안전망 100년의 역사와 한국의 고용보험. (2-4). https://de.wikipedia.org/wiki/Soziale_Arbeit#cite_ref-6/ (2020.05.20. 인출)

Klie, T. (2017). ***Jurisprudence. The right to care elderly*** (11th Revised Ed.) Vincentz Network. Hannover.

Lampert, H. (2001). ***Lehrbuch der Sozialpolitik*** (6. Auflage). Berlin: Springern.

Schmidt, M. G. (2005). ***Sozialpolitik in Deutschland*** (3. Auflage). Wiesbaden.

Taylor, C. (1992). ***Multiculturalism and the Politics of Recognition.*** Printon: Princeton University Press.

Voges, W. (2002). ***Pflege alter Menschen als Beruf.*** Wiesbaden: Westdeutscher Verlag.

☐ 관련기사

경향신문 (2019.02.19). (2013.08.04). http://www.khan.co.kr

중앙일보 (2020.08.28). www.joongang.joins.com

프레시안 (2019.09.26). https://www.pressian.com

한국경제 (2020.08.10). https://www.hankyung.com

☐ 참고사이트

고용노동부. www.moel.go.kr

고용보험. www.ei.go.kr

국가법령정보센터. www.law.go.kr

국립중앙치매센터. www.nid.or.kr

국민건강보험공단. www.nhic.or.kr

국민연금관리공단. www.nps.or.kr

근로복지공단. www.kcomwel.or.kr

노인장기요양보험. www.longtermcare.or.kr

대한민국 국회. www.assembly.go.kr

대한법률구조공단. www.klac.or.kr

법제처. www.moleg.go.kr

보건복지부. www.mw.go.kr

여성가족부. www.mogef.go.kr

알기쉬운생활법령. www.easylaw.go.kr

자치법규정보시스템. www.elis.go.kr

장기요양보험. www.longtermcare.or.kr

중앙노인보호전문기관. www.noinboho.or.kr

통계청. www.kostat.go.kr

한국보건사회연구원. www.kihasa.re.kr

찾아보기

ㄱ

ㅇ

기타

저자약력

김근홍(金根弘)

University of Hamburg에서 철학박사 학위를 받았다. 1994~1996년 독일 도시사회비교학연구소에서 수석연구원으로 복지정책에 대한 연구를 수행하였고, 2001년부터 강남대학교 사회복지학부에서 교수로 재직하고 있다. EBS-TV "사랑의 오솔길" 프로그램을 고정 진행하면서 어르신들의 언론스타로 활동한 바 있다. 경기일보에서 오피니언 활동으로 독자층과 복지정책에 대해 교류를 나눴고, 보건복지부 전문위원, 국가보훈처 자문교수, 건강보험관리공단 자문위원, 국가공직자 임용고시 등 각종 국가시험 출제위원, 한국노인복지학회 부회장, 경기도치매협회 부회장, (국립)중앙치매센터 전문위원, 29대 한국노년학회 회장, 한독교육·복지 연구원 원장, (사)한국치매협회 등기이사, 사회복지법인 향림원 사외이사, 사회복지법인 천주교 진우리 법인이사, 경기도자원봉사센터 법인이사, 각 지자체(경기도, 안양시, 성남시, 용인시, 군포시, 의왕시)자문위원 및 전문위원 등을 비롯하여 여러 기관과 단체의 위원으로 활동하면서 University of Wien and Hamburg(Invited Professor), 강남대학교 사회복지전문대학원 대학원장과 경영대학/사회과학/사회복지대학 총괄학장을 역임하였다.

주요 저서는 《한·독 노인복지이해》(학문사, 1999-정부 우술학술도서)를 필두로 《최신현대 사회문제》(양지, 2002), 《경영전략시대의 CEO 부동산·실버산업》(형설출판사, 2005), 《사회문제와 사회복지》(학현사, 2005), 《세계의 노인복지정책》(학현사, 2005), 《노인복지학 개론》(학현사, 2007), 《실버산업용어집》(강남대출판부, 2007), 《사회복지역사와 철학》(학지사, 2007), 《재가노인복지론》(청목출판사, 2008), 《노인복지와 르네상스》(신정, 2010-정부 우술학술도서), 《사회문제론》(신정, 2013), 《치매의 이해》(페더스, 2017), 《알기 쉬운 사회복지 법제론》(신정, 2017) 등의 저서와 100여 편의 학술논문이 있다.
주요 연구와 관심분야는 유럽의 사회복지, 노년학, 사회보장, 수발보험, 인권 등이다.

이메일: khk@kangnam.ac.kr

사회복지사가 알아야 할 법 지식

사회복지 법제와 실천

초판발행 2020년 9월 10일 1판 1쇄 발행 | 2021년 9월 10일 1판 2쇄 발행

지은이 김근홍
펴낸이 최용구 | 펴낸곳 도서출판 **신정**
주소 (04316) 서울시 용산구 원효로 89길 19 (원효로1가)
전화 02)3211-4782, 0266(영업부), 3211-4783(편집부), 3211-4784(팩스)
이메일 sjbook2002@naver.com | **홈페이지** www.sjbook.co.kr
등록 2001년 5월 11일 제13-702호
기획마케팅 최용구 장만동 최충구 송대용 | **책임편집** 석기은 황가연

ISBN 978-89-5912-532-6 93330
정가 20,000원